Hunger

A Modern History

一部现代史

〔美〕詹姆斯·弗农(James Vernon)著

沈 凌 译

北京大学出版社
PEKING UNIVERSITY PRESS

著作权合同登记号　图字:01-2018-0114
图书在版编目(CIP)数据

饥饿:一部现代史/(美)詹姆斯·弗农著;沈凌译. —北京:北京大学出版社,2021.9
ISBN 978-7-301-32452-3

Ⅰ.①饥… Ⅱ.①詹… ②沈… Ⅲ.①福利国家—研究—英国 Ⅳ.①D756.17

中国版本图书馆 CIP 数据核字(2021)第 185270 号

HUNGER: A Modern History
by James Vernon
Copyright © 2007 by the President and Fellows of Harvard College
Published by arrangement with Harvard University Press through Bardon-Chinese Media Agency
Simplified Chinese translation copyright ©2021 by Peking University Press
ALL RIGHTS RESERVED

书　　　名	饥饿:一部现代史 JI'E: YI BU XIANDAISHI
著作责任者	〔美〕詹姆斯·弗农 著　沈 凌 译
责任编辑	梁 路
标准书号	ISBN 978-7-301-32452-3
出版发行	北京大学出版社
地　　　址	北京市海淀区成府路 205 号　100871
网　　　址	http://www.pup.cn
电子信箱	ss@pup.pku.edu.cn
新浪微博	@北京大学出版社　@未名社科-北大图书
电　　　话	邮购部 010-62752015　发行部 010-62750672 编辑部 010-62765016
印　刷　者	天津中印联印务有限公司
经　销　者	新华书店 965 毫米×1300 毫米　16 开本　20.5 印张　324 千字 2021 年 9 月第 1 版　2021 年 9 月第 1 次印刷
定　　　价	79.00 元

未经许可,不得以任何方式复制或抄袭本书之部分或全部内容。
版权所有,侵权必究
举报电话: 010-62752024　电子信箱: fd@pup.pku.edu.cn
图书如有印装质量问题,请与出版部联系,电话: 010-62756370

中文版序

郭家宏

本书译者、中共中央党校沈凌老师托我为其译著《饥饿：一部现代史》写个序。接到沈老师的电话，我确实有点惶恐。可能是由于自己十几年来一直在研究英国的贫困问题，贫困与饥饿又是紧密相连的，因而对于这本书所涉及的话题，我很感兴趣。

人类文明的历史就是一部与饥饿斗争的历史，人类社会从来没有彻底摆脱过饥饿的威胁。在人类历史的绝大多数时间里，人类一直在为生存而奋斗，饥饿一直是人类躲不开的话题。进入工业化社会后，生产力得到巨大发展，但饥饿仍然困扰着人类的生活，许多人一直挣扎在饥饿的阴影之下。即使在当今经济最发达的美国，饥饿问题仍然存在，只不过现阶段，饥饿的内涵发生了巨大变化。饥饿的含义以及人们对饥饿的态度是随着时间的推移而改变的。正如作者所说："饥饿远不是一种永恒不变的状态。饥饿、人们赋予饥饿的意义以及由此来管理饥饿的体制，都在18世纪晚期和19世纪中期经历了一系列戏剧性的转变。"（本书第208页）

这本书主要阐述了19世纪上半期到20世纪40年代一百多年时间里，英国、英帝国范围内在文化与政治上，饥饿含义的变迁以及治理饥饿的现代体系的形成，包括如何看待、理解、判断饥饿以及如何防止饥饿等。作者希望通过追溯英帝国时期饥饿含义的变化，用全新的视角去看待福利国家的兴衰。严格地来说，这本书不能算是一本传统的史学著作。因为历史事件所包含的时间、地点、人物、事件等因素，在这本书中体现得都不是很清楚，它是通过几个专题，来阐述19世纪中期以来英国关于饥饿含义、观念的演变。书中内容涉及年代学、历史学、地理学、政治学等方面内容。在写作方面,作者跳跃性极强,因而要全面理解19世纪中叶到20世纪中叶英国关于饥饿含义、观念的变迁,必须深入当时的语境中去探讨。

  在农业社会,由于生产技术落后,劳动生产率低,人们缺乏抵御自然灾害的能力,基本上还处于靠天吃饭的状态,一遇到天灾,农业歉收,就要发生饥荒。在中世纪,社会上除了少数封建主外,大多数人都生活在饥饿贫困之中。据历史学家对中世纪英国地区资料的研究,在13世纪时,农民中约有一半人是生活在仅能维持生命的最低水平,甚至低于这个水平的状态中。在17世纪以前,英国平均每个世纪要发生12次饥荒。直到16世纪末17世纪初,在英国还发生过饿死人的事情。到了近代,饥饿和贫困问题紧密相连。16世纪和17世纪贫困指的是那些处于生存线以下,需要依赖外界帮助的人的生存状态。在19世纪英国的讨论中,贫困是绝对的,以生存为标准的,一切的生产都是为了维持人的基本生存。英国改良主义者西博姆·朗特里(Seebohm Rowntree)在1901年出版的关于约克镇贫困问题的调查中提出了"基本贫困"(primary poverty)概念。所谓生活在基本贫困状态的家庭,是指那些"总收入不足以获取维持纯粹体能所需的最低数量的生活必需品的家庭"。这些"基本贫困"家庭大都处于饥饿状态。

  19世纪是英国飞速发展的世纪。在这一世纪,英国率先完成了工业革命,成了世界上第一个工业化国家,成了世界上最强大的国家。19世纪,也是英帝国快速扩张的世纪,到19世纪末,"日不落帝国"正式形成,英帝国成了人类历史上地域最广、人口最多的帝国。工业革命的快速发展,使英国生产力水平得到极大提高,经济迅猛增长。但由于社会忽视了公平分配问题,工业革命所召唤出来的巨大财富并没有在社会中被合理地分配,大部分流入了有产者的腰包。多数人没有享受到工业革命带来的好处,许多人甚至承受了它的危害,受到了贫困的威胁,生活状况反而恶化了。由于种种原因,他们一直挣扎在贫困的边缘,他们既承受普遍贫困,也要忍耐季节性饥饿,更有行业性的失业痛苦。实际上,随着财富的积累,英国的穷人不但没有减少,反而增加了。在这些穷人中,绝对贫困的现象更加显著。据估计,在整个工业革命时期,有三分之一左右的工人家庭始终处于贫困状态。即使到19世纪末期,贫困人口的规模依然十分庞大。根据1889年查尔斯·布思(Charles Booth)的调查,在伦敦东区,约有35.2%的人处于贫困状态。如果把伦敦作为整体,贫困人口仍占总人口的30.7%。[①]

从帝国范围看,饥饿问题更是普遍存在,其中以爱尔兰和印度最为典型。在英国的统治下,爱尔兰农民普遍贫困,马铃薯成了绝大多数人的主食。1845年至1850年爱尔兰发生了一场马铃薯歉收引发的大饥荒。从1845年开始,爱尔兰出现了持续4年的马铃薯歉收。爱尔兰大饥荒,使爱尔兰人口锐减,100多万人死亡,150万人移民海外。印度沦为英国殖民地后,虽然英国从19世纪开始在印度投资基础设施,修建铁路,兴办工厂,促进了经济发展,但是饥荒仍时有发生。仅在19世纪的最后30年里,印度的饥荒就夺去了1500万条人命。20世纪还有几次大的饥荒。这些饥荒的起因是自然灾害,但英国救济不力也是重要的原因。在印度和爱尔兰民族主义者影响下,人们认为殖民地的饥荒代表了英国统治的不人道和无能。而20世纪初布尔战争期间,英军集中营里布尔人的饥饿情形,则是英帝国残暴统治的结果。

了解了英国与英帝国饥饿的历史,我们再回到这本书。《饥饿:一部现代史》记录的是"我们理解饥饿和感受饥饿的方式的显著变化史",讲述了各种各样的行动者如何促成饥饿问题新观点和解决方案不断涌现,阐述了饥饿不断变化的含义和治理饥饿的现代体系。这本书最大的特点就是,它没有去分析具体的历史事件的前因后果,而是从文化和政治层次对饥饿的含义的演变进行梳理。作者认为饥饿是英国自由主义的核心困境之一,它帮助确定了市场与国家、臣民与公民、个人与集体、民族与帝国之间的界限。饥饿在它显然一致的物质形态下还有着文化历史。这种文化历史非常重要,不仅因为饥饿会给人们带来伤害,还因为这种伤害往往具有历史和文化的特定性。这种写法和观点与以往的著作相比,确实很新颖,而且作者还查阅了近代以来英国人对于贫困、饥饿的看法的不断变化。在书中,作者试图追踪现代人对饥饿理解的三大转变,即神圣观、道

[①] 参见 C. Booth, *Life and Labour of the People in London*, Vol. 1, London: Macmillan & Co., 1889, pp. 35, 62。

德观和社会观的演变。作者认为英帝国在改变饥饿的含义和现代饥饿救济制度方面发挥了至关重要的作用。尽管英国作为第一个工业化国家在18世纪后期有效地摆脱了饥荒或大规模生存危机,但饥饿在英国仍然普遍存在,在不断扩张的英帝国中亦是如此,在英国以及殖民想象中仍然占据了核心地位。

在整个中世纪,人们认为,救济穷人是每个基督徒的责任。从16世纪上半叶开始,欧洲尤其是英国对待贫穷问题的态度发生了重大变化。英国的济贫不再是不分对象的,而是要经过区分与鉴别。伊丽莎白一世时期,英国通过济贫法,此时就已经建立起了一套济贫制度,对在饥饿线上挣扎的贫民实施救济。18世纪中叶,工业革命开始在英国萌发,贫困问题加剧,饥饿成了社会问题。这时英国的统治者还扮演着家长的角色,在济贫法的框架下对贫民进行救济。但到了18世纪末19世纪初,人们对于饥饿问题的看法发生了变化。亚当·斯密(Adam Smith)和托马斯·马尔萨斯(Thomas Malthus)最早提出了饥饿的现代政治经济学。两人一致认同,生产的丰富或匮乏都应该由市场决定,而不受政府的干预。当时中产阶级许多人甚至认为贫穷与饥饿是上帝对懒汉的惩罚,这实际上把贫困的责任推到了穷人的头上,因而这些人主张取消济贫法。新济贫法的主题和基调是通过惩治"懒惰"贫民根治贫穷问题,主要特点是实行院内救济,贫困者必须进入济贫院才能得到救济,而接受院内救济者不再拥有选举权,这是对贫民在政治上的一种惩罚,目的是让任何一个贫民都努力通过个人而不是政府与社会的帮助来摆脱贫困与饥饿。到19世纪70年代后,英国已经完成工业革命,成为世界霸主,但随着查尔斯·布思等人社会调查的进行,人们发现,在极度富裕的英国,人们辛辛苦苦工作,依然摆脱不了饥饿的威胁,这实际上是社会出了问题,因而人们主张进行社会改革。这些思想为后来英国社会福利制度的建立奠定了基础。

作者正是从饥饿的观念史出发来研究饥饿如何形成自己的历史,饥饿如何成为现代人用来反思我们居住的世界的一个范畴。这和别的饥饿史研究方法大不相同。作者通过对大量档案材料的分析,研究了现代饥饿史中长期被忽视或遗漏的领域。作者认为,通过界定和控制饥饿的斗争,产生了饥饿的权力网络、饥饿的政治选民、饥饿对政府的理解以及饥饿自身的治国方略。这样的研究为我们提供了一个研究饥饿历史的新思路。通过研究饥饿的各种形态,以及个人、社会、政府对饥饿的反应,作者向我们表明,过去150多年来,饥饿、所有英国人的饮食习惯是社会变化的核心所在。而19世纪中期是将营养视为道德和将营养视为科学这两种观念的分界点,营养不良不能简单地通过充足的食物来克服,而需要通过食物中适当的营养来克服。作者最后提醒我们,不要忘记人们在政治运动中所发挥的作用,人们不仅使这些福利制度变得更加民主化,而且还清楚地记得饥饿的痛苦经历,正是这些痛苦记忆使得福利制度成为必要。弗农的著作为饥饿史的研究打开了一扇新的窗户,已经成为现代英国关于饥饿的文化和政治历史的权威著作,也将为以后欧洲和北美关于饥饿的文化和政治历史提供参考。

但是,饥饿问题是一个非常复杂的社会问题,这里边有因为疾病和自然灾害所引起的饥饿,而进入工业化社会以后,饥饿更多的是因为社会分配不公、经济形势恶化所引起。19世纪英国与英帝国范围内的饥饿,更多的恐怕是填饱肚子的问题,营养学方面的考量则应放到20世纪。解决饥饿问题是一个系统工程,既需要政府推行社会保障政策,也需要劳动者自身勤奋工作。单从道德、文化、营养等方面去探讨饥饿问题,不能深刻理解饥饿的内涵。对于这一点大家应该有清醒的认识。

2020年7月30日
北京

前　言

　　奇怪得很,我写这本书的念头是在吃午饭时产生的。20世纪90年代中期的一天,在英格兰曼彻斯特的潘克赫斯特博物馆(Pankhurst Museum)里,当时我正与一位朋友一起吃午饭,向她抱怨我的第二部著作*的撰写把我折磨得苦不堪言,朋友建议我去看看挂在餐桌周围墙上的画,画面中那些绝食抗议的妇女参政论者正被强迫喂食。当然了,学者所出版的书籍往往只占他们所思与讨论的一小部分,那么,为何这次午餐时的特别对话会演变成你将要读的这本书呢?

　　首先,对于像我这样刚刚组建家庭和开始教书的人来说,这个原因十分重要。这看上去是一个与我的研究不相干的课题,但正是我之前有关19世纪英国政治文化的工作积累使我有能力承担这个课题。然而,事实并非如此。我愈往深处挖掘,就愈需要冒险涉足更多的领域。我意识到,我们不能只从英国政治抗议的传统角度来理解绝食抗议。我首先必须理解,为什么饥饿在20世纪早期产生如此深刻的政治影响。

　　这项任务很紧迫,既有方法论上的原因,也有政治上的原因,而且这两个原因也是不可分割的。1979年,我14岁,那时玛格丽特·撒切尔(Margaret Thatcher)刚成为英国首相。四年后,我18岁,已达到法定选举年龄。此间,她明确提出"撒切尔主义"(Thatcherism),对英国社会民主的两大支柱——混合经济(mixed economy)和福利国家(welfare state)——进行了批判。自第二次世界大战以来,这两大支柱主导了我父

---

* 作者第二部著作为 *Re-reading the Constitution*。——译者注

母那一代人的生活和政治。1984年,我成为一名学习政治和现代史的大学生。那时候,矿工罢工已全面展开,撒切尔主义似乎依然未被动摇。很显然,左派政治正在瓦解,要将其重新凝聚起来需要花费大量的脑筋。20世纪80年代后期,我开始攻读博士。在这期间,历史学家们似乎都站在学术辩论的前沿。因此,在很多方面,我成为一名历史学家,我所学过的关于阶级形成、劳工运动推进和福利国家兴起的论述似乎都失去了意义。当我试图想象继撒切尔之后的左派政治会是如何,又试图找到一种超越那些社会历史正统观念的方法时,我的这两种尝试相互交织渗透。我认为,这两种尝试都需要将政治和历史从唯物主义框架中解放出来,这种框架总是将政治和历史视为资本主义条件下的社会经济利益的产物。然而我却认为,政治和历史是文化的产物,也就是我们现在所说的文化转向(cultural turn)。因此,政治的职责不是去跟随任何一个阶级前进的步伐,而是通过给人们提供理解世界和体验世界的最可靠的方式,创建跨越社会经济利益集团的选民群体。带着皈依者的热情,我激昂地宣布,社会和历史学家们失去的仅仅是他们的唯物主义链条而已。关于这一点的辩论十分激烈,观点和立场迅速极化,有时甚至极化得毫无用处。然而,从理性上来说,当人们有可能也有必要对政治和历史的本质进行重新思考时,这又非常激动人心。这也是为什么饥饿的主题以及与之相关的政治会格外吸引我,因为它可以让我证明,即便是饥饿那种最为物质的状态,也是文化的作品——或用不那么专业的术语来说,人们对饥饿的理解是如何塑造了真正经历过饥饿的那些人,以及他们是如何经历饥饿的。

在接下来的几页里,我没有对方法论进行讨论,也没有对社会和文化历史的辩论进行回顾。我没有选择一个元理论框架作为讨论的出发点,而只是从两个简单的历史问题出发:饥饿的含义如何随着时间的推移而变化?这些变化的原因和结果又会是什么?在回答这些问题时,我将社会史、文化史、政治史、帝国史与科学、技术以及其他物质形式的历史结合起来,而不是尝试在更宏大的框架中去调和它们。如同文化史一样,社会史也只善于解决某些问题,而其他问题最好还是留给其他不同的历史传统去解决。尽管我会优先考虑我们提出的历史问题,而不是试图发展或保持方法论的纯粹性,但结果在很大程度上依然是文化转向后(我希望是超越文化转向)历史实践的产物。否则,我怎么能知道不断变化的饥饿的含义呢？因此，如果不转向文化史，是不可能完成这部作品的，然而，我也不能单单作为一名文化史学家来完成它。《饥饿：一部现代史》也是在英帝国转型后写成的书，尽管我并不同意现在流行的说法，即英国及英帝国的历史总是相互构成的。我希望在此证明，在关键时刻，英国饥饿的含义和饥饿政治是由更广泛的帝国背景和国际背景所决定的。同样，应该成为我们指南的，不应是我们所宣称的领土，而是我们提出的问题：有时它们把我们带到特定的教区或地区，有时又带到某个地区或国家，有时带到某个殖民地或帝国体系，有时又带到国际或跨国框架中。

有关方法论的问题适时让我们回到了政治问题。我希望，追溯英帝国时期饥饿含义的变化能够帮我们开辟全新视角去看待福利国家的兴衰。我的专业观点是在对福利国家和唯物主义社会历史观进行根本性批判的背景下形成的。在某种程度上，我写《饥饿：一部现代史》这本书的目的就是想弄清楚福利国家和唯物主义社会史这两者究竟还剩下什么。

* * *

写《饥饿：一部现代史》一书让我涉足了很多领域，如年代学、地理学、历史学。在这些领域里，我常常是极度无知的。我免不了会犯一些令人尴尬的错误，或忽略一些人们认为非常必要的领域，为此，我提前表达深深的歉意。毕竟，饥饿是一个大题目。很多其他历史学家——那些关注过饥荒救济、济贫法、监狱和战俘饮食、厌食症以及饥饿艺术家的历史学家——都为这部书的形成贡献了力量。我要感谢丽贝卡·詹宁斯（Rebecca Jennings）、蒂姆·普拉特（Tim Pratt）、卡罗琳·肖（Caroline Shaw）、丹尼尔·乌什金（Daniel Ussishkin）和萨拉·韦伯斯特（Sarah Webster）在提到的这些领域或其他领域所做的杰出研究：我没有充分利用他们的研究成果是我的不足，但他们都应该知道本书也凝结着他们的劳动成果。

书籍，尤其是像这本花了十多年时间才写成的书，有着时光流逝的印记，也有着职位变迁的标记。我希望这个始于曼彻斯特大学的项目，仍然留有我在那里的谈话和友谊的痕迹。我要感谢尼基·理查兹（Nicky Richards）在博物馆的那顿午餐和其间的想法，我还要感谢伊恩·伯尼（Ian Burney）、菲尔·伊娃（Phil Eva）、康拉德·利泽（Conrad Leyser）、彼得·加特莱尔(Peter Gatrell)以及帕特·乔伊斯(Pat Joyce)和克里斯·奥特(Chris Otter),我经常从他们的研究工作中获得灵感。更广泛地说,我试图尽力公正地对待我在曼彻斯特接受教育时学习的英国社会史的极为悠久的传统。正如我所指出的,我的职业生涯是在对英国社会史的批判中逐步形成的,然而,我不断地受到它所提出的重大历史问题以及这些问题的政治紧迫感的启迪。我这一代的历史学家是在撒切尔和里根主导的世界中成长起来的,因而更需要重新激发雄心和激情来提出这些重大问题,而非仅仅去填补史学的空白。

而最后,这本书实际上是在伯克利大学写成的。我于2000年搬到这里,在英国经济和社会研究委员会(Economic and Social Research Council of the United Kingdom)的高级研究奖金的支持下,完成了大部分研究。尽管我的很多同事早已放弃了对类别危机(category crises)和身份政治(identity politics)进行史学记录的日常工作,因为它真的令人头大,但在很多方面,伯克利都可谓是文化史之乡。我非常有幸地在伯克利大学这种让人倾尽全力又让人感到无比精彩的知识环境中写作。在这里,我有幸遇到了我的同事和学生,他们或是向我提出富有挑战性的、深思熟虑的问题,或是对我的各种草稿和论文提出建设性的评论。是他们让我成为一个与众不同的,也更好的(我希望是如此)历史学家。然而可惜的是,他们永远不能使我像汤姆·拉克(Tom Laqueur)那般学识渊博、充满好奇心或聪明睿智。我认为,能拥有像汤姆·拉克这样的英国历史学同行,且能不断从他那儿催化新思想是一件无比幸运的事情。还有一长串我在学术界的其他同僚,请原谅我无法一一列出他们的名字,但我仍要衷心感谢我的朋友、同事和历史系的学生,以及英国研究中心(Center for British Studies)、伯克利大学汤森中心(Townsend Center)副教授组(2003级)和 *Representations** 期刊的编辑委员会。我还必须感谢肯尼斯·卡彭特(Kenneth Carpenter)能够接受我的采访,并且带着我这个顽固的人道主义者去参观营养实验室。

除曼彻斯特大学和伯克利大学以外,还有许多人也提供了宝贵的支持。我回到英国后,戴维·文森特(David Vincent)和基斯·尼尔德

---

* *Representations* 为隶属汤森中心的文化研究类SSCI期刊。——译者注

(Keith Neild)在推进项目的过程中发挥了至关重要的作用。从那以后，我也从与米格尔·卡布雷拉(Miguel Cabrera)、伊恩·克里斯托弗-弗莱彻(Ian Christopher-Fletcher)、吉姆·弗格森(Jim Ferguson)、罗伊·福斯特(Roy Foster)、凯文·格兰特(Kevin Grant)、乔恩·劳伦斯(Jon Lawrence)、索尼娅·罗斯(Sonya Rose)、加雷斯·斯特德曼·琼斯(Gareth Stedman Jones)、安·斯托勒(Ann Stoler)、弗兰克·特伦特曼(Frank Trentmann)、朱迪思·沃克维奇(Judith Walkowitz)和艾娜·兹韦尼格尔-巴尔吉罗斯卡(Ina Zweiniger-Bargielowska)的讨论和他们的评论中受益匪浅。我的第一部专著在交出版社付梓之前没有任何人读过。但本书不同，本书从读过初稿的人中受益匪浅。以下这些人都读过本书的初稿并且提供了非常宝贵的建议：杰夫·埃利(Geoff Eley)、德斯·菲茨吉本(Des Fitzgibbon)、乔·古尔迪(Jo Guldi)、彭妮·伊斯梅(Penny Ismay)、帕特里克·乔伊斯(Patrick Joyce)、托马斯·拉克(Thomas Laqueur)、菲莉帕·莱文(Philippa Levine)、克里斯·奥特、卡罗琳·肖、丹尼尔·乌什金、戴维·文森特和尼古拉斯·胡佛·威尔逊(Nicholas Hoover Wilson)。哈佛大学出版社的乔伊斯·塞尔策(Joyce Seltzer)在我对此书的信心正逐渐消退的关键时刻对此书抱有信心(以及对我这个作者充满耐心)。对作者和读者而言，能有一位编辑帮忙阐明逻辑、论点和结构是何等幸事！珍妮弗·班克斯(Jennifer Banks)和苏珊·埃布尔(Susan Abel)在哈佛指导我书稿写作时也很专业干练且有耐心。去年夏天，凯特·巴伯(Kate Barber)花费了她高中最后一个暑假的大部分时间帮助我准备插图以及帮我整理办公室。戴维·阿尼克斯特(David Anixter)为了帮我编制索引第一次在加州度过了整个夏天。很多学者都允许我阅读和引用他们还未公开发表的研究成果，他们是劳拉·比尔斯(Laura Beers)、迈克尔·巴克利(Michael Buckley)、科里·德克尔(Corrie Decker)、菲奥娜·弗莱特(Fiona Flett)、凯文·格兰特、贾内尔·哈里斯(JuNelle Harris)、戴维·劳埃德(David Lloyd)、卡琳·迈克尔森(Kaarin Michaelsen)、马克·桑德伯格(Mark Sandberg)、丹尼尔·乌什金和唐·韦茨曼(Don Weitzman)。我还在许多会议上阐述过本书中的许多观点，我也要感谢所有参与这些会议讨论的人。劳工历史博物馆(Labour History Museum)的尼克·曼斯菲尔德(Nick Mansfield)、加州大学伯克利分校的菲比·简斯(Phoebe Janes)和伦敦韦尔科姆档案馆(Wellcome Archive)的莱斯利·霍尔(Lesley Hall)的存在提醒了我,要是没有出色的图书管理员和档案馆员的支持,历史学家也无法工作。我还要感谢这些乐队——快乐分裂乐队(Joy Division)、回声与兔人乐队(Echo and the Bunnymen)、神韵乐队(the Verve)和电台司令乐队(Radiohead)——这么多年来一直鼓励我坚持下去,并且给我带来希望,使我相信我的第二部书不会令人失望。过去的六年于我而言是动荡不安的,我的朋友和家人在这期间也给予我巨大的支持。我希望至少这三个勤奋的人——妈妈、克莱尔(Clare)和宾尼(Binni)——能够在第七章中看到些许自己的影子。

我在女儿米沙(Mischa)出生后不久就开始着手本书的写作。我那时候就给她许诺,因我已经给她的妈妈和哥哥都专门写过书了,本书是专门写给她的。虽然后来我的叔叔和父亲接连去世,但我也很有幸地再得一子——艾尔弗雷德(Alfred),他的出生弥补了了不起的杰克(Jack)的去世。艾尔弗雷德是我的爱妻给我的最新的礼物。我的妻子是我的挚爱以及我灵感的源泉,她一直在教导我做人的艺术。我无法用言语来表达我们对所拥有的这一切、她为我所做的一切以及她本人的感激之情。但亲爱的米沙,这本书是献给你的。除了戒烟以外,我信守了我所有的承诺,所以现在你不用再天真地却也毫不留情地问我:"你怎么还没写完你的书呀?"

目　　录

第一章　饥饿与现代世界的形成　/ 1

第二章　饥饿的人道主义发现　/ 14
　　饥饿作为新闻　/ 15
　　饥饿受害者的面孔不断发生变化　/ 25

第三章　作为政治批判的饥饿　/ 32
　　饥荒与英国暴政　/ 35
　　饥饿游行的诞生　/ 43
　　绝食抗议的政治:"超越普通人的忍耐极限"　/ 47

第四章　饥饿的科学与计算　/ 63
　　饥饿在技术和社会方面的低效　/ 65
　　一场营养学之战？　/ 71
　　实验室生活　/ 75
　　殖民地实验室　/ 79

第五章　饥饿的英格兰与一个富足世界的规划　/ 90
　　重新发现饥饿的英格兰　/ 92
　　确认饥饿的英格兰　/ 95

社会营养学与对于富足的规划　/ 103
　　战争与重建：社会营养学成为一门应用科学　/ 107
　　社会营养学的世界性任务　/ 112

第六章　集体喂养与福利社会　/ 122
　　学校餐和工厂食堂　/ 123
　　社区餐厅：一种"新的社会形式"　/ 137

第七章　人如其食：培养公民成为消费者　/ 149
　　贫困、无知和消费问题　/ 150
　　家庭管理和节约粮食　/ 153
　　家庭科学和高效厨房　/ 160
　　二战期间在厨房前线战斗　/ 169

第八章　牢记饥饿：英国社会民主的剧本　/ 179
　　只有懦夫才在沉默中饿死　/ 182
　　历史、记忆和饥饿的20世纪30年代　/ 193

结　论　/ 207

注　释　/ 212

索　引　/ 294

译后记　/ 309

第一章
饥饿与现代世界的形成

历史似乎总是与饥饿如影随形。就在你读这句话的时候,可能有人正因饥饿而面临死亡。每天都有2.4万人死于饥饿或饥饿导致的疾病,这就意味着每3.6秒就有一人因饥饿而亡。2001年9月11日,恐怖分子在美国杀害了2973人,而与此同时,在世界范围内约有3.5万人死于饥饿,这个数字几乎是"9·11"事件中被害者人数的12倍。这些死于饥饿的人还仅是全球处于饥饿状态的8.2亿人口的极小一部分——全球有约八分之一的人口缺乏足够的营养和食物。尽管我们常常认为自己已经远离饥饿,只有生活在被饥荒蹂躏的遥远土地上的那些陌生人才会挨饿,然而事实上,它就发生在我们身边。即便是在美国这个世界上最富有的国家,也有3500万人"缺乏食物保障",也就是说这些人过着吃了上顿没下顿的日子。因此,饥饿问题亟须得到人们的关注,正如那些致力于消灭世界范围内饥饿的非政府组织的工作人员所了解的那样。对饥饿的关注使我们与其他人紧紧联系在一起,因为我们都相信在现代社会中,没有人应该生活在饥饿中,更不要说死于饥饿了。

然而,事情却不总是如此。就在不久前,曾有一段时间,人们并不会因为饥饿幽灵的存在而感到不安,人们也并不关注和同情饥饿者。不到两百年前,人们认为饥饿或是一种自然状态,或是不可避免的和必然发生的,非人力所能阻止。因此,尽管饥饿者经常成为基督教慈善机构救助的对象，但并没有被当成完整的人来对待，人们咒骂和厌恶他们，而非同情他们。饥饿者遭受饥饿，无力对抗自然和天意，这些只能说明他们不够勤奋或意志薄弱。因此，饥饿就被视为一件很好且有必要的事情：饥饿可以教会那些懒人和穷人劳动的道德准则，教会他们如何作为一个勤奋的个体步入现代社会，具备在市场经济中竞争且供养自己的家庭的能力。比起那时，我们已经取得了长足的进步：我们不再认为饥饿者应该对自己忍饥挨饿这件事负责；我们同情饥饿者的遭遇，以彰显我们的人性；我们经常悲叹饥饿对全球经济增长的破坏性影响；几乎每年都有国家元首或上了年纪的摇滚明星聚集在一起，向全球饥饿宣战。

本书记录的是我们理解饥饿和感受饥饿的方式的显著变化史。作为在所有时代和任何地方都困扰着人类社会的不变的一种生物学状态，饥饿经常被视为人类境况中自然和固有的一部分。从这个意义上来说，饥饿自古就有且普遍存在。[1] 饥饿的含义以及我们对待饥饿的态度是随着时间推移而改变的，然而，饥饿的永恒存在和显著不变的物理特征却将这一点掩盖了。其中最引人注目的变化就发生在过去的两百年里——这便是饥饿的现代史。

在本书中，我打算追踪现代人对饥饿理解的三大转变——为方便起见，我们可以把它们称为神圣观、道德观和社会观。我格外关注的是，大约在19世纪中期到20世纪中期这段时间里，饥饿的概念要么是上帝神圣计划中不幸的或不可避免的一部分，要么是个人在道德上无法学会劳动美德的必要迹象，这些概念是如何逐渐被新的概念——饥饿是一个集体的社会问题——所取代的，虽然并不是彻底的取代。人们最终认识到，饥饿的过错并不在饥饿者本身。饥饿者本质上是失败的政治和经济体制的受害者，而这些，饥饿者无法控制。他们所遭受的饥饿不仅威胁着他们自身，而且威胁着整个社会的健康、财富和安全。本书的核心工作就是要对这种转变进行解释，以及解释这种转变是如何影响我们治理饥饿的方式的。

问题的关键并不是要展示一个我们现在熟悉的文化-历史诀窍，去揭示一些看似永恒不变的状态，而在于我们理解饥饿的方式在不断转变，因为这些方式塑造了人们解决饥饿问题的体系；追溯一个体系的历史必然意味着重新思考另一个体系历史。按照这种思路，饥饿的范畴成为重新思考治理方式和治国方略如何产生和运作的关键所在。我发现，饥饿的三大现代解释观（神圣观、道德观和社会观）并没有清楚地描述18世纪的旧观念是如何转变为19世纪的自由主义观念，再转变为20世纪的社会民主观念的。例如，人们尝试用社会手段治理饥饿时经常采取非常自由的方式，以致福利形式往往会采用过去那种惩罚饥饿者的行为，让他们为自己的苦难负责。因此，我们必须从根本上重新评估20世纪下半叶出现的福利国家和全球机构是如何消除饥饿的，我们也必须认识到它们所取得的成就是多么有限和不稳固。

我认为，英帝国在改变饥饿的含义和现代饥饿救济制度方面发挥了至关重要的作用。尽管英国作为第一个工业化国家在18世纪后期有效地摆脱了饥荒或大规模生存危机，但饥饿在英国本土仍然普遍存在，在其不断扩张的帝国领土上亦是如此，在英国以及殖民想象中仍然占据了核心地位。在18世纪晚期和19世纪早期，亚当·斯密（Adam Smith）和托马斯·马尔萨斯（Thomas Malthus）最早提出了饥饿的现代政治经济学。虽然他们对于饥饿是人为造成的还是上天注定的现象各执一词，以及对新兴的市场经济到底会消除饥饿还是将饥饿作为刺激工业发展的动力展开了激烈的辩论，但两人都认同，生产的富足或匮乏应该由市场决定，不受政府的干预。同样在英国，在19世纪下半叶，这种观点首次受到挑战，因为此时人们开始把饥饿视为一个人道主义问题和社会问题，即市场未能创造足够的国家财富，以及国家未能保护其公民免受他们无法控制的经济衰退的影响。还是在英国，饥饿被认为是一个帝国主义问题，随后又被认为是一个全球性问题，需要采取新的国际救助形式。在英国，新的政治运动和治国方略的发展提出要解决饥饿问题和战胜饥饿。简而言之，在过去的两个多世纪的英帝国，现代化的故事部分是围绕着征服饥饿或者至少是将饥饿驱逐到尚未"开发"的土地上而展开的。

本书阐述了饥饿不断变化的含义和治理饥饿的现代体系，但并没有解释为什么饥饿仍然大规模地存在于全球范围内，也没有阐释该怎样消除饥饿并将其载入史册。[2] 我认为，与其解释现代世界饥饿的起起落落，不如来对现代营养史做个研究。首先，英国正是因为摆脱了饥荒和生存危机才成功地通过充满活力的经济扩张过程成为第一个工业化国家。其次，英国的殖民地不停地遭受着灾难性的饥荒的折磨，然而在英国，不断增加的卡路里摄入量（通常是从殖民地汲取的例如蔗糖等廉价食物中获取的）和更好的营养解释了为什么现代英国人生活水平得到了提高且寿命也得到延长。所有这些问题都能在涉及饥饿历史的卷帙浩繁的文献中找到答案。我并不想去重新审视这些过程，我关注的重点是在历史上人们是如何理解这些过程的，以及我们为什么首先要提出有关饥饿的本质、缘由和解决之道等问题。在各种现代化理论的影响下，早期的饥饿史往往是我正在写的这段历史的产物。在这段历史中，那些早期饥饿史重现了表明人们对饥饿问题不断变化的看法和反应中某个特定阶段的辩论的措辞和分析的形式。这其中的许多饥饿史都写于20世纪中期，我的历史叙述也正好结束于那段时间。这并非巧合。而人们把英国作为现代征服饥饿的典范，也并非巧合。

许多学者认为饥饿阻碍了现代化进程，于是他们开始探索欧洲是如何以及何时摆脱了使其衰退的饥荒，其研究的目的在于希望欧洲的现代化之路能为其他仍处于发展中的国家提供经验。根据广义的马尔萨斯模型计算，哪怕仅仅是为了驳斥饥饿阻碍现代化进程的观点，学者们主要研究的是1750年后农业生产力的提高是如何支撑不断增长的人口的，尽管受到歉收年份或者其他环境灾难的影响。在对这一进程的众多描述中，有些学者关注的是长期的环境变化，有些学者关注的是诸如新食品、生产形式或公共卫生措施等技术的发展，还有一些学者关注的是不断改变的人口结构和家庭结构。[3]但所有的研究都关乎摆脱饥饿和创造农业剩余是如何为下一步的现代化即工业化奠定基础的。劳动人口不再依赖土地，他们可以迁徙到蓬勃发展的城市和工业中心。由于市场竞争和技术创新推动价格下降，尽管这些城市和工业中心会面临周期性衰退，但人们的生活水平依然逐渐上升。正如政治动荡是饥馑年代的产物，经济现代化会直接促进社会稳定和政治稳定。这些历史学家讲述的最早有记录的，也是在英国取得最大成功的现代化的故事，就是关于征服饥饿的故事。

这种现代化的模型借鉴了对英国提前步入现代时期的"乐观"解读，且有意识地驳斥了早前那种把英国的农业革命和工业革命视为社会灾难的"悲观"描述，即正是农业革命和工业革命使得劳动阶级贫困潦倒且永远无法摆脱饥饿的困扰——这些观点在弗里德里希·恩格斯（Friedrich

Engels)写的《英国工人阶级状况》(Condition of the English Working Class，1845)和阿诺德·汤因比(Arnold Toynbee)写的《英国工业革命讲稿》(Lectures on the Industrial Revolution，1888年汤因比去世后出版)中都有经典的阐述。[4]乐观主义者总是着眼于宏观进程的统计描绘，如人口的增减、物价和工资的涨跌，而悲观主义者则往往指出社会经验的人力成本。正如卡尔·波兰尼(Karl Polanyi)和爱德华·汤普森(Edward P. Thompson)在20世纪50年代和60年代所争论的那样，向市场经济的过渡不仅取代了植根于社会责任网络的交换关系的观点，而且改变了整个工匠阶层的观点，他们很快认识到，贫困和饥饿是市场新的惩罚机制。[5]一些历史学家甚至认为，饥荒远不是要追溯到17世纪的遥远记忆，英国在向工业化市场经济过渡的过程中一直受到饥荒的困扰。[6]自20世纪70年代以来，一代历史学家对这些早期作品中的激昂之情和悲观主义提出质疑，呼吁对19世纪晚期和20世纪的营养状况进行调查(对饮食、健康和收入进行综合衡量)以证明人们的生活水平实际上有所提高。[7]尽管这项营养调查未能使营养技术接受历史的审视，但它绝不是简单的对经济现代化的"乐观"辩护。相反，它证实了穷人和富人所吃的东西的差距日渐拉大，并且追溯了随着20世纪福利国家的发展，这种差距又是如何缩小的，以及市场又是如何再次社会化的。

在某种程度上，爱尔兰和印度的民族主义者的努力预示了在英国发展起来的以历史为基础的对古典政治经济学和工业化的社会批判。这些民族主义者证明了，人类在工业化中付出的代价还包括在殖民地饥荒中丧失的数以百万计人的生命。他们认为，英国的经济现代化是建立在其殖民经济欠发达的基础上的——20世纪对帝国主义和自由主义现代化理论的许多批评家进一步论证了这一论点。[8]这些批评家指出，英国人的自负就在于他们认为他们的古典政治经济学规律是普遍适用的，因此，所有的国家都必须遵循英国历史上独特的经济现代化道路。到20世纪中叶，这种观点将殖民晚期和后殖民时期的发展理解为一种"赶超"经济，认为所有饱受帝国主义的全球资本主义不均衡之苦的地区都需要这种"赶超"经济。阿马蒂亚·森(Amartya Sen)关于饥饿的政治经济学的开创性著作就是依据他在1943年英属殖民地孟加拉所遭遇饥荒的童年记忆，该著作正是这种批判传统的体现。他认为，饥荒并不是粮食短缺造成的，而是个人无法提出对现有的粮食供应的"应享权利"所造成的,这也是他对作为战后现代化理论主要特征的乐观主义的严肃批判。森认为,这不是一个关乎经济增长的问题,而是关乎权利的问题。考虑到森所持的个人主义和法律主义的权利观以及这种权利观在批判殖民暴政话语中的谱系,他越来越强调作为阐明应享权利的必要基础的政治现代化和民主的重要性,也就不足为奇了。[9]

我之所以重复而不去质疑早期历史学家所争论的实际过程和事件,是因为我所感兴趣的是人们如何从文化和政治的角度去理解这些发展。我同情悲观主义者,也理解他们对现代性社会经验的评估可能会与宏观经济措施的乐观主义大相径庭,但我坚信这种社会经验是由文化和政治塑造的。所以,我想就现代饥饿的历史提出两个假设。假设一:饥饿是一种能够用一系列生物医学和社会科学测量方式进行测量的生物学状态。假设二:饥饿是更广泛的历史力量和社会经济过程的结果(effect)。

我认为饥饿绝不仅仅是建立在人的身体这个物质体上的一种状态,这是很明显的了。无论我们的感觉是多么简单和肤浅,我们都知道饥饿是一种什么样的感觉。我们可以想象,无论是什么时候,在什么地方,对什么人,饥饿的可怕经历都是相同的。我的工作并非要坚持将所有已知的东西都幻化成灰,现实中也没有这样的事,身体也只是一种文化;相反,我坚持认为饥饿在它明显的一贯的物质形态下还有文化历史。这种文化历史非常重要,不仅因为饥饿会给人们带来伤害,还因为这种伤害往往具有历史和文化的特定性。将饥饿归为某一类别是非常难以拿捏的,我们需要审慎对待它,因为术语在现代的大量使用表明了饥饿的不同状态——从挨饿(starvation)到营养不良(malnutrition)再到节食(dieting)——这些术语见证了饥饿的形式和含义的变化。因此,在某种程度上,我采用的是现在人们熟悉的文化历史的形式,所关注的不是阐述饥饿的物质原因或饥饿带来的后果,而是饥饿不断变化的和历史特定的含义。[10]

将饥饿既视为文化范畴也视为物质状态(因为它总是两者兼有)能够让我们挑战这样一种假设,即认为饥饿仅仅是其他历史(如资本主义和帝国主义的兴起或民主制度和福利国家的发展这类历史)的例证。饥饿往往被解读为早已存在的社会经济利益和团体在零和博弈中争夺权利的结果,而权力总是集中在民族国家手中。在英国背景下,我们通常会看到一个孤立的、关于英国工人阶级形成的民族故事,各种政治运动和政党竞相呈现这个故事。这些团体制定了各种各样的社会政策,最终导致福利国家和凯恩斯主义政治经济学的出现。[11] 相比之下,我的目标是展示饥饿是如何形成自己的历史:饥饿是如何成为我们现代人用来反思我们居住的世界的一个范畴。饥饿改变了我们看待自己的方式,改变了我们对彼此的责任,也改变了我们与国家和市场的关系。界定和控制饥饿的斗争,产生了饥饿的权力网络、饥饿的政治选民、饥饿对政府责任的理解以及饥饿自身的治国方略。在对饥饿的含义和解决办法的讨论中,我发现在很多不熟悉的地方都有这种权力存在,它很少长期在一个地方存在,也很少受到民族国家的约束。这并非说饥饿是一个无法治理的问题。相反,它非常适合于一系列改革方案,以至于在许多要打响反饥饿战的地区周围,权力循环不断积聚倍增。虽然现代化承诺将要消除饥饿,但是饥饿顽强的存在导致了问题依然层出不穷。[12]

因此,《饥饿:一部现代史》讲述的就是各种各样的行动者如何促成饥饿问题新观点和解决方案不断涌现。在接下来的内容中,你们会看到熟悉的政治活动家、经济学家、社会科学家和记者与营养学家、饮食改革家、家庭科学家、慈善家,以及那些希望从饥饿的苦痛中被解救出来的男女老少并肩作战。反过来,他们发现他们的世界和行动是由旨在帮助消除或减轻饥饿的物质对象和基础设施(包括实验室和使用手册,定量配给册和菜单设计师,有高效厨房的理想家庭、学校、工厂和市民食堂)塑造的。我跟踪了他们制作的各种各样的档案材料(包括规范文本、政治传单、社会调查、营养学论文、管理手册、建筑设计、电影、广播、自传的证词、歌曲和漫画等)中关于饥饿的论述。这些材料有助于我们重新关注现代饥饿史中长期被忽视或遗漏的领域:对殖民地饥饿的批判、绝食抗议、饥饿游行、童年饥饿的故事、挨饿的奇闻、测量饥饿的技术的发展、喂养人民计划、提高厨房效率和家庭主妇效率的计划。其实,并非历史学家们没有去关注这些特殊领域,事实上许多有价值的研究已经涉及了这些领域,只是我们在广泛讨论现代世界的饥饿问题时,还没有认识到这些领域也是其中相互依存的一部分。

让我们回溯到饥饿被视为一个问题之前的阶段,简要回顾一下我们现代对饥饿理解的新颖性。我们可以首先回顾一下皮耶罗·坎波雷西(Piero Camporesi)描述的近代欧洲饥荒的灾难景象以及人们对食物的狂热想象。在文艺复兴和启蒙运动的数百年间,整个欧洲大陆都被饥饿笼罩。一队队瘦骨嶙峋的乞丐和流浪汉艰难地蹒跚前行,捡食为生,偷窃度日,还时不时需要从腐烂的尸体上跨过,那些都是停下来休息却再也未能站起来的人。这些幸存者不断地在前进途中寻求他们所能做的工作,却又往往因为太过虚弱而无力胜任。无休止的饥饿折磨催生了各种各样阻止饥饿的做法——堵塞肛门使肠子有饱腹感,吃粪喝尿,当然还有吃人肉——虽然后来,在食物更为充足的时期,这些被认为是疯狂的行为。然而,坎波雷西坚持认为,这些疯狂的行为都是饥饿造成的:通常吃了腐烂的食物所导致的疾病和食物中毒可以使人们忘记肚子的绞痛和由此引起的无力感。即使是在欧洲,几个世纪前,饥饿也被认为是人类境况中不可避免的一部分,因为这是上帝对人类罪恶行径的惩罚。[13]

在近代早期的英格兰,情况并非如此惨淡。在那里,饥饿并不是普遍存在的,饥饿者的悲惨宿命被英格兰人谨慎的生育模式以及远远超越了伊丽莎白济贫法的一系列家长式检查和慈善平衡措施抵消。[14]到 18 世纪,在饥荒时期反对可恨的中间商的合法的粮食骚乱和其他一系列平民"紧急事件"无不呼唤着道德经济的出现。[15]我们不需要对这种道德经济进行美化,就可以认识到这种新的政治经济学拥护者所带来的巨大变革,他们相信必须把市场从明显陈旧的社会关系和社会期待的障碍中解放出来。亚当·斯密认为,粮食短缺和饥荒都是由人类造成的,而不是上帝制造的,是无时无刻不带着枷锁的市场的产物。斯密回顾了最近"折磨着欧洲所有地方的食物短缺和饥荒的历史",指出,虽然食物短缺偶尔可能是收成不好或是战争导致的,但饥荒则只能是由于"政府试图通过不正当的手段",强迫"经销商以合理的价格出售他们的谷物来弥补由于食物短缺所造成不便"的暴力行为的结果。他总结道:"谷物贸易的自由几乎在任何地方都或多或少地受到限制,在许多国家,贸易自由经常受制于这样荒谬的规定,往往导致不可避免的食物短缺的不幸事件,最后演变成可怕的饥荒之灾。"[16]要是没有这种误导性的干预,市场会找到它的自然节奏,产生"国家的财富",并创造一个没有饥饿的世界。

相比之下,同样是市场拥护者的马尔萨斯对市场能够消灭饥饿的能力并不看好;事实上,他甚至不相信有必要这样做。马尔萨斯认为,自然法则不仅决定了饥饿仍将在现代生活中顽固地存在,而且它是一种必要的恶。人类对性的渴望往往大于对食物的渴望,这就决定了人口的增长总是会超过市场生产粮食的能力。斯密认为饥荒是人为造成的,是过度干预市场的结果;而马尔萨斯则认为饥荒是检验道德观念薄弱者的自然方式。他写道:"饥饿,似乎是终极的、最可怕的自然资源。人口的力量比地球上人类赖以生存的力量更强大,因此,过早死亡必然会以某种形式降临到人类身上。人类的罪恶就在于那些积极的和有能力的致力于减少人口的部长",但可能他们"还未完全取得成功,不可避免的巨大饥荒就已经在背后蔓延,一次巨大的饥荒打击就可以把世界上的人口与粮食拉平"[17]。我们暂且不管马尔萨斯关于饥饿的道德观或天意观,因为这两种观点在他后期的作品中都十分明显,马尔萨斯始终认为饥饿是世界的自然和必要的组成部分,应该留给市场逻辑来处理,不应受到政府的干预。

而斯密则与其他英国启蒙运动者一样,乐观地宣扬对富足的展望以及对奢侈生活的渴望会激发人们的劳动。到18世纪80年代,穷人数量不断增长加剧了马尔萨斯等人的悲观情绪,他们相信只有饥饿才能教会人们勤奋。用约瑟夫·汤赛德(Joseph Townsend)听起来令人寒心的话说,饥饿教会了"那些最粗野、最固执和最乖僻的人以礼貌和文明、服从和归顺"[18]。因此,汤赛德和马尔萨斯坚定地反对济贫法,他们认为该法案会让穷人意志消沉,使他们更多地而非更少地依赖他人。在新的分配体制下,饥饿应该从学习自由市场纪律的个人道德品质的角度来理解,而不能从家长制管理、慈善事业和偶发的粮食骚乱无法使市场道德化的角度来理解。在这方面,始于18世纪后期并席卷了整个新教英格兰地区的福音派运动对饥饿的理解起了一定作用,福音派运动强调罪恶的个人对贫穷的责任,以及他们必须通过努力工作来赎罪和救赎。[19]在新的伦理观中,饥饿不再是由政治经济学弊病所导致的问题,而是解决政治经济学弊病的方法——它已经成为一种主要的训诫工具。

在19世纪早期的英国,对贫穷和饥饿精打细算的管理成为设计治国方略的关键,以保证市场可以在摆脱早期道德经济和道德观的纠缠的情况下运作。1834年颁布的新济贫法就是这种做法的经典例证,该法案因通过济贫院的惩罚制度强迫穷人劳动而臭名昭著。在济贫院这个有辱人格的机构中,"劣等处置"*的管理原则清楚地体现在收容者不充足的饮食中,济贫院只打算给收容者提供低于"维持劳动阶级正常生活的水平"的饮食。[20] 讽刺的是,这个新马尔萨斯主义胜利的时刻(正如前述,马尔萨斯坚决反对国家对穷人的施援)很快就烟消云散了;在人们对新济贫法的憎恨和反对的呼声中,认为只有饥饿可以教导穷人劳动的美德使他们重新提高道德水平的主张根本立不住脚。[21] 我并不是说在19世纪40年代,认为饥饿者自身的悲惨遭遇是他们的不道德所造成的这种新马尔萨斯主义观点突然不复存在,因为尽管人们不断地修正济贫法,即便在1948年最终废除了济贫法后的很长一段时间,济贫院的不人道做法也一直困扰着英国贫穷劳动者的生活。[22] 尽管如此,随着饥饿被认为是一个人道主义问题,继而被视为新的治国方略需要解决的社会问题,我们将会看到,人们认为饥饿者是挣扎于毫无人性的济贫法和容易出现系统性失灵的市场之间的受害者,所以对他们的同情与日俱增,这也导致人们对济贫院的信任度逐渐降低。

撰写饥饿的现代史——描述饥饿是如何被当作一个社会问题来看待和管理的——使我能够重新审视卡尔·波兰尼在辩论中所描述的"社会(society)的发现",该观点后来被汉娜·阿伦特(Hannah Arendt)和米歇尔·福柯(Michel Foucault)重新阐述为"社会性"(the social)的历史。[23] 他们认为,在18世纪晚期和19世纪初,人们对世界的理解和行事的方式被重新构想为一系列独立的范围或领域,即经济领域、社会领域和政治领域,每个领域都有其独立的模式、规律和准则。其中关键的一点是,这些领域在形成时就被割裂了。因此,市场就可以不受社会问题和经济问题的干扰而自由运作。[24] 社会性是解决当代人越来越多提及的社会问题的领域:如贫穷、犯罪、疾病等现象,这些现象从源头或特征上来讲既非经济领域也非政治领域,而这些现象在塑造人们生活的同时,也同样被认为超

---

* "劣等处置"(less eligibility)原则是新济贫法的原则之一,指的是游手好闲者的状况不应明显好于收入最低层独立劳动者的状况。新济贫法是1834年英国议会通过的济贫法修正案(The Poor Law Amendment Act of 1834),主要特点就是在"劣等处置"原则下实行"院内救济"。——译者注

出了个人控制的范畴。现在社会性带来的问题被认为与经济问题和社会问题截然不同,因此需要不同类型的专家来关注这些问题,他们能够发展新的调查技术,对那些即将被视为棘手的一系列社会性问题,能够清楚地辨析出来并且提供可行的解决方案。[25] 渐渐地,在 19 世纪中期,对这些现象的专家调查给社会性赋予了生命,即社会(society)的实体:社会性不再只是影响人口中某些有特定问题群体的互不相干的一系列问题,而是被视为一个整体性的、有其自身逻辑的(后来被理论化为规律)体系,有待我们去发现它并以社会进步的名义采取行动。到 19 世纪末和 20 世纪初,个人被视为不可简化的社会存在(social being),而社会则被视为经济和政治之间重要的结缔组织。事实上,对社会性的管理确保了政治和经济两大领域的稳定性——英国通过在 1911 年建立社会保险体系承认了这一事实,该体系为 1942 年《贝弗里奇报告》发表之后的福利国家奠定了基础。[26]

然而,在 20 世纪 80 年代,玛格丽特·撒切尔和让·鲍德里亚(Jean Baudrillard)这对奇怪的组合却宣告了社会性的死亡。我们现在对新自由主义的主张再熟悉不过了,撒切尔最有力地阐述了这一主张:除家庭以外,没有任何东西处于个人与市场之间——根本不存在所谓的社会。在这种情况下,政府的目的不是保障和规范社会性,而是让个人作为消费者对自身的教育、健康和财富负责,尤其是通过在公共服务中开放竞争和市场机制的方式实现。同样,一些社会理论家得出结论,社会性传统上以其经典现代形式被理解为系统性的,并且从领土上看仅限于民族国家范围内的,这样的社会性在欧洲和美国已不复存在。还有一些人,像鲍德里亚和布鲁诺·拉图尔(Bruno Latour),则坚称这样的社会性从未存在过,社会性始终是现代人文科学的一项发明,依赖于人文科学对 19 世纪晚期工业资本主义阶级关系的构建。[27] 安东尼·吉登斯(Anthony Giddens)和齐格蒙特·鲍曼(Zygmunt Bauman)等人则认为社会性的经典现代经验和理解——以此出发的社会学学科已经取得了较好的地位——已经在全球化晚期资本主义和信息技术的巨大力量下,转化和分解为社交性(sociality)的"流动"形式。[28]

本书主要关注的是波兰尼、阿伦特和福柯所提出的社会性的形成史与关于社会性的死亡的最新理论之间很大程度上未经检验的历史鸿沟。[29]因此，本书的核心主要关注从1851年庆祝帝国和自由贸易所带来的繁荣的万国工业博览会（the Great Exhibition），到1951年呈现更为内省的社会民主规划未来愿景的不列颠节（Festival of Britain）之间的百年历程；又或者，我们可以把它看作介于爱尔兰大饥荒与任命英国营养学家约翰·博伊德·奥尔（John Boyd Orr）为解决世界饥饿问题的联合国粮食及农业组织（United Nation's Food and Agriculture Organization，FAO，简称粮农组织）的首任总干事之间的这个阶段。本书尝试从一种世界性的、广义的文化历史角度，用饥饿史的范畴来重新思考在当前危机时刻的现代英国的社会民主政治和福利国家。

简而言之，《饥饿：一部现代史》一书的讨论结构如下：第二章和第三章探讨了第一次世界大战之前，在整个英帝国，由于饥饿首先唤起了人道主义同情，随后又成为政治抗议和政治动员的对象，新马尔萨斯主义关于饥饿的观点逐渐站不住脚。第四章和第五章探讨了从19世纪晚期开始，新兴的社会与营养科学是如何将这种新的政治意愿转化为实际可行的社会治理饥饿的机制。第六章和第七章主要讲的是随着上述政治和技术发展使运用社会福利和政府干预的形式来战胜饥饿成为可能。最后，第八章提醒我们不要忘记人们在政治运动中所发挥的作用，人们不仅使这些福利制度变得更加民主化，而且还清楚地记得饥饿的痛苦经历，正是这些痛苦记忆使得福利制度成为必要。

对某些人来说，本书似乎采用了一种更为繁琐的方式来讲述人们熟悉的从自由主义向社会民主过渡的故事，即市场一旦自由化且允许自由运作后，它是如何受到约束并为社会利益服务的。本书的特别之处在于它对权力和机构的归因不同，还在于它对社会民主和重组带来的福利国家有着更具批判性的远见。[30]福利国家从来不像怀旧的社会民主主义者所吹嘘的或新自由主义者讽刺的那样是历史上浓墨重彩的一笔；它始终是一种混杂的且不稳定的成就。人们很少可以预见谁能够获得不挨饿的权利；这种权利涉及各种形式的机构，国内国外的都有，而且经常跨越民族国家、殖民领域和跨国组织的范围。我希望我们不仅要承认这个事实，从而能够理解我们目前存在再次把饥饿归咎于饥饿者的趋势,我还希望我们可以考虑其他社会和政治形态,这些政治形态不依赖于被系统地组织和概念化的 19 世纪的政治。对我们来说,全球饥饿者的不满情绪和福利状况才是至关重要的,所以我们一定要对这些不满情绪和福利状况进行历史的检视。

第二章
饥饿的人道主义发现

如今,当我们对饥饿致死的可怕景象发生在遥远的国度这一现象再熟悉不过时,我们很难想象历史上还出现过那么一个时代,在当时,挨饿算不上新闻,也很难引起人们半点同情。然而,正如我们所看到的,在19世纪早期,马尔萨斯理论依旧有着重要影响,饥饿可以强迫穷人工作,还可以防止不可持续的人口过剩现象,因而被认为是维持道德秩序的自然基础。因此,饥饿者成为人们唾弃而不是同情的对象。人们认为,任何试图减轻饥饿者痛苦的做法都会使他们更加依赖别人,而不是更加自主。无独有偶的是,当"人道主义"(humanitarian)一词于19世纪中期首次出现的时候,它是一个贬义词,暗示着对"过分秉持人道主义原则的人"的鄙视。[1]

所有这一切是在何时又是如何改变的呢?只有当立意新颖的新闻报道使人们对饥饿者的痛苦感同身受并驳斥马尔萨斯的因果模型时,饥饿者才成为人道主义关注的对象。从这个意义上说,饥饿在19世纪40年代首次成为新闻,然而直到19世纪最后几十年,它才被确立为一项人道主义事业。这项事业促成了一些旨在消除饥饿的组织的产生,例如救助儿童基金(Save the Children)和乐施会(Oxfam)。当然,我并不是说对饥饿的人道主义救助或慈善救助应该更早一些,而是说这些救助行为往往都是地方性的和个人的行为。正如其他人已经巧妙地证明了,从18世纪晚期开始,现代人道主义的蓬勃发展就依附于各种对象和原因,而这种发展的新颖之处就在于它开始关注遥远的陌生人所遭受的苦难。随着市场和契约交换法则的建立,人们无形地与陌生人联系在一起,并要对个人行为所带来的遥远的后果负责。与此同时,新形式的专业知识揭示了人类苦难的面貌并勾画出其缘由,从而使从技术上有效改善饥饿问题成为可能,而且从道义上来说也是责无旁贷的。²将饥饿作为新闻来报道成为19世纪后半叶应运而生的新新闻技术和报道风格的任务。它通过一个个故事——饥肠辘辘的儿童的无助、入不敷出的母亲无法养活家庭的痛苦,甚至后来还有勤勤恳恳却依旧失业的工人的困境——向读者展示人类的饥饿之殇,帮助人们认识到饥饿者从道德上来讲是无辜的,他们是不可抗力的受害者。因此,首先挑战马尔萨斯伦理并建立饥饿的人道主义的是将饥饿作为新闻来报道,而非具有更大同情心的人道主义者的出现。³

饥饿作为新闻

通过政治动员来反对新济贫法的反济贫法运动使得保守党家长主义者和激进工人找到了共同立场,他们一致反对促成了新济贫法的政治经济学。然而,从本质上引发对新济贫法的人道主义批评并且质疑其背后的马尔萨斯伦理的是伦敦的《泰晤士报》(Times)。从一开始,《泰晤士报》就将新济贫法称为"挨饿法案",从19世纪30年代末到40年代,该报文章都适时强调了饿死的人数及其痛苦——死者要么因为拒绝进入济贫院而饿死,要么就是刚从济贫院出来就饿死,这让济贫法委员会的委员们十分懊恼。⁴这些报道引用了托马斯·拉克尔所描述的验尸官调查中出现的人道主义叙述,这些叙述详细描述了生命的历史,以及导致某些人"饿死"的一连串事件。⁵这种对痛苦的详细的个体化描述揭示了原本难以想象的恐怖画面,即在英国人们真的是"慢慢熬死":一些故事是关于骄傲的但破产的男人们丢掉了工作,并因他们无法养活家庭而羞愧不已;有一些故事是关于女人们无法喂饱或安抚因饥饿而嗷嗷待哺的孩子;还有一些故事是关于孩子们进入济贫院时身体健康,但随后却变得瘦骨嶙峋并很快死去。我们并非要对这类死亡的总数进行数据统计,但这一波又一波的人间悲剧需要我们的关注和同情。《泰晤士报》一直不厌其烦地强调它有责任将这些"痛苦"的故事带到公众面前——不管这些故事的频率会有多么"让人厌烦",或是这些故事的细节是多么"让人无比痛苦"——而且要谴责"导致这样残暴行为的制度",因为在所有的"人类的苦难和折磨中……没有什么能比'饿死'更能撕碎我们的心灵或折磨我们的感情"。[6]

这些报道挑战了马尔萨斯因果模型,报道坚称饿死的人并不是懒惰的、德性不佳的人,并不是如果不遭受饥饿就永远学不会劳动的人;相反,他们是超出他们控制范围的力量和事件的无辜受害者。妇女和儿童总是成为这些报道的核心,就像查尔斯·狄更斯(Charles Dickens)笔下的雾都孤儿奥利弗·特斯特(Oliver Twist)一样——他想多要一点粥的绝望的祈求一直都是济贫院不人道的经典形象——和那些失业的男人相比,妇女和儿童更容易被视为同情的无辜对象。[7]事实上,《泰晤士报》的报道以及随后的社论经常不遗余力地驳斥那些发生了饿死事件的地方"救济官员"和监护人委员会的论点,而且还通过彰显他们在道德上的不负责任、无能和不人道,来颠覆他们马尔萨斯式的逻辑,就差没指控他们是杀人凶手了。[8]济贫法官员的疏忽和残暴,以及他们对待穷人的不人道做法加深了人们的人道主义恐惧,他们把济贫院视为使人们"甚至活得连畜生都不如"的工厂。[9]最好的例子是在1845年到1846年间,《泰晤士报》引发了议会对安多弗(Andover)济贫院的调查,人们发现在那里挨饿的被收容者们吃的是本该用作肥料的腐烂的骨头肉(据说有些还是人肉)。[10]

将饥饿者从责骂声中解救出来,并且将他们作为完整的人带入现代社会,这样做的并非只有《泰晤士报》一家。[11]在19世纪40年代后期,爱尔兰的饥荒也使人们对爱尔兰遭受饥饿的人产生了前所未有的人道主义同情,这在很大程度上是源于报纸上所刊登的关于饥饿之殇的悲惨报道。很多报道都已经被整理成文集或被学者用来进行细致的分析,这些报道的力量往往在于它们用非常相似的技术来呈现饥饿者的苦痛。[12]这些报道的震撼力在于采用了目击者叙述这种新的手法:在饥荒时期,在现场直接体验了苦难的旅行者、慈善家以及牧师经常以书信的形式为大都市的报刊媒体撰写报道。以《伦敦新闻画报》(*Illustrated London News*)为例,其报道又补充了一些挨饿者瘦骨嶙峋的生动的画面,让挨饿的恐怖更直接地呈现在读者面前。这些来自爱尔兰饥荒前线的报道足以促使甚至是最坚定的马尔萨斯信徒去重新审视他们对饥饿者的无情的看法,对此我们将在第三章进行详述。无独有偶，20多年后，在"平衡时代"（the Age of Equipoise）的前所未有的繁荣中，兰开夏郡（Lancashire）的棉花荒歉（Cotton Famine）使人们更加深刻和痛苦地认识到市场的系统性失灵（因为没有人能说兰开夏郡的棉花产业还需要像爱尔兰一样有必要去学习市场经济的规律或了解自由贸易的好处），人们还认识到这场饥荒的受害者在道德上是无辜的，济贫法未能提供足够的救济或人道主义形式的救济。两组报道脱颖而出，使饥饿者遭受的人类苦难显而易见，并产生了全国性的，实际上是全球性的人道主义反应：《曼彻斯特每日观察家时报》（*Manchester Examiner and Times*）的特约通讯记者埃德温·沃（Edwin Waugh）和写给该报署名为"一个兰开夏郡的小伙子"的报道最终促成了大厦之屋基金会（Mansion House Fund）*的创立。[14]这些报道深深植根于对当地情况的了解和记者的专业知识，通过模仿饥饿者和绝望的棉花工人浓重的方言，特别有效地将每个人的遭遇个性化地呈现出来——记者通过这种做法让饥饿者直接向读者讲述他们的故事。

到19世纪80年代，新一代的改革派和调查记者不再需要通过一场大灾难来让人们看到饥饿，并将其呈现为一场需要立即采取行动和补救措施的人类悲剧。[15]人们认为由W. T. 斯特德（W. T. Stead）的《帕尔摩报》（*Pall Mall Gazette*）所引领的"新新闻主义"（new journalism）不仅仅通过揭露国内外令人震惊的社会和政治现状来制造"新闻"，还通过人性化的故事、连载故事、将记者作为故事的主人公或参与者穿插其中，以及使用标题、插图、地图、索引和照片等方法，以更容易理解的形式来呈现新闻，从而改变了新闻的内容和形式。这些新的制作新闻和报道新闻的技术给记者带来了沉重的负担，他们既要当民族志的目击者又要当专业调查员。然而，一旦具备这些本领，他们就可以成为特约记者，同时他们自己也会成为公众人物。在新的分配制度下，饥饿变得极具新闻价值：记者以连载的形式记录他们深入城市或国家最黑暗之处的过程，随着一个又一个令人震惊的真相的揭露，建立叙事的强劲势头。[16]正如一位国会议员于1887年在海德公园举行的臭名昭著的"血腥星期天"（Bloody Sunday）

---

* 该基金是在1899年由伦敦市市长倡议建立的慈善机构，旨在给战争贫民提供财政救济。——译者注

失业者示威活动后所说:"人们在富人面前展示赤裸裸的挨饿情景不再被认为是一件低级趣味的事情。"[17]事实上,上一年,在《环球报》(Globe,该报的第一期是在特拉法加广场举行的大规模失业者集会当天发行的,那次集会最终导致了一场骚乱的发生[18])连载刊登的由 A. S. 克劳斯(A. S. Krausse)写的《挨饿的伦敦》(Starving London)系列报道中,作者详述了自己在穷人堆里度过的三个星期的经历。该报道就是一篇揭露被穷困居民的饥饿所困扰的城市的新新闻报道的典范。在接下来的三十年里,尽管饥饿报道的动态渐渐发生改变,但新新闻主义的记者们依然确保了饥饿报道在新闻中占据头条。因此,就在 1904 年饥饿游行发生的几个月前,当失业率再次达到顶峰时,《每日电讯报》[Daily Telegraph,其主编 J. L. 加文(J. L. Garvin)曾在《纽卡斯尔纪事报》(Newcastle Chronicle)以倡导新新闻主义而著称]在头版新闻《挨饿之地》("The Land of Starvation")中宣布为西汉姆(West Ham)的失业者成立一项救济基金(参见图 2.1)。在现在看来,这个煽情的标题和文中对整场灾难的叙述并没有什么不寻常之处,但这条新闻的新颖之处在于它插入了一张生动的地图,该图是依据查尔斯·布思(Charles Booth)在他当时刚完成不久的伦敦贫困调查中开创的制图技术制作的。《挨饿之地》标记了"最贫困的地区",并且对贫困的差异和痛苦的程度进行了细微的区分,用深色区域标示"最贫困"地区,颜色渐浅的依次是"长期贫困"地区和"暂时贫困"地区。[19]

世纪之交,类似这样的报道使饥饿的人道主义发现转变为人们承认饥饿是一个紧迫的社会问题。其危险性就在于饥饿的规模、距离和范围。尽管巴特·肯尼迪(Bart Kennedy)对饥饿的描述在语气上是相当浮夸的,但他把饥饿描述为从国家的心脏向外扩散的癌症的但丁式说法却是最有代表性的。"在这个拥有不可估量的财富和富人的城市"里,饥饿是如此普遍,这让肯尼迪震惊不已,他警告说,英格兰(而不是英国)是"一个从核心开始腐烂的国家"。饥饿摧毁了盎格鲁-撒克逊工人的活力,加速了英帝国种族的堕落,尽管如此,移民数量却疯狂增加:伦敦饥饿的孩子将会成为"那些虚弱和不健康的人的父亲……这些迄今为止全世界周知的最强大帝国的继承者,他们携带着同样能够摧毁这个强大而神奇的帝国的种子"。肯尼迪愤怒地表示,饥饿不仅威胁着整个国家的种族健康和帝国的卓越地位,还威胁着社会本身的稳定。他警告说,饥饿者受到一些

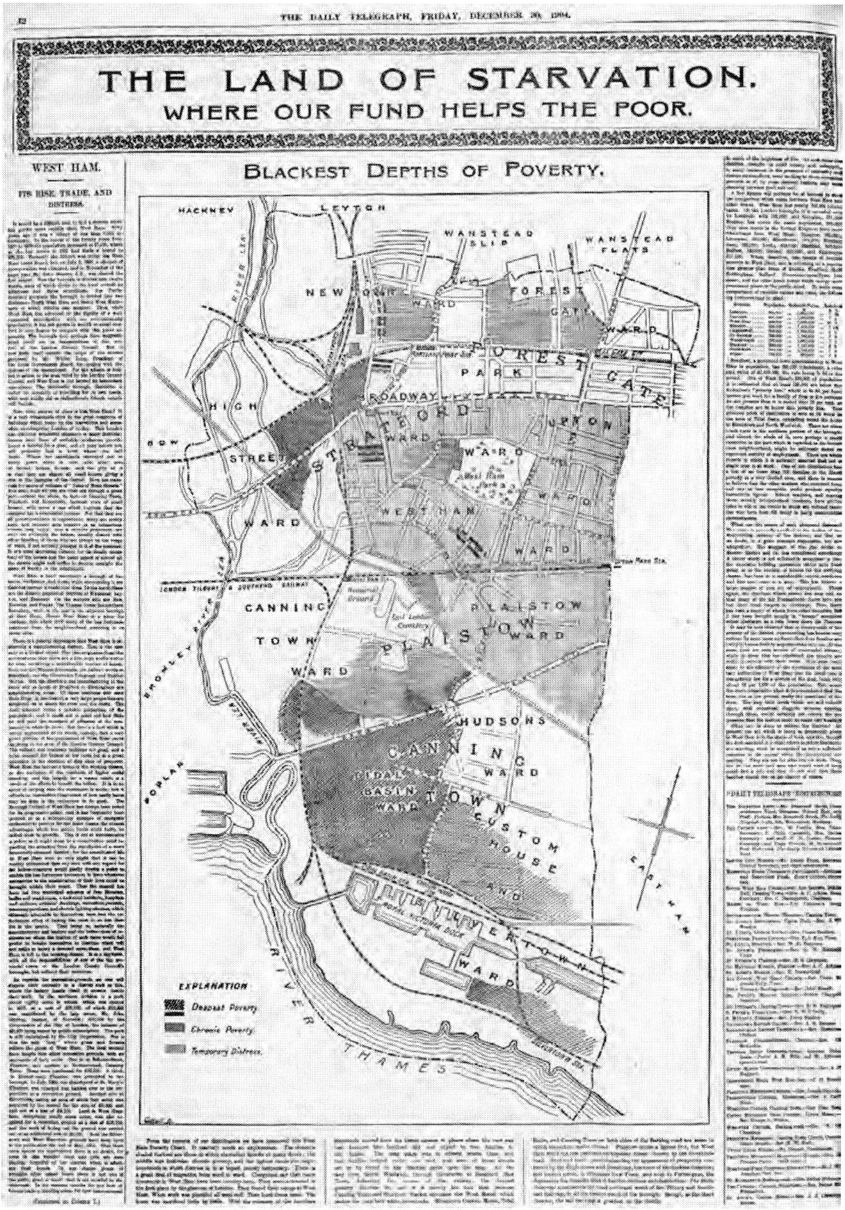

THE DAILY TELEGRAPH, FRIDAY, DECEMBER 30, 1904.

THE LAND OF STARVATION.

WHERE OUR FUND HELPS THE POOR.

WEST HAM.

ITS RISE, TRADE, AND DISTRESS.

BLACKEST DEPTHS OF POVERTY.

图 2.1　挨饿之地

来源："The Land of Starvation," *Daily Telegraph*, 30 December 1904. 大英图书馆授权。

煽动者的蛊惑,并被对抢走他们工作和饭碗的"可恶的"外国"人渣"的仇恨所点燃,他们很快会发起血腥的反抗。[20] 尽管饥饿的人道主义发现者详述了饥饿的惨状及其无辜受害者的困境,但人们再也无法想象只有饥饿者才是饥饿的受害者。在肯尼迪这样的人的坚持下,饥饿反而越来越被看作一个集体性社会问题,它会将所有人都卷入漩涡。一名救世军(Salvation Army)军官曾预示性地警告肯尼迪说,"未来的问题将是社会问题",而其中最大的问题就是饥饿问题;几年后,在第一次世界大战前夕,理查德·希格斯(Richard Higgs)也认同这样的观点,将他的书命名为《社会问题的核心:1200万人在挨饿;该如何养活他们?》(*The Heart of the Social Problem: Twelve Millions Starving; How Can They Be Fed?*)。[21] 新生代记者费尽心力地指出,饥饿所带来的可怕的和不该发生的后果,让那些吃饱喝足的读者不能再置身事外了。正如我们将在后面几章中看到的,尽管高度依赖经验的技术在报道饥饿的人类代价方面仍然重要,但新的社会科学以其更加可测和客观的技术,在调查国内饥饿产生的社会成本方面逐渐胜出。

当然,坚持不懈地对战争和饥荒报道,使新生代的新闻记者本身就具有新闻价值,这些报道也促使爱德华七世时代的英国人对国外饥荒越来越关注。像沃恩·纳什(Vaughan Nash)、亨利·内文森(Henry Nevinson)和亨利·布雷斯福德(Henry Brailsford)等记者通过支持弱势群体并将新新闻主义技术引入传统的自由派媒体机构而以"特约记者"的身份闻名。这些记者基本上都是来自同一个自由派媒体圈,他们都以汤因比馆(Toynbee Hall)为聚点,在他们的赞助者 H. W. 马辛厄姆(H. W. Massingham)的支持下为《每日纪事报》(*Daily Chronicle*)、《每日新闻报》(*Daily News*)、《民族周刊》(*Nation*)和《曼彻斯特卫报》(*Manchester Guardian*)等报纸撰稿。这些记者都是以撰写国内社会环境下的民族志报道而开启职业生涯且声名远扬:纳什曝光了码头工人罢工,内文森曝光了伦敦东区(East End)和南斯塔福德郡(South Staffordshire)地区,布雷斯福德则在《苏格兰画报》(*Scots Pictorial*)上进行曝光。[22] 他们都进行着同样的政治斗争:有人为国内的政治和社会改革而斗争——其中最著名的是,由于《每日新闻报》没有对绝食抗议的妇女参政论者进行强制喂食的行为加以谴责,为表达抗议,内文森和布雷斯福德愤然辞去了在该报的工作;与此同时,自由民族主义者则在巴尔干半岛、南非、俄罗斯、印度和爱尔兰进行海外斗争,他们在这些地方以特约记者的身份出版了记录他们"冒险经历"的书籍。虽然此前雇用像他们这样的特约记者费用高得让人望而却步,但是他们这些人帮助形成了一种新新闻主义的文化,同时也对原先路透社和《泰晤士报》对国外新闻报道的垄断是一种挑战。[23] 事实上,这些特约记者周转于世界各国,发布关于战争、革命和饥荒的令人痛心的目击报道,他们自己本身就成了新闻,也成了报道的一部分,这确保了他们所报道事件的新闻价值,也确保了公众能在书中再度引用他们的报道。

可以说,内文森是所有这些记者中最有活力和最具创造力的一位。因此,我们有必要对他的职业生涯加以勾勒,以展示这位特约记者的专业技能是如何锻造出来的。纳什在汤因比馆将内文森介绍给马辛厄姆后,内文森受邀加入《每日纪事报》,在希腊担任战地记者。回国后,内文森曾短暂地(和纳什一道)做过社论作者以及文学编辑,1898 年他就被派往西班牙去报道美西战争。第二年,他被派往爱尔兰和法国[去报道德雷福斯案件(the Dreyfus Affair)],此后又被派往南非,在被困莱迪史密斯会战(Ladysmith Siege)* 期间,他写下了悲惨的报道,并借此巩固了自己的声誉。然而,他的朋友纳什和主编马辛厄姆为抗议英国的布尔战争政策双双辞去《每日纪事报》的职务后,内文森被孤立了。尽管在 1901 年他被派回爱尔兰和南非,但他还是很快离开了报社,成为一名自由撰稿人。然而工作接踵而至:1903 年,他受巴尔干委员会(Balkan Committee)邀请,与马其顿救济基金会(Macedonian Relief Fund)的亨利•布雷斯福德和简•布雷斯福德(Jane Brailsford)一道赴马其顿;1904 年,《哈珀斯杂志》(*Harper's*)委任他进行一次"冒险之旅",去调查中非地区的奴隶贸易;1905 年,他为《每日纪事报》报道俄国的革命;随后,他又为马辛厄姆的《民族周刊》短暂工作过一段时间;此后,《曼彻斯特卫报》和《格拉斯哥先驱报》(*Glasgow Herald*)派他前往印度报道 1907—1908 年冬季不断加剧的"动乱"和蔓延开来的饥荒;回国后,他受雇于《每日新闻报》,被派往

---

* 莱迪史密斯会战是 1899 年第二次布尔战争期间英军遭受围困损失惨重的一次重要战役。——译者注

西班牙去报道摩洛哥战争。他于1909年从《每日新闻报》辞职后，不得不非常努力才能争取到正常工作。这种情况一直持续到第一次世界大战爆发，他代表《曼彻斯特卫报》《每日纪事报》和《每日电讯报》从法国报道了这场战争。一战后，他报道了战后对德国持续的封锁所造成的灾难性的后果，还报道了爱尔兰的民族主义斗争，并经常公开批评英国政府在爱尔兰的政策［包括我们将在下一章看到的，对绝食抗议的特伦斯·麦克史威尼（Terence MacSwiney）的处理］，这些做法再次惹怒了当权派。[24]值得注意的是，饥饿是内文森反复提到的主题。在谈到莱迪史密斯，谈到俄罗斯和印度，谈到绝食抗议的妇女参政论者和爱尔兰民族主义者，谈到饱受战争蹂躏的德国时，内文森经常会说到饥饿，以阐明政治失败给人类带来的悲惨后果。

尽管路透社的网络在不断扩大，但殖民地和外国的新闻依然严重依赖于目击者的报道——这也正是在实地的特约记者的权力和影响力所在。长期以来，目击者的描述填补了英国在统治其广袤的帝国时极度落后的信息系统的漏洞。这一点在1857年印度起义中表现得最为明显。当士兵和英裔印度人团体向英国媒体源源不断地提供令人痛心的（但常常是极其荒诞的）目击报道时，往往与"官方"来源的报道正好相反，或程度上远超出官方报道。[25]事实证明，这场暴动催化了印度铁路和电报网络的发展，从而促进了更可靠的信息的流动。同时，人们对英帝国其他地区事件的了解往往还是依靠目击者的报道或是特约记者的报道，比如通过葆拉·克雷布斯（Paula Krebs）来报道布尔战争。来自南非马弗京（Mafeking）的目击者报道详述了被围困的人们所遭受的饥饿苦难，尤其是非洲人拒绝了罗伯特·巴登-鲍威尔（Robert Baden-Powell）（后来童子军的创始人）要把提供给英国人的肉类配给分给他们后遭受了严重的饥饿之灾，人们更加支持这场战争。相反，埃米莉·霍布豪斯（Emily Hobhouse）在《曼彻斯特卫报》上的报道则引发了人们对这场战争的批判。在报道中，她描述了关押在英国集中营里的布尔妇女和儿童，以及自由党反对派领袖亨利·坎贝尔-班纳曼（Henry Campbell-Bannerman）所提出的饥饿疗法（the starvation diets），也就是后来著名的"野蛮措施"。值得一提的是，政府的大臣们对事件的掌握有时也是依赖于媒体上的目击者报道：作为殖民地大臣的约瑟夫·张伯伦（Joseph Chamberlain）在回应关于集中营条件的批评时,也只能依靠来自目击者报道的信息,正是这些报道最先提出了批评。[26]考虑到帝国中心对庞大帝国的掌控是十分有限的,英国不得不进行远距离统治,所以在实地的特约记者的权力就相当大了。

然而,并非所有的记者都像内文森或是霍布豪斯的人脉那样广。相反,许多记者都不得不通过展示至少具有以下两种品质来证明他们新闻的权威性和可靠性:对情况的第一手体验和对苦难的同情。所以,尽管克劳斯承认他"既不是传教士也不是专业慈善家",他无法对挨饿的伦敦"这一主题有什么特别的了解",但他新获得的专业知识源于"他切实与那些极度贫困的人在一起"共度的24天中,"他所记录的每一个案例都来自这段生活和实际观察"[27]。真正深入饥饿者的世界里,并亲身体验他们挣扎求生的悲惨境遇,是任何调查记者声称调查具有权威性的基础:因为只有真正和饥饿者生活在一起,聆听他们的故事,调查者才能真正了解他们的困境。[28]就连报道过1899—1901年印度大饥荒的经验丰富的记者纳什也声称,正因为他去过这么多地方,才能够比其他人看到"更大范围的饥荒"。然而,鉴于这场灾难的规模之大,我们面临的挑战并不在于审视"日复一日地展现在我面前的苦难全景",而在于传递饥荒震撼心灵的直观感受:"就在今晚我写作的时候,悲凄的哭声一直在我耳边回响,那是在济贫院的医院里,清洁工正从母亲的怀抱中拽出一名已经死去的孩子。"[29]然而,在对饥荒的报道中,传教士和救援人员是最有资格说他们是与饥饿密切相处的。因此,他们成为新闻目击者的权威来源。[30]

对于记者来说,能否全身心投入饥饿者的生活中,能否聆听他们的故事或感受他们的痛苦,然后把这些忠实地呈现给公众,最重要的就是看他们是否具有同情心,即马斯特曼(Masterman)所称的"真诚"。[31]情感充沛和产生共鸣的修辞表达方式对记者宣称知情是至关重要的。他们不需要用冷静和客观的方式来衡量饥饿,因为作为感情丰富的人,他们可以更清楚地看到消瘦的面庞和瘦骨嶙峋的身体。下面描述的是克劳斯在斯特普尼(Stepney)一个阴寒凄冷而且浓雾笼罩的夜晚遇到一个饥饿的孩子的画面:

> 我孑然一人,为追求冒险漫无目的地走了很远的路,可什么奇遇也没有。有一次走在街上,我已经记不清街道的名称了,在没有灯光

的昏暗处,我偶然发现了一个小孩,约是六七岁的光景。那时已过了晚上 10 点,这个孩子既没戴围巾也没戴帽子,站在狭窄的弄堂里哭得稀里哗啦……"你怎么啦?"尽管我嗓子有些发梗,我还是尽量温和地询问她。"我好饿。"孩子答道。她悲伤哭诉的声音中,没有丝毫伪装。她母亲就住在"上面",她指向一个院子,由于雾气太重只能依稀看见院门,但她的母亲已经出门试着去典当最后一条毯子,孩子实在是饿极了。当一个孩子说出这番话时,比人类所有的苦难加起来更让人痛心。任何一位读了这段话的父亲和母亲都会明白这意味着什么。一个小孩深夜站在伦敦东区最穷困的地区之一的小路上哭泣——她饿极了。离开了那个可怜的女孩后,我发现自己竟然迷路了。

毫无疑问,对克劳斯而言,这个哭诉的孩子饿极了。她也是这样告诉他的,所以说他看到了饥饿的景象,听到了饥饿的声音。这种怜悯之心常常与其他人——也就是那些恶人,那些本该是穷人监护人的人——明显缺乏同情心形成了鲜明的对比。肯尼迪曾对伦敦的施粥所的"饥饿队伍"进行过尖锐的描述。他指出,慈善组织协会(Charity Organization Society)"向这些饱受痛苦的人提出了无礼的、有辱人格的问题……甚至问完后也不提供任何帮助"[33]。同样,那些在饥荒一线报道的人也在报道中吐露真心,表达了他们自己作为难以想象的痛苦的目击者的沮丧之情。他们中的许多人都像内文森一样,为自己无法帮助那些濒临饿死的人而痛苦不已:"当棕色的瘦如干柴的身躯摔倒在你面前,双手举过头顶,脸上沾满灰尘,抱住你的腿,把头搁在你的靴子上时,你该怎么办?"[34]有悖常理的是,为了使别人能够了解到这些情况而不得不目睹这种恐怖的场景也使得记者成为另一个被同情的对象,他们也被视为饥饿的另外一种受害者。但是,当然,也正是这些报道的主观性让它们充满力量:这些可靠的第一手资料就是要让读者们意识到恐怖和苦痛,借此敦促人们立即提供人道主义救援。

以新闻的形式发现饥饿迅速产生了一个人道主义美德的循环:记者通过报道饥饿和饿死这种紧迫的苦难证明了自己正直的品格;这些报道又很快在读者中激起并即刻产生了人道主义反应,而读者的慈善行为反过来又彰显了他们自己的美德并且拯救了受助者的生命。[35]克劳斯在《环球报》上对挨饿的伦敦进行揭露,通过调查报道很好地展示了人道主义的受助对象和慈悲的施援主体之间关系建立的这一动态过程。他的使命是将"读者带入几乎没有人会相信的但竟然存在于世界之都的悲惨场景中",并向他们展示"那些有能力、有意愿工作的人今天是如何因缺乏食物而挨饿的"。他的做法使饥饿作为新闻具有了双重意义,并立即将记者和他所要影响的公众联系起来。克劳斯带领着他的读者进行他的"仁慈的使命",将读者与他所报道的苦难直接联系起来,因此不久后,读者纷纷捐款给《环球报》办公室以"救济饥民,解其痛苦"[36]。克劳斯对自己肩负"他人善心"的"救济使者"的身份感到矛盾,并对慈善事业的偶然性进行了反思:新闻工作者必须关注特定的案例,并戏剧化地呈现饥饿给人类带来的后果,这也意味着只有这些特殊案例才会成为读者援助的对象。他其余大部分报道都是用来证明将读者的捐款用于建立施粥所的正确性。克劳斯不仅向他的读者展示了饥饿者遭受的痛苦,而且还向他们展示了他们的人道主义反应产生了切实的、立竿见影的效果。[37]

饥饿受害者的面孔不断发生变化

我们已经看到新新闻主义技术是如何帮助国内外的饥饿具有新闻价值,但记者们又是如何成功地将饥饿描述为值得甚至理应受到人道主义援助的呢?很重要的一点就是,他们挑战了马尔萨斯所宣称的饥饿者是由于自身道德堕落而咎由自取的牺牲品的观点;记者们必须证明饥饿者缺乏的是食物而不是道德品质;他们是不可抗力的无辜受害者。因此,记者们的第一步总是通过关注特定的个人或家庭来揭示饥饿给人类带来的损失;记者们有时会提及他们的名字,但大部分的时候都只提到地点。对这些不幸者的描述成为濒临饿死的人们的生活快照。[38]例如,在肯尼迪的一篇报道的开头,他向我们介绍了一个八口之家,而这个家里养家糊口的人已经失业了。在周六晚上,通常拿到工资的人会去市场买些东西回家或去酒吧小酌,但我们发现在这个家庭,没有面包、照明和燃料,一家人只能挤在床上依偎取暖。肯尼迪的描绘一般都会集中在家中的妇女和孩子身上,他们整晚"不睡并不停地哭泣,因为他们太饿了。最小的孩子仅有两周大,也因饥饿而哭泣,因为他挨饿的母亲已经无法分泌乳汁"[39]。饥饿的面孔总是孩子们的面孔,很少有男人的面孔,偶尔也有勉强维持家庭的母亲的面孔,因为,孩子是最容易被呈现为毫不知情的无辜受害者的。在克劳斯看来,看到一个饿死的孩子的尸体是"这个世上最可怜的景象之一"[40]。无辜的孩子饿死在惩罚性的饥荒营里,或死在土沟里,任由豺狼啃食他们细瘦的骨头,这些都成为饥荒文学中常见的景象。例如,《大都会》(Cosmopolitan)特约记者朱利安·霍索恩(Julian Hawthorne)向他的美国读者们讲述,在印度1896—1898年饥荒期间,住在一个儿童营的孩子们被饿死了,而本该属于他们的粮食却被他们的监工偷走了。在那里,他遇到了一个五岁的孩子,孩子的"胳膊还没有我的拇指粗;他的腿也粗不了多少;骨盆清晰可见;前胸贴后背,只裹着一层皮,就像个铁丝笼一样。他双眼呆滞无神,那小小的骷髅脸显得凝重、阴沉和苍老。过去他也许是个胖嘟嘟的快乐小子,但如今在这幅瘦小的骨架里,再看不到任何意愿、冲动的影子,甚至几乎连表情都没有……我用拇指和食指就把他拎了起来;他的体重不超过七磅或八磅"[41]。

埃米莉·霍布豪斯对英国集中营里挨饿的妇女和儿童的报道首次引发了人们对南非战争的人道主义关注。虽然官方报告揭示集中营里死亡率不断上升,但部长们和"沙文主义"的媒体并没有将这些集中营描述为通过逮捕妇女和儿童迫使布尔男人投降的一种军事战略,而是用人道主义来粉饰这些集中营,说是要保护那些被没有男子气概的丈夫抛弃的妇女和儿童,使他们免于遭受挨饿和当地人的性侵犯的双重威胁。[42]然而,政府随即任命了第一个全员均为女性的委员会,由米莉森特·福西特(Millicent Fawcett)担任主席,去调查霍布豪斯对集中营情况的描述是否属实,这充分说明了之前的说法纯属无稽之谈。如果将妇女和儿童视为战争的牺牲品和饥饿的主要受害者,那么妇女也应该被认为是同情心的代言人,就像她们被认为是饮食方面的专家一样。霍布豪斯的天才之处就在于她知道揭露挨饿的妇女和儿童之所以可以让她成名,是因为她在报道的时候不仅是一名目击者,而且还是一名女性。然而,并非所有挨饿的妇女和儿童都能同等地成为人道主义同情的对象。克雷布斯提醒我们,在这些报道和辩论中,明显没有提及非洲"土著"的妇女和儿童。这些"土著"被隔离在不同的集中营里,分配的口粮更少,条件更差,死亡人数也更多,而他们所遭受的饥饿被布尔妇女和儿童挨饿的景象所掩盖了。人道主义同情并没有一个普遍的对象;同情心总是偶然的,它是历史和政治、时间和地点的产物。

然而,男人却总是最后一个被同情的对象。饥饿经常被描绘成男人不能养家糊口的结果,因此,在一战前,男人极少被视为饥饿的受害者。即便是在极少数的情况下男人成了受害者,也往往有一些情有可原的情形来提醒我们,他们是有男子汉气概的,是勤劳的,他们并不是因为自己的过错而沦为被怜悯和施舍的对象。因此,当肯尼迪看到西汉姆区失业的码头工人们"带着惶恐不安、饥肠辘辘的眼神"在施粥所里小心翼翼地捏起每一粒面包屑,将其放进自己的口袋里,"带回家给他们的妻子和孩子"时,他感到非常震惊。他们都曾是骄傲的男人,是"我们国家的脊梁",面对那些抢走他们工作的移民大军,他们尽最大努力来养家糊口,"那些挥霍无度的外族人正在吞噬本属于我国人民的财产"[43]。正如一名在施粥所工作的救世军军官告诉肯尼迪:"英格兰被外族人占领了……英格兰的工人都快要饿死了。"挣扎在饥饿线上的一位老兵,曾"效力于他的君主和国家",结果却换来"那些在威斯敏斯特的统治者"下令"英格兰要向外族人敞开大门,而他这位英格兰人可能会饿死……哦不,这不是这位老兵的耻辱,而是号称勇敢、美丽、自由的英格兰国旗的耻辱!"[44]正如我们将在第五章和第九章里看到的,直到一战后,失业男人的形象才成为关于饥饿的英格兰的民族志报告的关注点,也不再需要同种族的其他人来证明这些男人作为受害者并没有丧失德性;从那一刻起,他们也成了常见的遭受饥饿的人类面孔,这在 19 世纪 80 年代是无法想象的。这一切是如何发生的,这些失业的男人又是如何先成为值得人道主义同情的对象,然后又成为值得社会救赎的对象,是本书的中心问题之一。

将饥饿赋予人性的终极办法就是用镜头记录下它。尽管长期以来摄影为新闻报道提供了有力证据[其中最有名的是威廉·拉塞尔(William Russell)在为《泰晤士报》写关于克里米亚战争(Crimean War)的报道时,罗杰·芬顿(Roger Fenton)为他的报道所提供的摄影证明],但这种证明总是事后才有的。[45]据迈克·戴维斯(Mike Davis)说,这种情况在 1888 年发生了改变,当时随着"便宜的手持柯达一号相机"的问世,所有的记者、社会调查员和传教士都成了"纪实摄影师"。[46]最显著的例子是传教士们所拍摄的并在刚果改革协会（Congo Reform Association）的投影讲座中展示的刚果被残害和被肢解的儿童的"暴行照片"，这些照片催生了凯文·格兰特（Kevin Grant）所称的"维多利亚时代晚期和爱德华七世时代在英帝国政治中最大的人道主义运动"[47]。到 19 世纪 90 年代，图片复制的新技术使摄影报道能够出现在有插图的期刊上，十年后，照片开始出现在日报上。1904 年，英国《每日镜报》（*Daily Mirror*）率先在头版刊登了英国王室家族的肖像。一战前的十年左右，秉持民族志思想的调查记者认为，照片是证实他们所披露的社会状况的关键，否则这些社会现状在国内外都是难以想象的。照相机不能说谎；它似乎为观众提供了一个不用通过中介去接触拍摄对象的途径，待在家中的读者也可以和在现场的民族志专家或特约记者一样，成为新闻的目击者。[48]

在殖民地领域，尤其是印度饥荒时，人们首次感受到了摄影的力量。人们努力去呈现印度饥荒的规模，想震撼读者并促使他们采取人道主义行动。这些努力先是引出了更多耸人听闻的报道，随后又得到了大量挨饿的身躯和嶙峋的尸体的照片。[49] 长期以来，摄影一直是英国公众能够通过探险家、传教士和教师们的投影讲座来描绘其帝国及其文明使命的重要手段。然而，饥荒摄影却提供了一个截然不同的帝国景象。[50] "为什么这些饥荒照片都是呈现英格兰的阴暗面？"作为前印度总督顾问委员会（Governor General's Council）成员之一的 J. D. 里斯（J. D. Rees）对路透社特约记者弗朗西斯·梅里韦瑟（Francis Merewether）在 1898 年发表的饥荒照片表示不满。他问道："为什么我们从来没有看到那些成千上万的过得还算舒适的，当然也不会挨饿，且忙着从国家挣取口粮的人的照片，而总是只能看到一个又一个济贫院里挤满了流浪汉、迷路者、残疾人、老人、衰弱者和体弱者等东方人形象的照片呢？"[51] 与此同时，像《女王的帝国》（*The Queen's Empire*）等大量为庆祝维多利亚女王登基 60 周年的摄影出版物都在试图证明，在"帝国的每一个角落，我们都能找到英国在全世界活动的痕迹，包括文明开化的工作、治理的工作、保护生命和财产的工作以及扩大贸易和商业的工作"。这也许并非巧合。[52] 1902 年，殖民地部（Colonial Office）成立了视觉指导委员会（Visual Instruction Committee）以提供英国促使殖民地不断改善的照片证据，然后通过在英国教室、演讲厅和图书馆的投影讲座进行传播。[53] 梅里韦瑟似乎是第一个把照片纳入对印度1896—1898年饥荒的描述的人。找不到语言来形容"他注定要见到的可怕的、令人毛骨悚然的场景",他发布了30余张"现场拍摄的照片,使这种恐怖景象强有力地呈现在读者眼前,也让他们看到效忠女王的东方人的现状和情况"。这些图片本就是不言自明的,因为尽管图片的布局反映了他旅行的顺序,但通常与新闻文本关系不大,文中也极少提到这些图片。绝大部分照片都是由旅行者在印度拍摄的普通照片——包括精美的建筑、异域风情的集市、全景风景图、街头人物或不同种族的人的照片,还有如印度教的火葬堆等不常见的风俗的照片等——而这种人们熟悉的视觉表达方式却时不时地、残忍地被那些引人注目的挨饿的身体和骨瘦如柴的尸体照片所打断。发这些照片的目的就是震撼人心,从而激发人道主义反应;他希望"为了千千万万赤裸和挨饿的印度人,哪怕仅有一颗心灵被触动,或是从钱包里掏出一分钱给他们都是好的"[54]。梅里韦瑟开启了新的饥荒摄影流派的大门,这种摄影可以制造一个痛苦的场面,并把看照片的人变成偷窥者。不足为奇的是,摄影迅速成为让英国公众了解饥荒现实的一个不可或缺的媒介,并且很快聚焦于那些挨饿的儿童和无法喂养或拯救他们的母亲们的痛苦。纳什描写了挨饿的印度人"像孩子般的可爱温顺",以及任何人只要看到"半开化的父母在安抚他们垂死的孩子时心中充满死亡的痛苦……就会明白为什么英国人要为印度工作到最后一刻"[55]。当然,这再次展现了英帝国的自负,他们认为教化像孩子般的印度土著是英国作为父母的责任,但英国也重新调整了其教化的使命,即对那些饥饿的人立即承担起人道主义责任。

并非所有的饥荒摄影都是用来激发人道主义行动的,一些摄影还被用来说服那些秉持人道主义的公众,使他们相信其捐款得到了有效利用且产生了良好的效果。1899—1900年饥荒后的第四年,《基督教先驱报》(Christian Herald)的饥荒救济委员会主席J. E. 斯科特(J. E. Scott)牧师出版了记录他当时监督救济工作的书。他的书中不仅满是"目击者的话……而且他们写下了自己深刻的印象",还有很多照片,这些照片"通常是由饥荒救济官员或其他援助者在和大家一起工作的时候拍摄的"[56]。这些照片是向柯曾(Curzon)勋爵和他的"精明仁政"致敬的,呈现了饥荒及其救济工作的背景。与后来记录救援行动的照片不同的是,早期那些无助的挨饿者和瘦骨嶙峋的尸体的照片缺乏具体信息,甚至连时间和地点都没有，它们只是反映了一些普遍存在的情况——"饥荒时期对死者的处置""等待食物""饥荒的恐怖：活着的时候就被豺狼吃了一半"——这些照片为他的叙述增加了戏剧性和可怕的真实性。因此，1900年5月在戈特拉（Godhra）附近的饥荒救济营暴发霍乱的惨状在报道中只需简单地描绘身份不明的死者尸体的收集和火化的照片即可呈现。[57]斯科特向他的读者保证，即使有目击者的描述和照片，也无法完全表达饥荒"难以形容的恐怖和无法言喻的痛苦"，因为它无法表达出"最可悲的却又最常见的特征，即痛苦的呻吟、饥饿的哭泣以及母亲为了孩子悲悯的祈求"[58]。可是随后又登出详细记录救援行动的摄影记录，包括：救援工作者、到达救济中心时被分类的饥荒受害者、获救的儿童、厨房、准备发放的"《基督教先驱报》玉米"、等候购买粮食的土著，最后一张是主教为孤儿洗礼——他们的灵魂和身体都得到了拯救。值得注意的是，斯科特用照片记录了这次人道主义救援活动的成功，三张照片依次展示了孤儿们在两个月、三个月和四个月后生活状况的改善。于是，在100多年前摄影的惯例首次确立下来，到现在依然在影响我们将饥荒作为新闻来报道并促使我们对其做出人道主义反应。

饥饿并非总能成为新闻，因为直到近代饥饿才成为人道主义同情的对象。到19世纪中期饥饿者才首次被视为受害者。到20世纪第一个十年，随着新新闻主义的记者揭露了国内外饥饿造成的令人震惊的后果，饥饿的困境才成为人道主义关注的焦点。通过运用一系列技术手段——目击者的报道、精心挑选的个人故事、对妇女和儿童所遭受苦难的关注、让饥饿者讲述自己的故事的报道、挨饿的身体的摄影照片——这些记者向读者展示了那些本没有过错的人却不得不在饥饿的煎熬中挣扎求生的悲剧，使他们产生了感情的共鸣。只有戳穿马尔萨斯式批判，即认为饥饿者是他们自身苦难的缔造者，记者才能把饥饿者渲染为值得人道主义援助和需要被同情的对象。因此，对饥饿的人道主义发现是一个有着深刻历史性和高度偶然性的过程。它提醒我们——正如饥饿是在特定的时间、特定的地点发现的一样——饥饿者首先是受到谩骂，后来又受到不可预测的起起伏伏的道德同情和人道主义关注。然而，这是一个关键点，饥饿的人道主义发现有助于生存权的确立，或至少让人们相信，让其他人饿死是不道德的。虽然这个新原则在整个英帝国普及得并不均衡，但它在概念和大方向上仍然有着显著的世界性，对某些人来说，它代表了帝国文明使命真正自由愿景的顶点。正如我们将在下一章看到的，不久后，这个新构想的人权即人都有不挨饿的权利就成了政治动员的理由。在整个英帝国，各种政治团体都试图利用马尔萨斯观点的瓦解，批判那些未能保护其臣民和公民免受饥饿蹂躏的殖民地和殖民国家。他们宣称，仅通过变化无常的人道主义关注来解决饥饿问题已远远不够，饥饿的灾难需要具有适当代表性的政府的关注。

第三章
作为政治批判的饥饿

在维多利亚女王举办万国工业博览会以庆祝自由贸易给英国带来了繁荣的现代化的同时,来到爱尔兰海*对岸的人口普查者发现了爱尔兰大饥荒(the Great Hunger)让人类付出了可怕的代价。据估计,爱尔兰800万人口中有四分之一的人或死于饥饿或逃离了爱尔兰。[1]对许多人来说,这个世界上第一个工业国家与其挨得最近的殖民地在富足和匮乏之间的巨大反差体现了斯密和马尔萨斯讲授的古典政治经济学的教义。当水晶宫在展示斯密所预言的自由贸易带来的好处时,爱尔兰似乎在给英国人提供马尔萨斯人口定律的残酷现实。[2]英国人认为爱尔兰人是原始而贫穷的农民,这种观点长期以来助长了他们对爱尔兰的新马尔萨斯式理解,即认为爱尔兰是一片人口过剩的领土,其"过剩"的人口阻碍了确保经济增长和繁荣所必需的土地改革。查尔斯·特里维廉(Charles Trevelyan)在任财政部助理秘书期间,因处理饥荒而被授予爵位。他认为,马铃薯枯萎病是"无所不知的仁慈的主给人类的一次直接打击",它为人口过剩的爱尔兰提供了"一种可能会奏效的激进而有效的补救措施"[3]。正如阿兰·泰勒(Alan Taylor)曾简明扼要地指出,对像特里维廉这样的官员,我们能做出的最好评价就是他们"有着高度的责任心,从未受过良心

---

* 爱尔兰海位于爱尔兰岛与不列颠岛之间。——译者注

的谴责";他们真诚地行事,认真遵循斯密和马尔萨斯传下来的原则,或至少是遵循福音派复兴运动和反法国大革命运动留下的遗产。[4]印度的殖民统治者也是如此,他们要为在19世纪的最后30年里被饥荒夺去的1500万条人命负责。[5]然而,随着一战的爆发,这种马尔萨斯式的观点被彻底否定。相反,无论是在大都市还是殖民地,政府的效能都是根据它能否避免饥饿和饥荒来衡量的。这一章讲的就是关于这种转变的故事。

很显然,正如我们在前一章看到的,饥饿的人道主义发现,尤其是在爱尔兰饥荒和印度饥荒背景下的饥饿的人道主义发现至关重要,它首先挑战了马尔萨斯伦理,确立了忽视饥饿或证明饥饿合理都是不人道的。从这个意义上说,饥饿的人道主义发现是将饥饿政治化的必要条件:只有当饥饿被认为是不道德和不人道的,它才能有力地成为政治批判的基础。与此同时,在维多利亚时代和爱德华七世时代,在英帝国各地发展起来的对饥饿的政治批判也强化和拓展了人道主义批评家的论点。他们的任务不仅是要消除对饥饿者的马尔萨斯式谴责,还要通过确立那些忍受饥饿的人是具有道德力量的以及使人们遭受饥饿的人是不道德的观点,来扭转这种马尔萨斯式的谴责。

在爱尔兰和印度民族主义者的影响下,饥荒成为英国统治的不人道和无能的代名词:英国人曾承诺给他们带来自由贸易、繁荣和文明,然而却带来了饥荒和瘟疫。人们无法容忍出现数以百万计的成堆的尸体——没有其他任何指标比这更能说明英国殖民统治的失败或其兑现政治经济学诺言的失败。批评家认为,饥荒不是新马尔萨斯演算的结果,并非上天对那些缺乏道德品质去抑制自身人口的增长或是没有能力依靠自己勤劳致富的人的惩罚。相反,饥荒突显了这些遭受饥饿苦难的人的道德力量。这些本不应该发生的殖民地饥荒是对古典政治经济学普遍自我感觉良好的嘲讽。至此,民族主义者用饥荒来批评殖民统治,这成为他们要求获得主权的理由:他们希望通过记录一个民族的集体苦难来建立一个新的民族。

尽管英国没有进行过死亡人数的统计,但那些等待公民身份的人也将饥饿作为政治排斥的一个指标以及被剥夺公民权者道德高尚、顽强坚韧的标志。在20世纪初,失业工人中许多都是刚参加过南非战争的退伍军人,他们首创了饥饿游行来表达他们的困境。他们从英格兰中部地区和工业化的西北地区的城镇向伦敦进军,试图展示他们的男子气概和适应工作的能力,以证明失业者并不是不宜雇用的,而是因缺乏代表性和反应迟钝的政府的忽视才成为受害者的。同样,仅几年后,在1909年,英国妇女参政论者进行绝食抗议,抗议她们无法获得公民身份。在此之前,在英国本土或帝国其他地方,绝食抗议从未被用作政治抗议的工具。绝食抗议是一种策略,旨在强调妇女在政治上的从属地位是建立在非法性和暴力的基础上的——自由党政府对那些绝食抗议者进行强制喂食,这一显然不自由的措施就充分说明了这一点。一战后,这种策略迅速成为爱尔兰和印度民族主义者抗议的中心策略。爱尔兰和印度都使用了类似的策略,揭露英国殖民统治表面上的法治与暴力的现实之间的明显矛盾。正如民族主义者们对殖民地饥荒的批判激励了那些忍受饥荒的人,饥饿游行证明了那些能够前往伦敦的人具备坚韧不拔的意志和强健的身体,绝食抗议也体现了那些被殖民统治征服的人的勇气。一幕幕奇怪的边缘政策接连发生:一边是一个准备允许让其臣民死去的国家的残忍的不人道,另一边是罢工者冒着生命危险争取公民身份和独立的意愿,两者形成了鲜明的对比。

我的观点并不是认为对殖民地饥荒的批判、饥饿游行的发生和绝食抗议的做法之间存在因果关系,也不是说其中一方让位于另一方或者它们彼此相互依存。相反,在这个特定的历史时期——从爱尔兰饥荒到一战时期——饥饿以各种方式引发了政治批判。尽管国内外英国臣民的生活中早已深深刻下了饥饿的烙印,但正是这个时期饥饿的政治化赋予其新的历史意义和深刻的政治冲击。饥饿固然会带来伤害,但当饥饿被认为是治理不当造成的,而不是自然或者天意法则的结果的时候,它带来的伤害就更大了。这种饥饿问题的政治化从范围上来看无疑是跨国的:它横跨英帝国并且延伸到帝国之外;然而它在爱尔兰和印度民族主义者或英国的失业工人和妇女参政论者中,又呈现出当地特有的特征。即使他们采用类似的方法,比如绝食抗议,也会在不同的环境中采取不同的形式,并且从当地的政治文化传统中汲取力量。然而,饥饿政治所揭示的不仅仅是文化差异的模式是如何影响拉纳吉特·古哈(Ranajit Guha)所描绘的反叛散文(the prose of counterinsurgency)。[6]饥饿还成为政治策略和政治批判的基础,这些政治策略和批判揭露了这个现代国家声称要关心其臣民,但其主张却是建立在能让其臣民退回到阿甘本所说的"赤裸生命"(bare life*)的原始的暴力行为的基础上的。[7]

饥荒与英国暴政

20世纪20年代,在英国布莱克本,"比利"·伍德拉夫("Billy" Woodruff)的爱尔兰祖母喜欢告诉他"英格兰人的问题是,他们永远不会记得爱尔兰人永世难忘的事情"[8]。饥荒就是她的最佳例证,她坚持认为"英格兰的耻辱"并不是饥荒本身,而是"大规模的挨饿"。伍德拉夫的祖母的说法是来自生于爱尔兰阿尔斯特的新教徒约翰·米切尔(John Mitchel),他在《对爱尔兰的最后征服(猜想)》[The Last Conquest of Ireland (Perhaps)]中坚称饥荒是对英国统治及其政治经济学的控诉。他质问道:"爱尔兰作为据说是全球最富有的帝国不可缺少的组成部分,也是这个帝国最肥沃的岛屿,它是怎么在五年半的时间里,因饥饿和饥饿导致的热病,或者为躲避饥饿而逃到海外,失去250万人口(超过总人口的四分之一)的呢?而与此同时,为何这个帝国的财富、繁荣和舒适度却以前所未有的速度增长呢?"[9]

人们普遍认为饥荒是天意所为,但米切尔驳斥了这一观点。他指出,英格兰的饥荒是人为造成的,马铃薯枯萎病就是他们蓄意实施种族灭绝的借口。米切尔用英国的议会报告、蓝皮书以及人口普查数据列出了一连串例子——爱尔兰的丰收,爱尔兰的粮食出口,从救灾物资中牟取暴利,英国不提供救灾资金,官僚的无能和凶残,投机取巧的盎格鲁-爱尔兰地主决定赶走没有生产能力的佃户——表明英国的挨饿政策和人口减少的政策都是一致的。米切尔指出,将饥荒归咎于天意或马铃薯枯萎病其实是无视"英国政府小心谨慎且悄无声息地杀害了150万名男性、女性和儿童的事实。他们在自己亲手创造的丰饶年代中死于饥饿……万能的主的确送来了马铃薯枯萎病,但英格兰人却制造了饥荒"[10]。这也难怪,自米切尔之后,爱尔兰人记住了英格兰人忘记的东西。

---

* 吉奥乔·阿甘本(Giorgio Agamben)提出的概念,指自然生命,这里指最基本的生活。——译者注

英格兰人坚持所谓的政治经济学的普适原则,而枉顾爱尔兰人的性命,他们这种一意孤行的不人道做法遭到了米切尔的谴责。在1847年饥荒最严重的时候,米切尔曾很有先见之明地呼吁设立专门的爱尔兰政治经济学,有别于他所描述的英格兰自由贸易饥荒经济学。这种爱尔兰政治经济学认为,如果"爱尔兰人遭受饥饿,有可能是因为粮食被用来填饱英国人的肚子了"[11]。米切尔把古典政治经济学与英国饥荒相联系的做法是种双重否定,既否定了政治经济学法则假定的普适性,也否定了政治经济学要将国家财富至少传递给除英国以外的其他任一国家的承诺。都柏林统计学会(Dublin Statistical Society,该学会成立于米切尔发表其论证的那一年)中古典政治经济学的拥护者迅速谴责了米切尔的主张,他们认为政治经济学在任何一个国家都是一样的。[12]然而,在接下来的20年里,就连他们自己也开始认识到,爱尔兰是个"反常"现象,它拒绝遵循政治经济学的普遍规律。为了在爱尔兰的社会结构中找到对这种反常现象的解释,他们愈加关注市场运作的历史条件和国情。[13]他们推断,爱尔兰遵循的规则与英格兰不同:在爱尔兰,土地与更宽泛的习俗道德经济紧密相连,这种道德经济不会仅受限于市场驱动的私有财产概念和契约法;在爱尔兰,天主教强调的社区和家庭与新教的个人主义相悖。[14]这也难怪,饥荒后的几十年中,那些致力于发展更有历史导向性的政治经济学[该政治经济学追随弗里德里希·李斯特(Friedrich List*),关注民族特定的经济发展路径]的都是爱尔兰人:艾萨克·巴特(Isaac Butt)、J. E. 凯恩斯(J. E. Cairnes)、克利夫·莱斯利(Cliffe Leslie),以及 J. K. 英格拉姆(J. K. Ingram)。[15]饥荒揭露了英国古典政治经济学是一门虚假的和无可救药的英国科学;饥荒也为阿诺德·汤因比之后的历史经济学铺平了道路,这种历史经济学对英国大都市的工业主义提出了尖锐的社会批评。[16]

米切尔所呼吁的爱尔兰政治经济学似乎并没有像他所描绘的受英国违宪统治束缚的民族遭遇那样引起人们的共鸣。尽管后来的民族主义领导人,如艾萨克·巴特和阿瑟·格里菲斯(Arthur Griffith),继续用饥荒

---

* 弗里德里希·李斯特(1789—1846)是德国历史学派的先驱。他是古典经济学的怀疑者和批判者,与亚当·斯密的自由主义经济学相左,他认为国家应该在经济生活中起到重要的作用。——译者注

作为爱尔兰在英国古典政治经济学统治下付出惨重代价的例子,但大多数人关注的还是英国统治的政治原因和文化后果。[17]经济史学家乔治·奥布赖恩(George O'Brien)再谈饥荒,有力地将对殖民统治的政治批判和经济批判重新整合起来。他指出,饥荒暴露了英国统治的核心矛盾:在经济政策方面,英国坚持将爱尔兰视为英国自由市场不可分割的一部分;而在英国宪法所赋予的法律自由和政治自由方面,则将爱尔兰视为一个完全独立的司法主体。[18]他坚持认为,英国将自由贸易强加给爱尔兰,并将其作为饥荒的"对策",这故意忽视了爱尔兰经济的脆弱性。自联合法案(the Act of Union)出台以来,爱尔兰已经耗尽了其财富,并且一直处于不发达的状态。在表达这一立场的时候,他含蓄地引用了19世纪晚期印度对英国殖民暴政的批判。

米切尔对自身奋斗和牺牲的描述,在他被监禁和流放到美国后达到顶峰。他将自己的奋斗与牺牲描述为这个民族以及在饥荒中丧生的人的奋斗与牺牲的同义词,这种描述被证明是经久不衰的。当然,在接下来的半个世纪里,许多文学和历史记载不断重申他的观点,即在饥荒期间爱尔兰所遭受的悲壮苦难确保了它最终的救赎。然而,很少有人重申他关于爱尔兰大饥荒是不必要的种族灭绝的分析。[19]安德鲁·梅里(Andrew Merry)描述了他在1910年与爱尔兰人的相遇,这些爱尔兰人在孩提时代经历过"民族最深重的苦难",这类描述至少给这些作品增添了一些味道:他们讲述了"个人痛苦在记忆中燃烧的故事……仿佛就发生在昨天,讲述了无法完全克服的巨大困难,讲述了如此英勇的自我牺牲,以至于他们值得不朽的名声,还讲述了达到最高标准的人性和兄弟大爱,因为许多人的生命是被随意地放弃了,还有很多人,对他们而言活着比死亡更难,但为了他人而勇敢地活着"[20]。为纪念饥荒100周年而收集的民间回忆录讲述了一个不那么英勇的故事,这个故事反映了许多人对米切尔身后留下的民族记忆所持的矛盾心理。事实上,天意之说作为英国暴政的"伟大"盟友,倒是经常被人提起。饥荒被视为对过去罪行的惩罚:它惩罚奢侈浪费之人或不敬畏上帝之人,而其他人则奇迹般地得到救赎,并被奇怪的事件拯救,例如出现了从天而降的神秘食物。[21]尽管一些民族主义者曾指责天主教神父串通一气,鼓励人们听从上帝的旨意,顺从命运的安排,但天主教会还是通过传播大量关于天主教牧师自我牺牲、富于勇气和慷慨救济的故事,同时谴责福音派新教徒掠夺恐惧者与垂死之人的灵魂,有力地确保了人们记住天主教会所扮演的人道主义角色。因此,对被动接受的苦难的理想化以及信仰与殉道的理想化,同民族主义者对饥荒的描述是一致的。[22]在这次纪念饥荒的活动中,在天主教的感召力和审美观的影响下,产生了饥饿的民族主义政治。[23]随后,我们将在特伦斯·麦克史威尼的绝食抗议中看到它的力量和遗产。

然而,正是在印度,饥荒被认为是英国殖民统治的失败。毕竟,长期以来,印度一直是英国政治经济学家和功利主义改革家的实验地,为一系列在爱尔兰被认为是政治上不可行的项目(诸如土地改革等),提供了实验场。[24]英帝国承诺的繁荣、文明和现代化,也将在印度得到最彻底的检验。由于马尔萨斯在黑利伯里(Haileybury)给一些东印度公司的官员(查尔斯·特里维廉也在其中)讲授过政治经济学,在官方看来,印度饥荒是天意使然,是不愿学习市场经济规律的农民对这块人口过剩的土地的遏制,这一点也不奇怪。而天意通常采取诸如干旱或歉收等"自然"现象的方式。对这一事实的认识坚定了官员们的决心,他们希望证明,英帝国可以通过控制自然环境来"改善"印度,或至少可以通过更有效地管理其资源和人民来缓和最糟糕的情况。[25]根据《道德和物质进步报告》(*Moral and Material Progress Report*)等文本,尤其是在1859年英国政府对印度实行直接统治后,印度政府不仅加速了重点工程项目的扩张,如灌溉工程、铁路网、通信系统等,还加速了综合性网络的扩建,通过这些网络,这个民族的资源,如领土、人民及其劳动成果等,可以被发掘和整合起来。正如学者们现在认为,英国这个殖民国家本身就是通过这个过程建立起来的,我们应该回顾一下饥荒在这个过程中的中心地位。[26]饥荒基金(Famine Fund)成立于1876年饥荒之后,承诺要在铁路和灌溉等技术基础设施上进行投资,这将改善印度的农村经济,使得粮食能够从丰产之地运到粮食匮乏之地。该基金还支持制定饥荒法则,通过公共工程给那些无法养活自己但仍能工作的人提供救济。[27]按照英国人的思维方式,殖民统治不仅使印度不那么容易遭受饥荒,而且还建立了一个人道主义救助的体系,以应对不可避免的饥荒。

这是鲁德亚德·吉卜林(Rudyard Kipling)在1896年发表的短篇小说《征服者威廉》(*William the Conqueror*)中突出的信条,当时正值印度另一场饥荒前夕。吉卜林的故事描述了英国在遭受饥荒的马德拉斯（Madras）向挨饿的当地人提供救济的英勇行为。旁遮普邦（Punjab）的饥荒专员吉米·霍金斯（Jimmy Hawkins）不遗余力地确保粮食供应能够通过他所在的邦的铁路运输过来，然而，可叹的是，他们把小麦和小米送到了以大米为主食的马德拉斯。故事的主人公斯科特（Scott）是灌溉部门的一名工程师，他想办法解决了这个难题。这个问题并不是霍金斯的疏忽造成的，而是印度教徒迷信的饮食禁忌造成的。因此，他把这些印度教徒拒绝食用的粮食去饲养山羊，这样山羊的奶就可以用来喂养挨饿的儿童。这篇文章首先发表在《女性家庭杂志》（*Ladies' Home Journal*）上，还配了一幅斯科特的插图，该图呈现了从一位崇拜斯科特的救济工作者的视角看过去，斯科特被一群他所拯救的养得胖乎乎的光着身子的孩子所包围的场景。这种叙述抓住了英国殖民统治的神话，用印度人生活得到了改善和印度文明进步的描述巧妙地调和了饥荒的存在。[28]

尽管在1857年印度民族大起义（the Great Rebellion of 1857），即一些民族主义者所称的印度第一次独立战争（the First War of Indian Independence）之后，英国人担心饥荒会激发人们抵抗英国在印度的统治，然而这并没有发生。[29]饥荒所造成的影响只是引发了各种人的批判。如达达拜·瑙罗吉（Dadabhai Naoroji）、威廉·迪格比（William Digby）、马哈德夫·拉纳德（Mahadev Ranade）、罗梅什·杜特（Romesh Dutt）和亨利·海因德曼（Henry Hyndman）等，他们巧妙地利用了殖民国家自身信息体制的官方报告和统计数据，对英国的殖民统治和新马尔萨斯主义政治经济学展开了强烈批判。[30]

这一策略迫使英国人不仅要对自己的统计数字提出异议，而且还要根据民族主义批评者所设定的术语，重新阐述殖民统治的正当性。随着另一场饥荒在1901年减退，作为印度事务大臣的乔治·汉密尔顿（George Hamilton）被迫在议会上承认："如果可以证明，在我们的统治下印度的物质繁荣退步了，我们就应该自我谴责，我们不该再被委任去控制这个国家。"[31]

这是瑙罗吉40多年来的一贯立场，也是为什么很多人认同威廉·格莱斯顿（William Gladstone）将瑙罗吉称为印度民族主义的元老。[32]早在1870年，瑙罗吉就利用官方统计数据来说明英国统治非但没有给印度带来繁荣和进步,反而使印度财富枯竭、人民困顿,并遭受一系列毁灭性的饥荒的打击。瑙罗吉认为,殖民国家之所以不将人均收入数字纳入其经济摘要和报告是有原因的:因为这些数据会暴露日益恶化的老百姓的生存状况。根据他的计算,即使是在作为模范邦的旁遮普邦,最低生活费(34 卢比)也比人均收入(20 卢比)高出惊人的 80%。驳斥瑙罗吉的数据就成了这个殖民国家的官员和辩护者经常要做的事,这也迫使印度最终在 19 世纪 90 年代将人均收入纳入官方经济记录中。[33]虽然这个殖民国家试图利用统计数据来掩盖印度人民的贫困,但它无法掩盖饥荒的可怕之处和逃避他们对饥荒的责任。瑙罗吉认为饥荒像贫困一样,是财富流失的直接后果,他将饥荒作为英国暴政的一个指标。他挖苦地写道:"这是多么奇怪啊!英国统治者们竟然没有看到……正是他们抽干了印度的财富,才导致了发生在家门口的数百万人的悲剧、饥饿和死亡……当这些错误都出现在你自己身上的时候,为什么还要怪罪于无辜的自然呢?"[34]

在罗梅什·杜特和威廉·迪格比看来,印度饥荒的历史进一步印证了英国的罪责。杜特使用 1880 年和 1898 年饥荒委员会的报告,列出了一串让人悲伤的"英国统治印度 130 年间发生的 22 起饥荒的记录";迪格比则更深入地挖掘了殖民地记录,揭露了在 1900 年前 100 年里发生的 26 次饥荒中,不仅死亡人数越来越多,饥荒的规模也在不断扩大,频率也在不断加快。[35]在一份对英国统治的经典控诉中,杜特指控道,尽管在 40 年的直接统治下,英国人享有了和平、丰饶的土地、忠诚勤奋的人民,以及一代又一代受过专门训练的行政人员,但是"饥饿从未消亡。在过去的 40 年间,在我的记忆中,印度已经发生了 10 次饥荒,按照适度计算,在这 40 年间,因挨饿和由此带来的疾病而死亡的人估计有 1500 万之多"。"世界上任何一个处于文明管理下的国家"都不会容忍"相当于英格兰一半的人口"在这么短的时间内如此大规模地死亡,这让那些"仍处于中年的男人和女人都记忆犹新"。[36]这种殖民时期的挨饿记录常常与英国人到来之前的时代形成对比,那时人们还没有穷困到在歉收年或绝收年因缺乏物质资源和精神资源而成为救济对象。[37]正如英国社会民主联盟(Social Democratic Federation)的创始人、印度民族主义的伟大朋友亨利·海因德曼在 1907 年(当年另一场致命的饥荒横扫印度)出版的《英国统治下的印度的毁灭》(*The Ruin of India by British Rule*)书中所说的那样,"在我们征服印度之前,印度就有饥荒了。但是,在印度教或伊斯兰教的统治下,像现在印度部分地区每年都发生的那种持续的饥荒是完全没有的"。他补充道,这很难成为"欧洲文明福祉"的良好证明。[38]正如我们将在本书第六章中看到的那样,这种关于次大陆财富流失及其造成殖民地饥荒历史的说法在 1943 年孟加拉饥荒期间重新出现,对许多人来说,这代表着在英国殖民统治棺材上钉下的最后一颗钉子。[39]

针对殖民统治膨胀的要求和强烈的不公,财富外流理论(drain theory)和民族主义饥荒史既借鉴了英国政治经济术语又背离了这些术语。尽管瑙罗吉的对殖民统治进行经济批判的财富外流理论的影响不容小觑,但其最初的形式还是表现出对传统英国宪政主义和政治经济学的极大忠诚。财富流失的三大因素——殖民官员过高的薪金和不劳而获的财富,供养一支庞大的常备军以维持英国在印度以外地区的霸权地位的巨大成本,以及那些被剥夺了政治代表权的人所承受的巨大税收负担——都直接来自英国激进的宪政传统及其对"旧式腐败"(Old Corruption)的批判。[40]此外,瑙罗吉还抱怨,英国利用税收和关税来确保它与印度间不平等的交换关系,故意剥夺印度自由贸易的利益,强迫印度廉价出口原材料以换取昂贵的英国进口产品。瑙罗吉坚称,如果英国只是实行它所鼓吹的自由贸易,"其结果将是印度再度繁荣,同时也伴随着英国更大的繁荣"[41]。这并不是欠发达的原始理论,而在很大程度上是古典政治经济学和宪政主义言论框架下对殖民统治的批判。[42]

不足为奇的是,瑙罗吉的分析在英国得到了各界人士的认同,像迪格比和海因德曼等人都认为英国应该对马德拉斯 1876 年的饥荒负责。[43]他们拒绝接受饥荒委员会 1880 年的那份沾沾自喜且拖沓冗长的报告,他们提议削减税收和军事开支,设立一个提供救济的饥荒基金并逐年增加投入,以及实施新的公共卫生项目和灌溉计划。[44]在中洛锡安竞选运动(Midlothian campaign)期间,甚至连格莱斯顿也经常提到英国在印度的暴政,尤其是英国利用饥荒基金对阿富汗发动了一场不公正的战争。人们希望逐步推进爱尔兰自治的格莱斯顿政府能够推动印度的改革,然而这一希望很快就破灭了。瑙罗吉在 1886 年担任新成立的印度国民大会党(Indian National Congress,简称"国大党")主席后深信,印度的救赎取决于已经来到英国的那只变化无常的野兽,即英国公众的良知。[45]在英国,他与迪格比密切合作。迪格比于1889年成为印度国大党英国委员会秘书长,并且最终筹划了瑙罗吉1892年当选为芬斯伯里中心选区(Finsbury Central)的自由党议员。[46]事实证明,迪格比和瑙罗吉都善于利用格莱斯顿这位长期主导英国改革运动的绅士领袖所熟悉的言论和风格,强调他们为使印度民族摆脱挨饿和殖民奴役去开拓蛮荒之地而做出的牺牲。[47]到1899年,罗梅什·杜特在印度国大党的主席演讲进一步加强了英国改革家们对瑙罗吉财富流失理论的共鸣。该演讲不仅肯定了爱尔兰,还指出,严重高估土地收入和缺乏在外地主的投资是印度财富外流的主要因素,也是造成印度贫困和饥荒的最大因素。1900年,他也把这个案例带回了英国。在英国,他在很多场合都支持瑙罗吉,探讨饥荒的原因。杜特在印度一系列经济历史中详尽地论证了这些原因。[48]

　　与斯密和马尔萨斯一样,瑙罗吉和杜特也相信古典政治经济学的规律是普遍适用的,如果英国人不再阻挠,这些规律也适用于印度。他们认为,问题不在于政治经济学,而在于政治代表性:只要印度人更多地参与到印度政府中来,就可以消除财富的外流及其对市场的阻碍。瑙罗吉这一代的民族领袖承受着来自蒂拉克(Tilak)等人在寇松(Curzon)的孟加拉(Bengal)分治后敦促采取更为激进的分析和军事策略的压力,正因为如此,瑙罗吉这位既不是民主党也不是自由市场的批判者,曾经无比信奉荣誉、正义和公平竞争的英国观念的人,却成为在1906年第一个要求印度国大党自治的人。尽管马哈德夫·拉纳德与瑙罗吉和杜特不同,他在分析印度的经济困境时从未将饥荒置于中心地位,但是他的确对古典英国政治经济学的局限性提出了一种更具批判性的民族主义观点,这些观点也借鉴了李斯特著作中的观点。[49]在他1892年的经典演讲"印度政治经济学"中,拉纳德呼应了米切尔的观点,他坚持认为,实际上并不存在所谓的古典政治经济学的普遍规律,古典政治经济学不过是英国经济霸权的特殊历史产物而已。全球市场并不是竞争和自由的,而是按照英国的比较优势建立起来的:所谓在英国制造和印度发展起来的自然的国际劳动力分工其实也是个幌子,它只是用来确保自由贸易的福音能够保障英国在全球经济中的统治地位。印度若要摆脱其"依附性的殖民地经济"的地位,就必须一方面防止财富和资源的外流,另一方面支持印度新兴的制造业,只有这样才能实现经济发展和现代化。这不仅需要改变印度的政治代表性,还需要形成印度政治经济的新愿景。印度必须找到自己的经济现代化之路,拉纳德希望印度政治经济既不会脱离其社会关系,也不会忽视对社会集体福利的关注。[50]与爱尔兰一样,社会性形成了印度差异的基础。

饥饿游行的诞生

尽管英国有杜特、迪格比、瑙罗吉这样的人为饥荒呼吁,尽管海因德曼给印度民族主义和劳工运动之间架起了桥梁,英国饥饿政治的重心仍在失业者身上,并且采取了更切实际的饥饿游行的方式。恰好,饥饿游行正是由失业的鞋匠们发起的。1905年5月,150名失业鞋匠决定从莱斯特郡(Leicestershire)的劳德(Raund)出发游行到伦敦,向陆军部(War Office)请愿反对英国鞋靴业者联合会(National Union of Boot and Shoe Operatives)提出的降价,这种降价迫使他们的工作连基本生活都无法维持,而他们还要以此为生。[51]一周后,在他们的榜样的鼓舞下,他们不顾令人敬畏的议员基尔·哈迪(Kier Hardie)和镇贸易委员会委员们的建议[他们建议在海德公园举行支持失业法案(the Unemployment Bill)的集会],莱斯特郡的1000名失业者中400个已经用完工会福利的人(还包括来自济贫院的30人)效仿了游行。[52]游行的想法很快传播开去。到同年6月5日,基尔·哈迪在下议院告诉首相贝尔福(Balfour)游行队伍已经过了格拉斯哥、纽卡斯尔、利兹、利物浦、曼彻斯特、伯明翰、莱斯特,要加速失业法案的通过,因为从观察可以得知"只有施加压力才能让这类法案的措施在下议院获得通过"[53]。用曼彻斯特失业者委员会(Manchester's Unemployed Committee)秘书长阿瑟·史密斯(Arthur Smith)的话来说,那些游行到伦敦的人会"一直留在那里,直到政府认为应该帮助那些挨饿的妇女和儿童"[54]。尽管有多次游行,次年一月又有一次自利物浦的游行,但"饥饿游行"这个词是在1908年那场自曼彻斯特开始但并未真正抵达伦敦的游行后才出现的。"因缺钱而挨饿",游行者们走到了萨里郡(Surrey)的戈德斯通(Godstone)的公路尽头。他们极有魅力的游行领袖斯图尔特·格雷(Stewart Gray)提议组织一次从伦敦走到索尔兹伯里平原(Salisbury Plain)的饥饿游行,他希望在那里为失业者建立新的农场殖民区。[55]于是,在1908年7月14日,据《曼彻斯特卫报》报道,有许多来自伦敦东区的失业者,"他们自称为'饥饿游行者',并申明他们打算在斯图尔特·格雷先生的带领下进行长途跋涉",并在海德公园举行集会。[56]饥饿游行因此诞生。和往常一样,它的诞生并不容易:警察没收了游行者的募捐箱。

这些早期的饥饿游行以军人精神而著名。正如1905年莱斯特游行者在给国王的请愿书中写道:"我们当中很多人都是老兵……积极参加了最近的南非战争……我们陷入了极度痛苦和匮乏之中……无法履行作为丈夫和父亲的首要职责,即为妻子和孩子提供食物。"[57]布尔战争退伍军人回家后不是失业就是拿着无法维持基本生活的工资,这种不公平现象是十分严重的。这些退伍军人曾冒着生命危险替英国到南非大草原作战,他们现在要求政府承认他们的"工作权"。利物浦失业者委员会采用"工作权"一词作为其名称的一部分。要维护这一权利,需要军事纪律和组织。像英国社会民主联盟的倡导者领导了劳德工人游行的詹姆斯·格里布尔"将军"("General" James Gribble),以及领导了利物浦游行的传奇吉本"上尉"("Captain" Gibbon),他们都用了真实的或想象的军衔来巩固他们的权威。[58]格里布尔的游行队伍是按照军事编制进行编队,包括一个军官团、一个高级别自行车师、一辆救护车、一个乐团以及由"中士"带领的五个连的副官游行者。对格里布尔而言,军事纪律很管用。依靠军事纪律,他的游行队伍到达了伦敦并折返回来。然而,对于18个月后即严冬的一、二月间,从曼彻斯特游行到伦敦的格雷的队伍来说,虽然他们也有"大量的'老兵'元素",但仅靠军事纪律还不够。[59]当他们离开伯明翰的时候,队伍中已经出现了叛乱迹象,例如他们抱怨"独裁的"领导者"把钱袋子捏得太紧",以及对手下人要求过高。[60]在贝德福德,74名游行者中的58人接受了免费的火车票回家;与此同时,格雷从他不喜欢的副手、独立工党(Independent Labour Party, ILP)活动家杰克·威廉姆斯(Jack Williams)手中接过领导权,将一支"少而杂乱的队伍"带到了著名的伊顿公学,在那里他对着有特权的学生们发表了慷慨激昂的演讲。

饥饿游行者每到一处,都试图驳斥这样一种观点,即失业者在道德和身体上都是堕落的,或者是不宜被雇用的。由于当地报纸和《曼彻斯特卫报》预见到了新闻报道对后来游行的重要性,它们都派了特约记者和这些人一起游行,并且每天报道关于他们所面临的贫困和艰难,以及他们是如何克服这些困难的:游行者穿着底子薄而塌陷的靴子小心翼翼地穿过泥泞道路上结冰的土辙,9个小时跋涉30英里的路程,而他们经过或停驻的城镇却对他们的游行不感兴趣或不支持,募捐箱里空空如也,手中食物寥寥无几。[61]然而,越是逆境,越能显示出他们的男子气概和道德纪律。格雷与众不同地将那些追随他的人描述为"在血泪海洋中像灯塔一样屹立的殉道者",接着又"把他自己比作摩西,试图将人民从奴役中解放出来——不仅要摆脱来自外来法老的'有组织'的压迫,还要摆脱他们自己脑海里相互交织的束缚,即身体和精神的惰性"[62]。因此,饥饿游行既是反对自身道德堕落的游行,也是反对缺乏代表性的政府无视工人困境的游行。尽管这些早期的饥饿游行者没有取得成功,他们未能与他们请求的当权者(无论是君主还是低级别部长)会面,但他们的失败却突显了他们的英勇无畏和富有男子气概的决心。当莱斯特的游行者到达圣·奥尔本斯(St. Albans)的时候,他们首先收到了来自内政大臣的电报,被告知国王拒绝接待他们,随后首相贝尔福又宣称"任何这样的武力示威……对法案的前景都是不利的"[63]。当他们抵达伦敦的时候,由英国社会民主联盟和独立工党组织的在海德公园迎接他们并为该法案争取支持的"大集会"被一场雷雨冲散了。然而,尽管经历了一次又一次的失望,当他们离开伦敦回到莱斯特后,代表许多莱斯特人的议员拉姆塞·麦克唐纳(Ramsay McDonald)收到了一封来自基尔·哈迪的电报,称这些撤退的游行者的旅程是"英勇的"。[64]

请愿者对宪法程序和请求申诉冤屈的权利的反复尝试,以及被请求者刻意的拒绝,唤起了宪法抗议的英勇传统。[65]当陆军大臣拒绝会见来自劳德请愿的鞋匠时,游行领导者格里布尔搅乱了一场下议院的辩论,随后被"强行驱逐"。由格雷带领的曼彻斯特游行者还是勇敢地从一场3000名失业者参加的集会上出发了,在集会上,他们焚烧了贫困委员会(Distress Committee)的雕像,向当地政府董事会主席请愿"支持国家为所有愿意工作的人提供工作"。[66]由于游行队伍在北安普敦(Northampton)开始瓦解,孤注一掷的格雷发电报给王后,请求将下面这段附言加到国王演讲中:"我们从电报中得知,有75位忠诚的臣民从曼彻斯特步行出发,途径伯明翰和其他城镇,向我们请愿,要求恢复古老的工作权利……他们其中有些人已经抱病,还有一些人连靴子都没有。妇女儿童被遗弃在旅途中或是驱逐回去和剩下的 2.5 万饥民一起挨饿。"⁶⁷ 不用说,这些话并没有成为国王演讲的最终文本。

当宪法程序不能为那些为了这个民族曾冒生命危险的士兵提供工作时,人们唯一能做的努力就是呼吁人道主义援助了。当所有其他的救济途径都走不通后,莱斯特游行者的领导人之一唐纳森牧师(Reverend Donaldson)请求与坎特伯雷大主教(Archbishop of Canterbury)见面,也以失败告终。⁶⁸ 尽管每次游行都有募捐箱可以支持游行者和他们身后的家庭,格雷特别强调,但鉴于政府没有采取行动,教会就有义务提供慈善援助。1907 年在曼彻斯特大教堂的圣诞礼拜上,当会众们唱起"醒来,基督徒们!"时,格雷走上讲坛,说道:"我无法理解,当这个城市里成千上万的人正在挨饿时,你们却在唱这样的赞美诗。"然后他要求大家捐款,为这个城市的失业者建立一个新的农场殖民区。⁶⁹ 六个月后,他邀请教会领袖和伦敦主教领导一场饥饿游行。在遭到他们的拒绝后,格雷率领 47 人前往坎特伯雷,打断了在大教堂举行的一次礼拜。⁷⁰ 次月,由于格雷坚持认为他们"应该向那些本应该关心人民物质和精神福祉的人索要食物和衣服",受到他的鼓舞,1500 名失业男子游行到曼彻斯特大教堂,扰乱了那里周日下午的礼拜仪式。⁷¹

爱德华七世时代的饥饿游行表达的主张常常是自相矛盾的:有人认为退伍军人应该享有就业权利,有人认为那些具备男子气概和良好道德品质的人被拒绝工作并不是他们自己的过错,有人认为他们有宪法赋予的权利去反对一个把他们排除在外并且未能代表他们利益的政治体制,还有人认为他们有接受慈善援助的人道主义权利。这些游行或其主张似乎没有什么凝聚力,然而这并不能掩盖它们戏剧化地呈现了那些由于没有工作而挨饿的人的模范道德力量和男子气概,还戏剧化地呈现了尽管他们曾经为这个民族服兵役,但政治体制的软弱无能却将他们排斥在外,并且经济体系也使他们失去工作,无法养活家庭。此外,正如我们将在第八章看到的,他们创造了一种抗议形式,这种抗议在战后英国再度兴起,并传播到世界许多其他国家。

绝食抗议的政治:"超越普通人的忍耐极限"

　　绝食抗议同样跨越了国界。利用绝食来抗议的做法迅速从沙皇俄国蔓延到英帝国。从1909年英国妇女参政论者到1912年爱尔兰妇女参政论者,从1913年甘地(Gandhi)在南非发起的和1914年加拿大锡克教移民发起的反对殖民地对有色人种的歧视的抗议到1916年英国拒服兵役的人和爱尔兰共和党人的示威,最后到1918年印度民族主义者的罢工,都采用过绝食抗议的形式。[72]很显然,在每种情况下,绝食抗议都对应了特定的政治条件,并被赋予恰当的历史谱系来强调为什么它会被作为一种抗议形式。但这些绝食抗议中的差异并不能掩盖一个共同点,即无论是英国妇女参政论者,还是爱尔兰和印度的民族主义者都利用绝食来对英国和殖民国家对他们的非法和暴力的统治进行强有力的批判。通过绝食抗议,他们将饥饿视为道德力量的象征,而不是马尔萨斯式软弱的象征。他们展现出一个强烈对比:一边是他们为国家的事业献身的承诺,另一边是国家的不道德行为——国家声称把人们的福祉放在心上却不断压制他们,要么强行喂养留他们一条命,要么干脆任其自生自灭。

　　1909年7月5日,在英国开始有了绝食抗议。那天,玛丽恩·邓洛普(Marion Dunlop)拒绝吃监狱给她的食物,以抗议政府,因为政府拒绝承认她将权利法案(the Bill of Rights)中的一个条款涂在议会大夏墙上是政治行为而不是犯罪行为。[73]她在绝食91个小时后获释,并且受到了妇女社会政治联盟(Women's Social and Political Union, WSPU)的热烈欢迎。联盟称她是一个模范人物,说她的抗议彰显了她对这项事业的无私奉献。[74]月底,在一次甘地也作为听众参加的会议上,邓洛普赞扬了其他14位效仿她的人。[75]很快,《妇女选举权报》(Votes for Women)每周都会为那些绝食抗议的人列出荣誉榜,并公布他们的绝食经历。[76]这些监狱故事有助于绝食抗议成为邓洛普和妇女参政论者的策略。除了将自由党政府对绝食抗议者的"违宪"处理方式等同于俄国暴政外,人们从未提起绝食抗议的男性渊源和俄国渊源。相反,妇女参政论者宣称,绝食抗议需要无私和自律的精神,所以这是尤其适用于妇女的抗议方式。对这项事业的奉献主要是通过计算所承受的痛苦、折磨和忍耐力来衡量的:包括被强迫进食的次数、所采用的技术手段、监狱医生和女典狱官残暴行为的程度等。[77]这是一种策略,它巧妙地利用了饥饿的人道主义发现使人们从道德上不愿看到妇女挨饿的场景。妇女参政论者正是利用这样的情绪,试图去动员人们起来反抗拒绝让妇女投票的国家。

  妇女参政论者对绝食抗议的热情很快就蔓延到爱尔兰。1912年,英国妇女参政论者莉齐·巴克(Lizzie Barker)因在都柏林向首相阿斯奎斯(Asquith)的马车投掷斧头而入狱,并被拒绝认定为政治犯。两年内,共有22名爱尔兰妇女参政论者跟随她在监狱里进行绝食抗议。[78]汉娜·希伊·斯凯芬顿(Hannah Sheehy Skeffington)是第一批进行绝食抗议的人之一,她回忆道:"绝食抗议在当时是一个新武器——我们是最早在爱尔兰尝试绝食抗议的人。"因此,她写道:"爱尔兰新芬党(Sinn Fein)及其盟党认为(绝食抗议的策略)是一种女性行为。"[79]然而,这种观念很快就改变了。在20世纪20年代,为了组织一场仅有男性参加的共和党传统的绝食抗议,人们很快就淡忘了绝食抗议先前的历史,共和党妇女的绝食抗议几乎被忽略了。和妇女参政论者一样,爱尔兰共和运动的成员们以特定的方式选择男性或女性进行绝食抗议,以符合他们认为谁有能力做出必要的自我牺牲和自律的想法。[80]在希伊·斯凯芬顿绝食抗议六个月后,爱尔兰于1913年9月进行了首次男性绝食抗议,当时社会民主主义者詹姆斯·康诺利(James Connolly)拒绝承认英国政府有权禁止一场会议,而他正是在那场会议上被捕的。[81]共和党领导人,如埃蒙·德瓦勒拉(Eamon de Valera)等,最初对绝食抗议的态度举棋不定。即便如此,随着1917年托马斯·阿什(Thomas Ashe)因强迫进食而亡,4万名抗议者涌上了都柏林的街头,而后1920年"整个世界极度痛苦地看着"特伦斯·麦克史威尼在74天绝食抗议后死亡,这些都为绝食抗议创造了一个完美的民族主义源头。[82]它不仅与男性力量和忍耐力越来越紧密地联系在一起,还与天主教特有的纯洁感以及节制和牺牲的救赎力量越来越紧密地联系在一起。因此,关于它是否代表一种违反天主教教义的自杀形式的讨论,常常引发激烈的争论。随后,人们为共和党绝食抗议找到了一个更为古老的爱尔兰凯尔特传统,该传统可以追溯到《古制全书》(*Sen-*

chus Mor）*中的古老传统。根据该传统，背负债务或是遭受不公的受害者可以在冤枉他的人的家门口禁食，直到达成和解，该传统由爱尔兰的守护神圣帕特里克（Saint Patrick）来执行。[83] 加上这些"古爱尔兰法典的元素，作为爱尔兰天主教核心特征的自我否定元素，以及作为激进的爱尔兰民族主义特征的忍耐和牺牲的倾向"，确保了绝食抗议在爱尔兰共和斗争中将来会举足轻重。[84]

矛盾的是，我所发现的绝食抗议的凯尔特渊源并非爱尔兰，而是一位英属印度的"前居民"在《曼彻斯特卫报》上写的文章。该文写于甘地禁食抗议洛锡安委员会在1932年9月提议给予"贱民"（untouchables）单独代表选举权期间。这个作者把禁食抗议的起源追溯到古爱尔兰和古印度，声称这是圣人们向国王和众神施压的一种苦行，还暗示这种古老的做法曾经十分普遍，并且仍然在"世界各地、各个时代的普通民众"中占有支配地位。尽管如此，他坚持甘地禁食有其印度特征，他通过"静坐绝食"（sitting dhurna）的传统将甘地禁食放在"其祖国印度的传统神话和哲学"中考量。在"静坐绝食"的传统中，正如《古制全书》中指出的，那些受到冤屈的人会一直禁食，直到他们被证明是正确的为止。[85] 这篇文章回溯了绝食抗议的时间谱，这样的内容是首次发表在《泰晤士报》上的，时值1913年3月妇女参政论者们的绝食抗议达到高潮。哈奇森·麦考利·波斯内特（Hutcheson Macaulay Posnett）是奥克兰教授和比较文学的早期拥护者，他在一篇文章中，将妇女参政论者使用的绝食抗议战术与"野蛮和不道德的"印度静坐绝食进行了比较。据他的朋友、已故著名法学家亨利·梅因（Henry Maine）爵士说，这种静坐绝食的习俗在印度1860年刑法典（Penal Code of 1860）的文明影响下被明令禁止。[86] 次日，一位对印度习俗的考古研究非常熟悉的退休的著名印度官员乔治·伯德伍德（George Birdwood）驳斥了波斯内特的说法。波斯内特声称自己在孟买服役期间亲身体验过这种风俗，孟买当地妇女曾对着他静坐绝食，一直坚持到他祝福她们生儿子为止。[87] 伯德伍德称，尽管这种风俗是"基于人类最强烈和最深刻的本能"，且似乎在神话中普遍存在，但其实在被大肆吹捧的印度刑法典宣布这种风俗非法之前，它就已经绝迹了。[88]

---

* 公元441年到17世纪末爱尔兰一直沿用的法律。——译者注

关于静坐绝食抗议的讨论是否促成禁食转变成绝食抗议,并成为印度民族主义者抗议的武器,思考这个问题是很有趣的。[89] 绝食抗议的历史可以追溯到18世纪晚期英国官员收集的印度风俗汇编。这无疑为这一习俗提供了无可争辩的印度渊源。在第一次世界大战后的几年里,印度的民族主义者似乎受到了爱尔兰绝食抗议的启发,开始了一系列的绝食抗议,以抗议殖民统治的不公。[90] 尽管这些绝食抗议发生的频率很高——可以称为反殖民斗争中绝食抗议的黄金时代——但在英国还是甘地的禁食受到了更多的关注。甘地瘦弱的身躯在许多人看来代表了印度民族的斗争,就好像麦克史威尼的抗议代表了爱尔兰人反对英国统治的不人道(不一定是反对英国统治的非法性)的英雄般的忍耐力一样。在《泰晤士报》关于绝食静坐的讨论后不到一年,甘地进行了第一次禁食,他一生中重要的禁食至少有15次,他的所有禁食都以不同的方式体现了对印度民族的考验以及他自己主张的对印度民族的道德领导。[91]

无论禁食成为绝食抗议是作为一种普遍的原始习俗的延续,还是作为民族历史的特殊产物,直到20世纪早期,在确立了饿死是非自然、不道德和不人性的人道主义思想后,绝食抗议才成为政治抗议的有效武器。从这个意义上来讲,妇女作为饥饿发现的首批人道主义同情对象之一,她们首先采用绝食抗议的方式也就不足为奇了。和追随她们的爱尔兰以及印度的民族主义者一样,她们试图从政治上博得人道主义同情,以强调宗主国或殖民国家的不合法性,并揭露其统治所依赖的不人道和暴力。绝食抗议始终以一种宪法抗议的形式开始,坚持认为法治和合宪性遭到破坏,并以此来证明这种例外情形(即对法治和宪法的破坏)只能靠武力来维持。

在英国,绝食抗议始于对宪法的边界和意义的争论:玛丽恩·邓洛普抗议因将权利法案的一项条款印在议会的墙上而被定罪。正如《妇女选举权报》提醒其读者的那样,假如"她是一个反抗沙皇的暴政,为千里之外的政治自由而战的俄国人,这个国家的自由党媒体会对她的行为赞誉有加"。[92] 邓洛普事件后,妇女社会政治联盟一直将绝食抗议的人描述为自由和英国宪法的捍卫者,与之形成鲜明对比的是名义上的自由党政府,而它对公民行使宪法形式的抗议的起诉与沙皇俄国的暴政无异。

该事件开始是不断升级,接着是政府反应的犹豫不决,这件事就这样被简单化处理了。当邓洛普被关在医务室时,那些跟随她一起绝食抗议的人先是被关进惩戒室,随后又被强迫进食。1909年9月,内政大臣赫伯特·格拉德斯通(Herbert Gladstone)授权可以使用强制喂食的三个星期后,第一名受害者玛丽·莉(Mary Leigh)形象地描述了她通过鼻管被强制喂食的经历,这些描述都在妇女参政媒体上被广泛地报道。正如韦茨曼(Weitzman)所展示的,妇女参政论者很快就将政府使用强制喂食的做法称为违宪的"酷刑"。其中最著名的是一系列记录这些野蛮行径的图片,将其与西班牙宗教法庭*的暴行或沙皇俄国的暴政相提并论。[93]人们用这些妇女被按住并被强制喂食的图片来说明,一个依靠暴力压制其臣民所提出的宪法要求的国家是多么狭隘。[94]随后,政府不断地试图取消强制喂食的做法,这说明该策略取得了显著成功。在实行强制喂食后不到半年,新任内政大臣温斯顿·丘吉尔(Winston Churchill)通过给予妇女参政论者政治犯特权,有效地消除了她们宣称要饥饿抗议的原因。[95]然而,1912年3月,新内政大臣雷金纳德·麦肯纳(Reginald McKenna)取消了这些特权,引发了新一轮的绝食抗议,政府再度使用强制喂食。当越来越多的人批判这种做法时,麦肯纳再度退让,于1913年4月出台了臭名昭著的"猫捉老鼠"法案(Cat and Mouse)或称囚犯(因病暂时释放)法[Prisoners (Temporary Discharge for Ill-Health) Act]。该法案旨在取代强制喂食,允许暂时释放绝食抗议者,直到他们恢复健康,能够继续回到监狱服刑为止。不到半年时间,该法案就失败了:那些被释放的人又犯下了新的罪行,并逃脱了追捕。

  我们将会看到,政府试图证明强制喂食是一种人道主义行为,这对那些政府有义务照顾的歇斯底里的妇女而言是必要的医疗措施。妇女参政论者不断挑战政府的这一解释,她们揭露政府将强制喂食作为一种惩罚手段,并强调典狱官和医务人员的故意虐待。在妇女参政媒体上经常能够看到有关使用手铐、束缚衣和惩戒室来约束和惩罚囚犯的主题报道。正如视觉上总是看到残忍的监狱官员以虐待为乐的画面一样,囚犯们的证词中也总是充斥着这些人随性妄为的残忍行为的细节,例如揪头发、掐胳膊和腿、扇耳光、撕嘴巴、打掉牙齿等。[96]一些学者将强制喂食等同于强

---

* 1480—1834年的天主教法庭,以残酷迫害异端著称。——译者注

奸：妇女的身体被压制和放倒，男性医生强行将生殖器般的管道塞入她们的嘴巴、鼻子和喉咙的经历。[97] 当然，妇女参政论者用来形容强制喂食的词汇，如"暴行""攻击""耻辱""堕落"等，一直以来在媒体上都是被用来讨论性犯罪的。[98] 当《妇女选举权报》动情地描写"这种未经授权的人身攻击对妇女的可怕侮辱……当一名妇女为了一个伟大的原则而反抗时却被按住，当别人对她进行残酷的手术时她被人强行压倒……这些事情给任何女性都会留下想象空间"时，这并不是在进行淫秽报道。[99] 直到 1914 年夏，据苏格兰珀斯（Perth）监狱的许多妇女参政论者透露，她们曾多次从直肠被强制灌食，这真是骇人听闻。她们其中一人也是基奇纳（Kitchener）勋爵的侄女，她曾指着一幅招募广告告诉人们，他们的国家需要他们自愿投入一战中，但她却遭受了"一种更加粗俗和不体面的暴行，其唯一目的就是折磨人"[100]。在国家对其臣民实施的暴力专制的可怕例证下，妇女参政论者的绝食抗议达到最后高潮。

一战后，特伦斯·麦克史威尼声名狼藉的绝食抗议也戏剧化地表现了作为英国公民与作为受英国权力和武力束缚的臣民之间的区别。当托马斯·麦柯廷（Thomas MacCurtain）被爱尔兰皇家警卫队（Royal Irish Constabulary）谋杀后，1920 年 3 月，作为爱尔兰西南部共和党圈子里的重要人物，麦克史威尼成了科克市市长以及爱尔兰共和军指挥官。同年 8 月 12 日，高压法（Coercion Act）实施三天后，他被逮捕，接受了军事审判，判处在伦敦布里克斯顿（Brixton）监狱服刑两年。麦克史威尼拒绝接受审判的合法性，开始绝食抗议，以"限制（政府可能强加给他的）任何刑期"，他坚称，"不管你们政府会做什么……我都将在一个月内获得自由，无论是活着还是死去"[101]。考虑到自从阿什死后，英国政府不断地在绝食抗议面前让步，要么定罪为政治犯，要么干脆释放，麦克史威尼的做法并不是一场蠢不可及的赌博。[102] 然而，麦克史威尼加大了赌注。他要求的不是政治犯身份，而是要求承认由戴尔（Dial）在 1919 年 1 月建立的爱尔兰共和国及其临时政府的宪法权威。伴随着高压法的出台，英国政府决定维护自己的权威，使出浑身解数来显示自己的实力，暗示人们与其同情麦克史威尼，还不如同情那些被谋杀的爱尔兰警察的遗孀和孩子们。[103] 舞台已经搭好，这出戏在麦克史威尼去世 74 天后被推向了高潮。

麦克史威尼的绝食抗议是由其妹妹玛丽·麦克史威尼（Mary Mac-

Swiney)和爱尔兰民族自决联盟(Irish Self-Determination League)的报纸《爱尔兰流亡报》(*Irish Exile*)的编辑阿特·奥布赖恩(Art O'Brien)在伦敦精心策划的:他们在布里克斯顿监狱外组织守夜活动,争取英国劳工运动和美国总统候选人的支持,他们为国际媒体提供每日简报,从监狱里偷偷弄出这名垂死的殉道者的照片,并确保在仪仗队和游行队伍穿过伦敦时麦克史威尼穿着志愿者的制服。[104]他们巧妙地将麦克史威尼塑造成一位爱国者,虽有年轻、美丽和心碎的妻子每天过来探望,还有等待着父亲回家的两岁女儿为他祈祷,但他还是一寸一寸地献出了自己的生命,去与一个残忍的、不人道的殖民政府做斗争。在世界各地,尤其是天主教国家和那些受爱尔兰移民影响的国家,每天都会报道这个令人心酸的事件,而且通常是被当作"最重要的新闻事件"。在意大利、法国和美国,人们都举行了支持麦克史威尼的示威活动。[105]对爱尔兰的高压政策持批评态度的英国批评家也急于发表声明,麦克史威尼的遭遇"在文明世界的眼中玷污了英国的名誉",这就像1919年印度阿姆利则(Amritsar)大屠杀一样,证实了殖民统治只能靠暴力来维持。[106]

甘地的禁食与这种将殖民统治的非法与暴力进行戏剧化表达的绝食抗议的传统并不那么契合。正如我在其他地方指出的,毫无疑问,对甘地而言,禁食是追求自治(self-rule)或斯瓦拉吉(*swaraj**)的重要组成部分,但是他对斯瓦拉吉的看法远远超出了任何对地方自治(home rule)或是摆脱殖民政府统治的法律或宪法层面的理解。[107]相反,他唤起了一种自由,这种自由可以在追求真理的过程中通过对自我的道德管理而实现。甘地相信,当印度人民改造了他们的灵魂并拥抱了萨尔乌达耶(*sarvodaya***,无私的服务)时,印度民族的自由就会到来。直到那时,从道德力量的角度来看,非暴力不合作(*satyagraha*)的武器才能生效。从宪法的意义上讲,如果不先治理民族的灵魂,地方自治就等同于接受"不由英国人统治的英国式统治"——印度将变成"不是印度斯坦,而是英国斯坦"。[108]因此,尽管甘地曾在伦敦接受过瑙罗吉的庇护,也曾含泪阅读过杜特的著作,但饥荒从未在他对殖民统治的批判中占据中心位置。[109]他相

---

* 意为"自治",出自 *Hindu Swaraj*(《印度自治》)一书。——译者注
** 意为"人人幸福",甘地所主张建立的新社会的名称。——译者注

信,鉴于英国强行推行的市场经济摧毁了印度乡村社会的道德经济,饥荒必定会发生,所以,当饥荒来袭的时候,他更担忧的是印度人的贪婪和奢侈,因为这些缺陷是衡量印度在道德上究竟落后多少的标尺。[110] 要使印度成为一个有男子气概的民族,能够摒弃财富的外表而追求更高的共同价值,就需要付出巨大的道德努力,一致服从斯瓦拉吉(或自治)的纪律。

在这种背景下,禁食成为甘地对自己自律的最高考验,它既是对一个罪恶民族的赎罪行为,也是对英国殖民统治的道德挑战。[111] 1932 年 9 月,在甘地最著名的抗议洛锡安委员会授予所有贱民共用的独立选举权的首次史诗般的禁食中,他清楚地阐述了他的禁食政治。他的说法与 20 年前在《泰晤士报》上的辩论惊人地相似,他声称,尽管在基督教、伊斯兰教和印度教的传统中,禁食是"一种古老的制度",但是人们应该负责地使用它,或是只有像他这样"将禁食变成一门科学"的人才能使用。他决心将他的禁食和绝食抗议区分开来——禁食是一种道德力量的行为,而绝食抗议则是一种身体胁迫和政治行为。他辩称,他的禁食与其说是针对从立法上确认贱民耻辱的印度政府,不如说是针对未能根除贱民作为一个独特的种姓地位的印度教社会。他坚称,禁食是一种出于良知的行为,而非政治姿态:"我以上帝的名义,下定决心为上帝而工作,我相信,我会无比谦卑地接受他的召唤",这是"出于最纯粹的动机,没有对任何一人的恶意或是愤怒之情"[112]。甚至在其他的禁食中,当他与殖民国家的界限越来越清晰,与反殖民国家的立场越来越明确的时候,甘地都一直试图坚持这样的立场。例如,1943 年,他反对印度完全撇清对退出印度运动(Quit India movement)的所有责任而倾尽全力禁食时,他也坚持这一立场。[113] 鉴于他禁食的次数和频率,这些数据既是对他自己自律极限的检测,也是对别人公开的挑战,禁食很快就成为甘地领导风格的代名词。它也提醒人们甘地对领导地位的道德要求、对民族的特殊看法以及为脱离英国独立所做的斗争。

甘地禁食的政治活动提醒我们,通过大肆渲染那些不配拥有公民身份的人所具备的高尚的道德力量,在某种程度上,绝食抗议挑战了这个殖民国家的合法性。甘地等人为此做出了巨大的努力,他们把绝食抗议者描述为需要做出最大牺牲的一项事业的殉道者,将绝食者动机的纯粹与一个打算要打破他们的神秘并败坏他们名声的国家的蓄意操纵进行对比。

　　一战后,安妮·肯尼(Annie Kenney)和克丽丝特布尔·潘克赫斯特(Christabel Pankhurst)等妇女参政运动领导者确认,那些表现出极大的勇气和惊人的力量,为了这项事业在绝食抗议中牺牲自己的人,对妇女赢得选举权起到了决定性的作用。[114]回头想想男性极少为了支持妇女参政而进行绝食抗议,这就表明,男性无法具备绝食抗议所需要的无私奉献和自律精神。[115]考虑到饥饿艺术家和禁食女孩的禁食行为长期以来都被持怀疑态度的医学界认为是歇斯底里的错误行为,妇女参政媒体则从一开始就努力强调绝食抗议者的忠诚,她们是如何仅靠"极罕见的道德勇气和身体控制"来"面对这种殉道"的。[116]如果没有关于克服肉食的诱惑和与牢房里留下的诱人食物的诱惑做斗争的自白,或关于拒绝陷入监狱官员们蛊惑人心的劝说和诡计的故事的话,绝食抗议的描述一定是不完整的。这些都是用来考验一个人的道德价值和对妇女参政事业的献身精神。通过了这些考验后,海伦·戈登(Helen Gordon)同其他许多人一样,认为她的看守者对她进行强制喂食以及使用武力对付她抗议的道德力量是她的一种胜利:"现在他们知道并承认他们被打败了——他们做了他们该做的工作——而她做了她该做的,虽然身体变得虚弱,但道德上变得更加坚定——他们的道德观被颠覆了,他们厌倦了自己的工作。"[117]对另一些人来说,绝食抗议只有在达到强迫进食即对女性的"最大考验"时,才能具备考验道德品质的意义。[118]对豪利特(Howlett)来说,将强制喂食比作强奸解释了妇女参政论者为什么要在证词中强调反抗的态度,因为不这么做就意味着同流合污和意志薄弱。[119]当然,当玛丽·理查森(Mary Richardson)在她一次绝食抗议后的第二周,"感到无力抵抗"而被强制喂食,她被这种"自己的无力抗争"所"折磨"。"不抵抗似乎意味着道德的死亡。"[120]

　　妇女参政媒体还强调,妇女的道德力量不仅体现在绝食抗议上,还体现在日常生活中。她们借鉴了母性至上的表述,把女性描绘成尽职尽责、自我牺牲和克己艺术的实践者:是她们养育了健康的孩子,使这些孩子成为能够保护种族、民族和帝国未来的有生产力的公民。[121]尽管丹尼斯·赖利(Denise Riley)曾表示这种责任的召唤为压制妇女政治权利提供了新的理由,但许多妇女用这些话来表明她们不仅需要获得职业身份(如教师、医生、检查员等），也需要获得公民身份。[122]因此，我们很难看出妇女参政论者"对母性的拒绝"，这在1909年在霍洛韦（Holloway）监狱牢房里发现的并广泛使用的家庭科学手册《健康的家——以及如何保护它》（*A Healthy Home—and How to Keep It*）上就表现得很明显：有一些人引用手册上说的需要新鲜空气，就砸碎了他们的牢房窗户；还有一些人在这本手册"有价值的食谱"上写下一些关于自由的诗歌。[123]绝食抗议的妇女参政论者并没有拒绝母性至上，而是强调这种母性至上的矛盾以及它给妇女带来的难以承受的负担。《妇女选举权报》经常报道婴儿死亡率、食品掺假、在小规模家庭作坊从事臭名昭著的"血汗行业"的妇女所挣得的不够维持基本生活的工资和饿死的事例，将这些事例视为对"一个仅对男性负责的社会体制的可怕的控诉"[124]。一些被监禁的妇女参政论者记录下她们的恐惧，她们发现一些狱友是因其母性而被定罪，这些人入狱是因为偷食物给孩子吃或是因为没能够喂饱孩子："我这样做只是为了我可怜的孩子！"西尔维娅·潘克赫斯特（Sylvia Pankhurst）在霍洛韦监狱牢房涂鸦中这样写道。[125]这不仅是国家的双重标准（既要求妇女做至上的母亲，却又不提供给她们这样做的正当手段，或甚至是这里所讨论的母性福利的惩戒属性），而且是对母亲们维持她们的道德力量，去经常性地承受这种难以忍受的负担的一种苛求。

同样，麦克史威尼及其爱尔兰共和党同僚们反对殖民统治的非法性和暴力的绝食抗议也有着强大的天主教美学支撑，这种美学将痛苦和忍耐等同于精神力量。麦克史威尼是说明复活节起义（Easter Rising）后共和党人加强了"神圣民族主义"的最好例证。在庭审中，他重述了他作为科克市市长的就职演说，坚称反对英国统治的斗争是一场耐力的较量，而不是一种复仇：

> 最能吃苦的人才能获得最后的胜利……我们今天为之奋斗的自由是一项神圣的事业……为自由的牺牲就如同基督被钉死在十字架上的牺牲（the Sacrifice of Calvary），追随那遥远而永恒的神圣榜样，在每一代人中，我们最杰出和最勇敢的人都牺牲了……正因为如此，我们的斗争是神圣的，我们的战斗因他们的鲜血而神圣，他们的牺牲确保了我们的胜利。我们要接过他们未尽之事业，相信上帝，反过来

从我们自身做出牺牲。为了我们国家的救赎,我们以不朽的死者为榜样,以激励我们所有人的上帝为榜样,我们没有夺取无辜人的鲜血,而是献出了我们自己的鲜血。[126]

这也难怪一些人会认为麦克史威尼的绝食抗议既是一种宗教行为,也是一种政治行为。[127]麦克史威尼的奉献和力量很大程度上都来源于他的信仰。他每日拜访他的牧师——布里克斯顿监狱的多米尼克(Dominic)神父。他每日祷告,他的家庭成员给他读他最喜爱的托马斯·厄·肯培(Thomas à Kempis)的《效法基督》(*Imitation of Christ*)一书。当然,麦克史威尼的绝食抗议在信仰天主教的爱尔兰引起了共鸣:人们为他举行弥撒,念诵玫瑰经(圣咏圣母),在布里克斯顿监狱外守夜,在爱尔兰各地祈祷。[128]他死后,成千上万的人涌上都柏林和科克的街道与教堂,伦敦也是如此。据报道,有2万人列队瞻仰了放在南沃克大教堂(Southwark Cathedral)的他的开放式棺材,还有一大群人跟随棺材一路走到尤斯顿(Euston)车站。[129]甚至连麦克史威尼的纪念品也销售火爆,比如他"像圣人般被鲜花环绕"的照片。[130]在这里,很难也没有必要将宗教与政治实践区分开来。麦克史威尼的殉道动员了信奉天主教的爱尔兰,也使得很多原来持怀疑态度的人理解了爱尔兰共和党的武装斗争。正如沃特福德郡圣约翰大学的凯莱赫(Kelleher)神父在《爱尔兰神学时报》(*Irish Theological Times*)上所承认的,麦克史威尼的死不仅凸显了爱尔兰人的宗教信仰,也"深刻打动了整个文明世界的道德情感,在很多迄今为止还没听说过爱尔兰这个名字的地方,为爱尔兰的事业赢得了广泛的支持"。[131]

支持麦克史威尼的信仰和忠诚的观点并不是完全无罪的。阿什死后,他在蒙乔伊(Mountjoy)的牧师宣布绝食抗议是有罪的,绝食抗议就相当于故意自杀,阿什的死在爱尔兰天主教神学家中引发了一场关于绝食抗议的伦理的激烈辩论。[132]麦克史威尼也一直关注着这场辩论,他相信他已经获得了神学上的认可,他的死将会被视为"牺牲"而不是"自杀"。[133]他所有的抗议从理论上来说都是合理的,其理由是"英国在爱尔兰统治的极度不公正"使绝食抗议不仅"免于道德谴责",而且"甚至是具有超自然价值的英勇行为"。[134]几位主教曾到布里克斯顿拜访他,没有证据表明神职人员对爱尔兰的绝食抗议怀有敌意——事实上,在都柏林大教堂和科克大教堂为麦克史威尼举行的安魂弥撒上就有3位大主教和4位主教参加。[135]

在麦克史威尼被封圣后,那些在共和运动中认为麦克史威尼勇气有余理智不足,胆识有余纪律不足的人哑口无言了。他们中有些人显然认为麦克史威尼使绝食抗议成为过时的抗议武器——用共和党人的话说,"它已经千疮百孔",因为现在他们知道"我们可能会从我们的敌人那里得到什么怜悯"[136]。甚至还有传言说,麦克史威尼违抗命令,没有将绝食抗议引向可实现的承认绝食者为政治犯的目标,而是将绝食抗议引向不可能实现的宣扬和承认共和国的目标。以上两种观点,玛丽·麦克史威尼都不会接受。在麦克史威尼的葬礼后,她利用人们对她殉难哥哥的缅怀作为堡垒,来抵御英国人以及那些抛弃麦克史威尼的共和国立场而支持《英爱条约》(Anglo-Irish Treaty)的人。[137] 1922年11月,她以她哥哥为榜样,也宣布绝食抗议,要使爱尔兰摆脱英国的统治。在此期间,爱尔兰共和妇女会(Cumann na mBan)组织了蒙乔伊监狱外的守夜活动和大量集会,请求自由州政府释放玛丽。更糟糕的是,玛丽的妹妹安妮(Anne)延续了这一迅速成为家族传统的做法,在监狱官员拒绝她探望患病的玛丽后,也在蒙乔伊监狱外开始绝食抗议。在《圣母,我们永远的救星》(Our Lady of Perpetual Succor)这幅画像下,安妮躺在屏风后。由于就如何对待玛丽的政策上政府内部产生了分歧,在安妮绝食抗议24天后,政府终于对她的态度缓和下来。[138]

很显然,英国的妇女参政论者以及爱尔兰和印度的民族主义者都进行了绝食抗议,反对那些使他们遭受奴役的国家的非法行为和暴力。然而,他们的做法大不相同,因为他们利用了当地特有的政治和文化资源。所以,对英国和殖民国家来说,他们想要制定一种贯穿整个英帝国的,针对绝食抗议的一贯性政策,是有问题的。相反,这些国家被迫采取不同方式应对绝食抗议,以反对各式各样的崇高的道德目标和力量的诉求。[139]为实现这一目标,各国政府反复利用医学来揭示绝食抗议的生理过程,以削弱围绕绝食抗议者作为殉道者而具备的神奇力量所编织的神话。

最明显的就是将对妇女参政论者的强制喂食证实为一种医疗需要。首先,英国内政部表示,监狱官有法律义务履行在押人员的照顾责任,或至少防止他们犯下"自杀的罪行"。在寻找先例的过程中,这一法律论点很快就结合了医学论点:格莱斯顿的内政副部长查尔斯·马斯特曼(Charles Masterman)坚持认为,那些不愿意或者无法在监狱中养活自己的"不听命令的和意志薄弱的人"长期以来都是通过"普通的医院疗法(或医学疗法)"来"人工"喂食的。[140] 当局将绝食抗议的妇女参政论者描绘为精神错乱和歇斯底里的人,而把强制喂食描绘成人道的医疗需要——这是监狱部门及其医务人员在面对专业同僚的批判时一直坚持的理由。[141] 对这些重要但是常常不知名的人物来说,绝食抗议是激进的妇女参政论者精神不健全的最终证明。在邓洛普第一次绝食抗议期间,霍洛韦监狱的监狱长非常卑鄙地迅速写信告知内政部,他暗示道:"要证明她在法律上精神失常并不容易,但我认为她是个高度神经质的狂热分子。她可能正在经历更年期,这有可能会加剧她的精神错乱。"[142] 此后,这种经神错乱和歇斯底里的绝食抗议者(被描绘为"缺乏道德品质"且"意志衰退……表明了她不能为自己的行为负全部责任的事实")就成为在接下来的五年中内政部所堆积的囚犯状况报告的一个固定类别。[143] 这些报告颠覆了妇女参政论者宣称的绝食抗议需要道德力量和纪律的主张,而将绝食抗议者描绘成因意志薄弱而陷入歇斯底里的状态。

妇女参政论者迅速对这种医学辩护做出反应。在实施强制喂食一周以后,《妇女选举权报》发表了关于强制喂食的严重危害的"医学专家意见",引用了1872年《柳叶刀》(Lancet)杂志上一份关于强制喂食导致死亡的报告。随后,一些有影响力的男性医护人员给媒体写信,他们认为强制喂食根本不是一种"普通的医院疗法",强制"采用这种方法喂食是一种超出普通人忍耐范围的暴行",在一封160名医护人员联名写给首相的公开信中也重申了这一观点。[144] 当强制喂食(医护人员)抗议委员会〔Forcible Feeding (Medical Men) Protest Committee〕试图给内政大臣施压时,在很多重要的医学期刊上都展开了关于强制喂食的安全性和伦理性的激烈辩论。[145] 作为在一定程度上对这种压力的回应,以及承认施加在监狱看守和医务官员身上"无法忍受的压力",雷金纳德·麦肯纳引入了臭名昭著的"猫捉老鼠"法案。尽管在这样做的时候,他还是坚决认为那些绝食抗议者是"狂热和歇斯底里的女人,就像苏丹人在与马赫迪的战斗中不惧死亡一样,当她们为自己所相信的妇女事业做斗争时,她们也视死如归"[146]。

正如英国政府利用医学来为强制喂食的暴行进行辩护,并诋毁绝食抗议的妇女参政论者,说她们是与狂热的野蛮人无异的失去理性的妇女,殖民地当局也求助于医学,来揭开其臣民麦克史威尼和甘地绝食抗议的神秘面纱。过去人们认为,麦克史威尼的忍耐力是来自他对共和国事业的信仰和责任,但布里克斯顿监狱的医务官故意泄露信息称,麦克史威尼的探访者偷偷给他提供了食物,使人们对他显然不可思议的忍耐力产生怀疑。[147]麦克史威尼阵营很快就驳斥了这一说法,他们宣称,这就是"一场蓄意歪曲事实和谎话连篇的运动",并指责"英国媒体……允许自己成为这场运动的工具"[148]。当甘地在1943年禁食抗议印度政府撇清对退出印度运动的责任,并向温和派印度政治家施压,要求他们在这个问题上采取更为明确的民族主义立场时,殖民地当局的这一策略得到了更为系统的体现。[149]早在1940年12月,殖民地政府就已经在准备如何最好地应对甘地未来的禁食,以将其对印度和英国公众的影响降到最小。[150]最初他们决定将甘地关押在潜那(Poona)城外的阿迦汗宫(Aga Khan's palace)[而非耶拉夫达(Yeravda)监狱],还准备发布一份新闻稿,记录这座宫殿的宏伟和舒适以及圣雄甘地将会享受到的全面的医疗服务。[151]甘地的禁食在英国被广泛报道为"奢侈禁食",而非与这个殖民国家所做的生死抗争。[152]《每日电讯报》评论道:"这个远离城市的苦行僧坐在富丽堂皇的宫殿中,享受着现代医学的各种资源,这个宏大的场景让人联想到好莱坞而非神圣。"[153]

同时,他们还找来营养学家,就圣雄甘地是如何成功地引导他的身体安全地通过营养障碍提出科学的解释。在印度,对甘地禁食持严重怀疑态度的总督林利思戈(Linlithgow)咨询了医生并获得了让自己满意的答案,即禁食"没有生命危险"。并且他还很高兴地听到德斯蒙德·扬(Desmond Young)爵士(他是曾将禁食作为"自然疗法"一部分的旁遮普邦省级专员)确认,禁食能够产生积极的生理作用。[154]英国的媒体也追随这种营养学的说法,通过阐明甘地禁食抗议的细节来削弱甘地近乎神圣的光环。因此,《每日邮报》详述了"圣雄甘地的九次禁食",揭示了甘地是如何从前八次禁食中存活下来——他会小心地控制饮水量,将运动量维持到最小,并且在恢复进食后非常缓慢地恢复正常饮食,从而证明其禁食并非奇迹的本质。[155]在《新闻纪事报》(News Chronicle)上,儿童健康专家玛格丽特·布雷迪(Margaret Brady)重申了她颇具争议的观点,即对有晨吐反应的孕妇或者患病的儿童而言,禁食是一种自然的且从营养学上来说合理的治疗方法。[156]布雷迪把甘地禁食的神秘色彩都抹杀了,她表示,禁食三周完全是"某些治疗方法的正常步骤……只要过了头一两天,就不需要通过克制自己的方式或是坚强的意志力来继续禁食,因为那时人已经对食物没有什么欲望了"[157]。营养科学帮助说明,甘地的禁食是在可知、可控和可预测的原则和过程控制下进行的,并不需要他本人很大的意志力或做出巨大牺牲。

揭露甘地在禁食过程中至少有一次喝过加了糖的柠檬汁成为最后的致命一击。不出所料,一些人宣称这证明了甘地禁食的欺骗性。甚至一度关注此事的《每日快报》(Daily Express)也评论说,饮用含有如此高维他命和矿物质的饮料也就意味着这次禁食的结束。[158]三天后,宣布禁食结束之时,殖民政权通过新闻管理和医学揭露消除了人们对甘地饥饿政治特异性的惊讶,成功地降低了甘地禁食抗议的影响。我们将在本书第五章看到,由于甘地曾用《青年印度报》(Young India)不遗余力地反驳在印度工作的英国营养学家的普遍主张并公布了他自己的饮食实验,这一结局相当具有讽刺意味。更具有讽刺意味的是,1943年印度再度遭遇饥荒,民族主义者对殖民统治的批判再次被塑造为部分是由英国造成的。

在爱尔兰饥荒和第一次世界大战期间,对饥饿的人道主义发现为饥饿作为政治批判铺平了道路。饥饿者不仅成为人道主义同情的对象,还成为需要获得政治解放的对象,因为其国家不能解决饥饿问题并且拒绝承认他们的公民地位。在19世纪下半叶,爱尔兰和印度民族主义者将饥荒作为他们批判英国殖民统治的标尺,这被证明是很有效的。没有什么比饥荒更能暴露英帝国对繁荣、文明和现代化的空洞承诺:1901年,殖民统治使爱尔兰人口减少了一半,使印度的死亡人口高达英国总人口的一半。爱尔兰和印度的民族主义者重新定义饥荒的性质,不再将其视为自然或是天意的诅咒,而是由人造成的现象:饥荒是其殖民统治者顽固坚持的失败的政治经济学的产物,他们不愿意承认政治经济学所谓的普遍法则并不适用于有着截然不同社会条件的爱尔兰和印度。在这种情况下,殖民地人民忍受饥荒和挨饿的经历,并不是他们没有学会市场规律的道德失败的标志,而是他们最终会将民族从殖民奴役中解救出来的非凡勇气的证明。

　　这种对自然法则的颠覆最明显的表现,莫过于将饥饿游行和绝食抗议作为政治抗议的手段,或将饥饿等同于道德力量,或残酷地揭露殖民统治的暴力行为和非人道行径。这两种似乎都是在同等程度上违抗自然和国家的策略。这些游行首先出现在爱德华七世时代英国失业工人和妇女参政论者的抗议中,这些游行和罢工凸显了英国的不合法性和暴力倾向,它拒绝给予抗议者公民身份,却又声称将他们的福祉记挂在心。正因为如此,这些策略非常适合爱尔兰民族主义者和印度民族主义者抗议殖民国家的政治。然而,将饥饿问题政治化不是简单地提供了一个对整个英帝国范围内的奴役和暴政的一致的、可转移的批判,因为将饥饿问题政治化在不同的地方采用了不同的反叛方式,这些方式都反映了政治民族决意要存在的清晰愿景。现在,饥饿已经准备好了,要从一种政治抗议的工具转变为把饥饿者的福祉放在首位的一种社会治理形式。

第四章
饥饿的科学与计算

1871年之前,英国只在1839年正式宣布过因饥饿致死的情况。1837年,英国成立了注册局办公室(Registrar General's Office),该办公室的主要工作是记录英国人不断增长的寿命和健康情况(对出生、死亡和婚姻进行民事登记)。1839年,该办公室发布了自成立以来的第一组数据。[1] 在一份冗长的报告中,隐藏着一个人们不愿意看到的信息——那一年,在报告死亡的14.8万人中,有63人是饿死的。撰写这份报告的统计学家和医生威廉·法尔(William Farr)坚称,这是保守数据,因为"饿死的人数要远远多于登记人数",而且"饥饿的影响……通常是间接表现为各种各样疾病的发生"。[2] 这个结果和分析激怒了作为新济贫法的主要设计者和首席专员的埃德温·查德威克(Edwin Chadwick),在命运的奇妙转折中,也正是他帮助法尔找到了工作。查德威克曾声称,在英国这个世界上最富有和最现代化的国家里,新济贫法的出台使人们再也不会饿死,而法尔将"饿死"划分为一种死因恰恰挑战了他的这个说法:正如我们在第二章中看到的,这份报告给批判新济贫院制度的人提供了他们喜闻乐见的证据。查德威克很快就从医学和统计学的角度对法尔进行公开谴责。查德威克指出,众所周知,要找出饥饿的病变影响是非常困难的。因此,法尔所划分的"饿死"的范畴过于宽泛;因为法尔拒绝将多重死因的医学诊断与更为广泛的"社会"环境割裂开来,所以他所划分的饿死的分类缺乏科学严密性和统计精确性。不出所料，查德威克很快占据了上风。他拒绝将饿死视为社会问题，他的做法确保了第二年从统计学上看在英国不可能有人饿死，尽管验尸官法庭依然将饿死作为一种划分，这一点倒是挺令人困惑。

1871年，对伦敦人来说，再次出现了统计饿死的可能性。在伦敦，对济贫法联盟的批判者试图揭示济贫法的不人道和低效以及已然成为社会问题的不断增长的饥饿。他们要求每年在议会上汇报由各区的验尸官法院登记的"因贫困加剧而导致饿死"的人数。到1908年，同样的逻辑确保了报告数据的责任范围扩展到整个英格兰和威尔士地区。监护人委员会必须非常仔细地统计每一个因饥饿致死的人。具体来说，他们必须知会地方政府委员会（Local Government Board）以了解死者是否成功申请到或获得饥饿救济。因此，这些报告微妙地平衡了宏观形式的统计数据与验尸官和监护人委员会提供的叙述每一位个体死亡的微观历史。正如法尔和查德威克所认识到的那样，饿死绝不仅仅是抽象的统计数字。这些统计数字的意义和分类仍与当地和个人的知识形式紧密相连，因此依然具有深刻的政治性。19世纪30年代法尔和查德威克持续就报告饿死的可靠性和客观性展开激烈的辩论，直到1929年这种报告方式被最终取消。[3]

官方记载的饿死的人数的简史恰好反映了本章的中心思想。正如我们在前几章中看到的，饥饿的人道主义发现及其后续的政治化——无法为饥饿者找借口的人和无法为饥饿找借口的人彼此之间的冲突——充其量只能取决于对饥饿模糊而主观的定义以及如何测量饥饿。19世纪下半叶，随着饥饿问题在政治上越来越受到关注，很多人都追随查德威克，希望通过科学技术的发展来化解它在定义和测量方法上的困境。到19世纪末20世纪初，新兴的社会科学和营养学通过赋予饥饿一种新的技术形式实现了这一想法。[4]其结果是，饥饿不再只有通过衡量它所引发的人道主义同情或政治抗议才能识别。营养学家开发了一系列技术可以通过客观、标准、通用的方法来定义和测量饥饿，而这些方法是从特定的局部的知识（这些知识曾使饥饿成为很有争议性的话题）形式中抽象出来的。社会学家和营养学家认为，通过这些技术，他们不仅可以区分谁是真饥饿谁是假饥饿，还可以评估他们饥饿的社会后果。如果有必要的话，可以提供实用的技术机制来解决饥饿问题。韦布夫妇(the Webbs*)对这些新形式的专业知识表示支持,他们写道:"我们的统治阶级……似乎还没有意识到,社会重建就像是修建桥梁和铁路、解释法律、改进机械过程中的技术一样,都需要专门的培训和持续不断的研究。"[5]

饥饿在技术和社会方面的低效

19世纪下半叶,随着研究人员开始调查健康、经济和生产力之间的关系,人们开始更多地关注营养学(或通常也称为饮食学)。[6]尽管还存在其他形式的饮食方面的专业知识,但这种在化学分析师和生理学家的实验室里形成的以及通过医学工作者的饮食调查所形成的学科,在19世纪80年代作为营养科学而广为人知。到1901年,英国主要的社会理论家J. A. 霍布森(J. A. Hobson)预测这种新的"食品科学"(当时其命名仍在不断变化)将会成为社会学的"支流科学"。它将使社会学家通过确定能够提高身心生产力的饮食健康标准来计算社会效率原则。反过来,社会调查人员也能够向营养学家提供有关不同人群的饮食结构和身体需求的实证知识,从而赋予抽象的饮食原则以特定的社会基础和用途。[7]霍布森的预言很快就实现了。同年,西博姆·朗特里(Seebohm Rowntree)使用这种"新的营养学知识",通过计算一个人需要多少食物和食物花销才能保持健康和维持生产力,并将其与人们实际的饮食情况进行比较,来衡量约克郡的贫困程度。他的研究引起了人们广泛的关注:

> 多亏了朗特里先生和查尔斯·布思先生耐心和准确的科学调查,我们知道,在这个国家……约有百分之三十的人吃不饱饭,处于饥饿的边缘,日复一日地担心他们的食物是否充足。30%!英国人口有多少?4100万。4100万的30%约等于1200万。[8]

关于朗特里方法的评论有很多,但是奇怪的是,这些评论都只字未提他定义贫困所依据的创新的营养计算方法。[9]在朗特里对这个新领域的广

---

* 指西德尼·韦布(Sidney Webb)和比阿特丽斯·韦布(Beatrice Webb)夫妇。——译者注

泛讨论中，他使用了当时一个常见的比喻，即人体是一个需要食物作为燃料的发动机，既用食物来塑造生产能力（肌肉、骨骼和组织），也用食物来产生力量和能量（热能和肌肉力量）。根据 W. O. 阿特沃特（W. O. Atwater）关于食物营养价值的研究，他随后概括出食物的三大组成部分——蛋白质、脂肪和碳水化合物，每一种都是产生特定数量的热量和能量（卡路里）的燃料。[10] 这一模式虽然从理论上来讲可以计算出人体"马达"进行最有效运转所需要的确切燃料量，但仍面临着一个实际操作的困难，即由于年龄、性别以及工作性质等因素，作为人体马达的不同身体的需求是不同的。朗特里主要关注的是普通男性工人的生产力，并推测出与之相关的女性和不同年龄段儿童的相对"男性营养需求值"（man-values）（女性需求为男性营养需求值的 0.8 倍，14—16 岁男孩的需求也是男性营养需求值的 0.8 倍）。尽管沃伊特（Voit）、摩莱肖特（Moleschott）和普莱费尔（Playfair）在之前的研究里给出了更为严格的标准，朗特里依然遵循了阿特沃特的每日最低营养标准，即普通男性每日最少需要 3500 卡路里以及 125 克蛋白质的营养，该标准得到了 D. N. 佩顿（D. N. Paton）和 J. C. 邓洛普在苏格兰监狱进行的饮食实验的确认。[11] 虽然有了这种显著的营养知识，但它丝毫没有减少将抽象的原则运用到特定社会环境的困难。尽管朗特里承认穷人缺乏"选择既营养又经济的饮食"的知识，也不太可能接受素食，但为了设计出最便宜的满足营养需求的饮食方法，他还是寄希望于最新修订的济贫院饮食规定。[12]

下一步是将营养需求和标准与穷人实际吃的食物进行比较，这是一项非常棘手的任务。如果营养科学提供了一套计算最低营养饮食标准的原则和机制，那么他们的实际效用仍然依赖于并不太精确的技术来发现穷人们究竟吃了什么。在三周的时间里，他们要求被抽样的家庭对"自己消费食物的数量、性质和成本"进行详细和精确的记录。[13] 这些日志随后将由负责编写每个家庭详细案例记录的公务人员进行仔细审核。这些案例记录包括记录每周收入、开支和膳食菜单的表格，以及对家庭构成、实际饮食和家庭条件的叙述。在这些案例记录中，每周的饮食似乎是一个窗口，通过它可以窥探穷人的内心：人们对那些房间干净卫生，家庭安排得较好，能够提供好的饮食的人大加赞扬，而对那些不善于家庭管理的人则提出警示。[14]报告中包含了很多细节,比如家庭装饰、空气流通和光照情况、橱柜的大小、烹饪设备和器具、衣服的状况以及家庭饮食习惯。这种对家庭条件和家务做法的过度分类凸显了家庭主妇在多大程度上被视为社会效率的关键工程师。然而,当这些关于穷人实际吃了什么、花销多少等的记录都转化为详述营养价值和相对于最低营养标准的水平的统计报表时,通常渗透在个别案例描述中那种道德上的居高临下就消失了。而只有当这些家庭的情况被汇总,并以如此多的统计列表和图的形式呈现出来时,我们才能清楚地看到有多少人生活在最低营养需求水平线以下。关于饥饿有两种观点,一种认为饥饿是不明智的家庭管理所导致的道德问题,另一种认为饥饿是集体的社会问题。这两种观点之间的对立构成了朗特里的《贫穷》(*Poverty*)一书的结构,并且也贯穿了他的这种相互依赖的调查模式中。正如我们将看到的,虽然正是朗特里通过社会科学技术和手段首次使饥饿的社会治理成为可能,但这种对立也将继续困扰着饥饿的社会管理。

尽管朗特里的评估有着挥之不去的道德主义色彩,但饥饿问题终于有了科学依据。既然饥饿可以被定义为未能达到最低营养标准,那么饥饿的社会成本就可以通过健康、生产力、效率和社会稳定来进行精确的测量。人们可以在婴儿死亡率和因病缺岗时间等表格中,以及关于生病的母亲抚养发育不良的儿童的报告中,清楚地看到营养不足对人口产生的生理影响。营养不良和衰弱无力的人口威胁着整个社会的稳定和种族的未来。朗特里警告说:"基于这么大数量的发育不良的人群,任何文明都不可能是良好的和稳定的。"在得出有四分之一的人生活在贫困中的结论后,朗特里坚信他发现了"一个有待解决的有深远意义的社会问题"。[15]

体质衰退跨部门委员会(Inter-Departmental Committee on Physical Deterioration)对朗特里的方法和结论尤其感兴趣,该委员会的成立是为了调查陆军医疗服务部队(Army Medical Service)参谋长所揭露的在布尔战争期间几乎有三分之二的新兵"因身体不健康而无法服兵役"一事。[16]由于没有可靠的人体测量数据来追踪逐渐恶化的情况,该委员会将关注重点放在导致健康恶化的环境因素,而非遗传因素上。大部分专家证人都同意,在所有这些因素中,最主要的是营养学因素。[17]人们将关注的重点放在食物和营养学上,这也意味着,关注饥饿问题的除了人们熟悉的社会生活的专业观察员(记者、教师、健康访查员、慈善工作者、工厂检查员、卫生设施检查员和学校的检查员)以外,还新出现了社会学家和营养学家:"伦敦的生活与工作"(*Life and Labour in London*)调查的设计者朗特里和查尔斯·布思以及"营养学的著名权威",《食物与营养学原理》(*Food and the Principles of Dietetics*)一书的作者罗伯特·哈奇森(Robert Hutchison)都给出了证据。[18]与其他专家证人不同的是,他们的权威性并不是因为他们接近或亲近穷人,而是来自科学技术使他们能够保持足够的客观距离去冷静地调查和量化贫困和饥饿问题。地方案例研究、统计样本,案例官员经过培训后才能采访受访者的制度,记录着每一户家庭所有必要信息并准备汇总成统计图表和地图的调查卡——这些技术确保了在不同的时间和条件下也可以有客观的、标准化的、具有可比性的测量系统。受益于此,委员会最终得出如下结论:(1)最低营养饮食要求为 3500 卡路里和 125 克蛋白质;(2)许多人的饮食严重不足,导致他们身体和心理效率低下,严重影响了在校学生和成年工作者的生产力;(3)饮食不足的主要原因并不是贫困,而是家庭主妇们缺乏良好的营养学知识以及有效的家庭管理知识。解决的办法就是立法,给这些家庭主妇提供必要的"社会教育",并给那些母亲无法学习这些课程的儿童提供学校餐食。[19]

新树立的社会与营养科学权威并非没有受到质疑,尤其是来自那些专业知识被边缘化的专家的质疑。例如,来自慈善组织协会的 C.S. 洛赫(C.S. Loch),其工作主要依赖于对那些寻求慈善救助的地方和个人的了解,他批判朗特里对"营养学"的使用过于抽象,"尽管它是用看似精确的数据记录下来的,但它并不真实"。执迷于聚合和量化逻辑的洛赫指出,朗特里过于关注阿特沃特对普通男性(体重为 11 英石,从事中等强度工作)营养需求的计算,但他并没有认识到穷人本身的异质性,即他们的年龄、体重、体质、健康方面各不相同,更不用说他们的品位和家务技能了。与那些甚至还没有"最终确定"要如何计算食物价值的婴儿营养学的支持者相比,像慈善组织协会的雇员这样每天接济穷人并对他们的习惯和嗜好了如指掌的人,才是更好的、更有权威的指导者。[20]这一指责得到了委员会中几位成员的共鸣,他们抱怨营养教科书"在一些重要的问题上每隔四五年就会变化一次"[21]。他们指出营养学家对不同食物的价值给出了不同的评估,而且还指出营养学家似乎无法就食物质量和功能达成一致,更不用说提供最低营养标准所需的食物量了。该委员会的主席在向朗特里提出这些质疑时说,他已听到了很多"非常不同的意见",以致他"陷入了怀疑的泥潭"[22]。

还能听到其他反对声音。其中最引人注目的是像莫德·彭伯·里夫斯(Maud Pember Reeves)这样的人,他们认识到营养科学在分析饮食充足性方面的重要性,但也哀叹那些倡导科学饮食和家庭管理课程的人对贫穷的劳动者所面临的现实问题视而不见。她坚持认为,一个贫困的妇女并不是效率低下或对营养学原理一无所知,而是她"只有一双手和一个超负荷运作的大脑……她有六个孩子,在养育这些孩子的过程中,即使她能够负担得起所需的时间和炊具,她也几乎没有多余的精力来科学烹饪了"。即便是她真的进行了科学烹饪,她仍然还需要满足所有家庭成员的既定口味,尤其是要养家糊口的男性成员的口味,他们很可能会"完全拒绝这些科学的食物"。穷人们评价食物,不是看它的营养成分,而是看它的味道。[23]正如我们将要看到的,人类学家重新发现食物除了本身的营养价值外还有其自身的社会和文化意义,而这种观点在此前已经被整整一代人所忽略了。

然而,爱德华七世时代社会与营养科学的到来,对此后所有关于饥饿的测量及其社会影响的讨论都至关重要。伦敦政治经济学院的统计学教授A. L. 鲍利(A. L. Bowley)因将抽样技术和统计严谨性引入英国社会科学而著名。他承认,尽管存在许多变量(比如食物的可获取性、工作需求、体质种类和文化标准等),如果没有什么是最低营养饮食的营养计算,"效率"一词"是另一个似乎有明确含义,但在现实中也是意思模糊不清的词,就像炎热或好天气的表述一样"[24]。然而,在一战前夕,正当营养学家似乎已经巩固了他们新获得的权威时,他们赋予饥饿概念的科学和技术形式开始发生巨大的变化。在发现维生素和营养缺乏症后,在爱德华七世时代盛行的热力学模型,即将人体视为需要燃料的马达来计算食物作为燃料的最低食物量的模型,逐渐受到了另一种新的生化模型的挑战,即强调食物的质量,而不是食物的数量。

像D. N. 佩顿和E. P. 卡思卡特(E. P. Cathcart)等化学生理学家及倡导热力学模型的"格拉斯哥学派"(Glasgow School)认为,由于代谢燃烧的生化过程是不可知的,研究者应该把研究划定在观察、测量和计算可知的食物的外部现象,如燃料(碳水化合物、脂肪和蛋白质)、身体作为发动机在不同环境下运转的能量需求及其生产量等。[25] 从这个角度看,营养学是一门应用科学,专注于发现穷人需要吃多少,然后教育他们如何吃得更有效、更健康。然而,到 1918 年,由于营养缺乏症和维生素的发现,美国生化学家 E. V. 麦科勒姆(E. V. McCollum)自信地宣布"更加新的营养学知识"的到来。[26] 麦科勒姆属于新生代的生化学家,他们在专注于实验室工作的同时,还把注意力从需要的食物数量上转移到特定食物的质量及其特定的生理效应上。尤其是,对一些看似是由于特定的饮食不足所造成的疾病的确定,如脚气病和佝偻病,使维生素的发现成为可能。尽管是弗雷德里克·高兰·霍普金斯(Frederick Gowland Hopkins)爵士和克里斯蒂安·艾克曼(Christiaan Eijkman)因发现了维生素而获得了 1929 年的诺贝尔奖,但同时期其他许多科学家也认识到了维生素在促进健康方面的重要作用。有些人追随艾克曼,在动物身上做脚气病和坏血病的实验;还有些人,比如霍普金斯和麦科勒姆,注意到了脂肪、蛋白质和碳水化合物摄入不足会对老鼠的生长产生影响。[27] 到 1912 年,卡齐米尔·芬克(Casimir Funk)宣称,所有的"营养缺乏症"——包括脚气病、佝偻病、糙皮病和坏血病——都是由"维生素"供应不足造成的。虽然很少有人接受芬克将这些化学物质定性为重要的胺类物质的看法,但人们越来越清楚地认识到,有一些神秘的"副食因子"对人的健康至关重要。[28] 即使是在格拉斯哥这个热力学方法的大本营,在第一个由医学研究委员会(Medical Research Committee)资助的营养学项目中,霍普金斯大学学生爱德华·梅兰比(Edward Mellanby)决定通过对小狗进行实验来确定佝偻病是由维生素缺乏引起的。我们不应该认为热力学模型和生化模型是互斥的,或生化模型只是取代了热力学模型。正如早期的生化研究帮助确立了食物的营养价值,并纳入热力学计算,在一战后很长一段时间里,热力学方法也继续蓬勃发展。而此时正值一战迫切需要营养专业知识以对粮食政策的制定产生实际意义之际,尽管如此,由于这两种方法实践者之间最初的对立,我们往往无法找到两名意见完全一致的营养学家。

一场营养学之战？

　　克里米亚战争和布尔战争都提出了饮食和营养的问题,但是这些问题大多都是关于是否有足够的军粮来维持士兵们的健康与战斗力。[29] 一战改变了营养的平衡,使英国几乎消耗殆尽的平民粮食供应同军粮供应问题同样紧迫:节约粮食得到了较早的和前所未有的重视。[30] 早在1905年,由于担心英国农业衰退和国家对进口粮食越来越依赖,战时皇家粮食和原材料供应委员会(Royal Commission on Supply of Food and Raw Materials in Time of War)就把关注点放在海军维持商船航线通畅的能力上。哈奇森是唯一一个提供证据的营养学家。他建议,要通过计算营养需求来科学地确定粮食政策,从而确保最具战斗力的士兵和最具生产力的工厂工人的粮食供应,可是他的这个建议"完全被忽视了"。[31] 相比之下,德国首先在战争中运用了营养科学。1914年,德国征召营养学家来说服国民,尽管粮食供应遭到了封锁,但德国人不会因饥饿而屈服,因为他们可以依靠科学来更有效地整合他们所剩无几的粮食资源。为了揭露德国是如何对饥饿的妇女儿童进行宣传的,这些营养学家的文章在1915年被翻译成英文,并且赢得了伦敦大学(University of London)生理学教授奥古斯塔斯·沃勒(Augustus Waller)的赞誉,认为这是用科学的方法解决粮食问题。[32] 对此持怀疑态度的人可能会"怀疑人体的需求是否可以明确地用磅、盎司或其他类似单位来表示",当年晚些时候,剑桥大学的两名教授——生化教授霍普金斯和农业教授T. B. 伍德(T. B. Wood)出版了一本平民节约粮食指南,试图向他们解释其营养原理。就像是人们熟知的人体马达的比喻一样,该指南以图和表的形式列出了不同人群的营养需求,并详细列出了食品的营养价值及其成本,其目的是让读者能够判断如何用自己的钱去获得最大化的营养价值。然而,它还包含了另外两个非常独特的元素。首先,与霍普金斯在维生素方面的研究一致,作者强调了矿物盐以及水果和蔬菜的重要性。其次,他们认为,在朗特里调查结果的帮助下,由于富人饮食的效用低于穷人,富人应该承担更多的节约粮食的责任。通过这种做法,他们可以节省10%的国家粮食开支,同样重要的是,这种做法还可以为那些从事重体力劳动的人省下像面包之类的廉价的碳水化合物食物。[33]

然而,官方对于营养科学对战争所做出的贡献的兴趣增长得十分缓慢。直到 1916 年 3 月,在内阁粮食供应委员会(Cabinet Committee on Food Supplies)的推动下,英国皇家学会(the Royal Society)才成立了一个小组委员会去协助霍普金斯和伍德的节约粮食议程的具体化工作。[34] 该委员会成员包括佩顿和 W. H. 汤普森(都柏林的生理学教授),再加上霍普金斯和伍德。可预见到的是,在关于维生素的重要性以及应该在多大程度上将任何损耗(由于食物的制作、烹饪和食用的过程所产生的)纳入最低热量需求的计算方面,他们之间有很大的分歧。W. B. 哈迪(W. B. Hardy)作为英国皇家学会的生物学秘书也是生理学分会(Physiological Sub-Committee)成立的主要推动者,他不得不提醒固执的佩顿:只有当营养学家们学会用同一种声音说话时,他们才会被当作科学专家而得到认真对待。[35] 在评价营养知识的状况方面做出了三个重大让步后,委员会的最终报告达成了共识:第一,从某种程度上勉强承认了"维生素"是热力学强调的人体发动机所需的热量燃料数量的补充。他们一致认为:"维生素可能在维持国民健康方面发挥了重要的作用。"第二,根据阿特沃特的描述调整了男性营养需求值的相对大小,并运用到霍普金斯和伍德的《节约粮食》(Food Economy)一书中。第三,考虑到粮食从商店到人肚子里这个过程中的损耗,营养需求比起一战前的 3400 卡路里的标准提高了 15 个百分点。在此基础上,作者得出结论,因为任何粮食供应的减少都将"导致军需品、农产品和其他必需品产量的减少",所以应该立即调整粮食政策。粮食政策不应该侧重于节约粮食,而应该侧重于向工业人口"扩大面包供应",因为这些工业人口主要依靠面包获得热量燃料,却饱受粮食价格上涨之苦。该委员会认为,这一目标可以通过将 3 吨谷物从动物饲料转变为人类口粮来实现。这一改变也会令人欣喜地减少国家对进口食品的依赖并增加肉类供应。[36]

人们希望,在达成有所让步的共识后,这份报告能够确立营养专家在制定科学和有效的粮食政策方面的作用。该报告于 1916 年 12 月完成时,英国皇家学会成立了一个永久性和独立的粮食(战争)委员会[Food (War) Committee],并扩大了成员范围,旨在为新首相劳合·乔治(Lloyd George)所成立的粮食部(Ministry of Food)提供咨询,其前景看上去还不错。[37]当新上任的更主张干涉主义的粮食管制官德文波特(Devonport)勋爵任命伍德为该部的科学顾问时,前景更为光明了。白厅终于有了一位营养学家。但是,当粮食部的常务次官在欢迎伍德的时候坚称他看不出在食品问题上如何进行科学考量时,这种期望很快就破灭了。没过多久,伍德以及粮食(战争)委员会怨声载道:很少有人来咨询他们;有些政策和他们的建议是完全矛盾的,还有一些政策公开宣称"经过了科学界人士和食品专家的认真考虑",但事实却并非如此。[38]到1917年3月,粮食(战争)委员会的成员对粮食部对待他们的方式感到非常愤怒,以致他们开始疏远粮食部;然而,为引入强制性的配给制,当哈奇森、佩顿和W. H. 汤普森都被任命为威廉·贝弗里奇(William Beveridge)的计划委员会的成员时,营养学家与粮食部之间的分歧得到了弥合。反过来,他们也会定期征求粮食(战争)委员会的进一步意见。尽管面包定量配给制的引入违背了营养学家的集体科学建议,但这个制度还是建立在根据工作的生理需求设立的五个等级之上的——对营养学家而言,这也算一种胜利。[39]然而,考虑到在一战前的十多年里,营养科学已经准备好成为管理艺术的一个必要工具,营养学家显然对他们在决定战时粮食政策中发挥的边缘性作用感到失望。

尽管营养研究巧妙地反映了在英国皇家学会粮食(战争)委员会中热力学方法和生化学方法之间的分歧,但战争还是为营养研究提供了催化剂。佩顿在格拉斯哥的门徒 E. P. 卡思卡特被任命为粮食部和陆军医疗服务部队的联络官,负责量化士兵的热量需求。卡思卡特非常适合这项工作。[40]在他曾经的一位学生约翰·博伊德·奥尔的帮助下,卡思卡特满腔热情地开始测量士兵的能量需求。在一战的最后一年,卡思卡特和奥尔对训练中的士兵进行了实验,重点关注他们的饮食是否充足,以及如何通过更有效的行军训练和更为轻便的背包来减少不必要的体力消耗。[41]英国皇家学会粮食(战争)委员会也支持生化研究。R. H. A. 普利默(R. H. A. Plimmer)在1911年帮助建立了生化学会(Biochemical Society),也将自己从一名伦敦大学的生化学者转变为普通食品营养成分的分析者,以便让这些食物实现更有效的配给。[42]在其他地方,战争所导致的各种疾病也提供了一些机会可以去调查副食因子或维生素与营养缺乏症之间的关系。李斯特研究所(Lister Institute)的哈丽雅特·奇克(Harriette

Chick)和休姆小姐(Miss Hume)帮助开发了食品补充剂(包括马麦酱和酸橙汁),成功地治疗了1916—1917年在加利波利和美索不达米亚的部队中爆发的脚气病和坏血病。她们的成功促使美索不达米亚这场不走运的战争的首席医官宣布,"定量配给中缺乏维生素的巨大威胁已经被证实",同时,"认为只要卡路里或蛋白质、脂肪和碳水化合物充足就行的旧观念也已行不通了"。[43] 奇克还于1919年前往维也纳,在那里,因英国持续封锁造成的形如骷髅的人群中,她将营养不良儿童的佝偻病当作营养缺乏症并进行了成功的治疗。[44] 同年,李斯特研究所和医学研究理事会(Medical Research Council,MRC)联合任命了一个由该领域主要研究人员组成的委员会,以筹备《关于副食因子(维生素)的现有相关知识的报告》[Report on the Present State of Knowledge concerning Accessory Food Factors (Vitamines)],由奇克任该委员会的秘书长。[45]

事实上,1918年医学研究理事会中两个独立的关于人类营养学的委员会的成立,从制度上确立了战时营养研究的双轨制:卡思卡特担任人类营养学定量问题委员会(Committee on Quantitative Problems in Human Nutrition)主席;霍普金斯担任副食因子委员会(Committee on Accessory Food Factors)主席。奥克代表第三条研究轨道。他承认营养质量比数量更重要,但他在动物营养学方面的研究更强调矿物质而非维生素。尽管有着共同基础,但这些研究轨道的不同仍在两次世界大战期间影响着营养研究。这就意味着,每个专家政府委员会都是围绕着差异的管理建立起来的,这样一来,相互对立的科学建议就可以随意地被政府采用或忽视。

尽管如此,像英国皇家学会的哈迪这类营养科学的拥护者认为,营养科学在战争期间逐渐成熟起来,并成为治国方略中不可或缺的一部分。他坚称,营养科学揭示了"国家效率、政治动荡和社会安全的生理基础"。由于可以利用技术知识来确定工人们的最低生理需要和最大限度地提高他们的生产力,"工人阶级的营养不良不再(成为)国家的障碍和危险"。粮食(战争)委员会也同意这一观点并坚称,为了国家的健康和效率,国家应该资助营养实验室。作为这项资助的回报,国家可以期待获得"热带和亚热带气候下劳动力问题"的营养解决方案。[46] 但在战后预算日益紧缩的艰难环境下,建立国家资助的人类营养学研究所的提议从未成为现实。

尽管如此，两次世界大战期间英国进行的大部分营养研究的特征体现为营养研究实验室的发展。实验室前所未有地成为营养计算和信度的中心。人们希望，在这个享有特权的科学空间里，生理学家和生化学家可以用公正的态度，对食物以及人类和动物的身体进行实验，从而消除差异并生成新的营养科学的普遍真理。

实验室生活

在 19 世纪中期前，饮食知识是建立在道德箴言和个人养生法的基础上的，产生了许多相互矛盾的建议，这些建议围绕着宽泛且明显不科学的范畴，例如美德和节制。[47] 相比之下，现代营养科学被带进实验室，发现了控制人身体的精确的热力学规律，以及食物作为燃料的确切的化学特性。在实验室里，据说与社会及其相互竞争的意识形态力量隔离开的营养科学的惯例、程序和实验方法得到了尝试、检验和确立。然而，营养科学的历史仍然倾向于强调个人及其发现，而不是强调使这些成为可能的基础设施。1875 年，在食品掺假法案（Food Adulteration Act）强制要求对食品进行化学分析后，虽然许多实验室充其量还处于起步阶段，但实验室的营养研究还是蓬勃发展起来。[48] 同样，第二年反对活体解剖运动成功地推动了 1876 年虐待动物法案（Cruelty to Animals Act）的通过，该法案规定在动物身上做实验的人需要提前到内政部进行登记，从而直接导致了生理学会（Physiological Society）的成立，也使在医学院和大学的实验室空间和相关工作得到了正式认可。[49] 1911 年，一群相互独立的分析师和化学家组成了生化俱乐部（Biochemical Club），他们遵循生理学会的惯例，在彼此的实验室里碰面，讨论各自的研究、兴趣和新技术的发展，并确立自己的专业信度。[50] 显然，我们应该认为营养实验室的兴起是必然的，因为实验室之外的研究仍在继续，甚至那些没有因为其新颖性和实验性而受到影响的研究也在进行。[51] 即便如此，到 20 世纪初，营养实验室已经成为营养学家声称的产生一门关于饥饿的理性科学以及一套识别和测量饥饿的通用技术的中心所在。到 20 世纪 20 年代，在国家的支持下，在阿伯丁的罗维特研究所（Rowett Research Institute，1921 年）和剑桥的邓恩营养实验室（Dunn Nutritional Laboratory，1927 年）设立了第一批以此为目的的营养实验室。[52] 如果说营养实验室之前就已经成为现代管理科学不可或缺的一部分,那么在 20 世纪 30 年代,这些实验室也成为食品工业不可或缺的一部分。每个大公司都以有实验室为荣,在那里,他们可以探索其食品的生产能力和市场潜力。[53]

作为英国第一个以此为目的而建立的营养实验室,罗维特研究所通过它对饮食研究的领域如何进行概念化的设计,以及实验室如何在该领域获得权威地位的设计,让人们更好地了解了这个领域。罗维特研究所建在阿伯丁外 5 英里处一个宁静的乡村环境中,那里总是人迹罕至,在 1930 年建造了住宅大楼以后,在这个占地 40 英亩的实验农场工作的工人们更是与世隔绝了。尽管该研究所地处偏远,但它还是和世界上其他地区保持着紧密的联系。步行到主干道、有轨电车和火车站只需 7 分钟,工人们可以很容易地到达阿伯丁,并由此去到全国乃至全世界的科学界。罗维特研究所的影响力遍及整个英帝国,而 1924 年,营养科学的世界也来到了罗维特研究所,在卡耐基基金会(Carnegie Corporation)的帮助下,它建立了一所图书馆。[54] 在这里,实验室的工作人员能够将他们的研究与世界各地其他实验室的同行所进行的研究联系起来,并开展对话。1931 年,在医学研究理事会和帝国农业局(Imperial Agriculture Bureau)的帮助下,罗维特研究所开始出版《营养学文摘与评论》(*Nutrition Abstracts and Views*),为营养研究提供了一个全球论坛。到 1936 年第 5 期出版时,该领域的论文和书籍的摘要已达到了惊人的 4762 篇。通过该杂志,罗维特研究所为我们打开了一扇通向营养科学世界的窗户,并在一个充满活力的专业群体中打造了一个连接实验室和研究人员的全球网络。

这些楼由于没有"建筑装饰物"也没有"内部装饰",因此建筑成本降低了一些,但也确保了这些建筑物的价值主要体现在其内部的工作上。[55] 在罗维特研究所,奥尔坚持动物与人类营养之间的整体关系。实验农场离实验室仅有 30 英尺距离,其中工作坊和代谢室离农场最近。喂养室位于农场建筑中心,可以在那里准备和称量实验用的饲料。这个三层楼的研究所里备齐每一个营养研究分支的实验室。生化实验室占据了正对入口的最重要的位置,与之相邻的是一个较大的化学实验室。一楼还设有用于燃烧、蒸馏、平衡和无菌实验的房间,还有一间批量准备室、实验农场办公室和一间专门用于新陈代谢的大房间。地下室包括一间暗室、一间玻璃和化学制品储藏室。二楼有细菌学、病理学和生理学实验室,还有一间记录和统计室、一间图书馆以及主任办公室。这种设计反映了一个研究过程的理想图景,其重点是食品的生化研究及其不同元素的化学分离和合成,进而直接进行合成饲料的制备和这些饲料对农场动物的生理影响的测试。细菌学家、生理学家和病理学家仔细检查动物的健康状况,最后才由主任批准制作记录以及写作论文。

尽管有这样的协调,但每一个研究分支都需要大量不同的实验程序和不同的专业设备。所有程序的信度都建立在一整套设备、仪器和公式的基础上——用于计算新陈代谢,分离食品特性和化合物,观察细胞和测量身体——这使世界另一端的营养学家们也能进行类似的实验。没有它们,就无法想象营养学家也是严肃的科学家,也无法想象营养学家主张的普遍性。然而,由于设备和方程式从未提供完全可靠、准确和可转移的测量和计算形式,营养学被认为是一门历史上特有的科学,在其形成的过程中营养学的普遍性总是不断被打破。[56]

以生化实验室为例。在那里,食品的纯化合物通过蒸馏或结晶(使用丝锥漏斗、分馏瓶和分馏柱或滤纸)分离出来。一旦化合物被提纯,它们的化学成分——碳、氢、氮、卤素、硫、磷——就会根据不同的方法和程序在燃烧炉、冷凝器、固氮仪或其他机器或仪器中被分析和定量。这些方法和程序是根据其发明者[包括杜马(Dumas)、克耶达(Kjeldahl)、卡里乌斯(Carius)、诺依曼(Neumann)、迈耶(Meyer)或拉乌尔-贝克曼(Raoult-Beckmann)]命名,然后再以复杂的化学公式表示出来。为追求准确与精密而使用的程序和仪器的倍增突显了这一新兴科学的实验性和不确定性。普利默是生化学会的创始人,同时也是罗维特生化实验室的负责人。他抱怨道,即使是像估算食物中葡萄糖含量这样"相对简单的任务","最杰出的化学家们已经发明了三十多种方法,而且新的方法还在不断地被描述和推广"。[57]随着新技术的建立,人们开始测量食物中某些维生素的微量含量,准备和烹饪这些食物对维生素的影响以及它们在动物和人体中是否存在,是否会有不良影响。维生素的发现和分析导致了程序、设备和方程式数量的激增,让人眼花缭乱。同时,还有一些技术被设计用来分离维生素,这样就可以对它们的化学成分进行分析,并进行合成再生。可以说,只有当国际联盟卫生组织(League of Nations' Health Organization)的生物标准化常设委员会(Permanent Commission on Biological Standardization)于1931年定义了一套国际标准的四种维生素单位(维生素A、B1、C和D)使得"不同研究者获得的研究结果具有可比性"后,营养科学的信度和普遍性才得以恢复。[58]

生理实验室依然依赖于不精确的仪器和过程,这确实让人有些恼火。食物或纯化化合物的热量值是通过弹式热量计来测量的:已知数量的物质在一个封闭的水箱中燃烧,通过水温的升高测量其热量值。基本上,同样的技术也被应用在人类或动物实验对象身上:他们进入测热室,通过测热室测量他们产生的热量和二氧化碳,从而确定他们所需的热量燃料数量。为老鼠和兔子建立这样的测热室是一回事,但建立人类的测热室就是另一回事了,更不用说给牛建测热室了,尤其是如果你还想让他们做剧烈运动的话。罗维特研究所的三个代谢室(包括一个用于大型动物的代谢室)虽然昂贵,但也被认为是不可靠的,因为受试者在里面的时候会变得焦虑,这样他们的代谢率就提升了。间接量热法越来越受青睐,这种技术是根据所消耗的氧气量和二氧化碳来计算产生的热量。这种方法需要的设备更便宜,也更灵活,因此可以在比室内更自然的环境中进行测试,并可以在体力消耗巨大的情况下进行观察。例如,道格拉斯袋是一个背在背上的便携装置,通过连接到受试者的嘴里或鼻子里的软管来收集二氧化碳。它的阀门可以吸入氧气,但是需要密封口鼻处,以防止呼出的二氧化碳漏出,这样就可以收集、测量和分析呼出的二氧化碳的成分了。肺活量计也研制出来了,它可以同时测量吸入的氧气和呼出的二氧化碳。这两种仪器经常与一种测力计(很遗憾,现在我们很多人熟悉它是把它当作一种锻炼的器械)合用,来测量受试者的运动量。然而,这些实验只能在短时间内进行,因为设备既笨重又不舒服。考虑到不可能全天测量人体对热量的需求,因此有必要从短期的观察中归纳出一个结论,并假定一个与一天正常节奏不符的均匀用力。在工作测试中,这是个突出的问题,因为测试者"倾向于炫耀并竭尽全力,而不是按照他平时的运动速度来进行运动"[59]。当像道格拉斯袋这样的便携设备显示,在实验室以外的条件下,它们会随着气候、衣物和卫生条件等环境因素而变化时,即使是普遍的基础代谢率也受到了质疑。[60]随着发展中的营养科学努力为营养和饥饿建立稳定的、普遍的和技术性的定义和测量方法,人们不断发明新的仪

器和设备以弥补其他仪器和设备的不足。⁶¹

尽管用于营养测量的工具层出不穷、不断变化,但是它们通过标准化的系统、程序和计算单元,越来越多地帮助联结相距千里的实验室里营养学家们的工作。虐待动物法案可能有助于规范实验室的空间和操作,但是它不能阻止科学家们将营养科学的原则用在老鼠、鸽子、猴子、猪、牛、山羊、绵羊、几内亚猪和兔子身上;它们被饲喂合成饲料从而诱发营养缺乏症,然后再喂其他的东西去治愈它们;这些实验动物的相对健康状况、生长速度和死亡率被记录在图表和照片中;它们的器官被解剖和检查,它们的关节被 X 光检查,它们的血液、汗液、尿液和粪便被进行营养成分的分析。它们都是营养学家的完美陪衬。事实上,动物的数量几乎是无限的;与人类实验对象不同的是,动物可以作为完美的标本进行繁殖,并在受控的条件下无限期地保持下去;动物不会提出反对意见,也不会向调查人员提供任何证据。没有这些动物,营养实验室就无法运作。然而,一个悬而未决的问题是,这些用动物进行实验的结果,尤其是动物食用合成食物的实验结果,能否转移到更少受到控制并且更多样化的人类世界中。在这种情况下,营养学家的目光开始转向殖民地实验室,在那里,他们可以检测饮食真理的普遍性。一种针对饥饿的普遍适用的技术形式在战争和实验室中形成了,现在是扩展到整个帝国的时候了。

殖民地实验室

营养科学并不是简单地从英国大都市发展到殖民地并在那里被热带化。⁶²我们将看到,在殖民地实验室的研究在两次世界大战期间改变了英国人关于营养学和饥饿科学的概念,但无论这种改变有多么显著,我们去谈论营养科学在殖民地的形成就会忽略这个过程的复杂性,因为这个过程本质上是跨国界的,不可简化为帝国关系。

罗维特研究所是营养科学跨国生产的典范。在美国卡耐基基金会、英国政府和苏格兰慈善家的支持下,该研究所及其实验室吸引了来自世界各地的研究人员。1930 年建的斯特拉思科纳楼(Strathcona House)就是为了容纳这些不断壮大的队伍而建造的,它的彩色玻璃窗上绘有每个英国自治领和殖民地的盾徽。作为罗维特研究所主任和帝国营销局研究委员会（Research Committee of the Empire Marketing Board）的成员，奥尔走遍了帝国各地，包括巴勒斯坦、肯尼亚、澳大利亚、新西兰，还去了美国、比利时、德国和斯堪的纳维亚。他的主要工作人员也参加了他的国际巡察活动。艾尔弗雷德·赫斯本德（Alfred Husband）成为罗德西亚（Rhodesia）农业部的研究主管。赫斯本德的女婿戴维·卢伯克（David Lubbock）曾在罗维特研究所指导膳食调查，后来到国际联盟（League of Nations）工作，1945年当奥尔成为联合国粮农组织第一任总干事，他又到联合国工作。很少有营养学家没在几大洲都工作过。像奥尔一样，W. R. 艾克罗伊德（W. R. Aykroyd）也是这方面的典型人物。艾克罗伊德在都柏林三一学院（Trinity College）接受培训后，在加拿大和伦敦的李斯特研究所进行研究，后来又在1930年加入国际联盟。1935年，他接替罗伯特·麦卡里森（Robert McCarrison）成为印度库纳（Coonor）营养实验室主任，后来当他被任命为孟加拉饥荒调查委员会成员时，他的职业生涯达到了顶峰。1945年，应奥尔的邀请，艾克罗伊德成为联合国粮农组织营养司（Nutrition Division of the U. N.'s FAO）的主任。他一直在联合国工作，直到1960年他成为伦敦卫生和热带医学学院（London School of Hygiene and Tropical Medicine）的教授为止。虽然跨国职业的道路并不罕见，但其他研究人员很少能达到如此令人惊叹的高度。[63]

  英帝国被证明是一个极具吸引力的研究地点。在英国本土实验室，营养学家只能在老鼠和猪身上做实验，而英帝国有太多不同的享用丰富多彩"天然"饮食的种族，他们的饮食没有受到现代商业化食品的污染。这种异质性和"原始"纯度为发现营养效率和健康的答案提供了天然实验室。早在1912年，加尔各答医学院（Calcutta's Medical College）的生理学教授D. 麦凯（D. McCay）就长期以来公认的印度不同种族的体质和军事能力的差异给出了一个营养学解释。[64] 库纳的巴斯德研究所（Pasteur Institute）的罗伯特·麦卡里森对此继续进行了研究。他没有把注意力集中在诸如脚气病、糙皮病、坏血病、佝偻病等公认的营养缺乏症的表现上，而是着手去研究不太明显但更普遍的营养不良形式，这些营养不良形式降低了人的活力和对疾病的抵抗力。[65] 他没有给他的老鼠喂合成饲料来制造特定的营养缺乏症，而是用印度不同地区和人民的实际饮食来喂养它们。在他的实验室里，印度饮食的多样性得以重现。他将印度人的健康和体质与实验室老鼠的健康和体质进行比较,研究结果表明,印度北方以小麦和肉类为主的饮食被印度南方以大米和蔬菜为主的饮食所取代后,印度人的活力明显下降。当谷物被大米取代、动物蛋白被植物蛋白取代后,"北方充满男子气概、健壮和果敢的种族"就被"东部和南部营养不良的、沉闷懒散的人"所替代。以锡克教饮食喂养的老鼠表现出"显著的无病状态",而以其他饮食喂养的老鼠则"出现了各种各样的疾病",这些疾病虽然不被视为营养缺乏症,但显然是一种更普遍的营养不良的后果。[66]

麦卡里森研究的意义非常深远,甚至反过来影响到阿尔比恩海岸(the shores of Albion*)。由于麦卡里森的实验老鼠都是同一种群且生活在相同条件下,这对格拉斯哥学派所认为的环境因素决定了营养健康的立场是一个决定性的挑战。麦卡里森并没有将印度的疾病视为热带环境下的特殊现象,他坚称,印度与英国的营养缺乏症患者的营养基础是一样的。只要饮食得当,即使是最瘦弱、最多病的印度土著也能成为健康的种族样本。他得出了一个结论:尽管"地方病和流行病每年导致数千人死亡,这一数字触目惊心……但营养不良每年会使数百万人致残"[67]。他这个有争议性的结论可能不会让那些坚持认为英国的殖民统治已经让印度摆脱了饥饿幽灵的人满意。尽管如此,既然营养学家们已经确立了最佳健康的理想饮食,并把责任落在了印度人民身上,那么印度人民就可以通过将普遍的科学原则置于不合理的习俗和"宗教偏见"之上,来挽救他们自己的生活,并使之现代化。[68]这与19世纪英国人对印度饮食的尊重甚至可说是敬畏的做法大相径庭。[69]这也激起了甘地的愤怒。然而,麦卡里森的处方也适用于"英格兰穷人阶层"的饮食,因为他们的饮食与强壮的锡克教徒们的饮食相比是不足的。用锡克教饮食饲养的老鼠体格健康,"快乐地生活在一起",而用"贫穷的英国人"的饮食饲养的老鼠则表现出一串虚弱症状:它们"发育不良……比例失调……紧张、容易咬人等"。此外,它们"在一起生活很不愉快……开始杀死或吃掉其中比较体弱的老鼠",并且它们"容易患有肺部和胃肠疾病"[70]。虽然英国人民健康和社会稳定的前景是黯淡的,但只要英国人能够逐渐吸取营养科学的普遍教训,

---

* 阿尔比恩海岸即大不列颠海岸的别称。——译者注

也不是完全没有希望的。在麦卡里森手中，饥饿的科学和英国生活水平的问题，也就是朗特里所定义的人类最低营养需求，在某种程度上已经成为一种适用于殖民地的计算。

事实上，在 20 世纪 20 年代，营养学家在"贫困白人问题"的跨国表述中扮演了核心角色。1927 年，考虑到美国农村地区日益明显的白人下层阶级［后来在多罗西娅·兰格（Dorothea Lange）为农场安全管理局（Farm Security Administration）所拍摄的照片中被永久记录了下来］，卡耐基基金会赞助了南非贫困白人的研究。五年后，报告得出结论，约有 22 万白人（占总人口的 10%）被现代化抛在了后面。他们与"欧洲几代人的进步和发展"隔绝，表现出一些几乎不像白人的特征，比如"轻率、不负责任、不诚实、缺乏责任感、自卑、缺乏自尊、无知轻信、懒惰、没有斗志、生活方式不安定等"。营养不良虽然不是造成这个问题的原因，但却削弱了穷困白人的健康和生产力，从而消除了两个重要的种族差异标志。[71] 在 W. A. 默里［W. A. Murray，毕业于爱丁堡大学，获得生化硕士学位，后来在南非比勒陀利亚（Pretoria）任高级助理卫生官员］撰写的一份《贫困白人问题中的健康因素》（Health Factors in the Poor White Problem）的独立报告中，他沮丧地指出，贫困白人对现代营养学的无知就像"'原始的'土著"一样。然而，如果这些不幸的人能够被教导并认识到白人公民的一项关键职责是进行良好营养的自我管理，那么他们可能不会落到如此境地。[72] 默里的报告以赞许的态度引用了拉斐尔·奇伦托（Raphael Cilento）在澳大利亚的作品。作为澳大利亚汤斯维尔（Townsville）热带医学研究所（Institute of Tropical Medicine）主任的奇伦托曾写了一本记录白人殖民者在澳取得医学胜利的颇有影响力的书——《热带地区的白人》（The White Man in the Tropics）。在书中，他坚持认为，如果有得当的饮食和运动方法，白人种族的健康就不会受到任何环境的限制。良好的营养是种族健康和经济生产力的万能钥匙，这个原则在南太平洋和北欧都是一致的。1937 年，澳大利亚国家健康和医学研究理事会（Australia's National Health and Medical Research Council）成立，主要关注营养和身体健康的问题，旨在保证澳大利亚白人的健康和生产力。[73]

于是，在某些方面，营养学家就像从英国派来的传教士一样，通过消除殖民地居民的无知和迷信来开化他们的饮食。然而，他们的目的是拯救人的身体而不是灵魂——或者更准确地说,是改善殖民地居民的身体健康,从而提高他们作为工人的生产能力。这样,营养学使殖民地发展的论调成为可能。奥尔再次成为中心人物。1925 年,他前往南非和肯尼亚,调查那里牲畜大量死亡的原因。奥尔在罗维特研究所继续拓展了他关于矿物质对动物营养的重要性的研究后,得出结论称,土壤侵蚀和过度放牧已经耗尽了非洲牧场的主要矿物质。这种情况需要施肥来让土壤再度肥沃起来,并通过膳食补充来恢复牛的健康。土地的恶化削弱了它"发展"的潜力,新的内阁民间研究委员会(Cabinet Committee on Civil Research)对此研究的兴趣与日俱增,并委托奥尔进行这项研究,希望通过改善肯尼亚当地居民的健康和生产力来解决国内的经济问题。[74] 在肯尼亚,奥尔建立了营养、种族健康和经济发展之间的整体联系,从而形成了他对联合国粮农组织的愿景。在肯尼亚,当肯尼亚首席医疗官 J. L. 吉尔克斯(J. L. Gilks)向奥尔展示了强壮的、食肉的马塞族人与虚弱的、吃素的基库尤人部落之间的区别后,奥尔被英国各种殖民地臣民所提供的比较营养学研究的丰富的可能性所震撼。[75] 回到伦敦后,奥尔告诉了人们这些可能性,并帮助成立了民间研究委员会一个新的小组委员会,专门研究营养问题,该小组委员会立即同意让殖民地部和英国医学研究理事会支持在肯尼亚的进一步研究,即在 4000 英亩的农田进行化肥研究,并对马塞人和基库尤人进行饮食调查。[76] 面对英国日益恶化的经济大萧条和再一次出现的大规模失业,奥尔帮助拟定了 1929 年殖民地发展法案(Colonial Development Act)中的论述。[77]

如果说奥尔的工作使营养问题成为殖民地发展讨论的核心,那么他的工作也使非洲成为整个 20 世纪 30 年代的主要焦点:奥德利·理查兹(Audrey Richards)关于北罗德西亚(Northern Rhodesia)本巴(Bemba)地区营养人类学的经典著作于 1932 年出版;虽然黑利(Hailey)关于营养学、公共卫生和农业改良之间联系的结果报告 1938 年才出版,但其非洲研究调查早在 1933 年就开始了;1934 年,牛津非洲语言和文化国际研究所(International Institute of African Languages and Cultures,IIALC)成立了一个饮食小组委员会,以促进营养学家和人类学家之间的对话,其发现首次发表于 1936 年《非洲》(*Africa*)杂志的特刊上。[78] 到 1936 年,营养学、公共卫生和农业发展之间的关键交叉领域已经非常完善了,因此殖民地部要求帝国所有的领土都提交各自的报告。作为内阁委员会之一的殖民帝国营养委员会（Committee on Nutrition in the Colonial Empire, CNCE）迅速成立，以评估这些报告并制定"旨在促进这一领域知识的发现和应用的措施"，这一简述巧妙地反映了帝国殖民地作为营养研究实验室和发展用地的双重利益。[79] 殖民地部、医学研究理事会与非洲语言和文化国际研究所联合在尼亚萨兰（Nyasaland）进行了迄今为止最详细的营养调查。次年，即1939年，该委员会最终提交了调查报告。[80]

来自地方、国内和跨国的专业知识网络的汇聚使人们对关于非洲营养和发展的兴趣与日俱增。例如，到处都有其身影的奥尔成为黑利非洲调查委员会（Hailey's African Survey Committee）和殖民帝国营养委员会的成员，并通过吉尔克斯和弗兰西斯·凯利（Francis Kelly）（这两位医生都在肯尼亚与他共事过）与非洲语言和文化国际研究所饮食委员会保持密切联系。当凯利1931年从肯尼亚回来后，他去了罗维特研究所，成为帝国农业局的副局长以及《营养文摘与评论》（Nutritional Abstracts and Reviews）的主编，在这个职位上他帮助筹备了《非洲调查》（African Survey）的出版。同样，奥德利·理查兹和雷蒙德·弗思（Raymond Firth）都是伦敦政治经济学院的人类学家，他们不仅是非洲语言和文化国际研究所饮食委员会和殖民帝国营养委员会的成员，而且还因对《非洲调查》提供的帮助而得到认可——考虑到他们在非洲语言和文化国际研究所的同事曾是《非洲调查》科学研究委员会（Scientific Research Committee for the African Survey）的成员，这事也就不足为奇了。殖民地部教育咨询委员会（Colonial Office Advisory Board on Education）秘书汉斯·维舍（Hans Vischer）少校和肯尼亚教育部前部长 H. S. 斯科特（H. S. Scott）都是殖民帝国营养委员会的成员，也因对《非洲调查》提供的帮助而得到认可。尽管这些专家之间有很多地方上和个人间的联系，但他们的努力依然具有相当大的跨国影响。就像它曾与洛克菲勒基金会（Rockefeller Foundation）一起赞助了非洲语言和文化国际研究所与罗维特研究所的工作一样，卡耐基基金会也赞助了《非洲调查》。营养、种族健康和经济发展之间的联系绝不是只有英帝国才关心的问题。尽管英国营养学家在这项研究中起了带头作用，但是这项研究是由一系列国际关注的问题构成的，也是由美国基金会和国际联盟的跨国雄心促成的。的确，

W. R. 艾克罗伊德这位在国际联盟卫生组织的年轻的英国营养学家的工作是殖民帝国营养委员会成立的催化剂。[81]

在 20 世纪 20 年代麦卡里森和奥尔工作的基础上，非洲调查委员会和殖民帝国营养委员会的出发点是：英国殖民地广泛存在的营养不良阻碍了它们经济发展的潜力。这些组织有助于将殖民地发展的讨论从 20 世纪 20 年代占主导地位的大型基础设施项目转向医疗和公共卫生计划的投资，这些计划旨在增进本地居民的福利，以及增强他们的体魄和提高他们的生产力。[82]《非洲调查》充满一种信念，认为健康和教育处于非洲经济的发展及其管理体制的效力的中心地位。殖民帝国营养委员会甚至提出，殖民地营养不良的主要原因并非当地人的无知，而是生活水平低下造成的。报告总结道："这个问题根本上是一个经济问题。除非殖民帝国的人民拥有比现在更多的资源，否则营养不良的问题永远得不到解决。"[83]因此，营养科学提供了一个途径，去反思 20 世纪 30 年代和 40 年代帝国的政治经济学。营养科学所提供的理解和增进英国殖民地臣民健康和财富的新方法，在 1940 年殖民地发展和福利法案（Colonial Development and Welfare Act of 1940）的标题中用新的术语正式表述出来。[84]

作为殖民地发展的工具，营养科学发生了根本性的转变。考虑到英国殖民地臣民饮食的多样性，人们很快发现，用于研究它的营养知识和技术还远未普及。考虑了来自 48 个领地（面积为 200 万平方英里，人口为 5500 万）的报告后，殖民帝国营养委员会认识到，关于这些领地的营养学知识依然"一定是不完善和不完整的"，即使有些研究已经完成，但它们所用的方法和测量标准也不够一致。[85]事实上，奥德利·理查兹认为，在殖民地进行研究会带来特殊的问题，所以需要开发新的调查技术。在殖民地，她甚至连最基本的工作都需要妥协：她不得不通过把食物放在"挂在树上"的手提箱里称重来测量罗德西亚东北部的本巴饮食；她没有办法计算"在两餐之间吃的……野果之类的零食"；由于她在每个村庄的时间都很短，她无法调查饮食数量和饮食质量的巨大的季节性变化；本巴在进餐时的社交模式使得测量每个家庭每天和每周饮食的标准技术变得多余。[86]想象中通用的营养调查技术在实地运用时漏洞百出，她总结道："（对本巴）当地饮食的定量研究需要新技术的开发。"[87] 1938 年展开的尼亚萨兰营养调查就是为了解决这些问题。该调查作为新的中央营养学组织(Central Nutrition Organization)协调进行的一系列殖民地营养调查的首次调查,是在非洲语言和文化国际研究所、殖民地部和医学研究理事会合作讨论后展开的。该调查旨在开发一套汇集营养学家、人类学家、医师、植物学家、农学家和殖民地官员专业知识的方法和标准,并构成未来殖民地实验室调查小组的工作框架。这项调查很快就因相处不睦和职场竞争而分崩离析,其中最引人注目的是其主管营养学家 B. S. 普拉特(B. S. Platt)和人类学家玛格丽特·里德(Margaret Read)之间的对立和竞争。由于未能提出一个自洽的方法论或任何通用标准,该调查的报告也未曾发表。[88]

营养学到底是一门生物科学还是一门社会科学,这两者之间的对立是这场方法论之争的核心。像麦卡里森和奥尔一样,营养学家认为他们在殖民地实验室的研究在揭示了饮食多样性的同时,也揭示了人体的普遍需求和营养科学的生物学原理。他们坚持认为,在营养健康问题上,重要的是饮食,而不是文化或环境。关于发展的营养论述正是基于这样一种信念,即为了使殖民地臣民现代化,需要通过营养科学的普遍原理去改革殖民地的饮食文化。因此,作为对麦卡里森和奥尔的回应,殖民帝国营养委员会抱怨道,以"固有的保守主义、偏见、宗教顾虑和禁忌"为特征的殖民地饮食"显然是错误的,并且是……进步的障碍"[89]。新的营养人类学不断挑战这一观点,它强调食物在本地和文化中特有的社会意义常常会削弱其普遍的生物学价值。人类学家也许是在殖民地实验室里发现了这一现象,但他们坚称,这是个真理,是普遍存在的,在英国和在殖民地都一样明显。事实上,这种方法在 20 世纪 30 年代和 40 年代改变了英国的营养科学。

奥德利·理查兹是这种方法的关键人物,因为她是第一个质疑是否必须从现代饮食中去除那些营养学家认为不科学、不合理的食物的人。理查兹没有因食物在生物学上是低效的,就谴责饮食偏好是原始禁忌或宗教偏见的产物,而是从饮食的社会功能和文化意义上解释了它们的持久性。尽管理查兹评论说"在生物学和社会学这两门不同的科学的分界线上,进行这样的冒险是一项不讨好的工作",但她的工作影响巨大。[90]理查兹是印度殖民地高级官员的女儿,曾短暂担任过国际联盟劳工部秘书长,后来去了伦敦政治经济学院与布罗尼斯拉夫·马林诺夫斯基

(Bronislav Malinowski)一起攻读人类学博士学位。同马林诺夫斯基一样,理查兹对文化如何塑造了看似自然而然的事物很感兴趣。然而,马林诺夫斯基研究的是性在"野蛮"社会中的作用,而理查兹关注的则是"比性更基本的,围绕生物过程的"社会习俗,也就是营养学。[91]同马林诺夫斯基一样,她也认为尽管食物和性的社会功能在原始文化中更为明显,但在现代西方文明中也同样存在。[92]以阐述社会人类学的普遍规律为形式的普遍主义,从英帝国折回来,又去回击宗主国英国的自命不凡。

理查兹坚持认为,营养学作为一个复杂的社会和文化过程,不应该被简化为一个技术和生理问题。她指出,"人类对食物的选择"不仅仅是由生理需求决定的,而"在很大程度上是由'社会遗产'所强加给他的习惯和价值观所决定的"。她引用了吉尔克斯和奥尔观察到的例子,一些地区的基库尤人不吃任何绿色的食物,因为他们认为如果吃了这些食物,当他们被马塞人击败时会减慢他们的速度。她指出,食物的神奇特征或象征性仪式有时比它的营养价值更重要。把食物的这些复杂的社会用途和文化意义摒弃为非理性的迷信的人,一定无法将殖民地工人营养不良的身体变成有生产力的和健康的现代臣民的身体。[93]

这一立场得到了印度教徒的支持,他们对营养学家的做法感到愤怒。尽管这种素食主义是建立在古老的阿育吠陀(*Ayurvedic**)原则基础上的,而这个原则在很早以前就"促成了……饮食学的研究和调查",但营养学家却将他们的素食主义视为宗教偏见的产物。[94]对他们而言,挑战并不是回到那些原始的原则,而是使营养科学本土化以及使普遍的生物学原则适应印度的文化特殊性。甘地是这场辩论的关键人物。他把自己的身体变成了营养实验室,开始了科学严谨的饮食实验——他不仅要不断地尝试不同的饮食和食物,还要尝试各种准备、烹饪和食用的方式,然后测量它们对其粪便的重量和质地的影响,以及对他自己整体健康和活力的影响。在《青年印度报》和《哈里真》(*Harijan***)的文章中,他不仅与参与了类似实验的读者(甘地经常责备他们的实验方法不科学和夸大其词),还与像麦卡里森这样的营养学家讨论这些实验的成功和效度。[95]虽然甘

---

* 梵文,意为"生命的科学"。——译者注
** 意为"神之子"。——译者注

地赞扬了麦卡里森的工作,认为这和他自己的饮食实验是对应的,但他对麦卡里森提倡的牛奶和肉食深表怀疑,尤其对麦卡里森提出的锡克教饮食优于印度教饮食的观点感到格外恼火。甘地指出,"植物世界具备可以使人类保持在最好生活状态的无可限量的能力,这是现代医学尚未涉足的领域",他暗示道,"快速发展的关于维生素的研究"可以"彻底改变许多由医疗科学*提出的关于食物的已接受的理论和信仰",从而为他的观点提供支持。[96]当对维生素略知一二的麦卡里森,通过详细介绍大量关于素食的不足的研究来反驳他时,甘地对其客观性提出质疑:"围绕着对动物食品的信仰而产生的巨大既得利益,阻碍了医学界以完全超然的态度对待这个问题。"西方教义对营养科学产生了巨大的影响,因此营养科学只能本土化,要么由"以素食为传统的印度医生"来做,要么由他这样的"业余爱好者"来做。[97]甘地指出,只有到那时,人们才有可能理解营养学和饮食学不仅是一个生理学问题,还有着深刻的道德和精神基础。不管甘地多么渴望印度人能"从西药的暴政中解脱出来",他知道与西方科学家进行对话,并将他们的研究与"印度"知识融合起来是非常重要的。他对阿育吠陀医生没有多少耐心,认为他们"只是重复古代文献中印刷的公式",而不是像麦卡里森那样从事现代实验的研究。[98]然而,甘地把西方营养科学的主张转化为复兴印度本土饮食的计划从未成功取代过麦卡里森和艾克罗伊德的愿景,即营养科学可以帮助印度转变成一个现代国家。

* * *

117　在20世纪的头30年里,我们对饥饿的理解呈现出一种全新的、技术性极强的形式,这与之前高度政治化、本地化和主观化的饥饿的定义形成了鲜明的对比。在一战前后数十年里,一系列技术程序似乎使人们能够用公正和科学的方法来研究和测量饥饿。有了这些技术,社会科学家和营养学家相信,他们可以精确地确定人体保持健康乃至提高生产力所需食物的数量和种类。关于饥饿的讨论被简化成显示人类需要多少卡路里以及需要花费多少的技术方程。营养科学对现代治国方略似乎越来越重要,这一点儿也不奇怪。

---

* 原文有误,应为"营养科学"。——译者注

尽管如此，在一战期间，营养科学作为治国方略工具的权威性和实用性还是受到质疑，因为新维生素的发现以及营养研究向英国殖民领土的延伸，使人们对营养科学的技术和处方的普适性产生了怀疑。正如我们将在下一章看到，这些冲突将对20世纪20年代、30年代和40年代英国和世界各地理解饥饿的方式产生深远的影响。最根本的是，维生素的发现和逐渐占上风的关于营养学的生化观点，使得人们根据饮食质量和健康，提出了营养不良（*mal*nutrition）而不是简单地说缺乏食物数量［营养不足（*under*nutrition）］，这从根本上重新定义了饥饿，也最终定义了贫困。这种转变的重要性是不可估量的，并且这种转变为治理饥饿创造了一种新的社会准则的程度也是不可估量的。

第五章
饥饿的英格兰与一个富足世界的规划

1933年1月,在英国正式宣布英国人不可能因挨饿而死亡后的第四年,《每日先驱报》(*Daily Herald*)和《每日工人报》(*Daily Worker*)两家左翼报纸发表了内容相同的报道,"打破了纳税阶层认为的英国没有人会挨饿的这种安逸和过时的想法"[1]。从各方面来看,这都是一篇再寻常不过的关于明妮·威文(Minnie Weaving)的调查报道。明妮·威文,37岁,是7个孩子的母亲,也是失业的乔治·威文(George Weaving)的妻子。他们一家人住在伦敦东南部的一片新住宅区里。明妮曾试图用她丈夫领到的48先令救济金来养活全家。这是一项不可能完成的任务。她为丈夫和孩子们准备食物,但自己却饿着肚子,最终在给6个月大的双胞胎洗澡时昏厥而亡。虽然病理学家记录导致她死亡的直接原因是肺炎,但同时也指出,如果明妮有足够的食物,就不会死亡。他总结道,她是为了她的孩子"牺牲了自己"。在验尸的时候,验尸官给出了一个比较明确的结论:"每周用2英镑8先令来养活9个人,还要支付房租,这应该被称为挨饿。"[2]在接下来的几周内,明妮的死亡引发了一场关于英格兰的状况和其挨饿的公民是否能享受到足够福利的辩论。这场辩论贯穿了整个20世纪30年代,并在40年代形成了一个富足世界的社会民主规划。

即使是一贯平淡无奇的《周末评论》(*Week-End Review*),也在"饥饿的英格兰"标题下爆发了激烈而持久的辩论。此前一年,在同样的标题下，芬纳·布罗克韦（Fenner Brockway）发文揭露了英国"不体面的"状况。[3]《周末评论》虽然对其记者所引发的喧嚣与愤怒表示遗憾，但仍然坚称所提出的这个问题"主要是技术问题"。在能够运用"科学计量原则"来计算人类最低营养需求及其成本的专家看来，这个问题被视为"超出了老式的党派争论的范畴"。因此，该报为这篇文章成立了一个"独立事实调查"委员会，该委员会由一位经济学家 A. L. 鲍利、一位生理学家 V. H. 莫特拉姆（V. H. Mottram）、一位家庭主妇、一位医生和一位社会工作者组成，旨在科学地结束这场辩论。然而委员会并没有科学地结束辩论，反而得出结论说，失业救济金不足以满足卫生部（Ministry of Health）新成立的营养咨询委员会（Advisory Committee on Nutrition）所推荐的最低营养饮食要求。这些发现引起了巨大的争议。他们还对教育部关于学龄儿童营养不良程度的报告的信度提出了质疑，而莫特拉姆正好是这两个委员会的成员，这进一步加剧了事态的恶化。[4] 关于"饥饿的英格兰"的辩论使得营养学家们前所未有地得到了公众的关注，但这场辩论并没有把测量饥饿和缓解饥饿限定在技术范围内，而是把营养科学政治化了。

鉴于饥饿的政治意义不能与如何识别和测量饥饿的技术问题分离开来，这场辩论暴露了主张采用更新的营养不良的生化定义的营养学家和不主张这样做的营养学家之间的差异。这些差异导致了技术标准的激增，并威胁到了饮食学的权威，而饮食学是声称已经提供了一种普遍而客观的饥饿计算的科学。然而，从饥饿到营养不良的转变以及社会营养学（关注食物的社会意义以及将贫困视为营养不良的原因的营养学）的出现使营养科学成为 20 世纪 30—40 年代政治的中心。随着一种新的和快速扩展的将营养不良视为饥饿的定义的出现，社会营养学家描述了饥饿的成本，并宣称只要稍加营养规划的话，饥饿是可以预防的。正如营养科学已经成为殖民地社会发展中不可或缺的力量一样，它也成为英国社会规划的一个重要工具，它承诺要实现一个没有饥饿的社会，并最终实现一个没有饥饿的世界。因《周末评论》而产生的智库政治和经济计划委员会（Political and Economic Planning，PEP）宣称："近年来我们逐渐不再将贫困看作天意行为，而将它看作一个问题，可以像对待其他问题一样，用科学方法和常识去分析和处理它。"[5]

重新发现饥饿的英格兰

强调从邻近性和同理心来发现饥饿的民族志模式,在两次世界大战期间被重新激活,以反对社会与营养科学提出的将饥饿简化为技术评估的做法。[6]在战前,饥饿的人道主义发现主要集中在大都市或国外发生饥荒的地区,而在20世纪30年代,那些有社会良知和对饥饿感兴趣的人则把目光投向了北方"英格兰老工业基地"。[7]布罗克韦走过了兰开夏郡、黑乡(Black Country*)、泰恩和蒂斯(Tyne and Tees)、南威尔士(South Wales)、克莱德赛德(Clydeside)和有季节性农业劳动力的萨福克郡(Suffolk)乡村地区,这条线路后来不久就人满为患了。次年,艾伦·赫特(Allen Hutt)走了几乎与他相同的路线,并发现了"残酷的现实,即在1933年,对英国大多数人来说,这是一个饥饿的英国,人们吃的、穿的、住的都糟糕极了"[8]。乔治·奥威尔(George Orwell)的《通往威根码头之路》(*The Road to Wigan Pier*)问世时正值自称为"大众观察者"(Mass-Observers)的社会研究人员也加入了当时义不容辞的北上博尔顿之旅,他们希望在那里记录一个"典型的"北部工业城镇的日常生活。博尔顿最初被称为北城,后来又被称为工作城。[9]甚至在这些大众观察者观察到饥饿前,他们中的许多人,同奥威尔一样,已经被北方的经历所震惊,发现这是一个"奇怪的地方",其特点是它的工业化的"丑陋是如此可怕和如此引人注目,以至于你不得不像过去那样接受它"[10]。作者们厌恶这些北部的奇怪景象和气味,因此他们经常把北方和他们自己在童年时所了解的殖民地的情况进行比较。[11]对于纪录片运动(documentary movement)"大众观察"(Mass-Observation)的联合创始人汤姆·哈里森(Tom Harrisson)来说,"工作城"项目似乎是他早期在南太平洋当鸟类学家工作的延伸:"兰开夏郡的荒野或是伦敦东区的神秘就像新赫布里底群岛(New Hebrides)的食人族内部或婆罗洲(Borneo)的猎头部落腹地一样,几乎没有人去探索过。"[12]汉弗莱·斯彭德(Humphrey Spender)在博尔顿与哈里森汇合,他觉得自己"非常像个外国人",就像是"来自另一个星球的人,突然闯

---

* 英格兰的工业密集区。——译者注

第五章　饥饿的英格兰与一个富足世界的规划 | 93

入了另一种生活"[13]。

随着你往北走,饥饿的面孔也在不断变化。除了具有牺牲精神的母亲和无辜的孩子们,还有失业男人的身影。纪录片运动也支持我们的观点,一次又一次地向我们展示了北方失业男人那一张张枯瘦憔悴、目光空洞的面孔,"他们的表情总是显得紧张而拘谨"[14]。J. B. 普里斯特利(J. B. Priestley)在结束他的英格兰之旅时回忆道:"停战后不久,我被派去照顾一些德国战俘。这些战俘大多数是在两三年前被俘的。他们脸上呈现出一种紧张煞白、面如死灰的神情。很长一段时间,我都没有想过还会再看到那样的脸,但我错了。在这趟旅途中,我见过太多这样的面孔,那就是失业男人的面孔。"[15] 失业男人不再被视为典型的马尔萨斯噩梦,也不再被视为家庭苦难的不道德的和懒惰的始作俑者。正如一战前对饥饿的人道主义的发现是通过无辜的妇女和儿童来体现的一样,这些作品把失业者描绘为超出他们控制能力的市场和无法保证他们福利的政治制度的受害者。当然,爱德华七世时代的饥饿游行也曾同样试图改变人们的观念,但这次纪录片运动使得失业男人获得了更广泛的公众同情。

产生这种同情反应的关键就是将失业描述为一种人类的境况,而不是一个抽象的社会科学问题;他们是流着血与泪的人,而不是数字和统计数据。布罗克韦一再叹息,统计数据和"数字并不意味着什么",除非它们对人类有某些重要意义。因此,他要求"曾坐在伦敦皇家阿尔伯特音乐厅(Royal Albert Hall)的读者们去想象一下,音乐厅里坐满3倍人的景象",那将相当于纽卡斯尔参加经济调查的工人人数。如果想象它坐满12倍人,那相当于把那些工人的家庭也包括进来。他们所表现的焦虑、绝望和痛苦是无法想象的。在经过很长一段时间对家庭预算的讨论后,为了证明很少有人达到朗特里的贫困线,布罗克韦请他的读者们将这些数字应用到自己的家庭中,从而使这些数据变为现实:"举最后一个例子:一个四口之家每周靠14先令6便士过活,其中5先令用来交房租,最少也要1先令6便士用于煤炭和照明。在不添置任何衣物、家用器具和额外物品的情况下,剩下的8先令要为2个大人和2个孩子提供一周的食物。请问:怎样才能不让饥饿噬咬着人的胃,不让饥饿使人头晕虚弱,不让饥饿使人身体挨饿,不让饥饿使人精神崩溃呢?"[16] 这里的重点不仅仅是要证明饥饿是折磨现实的人的一种人类境况,而重点在于要把他的读者和这些人的苦难直接联系起来。

其他纪录片报道则试图通过让饥饿者为自己代言来达到这一目的。正如 S. P. B. 梅斯(S. P. B. Mais)在《空闲时光》(*Time to Spare*)这本关于失业经历的电台纪录片的书中所说的:"如果你没有受过苦,那么把自己放在受苦人的位置上就是最困难的事情……这就是为什么你将会读到一篇失业者自己讲述的失业后生活的叙述。"[17] 此前一年,维克托·戈兰茨(Victor Gollancz)在他的《失业者回忆录》(*Memoirs of the Unemployed*)中打算要代表"失业者的真实声音……这在多年来关于失业问题的漫长讨论中,还是第一次听到这样的声音"[18]。在某些情况下,可能有人会像来自兰开夏郡的失业棉花工人基恩夫人(Mrs. Keen)一样质疑这些描述是否能够"让你们意识到我们的生活究竟是怎么样的。除非你真正来到这里,真正感受这里的人和事,否则你是无法理解的——我也无法用语言来形容"[19]。然而,纪录片运动有一个信念就是,广播和电影等现代技术能够让观众真实地感受饥饿和失业。据说鲁比·格里尔森(Ruby Grierson)在拍摄纪录片《住房问题》(*Housing Problems*)的时候曾对她的拍摄对象说:"照相机是你的,麦克风也是你的,现在告诉那些混蛋,住在贫民窟里是什么感觉。"[20]

尽管如此,爱德华七世时代的观众非常熟悉的民族志学者遭遇饥饿的戏剧性场面并没有完全消失。为了给读者提供失业者最直接和真实的经历,一些作者相信,只有他们自己也忍受饥饿,才能够理解和传达饥饿究竟是何感觉。虽然奥威尔的《通往威根码头之路》是一个标志性的例子,但大部分记者的惯例做法还是以观察者的身份来开启他们的故事。1936 年,当一场饥饿游行从东北部一个被失业摧毁的造船小镇贾罗(Jarrow)出发时,报社派出了特约记者与他们同行,并"分享他们的命运"[21]。一些快讯报道了"我们"在路上遇到的状况,"我们"建立的友谊以及"我们"抵达伦敦的决心。里奇·考尔德(Ritchie Calder)在他为《每日先驱报》写的最后一篇报道中断言:"没有人能够像我一样,倾听他们的声音,听他们不是讲自己的故事,而是讲他们的妻子和家庭的故事,讲邻居的故事,并对他们的事业产生近乎宗教般的热情。"[22] 作为一个观察者去探查工人阶级的内心,进而走入饥饿者的头脑里,甚至影响社会科学。早在 1933 年,在"大众观察"运动开始很久之前,巴克(Bakke)就在他的研究作品《失业者》(*The Unemployed Man*)中写道,只有通过"尽可能地分享他们的生活",他才能发现"在精心设计的调查问卷或统计数据表格为基础的冷血研究中"所不能得到的真理。[23]这种对受饥饿和失业影响的心理的个人体验的兴趣,将有助于塑造社会心理学这门新的学科。[24]因此,纪录片运动在北方的失业者们枯瘦憔悴的面庞中重新发现了饥饿的英格兰,即使这在一定程度上是将饥饿简化为技术抽象物,但这与社会科学并不完全相悖。

确认饥饿的英格兰

事实上,尽管营养学家早已建立了饥饿的技术定义,并且相信在战后他们的专业知识将会发挥越来越核心的作用,但直到1931年,随着卫生部营养咨询委员会的成立,营养学家们才再度被迎回白厅。官员们将这十年来营养学家所遭受的冷遇归咎于营养学家未能就维生素的存在或重要性达成一致。但是,随着大萧条期间饥饿和失业率的增加,卫生部的官员们开始相信经由"一个公认的专家委员会"进行合法化和"强化"的政策的战略价值,因为这种策略有助于"尽可能减少直接针对卫生部的批评"[25]。当卫生部首席医疗官乔治·纽曼(George Newman)最终召集咨询委员会时,他通过介绍卡思卡特、林赛(Lindsay)和格林伍德(Greenwood)的热力学方法,小心翼翼地中和了霍普金斯、梅兰比和莫特拉姆对维生素的生化热情。不出所料,委员会的第一份备忘录就反映了这种分歧,按照卡思卡特和默里的男性营养需求值标准,将最低营养标准设定为3000卡路里和37克蛋白质,同时也勉强承认维生素A至D的存在。[26]

与《周末评论》对立的专家委员会坚称,失业救济金无法满足最低标准的营养。他们并不是反对这个标准,而是反对这件事在经济上是可行的这一假设。他们坚持认为,"考虑到消化、烹饪和心理",这是不可能做到的:这意味着每天要吃8品脱稀饭,没有哪个人的消化道可以忍受这样单调的饮食。[27]当卫生部营养咨询委员会告诉他们"没有理由对《周末评论》的报告提出异议"时,卫生部的官员们感到非常失望。当英国医学协会(British Medical Association)成立了自己的营养委员会,并由其得出结论说营养咨询委员会的最低营养标准应该要提高到3400卡路里和50

克蛋白质时，官员们陷入了绝望。[28] 尽管莫特拉姆也在英国医学协会，但是营养咨询委员会还是很快拒绝了英国医学协会提出的更高的营养标准。他们紧急召开了一次联席会议，以达成共识，从而恢复营养科学的信度。这次会议的基调是：他们"所谓的分歧"被"夸大了"，他们的"分歧更多的是误解和误读，而非事实"，因为"在科学事实上没有根本上的分歧"[29]。营养科学的规律和它的调查与应用方法都是没有争议的；相反，这两个委员会只是目标和对象不同而已。营养咨询委员会之前是提供平均数据来指导医务人员处理学校和济贫院这些机构的饮食；而英国医学协会之前则侧重于失业男子及其家庭维持健康和工作能力所需的最低营养饮食。任何剩下的差异都可以通过英国医学协会允许食物营养价值中存在10%的损耗来解释，因为这些食物都是由那些没有接受过有效的家庭管理教育的人所购买、准备、烹饪和食用的。[30]

在此后的几年，由于营养不良的认定扩展了饥饿的范畴，不仅关于"饥饿的英格兰"的辩论没有平息，营养知识也空前地政治化了。1934年成立了反营养不良委员会（Committee against Malnutrition）和儿童最低营养水平委员会（Children's Minimum Council）以提醒人们关注营养不良的规模以及对儿童造成的极大损害；1936年，许多关于"饥饿的30年代"的文章发表——G. C. M. 麦戈尼格尔（G. C. M. McGonigle）和 J. 柯比（J. Kirby）的《贫困与公共卫生》（Poverty and Public Health）、奥尔的《食物、健康与收入》（Food, Health and Income）以及麦卡里森的《营养与国民健康》（Nutrition and National Health）——所有这些都大概估算出，英国实际上有一半的人口，即超过2000万人，是营养不良的。[31] 在1936年，政治和经济计划委员会召集了另一个营养专家委员会来回顾这场辩论，得出结论称，关于"饥饿的英格兰"的辩论已决定性地改变了讨论的措辞："政府已经取得了很大的成功，并保证在英国没有人会挨饿，但现在证实对饥饿的测量并不充分，因为一个人即使获得了大量食物和卡路里可以避免挨饿，但他仍可能会遭受严重缺乏一种或多种保健食物元素的折磨，比如缺乏维生素、钙或碘等。"[32]

关于"饥饿的英格兰"的营养辩论的核心问题是，营养不良到底是不是一种病状，如果是的话，又该如何定义和测量。即使是那些主张将饥饿扩大到"营养不良"范畴的人也承认，这个术语的使用是"宽松且混乱的"，这种缺乏精确性的做法使人们对营养专家意见的公正性产生了质疑。[33] 到 20 世纪 30 年代,随着新的生化发现相互竞争,并且常常与热力学观点相融合,"营养不良"一词被广泛运用,用来描述那些遭遇各种状况的人。那些没有吃足够食物的人,体格低于"正常"或者当地"平均"标准的人,或是患有某种特殊营养缺乏症的人,以及那些营养健康未能达到最高营养标准或"最优"营养标准的人,他们都可能患有营养不良。定义营养不良的问题变成了测量营养不良的问题,即如何将仍有争议的适当饮食的实验室知识转化成鉴别谁营养不良的技术——这种技术是可转移的,并能够随着时间推移在不同国家产生可比较的结果。

在建立了一项提供学校膳食服务和确定哪些儿童应得到这些服务的医疗检查制度后,这些技术问题有了很浓的政治色彩。[34] 随后作为教育委员会(Board of Education)首席卫生官员的乔治·纽曼承认"没有绝对标准"或"确切标准"来衡量营养状况,但他还是建议学校医疗人员使用哈奇森的营养不良的临床指标来评估"儿童的身体机能效率和健康状况",然后再将这些儿童的营养状况定为四个级别(良好、正常、低于正常、差),并将后两个级别(低于正常、差)再细分为需要治疗和需要观察两类。[35] 批评家们很快就对纽曼的测量标准和分类体系的可靠性提出了质疑。营养健康的标准是如此之宽泛,以致许多其他环境因素或疾病都可能会对它产生不利的影响。这种混乱在地方医务人员中非常明显——他们强调不同的指标,他们在将临床评估转化成指定等级的过程中方法差别迥异,他们采用自己对标准的特殊定义,并且总是把"正常"等同于当地的平均数。鉴于这些问题,该体系的批评者不断指出,不可能进行跨地区或者跨时间的比较,更别提得出可靠的全国数据了。[36] 在医疗官员们近乎绝望地恳求进一步研究,以确定"营养不良的临床症状,因为我们对此还知之甚少"时,英国医学协会为医生们辩护,承认"没有令人满意的和可接受的常规方法去评估国家营养状况或个人状态,也没有方法来对不同观察者的发现进行比较"。[37] 1933 年,当这些困难在关于"饥饿的英格兰"的辩论中变得更加明显时,人们要求营养咨询委员会设计一种营养不良的标准测试,以消除现有测量和分类系统的不确定性。在缺乏一个更"可靠的标准"的情况下,营养咨询委员会更倾向于宽泛的临床评估,而不是人体测量,并且只对分类体系进行了轻微的调整。这种方法随后也被教育委员会采用。³⁸ 然而，这并不能平息批评者的声音，尤其是（但不仅限于）越来越强大的反营养不良委员会的声音。³⁹ 到 1940 年，甚至连教育委员会自己的高级医学监察员也沮丧地得出结论说，在仔细研究了过去 5 年的反馈情况后，他发现这些反馈是"如此不可靠，以至于从任何目的上来说都是毫无价值的……而临床评估……又有着这么多内在缺陷，日常使用中的不便之处将会使它支离破碎"。⁴⁰ 分类体系以及缺乏测量的标准仍然是个问题。反营养不良委员会及其盟友指出，卫生部将"正常"等同于人口的"平均值"（average）或"中值"（mean）状况的分类方式是不充分的，因为这些状况不可避免地会倾向于取"最低营养需求"的最小公分母。⁴¹ "正常"应该指的是最优营养水平，这样，在日后才不会有明显的延迟的和受到抑制的营养不良所造成的影响出现。⁴² 营养不良的发现使"最低营养"标准有可能转为"最优营养"标准，这将对社会科学家如何测量饥饿和贫困以及政治家如何治理饥饿和贫困产生重大影响。

并非只有英国需要寻求更为可靠的测量和分类营养不良的系统。尽管英国营养学家在这些方面发挥了惊人的核心作用，但国际联盟营养技术小组委员会（League of Nations Technical Sub-Committee on Nutrition）在试图提供测量营养不良的通用标准和技术方面也走在了世界前沿，就像他们在建立热量需求和维生素定义的国际标准方面所做的努力也处于世界前沿一样。⁴³ 在 1932 年一次国际联盟的会议上，人们对已经存在的相互冲突的体系和标准已经有一些认识，后来 E. 伯内特（E. Burnett）和艾克罗伊德对这些认识进行了总结。⁴⁴ 他们列出了三种基本的测量体系——人体测量体系、临床测量体系和生理测量体系——每一种都有与之匹配的标准、技术和缺点。例如，身高、体重和其他身体测量之间的复杂关系，用了不少于五种名为人体测量的"营养指数"来表示。尽管允许 7%—20% 的误差范围，但这些营养指数的"谬误"也"被反复描述出来"。⁴⁵ 临床测量体系也同样存在问题。1934 年前英国学校医务人员所使用的"登弗姆林营养指标"（Dunfermline scale）有几个竞争对手——奇滕登（Chittenden）指标、皮凯（Pirquet）指标和弗兰岑（Franzen）的 ACH 指标，每个指标都有不同的分类体系和检查与测量技术。尽管后来又增加了更多的人体营养指标[如布沙尔（the Bouchard）指标、范德海登（Van der Heijden）指标、马努夫里尔（Manouvrier）指标、布鲁切（Brugsch）指标、弗莱奇（Flesch）指标、普赖尔（Pryor）指标、莫罗伊（McLoy）指标和塔克斯福德（Tuxford）指标］，但另一个具有强烈英国特色的国际联盟营养小组委员会仍然发现它们缺乏"精确或客观的参考标准"。相反，专家们把希望寄托在一个新的测量系统上，该系统有望超越人体测量、临床测量和生理测量的技术局限，即维生素缺乏症测试。为了对营养不良症状在临床出现之前进行早期诊断，这些测试通过一系列血液和尿液样本（如果是检测维生素 A，则是一系列相应的眼科测试）的实验，来检测维生素、矿物质和蛋白质的缺乏情况。虽然这些测试都"还处于实验阶段"，在大规模调查中应用有限，但人们希望它们能很快提供一套更为可靠的标准化技术，来鉴别和测量营养不良的情况。[46]

尽管有这些技术创新和关于如何识别营养不良并将其归为饥饿的辩论，营养学家仍然依赖社会科学来衡量饥饿对人口的影响。营养学家们可能会就最低或最优营养标准辩论不休，但饮食调查依然是必不可少的，通过饮食调查可以确定个人或群体的收入或他们所吃的食物能否满足他们的需求。正如奥尔的标题"食物、健康与收入"非常好地概括的那样，那些对三者之间的关系感兴趣的人，必须将食品价值和营养需求的抽象知识与人们吃了什么以及他们用多少钱来购买食物的社会调查结合起来。不幸的是，在工人阶级家庭里，没有什么比这两个问题更需要保密的了。因此，为了获得这两个问题的答案以及关于它们的准确统计数据，营养学家不得不依靠社会调查者的技术。[47]虽然朗特里和鲍利在一战前极大地改进了社会调查科学，但收集和整理关于穷人的预算和饮食的信息仍然是出了名的困难。这个过程带来一系列困难的方法论问题：一方面是依赖几乎没有接受过社会科学培训的志愿者，另一方面是穷人们在提供他们每周预算和饮食习惯信息时满怀敌意、不情不愿或是无能为力。考虑到这两方面因素，究竟该如何创建标准化的测量体系以确保准确的测量结果呢？

当研究人员尝试在两次世界大战之间解决这些问题时，饮食调查技术变得越来越复杂。[48]他们给抽样调查对象发放了详细的记账本，要求他们仔细记录每周所有的收入和支出，尤其是所有食物的支出——买了多少，花了多少钱。此外，还要求他们详细记录全家人的饮食结构：谁吃了什么，什么时候吃的；如何准备、烹饪和食用这些食物；在家庭以外的地方

（工作单位、学校、面包房或薯条店）还吃过什么其他饭菜或食物。他们还给调查对象提供了一套秤和水壶，以便他们准确称量和记录每次购买食物的数量和每餐的配料。没有留下任何侥幸的机会。调查人员（或者更准确地说，通常是他的女性助理）会先称量并记录调查开始时屋子里已经有的食物，结束的时候再查看剩下的食物。这些记录至少要连续记录一周，最好是一个月，以确保受试者不会为了取悦研究者而改变他们的饮食习惯，或是改变家庭内部的食物分配。调查时间越长，被调查对象承担的责任就越大，他们愿意继续配合调查的可能性就越小，这一点是大家公认的，而正如我们将在第七章中看到的，簿记和会计学这两门学科的艺术能够帮助家庭主妇更有效、更科学地管理家庭资源，这也是人们希望的。有了这些记录，社会调查人员可以首先计算出家庭收入中用于食品支出所占的百分比，然后根据食品价值和营养需求表来计算这些支出是否够用，运用得是否有效。同实验仪器一样，这些调查卡、食物价值表和营养需求量表，都是为了能够在不同家庭间和不同地区间采用统一的测量标准。然而，令人沮丧的是，它们的效用仍然受到调查中人为因素的影响。

　　从布思和朗特里的研究开始，社会调查一直依赖于大批的研究助理人员，他们到穷人家里，并从那里获得信息。这些助理通常是女性，她们平时是学校督察员、健康访查员和慈善工作者，这些工作使她们更熟悉穷人的生活，也更容易受到穷人家庭的欢迎。尽管很大程度上还是要依靠她们的个人技能，包括社会和观察能力，但调查卡的设计就是为了确保她们能够放下主观判断，只记录符合严格分类并能够进行统计汇总的信息。然而，每一次社会调查都会对那些顽固地拒绝向调查人员审视的目光敞开大门的人表示遗憾。正如戴维·文森特（David Vincent）言辞优雅地指出，不受窥探的隐私是穷人们神圣的资源：流言蜚语和闲言碎语可能不至于造成生命的损失，但是它们可能会招来许多经济状况调查人员突然造访家中，并使本已入不敷出的家庭收入雪上加霜。[49]即使穷人们向调查人员敞开了大门并且提供信息，其准确性仍然是个问题。众所周知，收入很难计算，因为它涉及雇主、男人和他们的妻子之间相互交织的秘密，所有人都害怕任何意外泄漏所带来的财务后果。一些研究人员通过支付报酬来调查，希望这些报酬能够使人们开口说话，但大多数研究人员还是希望他们助手的个人魅力或调查的价值能够发挥作用。但有时候什么也不管用。赫伯特·陶特（Herbert Tout），曼彻斯特著名中世纪历史学家的儿子，为布里斯托社会调查雇用了学校检查出勤的人员，他不同寻常地记录了在询问调查中拒绝配合调查的家庭的确切比例：在访问的 4865 个家庭中，有 7% 的家庭拒绝接受调查。他写道："当然，也有几次当面摔门的情况，但几乎在所有地方，调查人员都受到了友好的接待，并讲述了他们在采访时还被招待几杯茶水或是啤酒的趣事。有几次，丈夫甚至追出去告知他们自己不想在妻子面前披露的收入情况。"[50]

如营养学家依赖有缺陷的社会科学技术一样，社会科学家也依赖于有缺陷的营养科学技术。在朗特里确定如果不计算最低营养需求社会学家就无法衡量贫困程度后，社会学家们的信度就取决于他们驾驭营养科学这片波涛汹涌的水域的能力，以及他们在相互竞争的主张和不断变化的标准之间把握方向的能力。意识到"生理学家没有达成一致意见"[51]后，大多数人做出了务实的选择，根据英国医学协会、营养咨询委员会和国际联盟制定的营养标准进行计算。然后，他们把这些标准翻译成与当地情况相适应的饮食和价格，从而得出一个成年工人平均饮食成本的数值——数值随着使用的标准、编制的日期和当地食物成本的不同而有所不同。[52] 重复研究面临的最大问题是营养科学标准的不断变化。例如，朗特里的最低营养标准不断下降。1918 年，他在《人类需要的劳动》（Human Needs of Labour）中适度修正了原来在 1901 年《贫穷》一书中提出的标准，保留了 3500 卡路里的需求，但把蛋白质需求从 125 克减少到 115 克，但在 1937 年版本中又将卡路里和蛋白质分别减少为 3400 卡路里和 100 克蛋白质，以反映"专家意见的变化"，尤其是在发现了"保健食品"后。同样，在 1918 年至 1937 年间，由于认识到妇女和儿童对营养有着更大的需求，他在计算一个三口之家的需求时，将男性营养需求值从 3.47 上调到 3.78。[53] 人们可能会对那些未能跟上营养知识变化的研究人员的科学基础提出质疑：比如，莫特拉姆在《伦敦最新调查》（New Survey of London）中就对卢埃林·史密斯（Llewelyn Smith）使用朗特里第一套最低营养需求标准提出了严厉的批评，并讽刺地指出："自 1901 年以来，营养学已经经历了一场显著的革命。"[54]

共享的调查技术使社会学家和营养学家能够解决一个共同关注的问

133 题：是否是收入过低或效率低下才导致人们无法达到最低营养标准。正如我们将在第七章中看到的，科学家们普遍哀叹，在消费问题上，穷人往往把快乐置于生存之上。这种批评激怒了那些亲身经历过贫困和失业的人，比如瓦尔·汉宁顿（Wal Hannington），他是全国失业工人运动（National Unemployed Workers Movement）的领导人，组织了20世纪20年代和30年代的饥饿游行。他对穷人被社会学家和营养学家物化，以及"被当作试管一样对待"感到绝望，他抱怨说，这些科学家"所说的关于卡路里、各类维生素、蛋白质、碳水化合物、脂肪和克重……这些表述对于一个只能主要靠土豆、面包、人造黄油、茶和炼乳来维持生计的家庭的普通失业工人来说，听起来就像是外语一样"[55]。他尖酸地评论道，虽然他没有能力"与英国医学协会中的聪明人和卫生部的专家们进行科学争辩"，但他确实知道为什么"失业者家庭并没有食用那些被定为最低营养需求的食物，原因很简单，因为他们根本就买不起"[56]。他坚信，贫穷是导致饥饿和营养不良的原因；只有那些对靠救济生活的人的现实一无所知的人才会给出那样的建议。他尤其对那些指责"普通工薪阶层的家庭主妇对食物的价值和烹饪技术一无所知"的人的"这种居高临下的侮辱感到愤慨"。对于那些"自命不凡的认为他们有权去指导"家庭主妇如何最有效地使用微薄的收入的人，他提醒道："根据饮食所含的热量和维生素价值来制定食谱与购买能够不让全家人挨饿的食物，这完全是两码事。"[57]

134 关于充饥和合胃口而不是营养需求的问题，变得至关重要，因为它说明了社会与营养科学之前忽略了食物的社会意义和功能，而这些意义和功能往往掩盖了食物的营养价值。在对5个失业家庭的饮食调查中，阿瑟（Arthur）的妻子露丝·鲍利（Ruth Bowley）指出，穷人更喜欢高热量的食物而不是蛋白质和高质量的食物，这一点儿也不奇怪，因为他们"要买的是全家人会吃，他们也会做的食物"[58]。批评家指出，不能有效地遵守最低营养标准与其说是一种无知或非理性的表现，还不如说是一种可以充饥和偶尔享受的明智选择。乔治·奥威尔认识到了这一点，他坚称，失业者"宁愿饿死，也不愿意靠黑面包和胡萝卜过日子……（因为）当你食不果腹、疲惫不堪、百无聊赖、痛苦万分的时候，你就是不想吃那些乏味的有益健康的食物。你想要吃点好吃的东西"[59]。要满足根深蒂固的口味的需求使人们把目光投向食物更为广泛的社会和文化意义。当食物被简化为营养价值时,人们往往忽视了这些社会和文化意义。正如我们所看到的,这是对奥德利·理查兹的食品人类学来说至关重要的一种认识,也是后来所谓的社会营养学的核心。

社会营养学与对于富足的规划

社会营养学家不仅试图将营养科学置于社会现实中,还试图使营养科学成为社会转型的有效工具。社会营养学有四个显著特点:(1)它将营养不良纳入饥饿的定义,从而使人们关注的营养健康标准从最低营养标准转移到最优营养标准;(2)它认定,造成饥饿的主要原因不是穷人,也不是他们在营养方面的无知和饮食效率低下,而是贫穷;(3)它认识到,食物的社会和文化意义往往掩盖了食物实际的营养价值;(4)它还提议,有了上述认识,研究者和管理者就可以科学地规划如何终结饥饿以及实现一个富足的世界。当然,并非所有的社会营养学家都赞同这些观点,但在20世纪30年代和40年代,它们的确改变了饥饿的科学和管理,从而确保营养科学在二战期间和二战后对社会重建工作发挥了至关重要的作用。

1936年出版的三本对社会营养学的形成至关重要的文献分别是奥尔的《食物、健康与收入》、麦戈尼格尔和柯比(Kirby)的《贫困与公共卫生》以及国际联盟的《混合委员会关于营养问题的临时报告》(*Interim Report of the Mixed Committee on the Problem of Nutrition*)。它们的影响是如此之大,以至于埃德加·安斯蒂(Edgar Anstey)的一部以"营养电影"为副标题的纪录片《丰衣足食》(*Enough to Eat*,1936)就是以此为基础拍摄的。该片没有采用安斯蒂在他早期的《住房问题》中所使用的令人震惊的图像,而是采用了一种理性的科学基调。该片的讲述者朱莉安·赫胥黎(Julian Huxley)声称,这些文献展示了科学是如何唤起国民的良知,并且为改善健康和营养制定新章程的。这也难怪它们会登上世界各地的头条。奥尔颇有争议地声称,英国有一半的人口,即2300万人,饮食不足。要解决这个问题不能靠教英国人如何更明智地吃饭,而是要确保他们能够像那些收入最高的人一样有足够的收入,即使吃得不合理但依然能够达到最佳的营养健康状态。麦戈尼格尔和柯比以及国际联盟委员会都一致认为,贫穷才是造成营养不良的原因。[60] 大多数社会营养学家认为,贫穷是资本主义自由市场失灵的产物。他们相信,如果通过科学规划约束市场,那么在英国和世界各地,贫穷和饥饿这对孪生兄弟的问题是可以被根除的。早在1934年查德威克的演讲中,奥尔就提出,农业营养学在技术上可以养活全世界人口,到1939年,他声称可以养活全世界人口的20倍之多。[61] 在营养学家的指导下,无论它们可能"在多大程度上与某些现有经济利益相冲突,或与我们从过去继承的理想背道而驰","经济制度的调整"都势在必行。[62] 一个以营养规划为基础的经济会刺激农业生产和世界贸易,并重新分配盈余:它将会使经济发展与人民的福祉相结合。

英国从来不缺少准备为富足的未来做规划的社会营养学家。除了反营养不良委员会和儿童最低营养水平委员会以外,为响应《周末评论》在1931年提出的建立国家规划的口号而成立的费边社(Fabian Society)、政治和经济计划委员会都成立了自己的营养专家委员会。政治和经济计划委员会的一段话很好地抓住了社会营养学家对规划的热情:"在饥饿存在的地方解除饥饿,消除匮乏,给这个地方带来富足……需要规划……必要的调整太多、太复杂也太相互交错,所以不可能一蹴而就。"[63] 社会营养学家们不仅没有把政治引入科学,反而试图把科学引入治理艺术之中。现代政治和经济生活的复杂性在社会领域中表现得淋漓尽致。这与世纪之交将饥饿视为社会问题的观点大相径庭。既然只有在整个社会都生活富足的情况下政治和经济生活才能发挥作用,那么政府就只能以社会福利的名义来运作。使用最优营养标准而不是最低营养标准来衡量营养健康就是这种转变的表现,因为最优营养标准是适用于所有人的,而最低营养标准则是将穷人和饥饿作为一个社会问题而做的区分。因此,到20世纪30年代末,社会营养学家们已经确定,营养不良的主要原因是贫穷而不是无知,只有科学规划才能使整个社会达到最佳的营养健康水平。

这一转变的关键部分是要发现,尽管营养建议和教育得到了普及,但为什么在整个社会范围内饮食习惯依然如此根深蒂固并且拒绝改变。威廉·克劳福德(William Crawford)和赫伯特·布罗德利(Herbert Broadley)对英国人的饮食做了有史以来规模最大的调查。1938年,调查发现,无论收入多少,几乎没有人能够把握营养科学的原则,更不用说营养科学的细节了：65%的上层社会阶级和90%的下层社会阶级承认对营养建议没有兴趣。克劳福德和布罗德利赞同奥德利·理查兹的观点并表示，这种保守主义只能用围绕食物的复杂的社会和文化意义来解释。为了证明"有意识的和无意识的影响是如何决定英国家庭的饮食的"，他们举了一个例子：一个男人在小时候"吃了太多牛油布丁"，以至于他成年后非常讨厌这些布丁，并禁止这种食物出现在自己家庭餐桌上。[64] 他们指出，社会学家和营养学家过于专注确定社会生活的基本必需品，以至于他们没办法记录，更不用说改变那些看似不合理的饮食习惯了。方便起见，这些作者断言，要调查食物偏好的社会和心理维度，需要一种（他们自身具备的）新的专业知识，即市场研究。反过来，广告将说服消费者接受更有营养的食物。如果说人类学家需要去教营养学家关于食物在原始部落中的复杂社会功能，那么市场研究和广告商就应该带头破解消费者非理性的食物禁忌。

在美国引领潮流时，英国的大众广告在两次世界大战期间还处于萌芽阶段。20世纪50年代普里斯特利嘲讽，在这样的时代里，"易受广告影响的群众"（ad-mass）就出现了。克劳福德是在英国推广这种新型专业知识的核心人物。1914年，他成立了英国二战前最成功的广告公司，并很快在各种广告组织中占据领导地位。[65] 基于他的声望，他被邀请担任政府顾问，首先是在英国经济委员会（Imperial Economic Committee），然后是帝国营销局［Empire Marketing Board，在那里1931年他设计了首次"购买英国货"（Buy British）活动］，再后来又到了农业部和牛奶营销委员会（Milk Marketing Board），在营销局这两个职位上，他都可能和"大力水手"奥尔打过交道。[66] 随后，他被授予骑士头衔。虽然说克劳福德在帝国营销局的工作也让他意识到"食品在人们健康和帝国繁荣中发挥着重要作用"，但是认识到"国家收入的三分之一都被用来购买食品"才激发了他了解食品市场和预测其未来趋势的商业兴趣。克劳福德认为，"广告从业者"一旦了解了食品市场有意识和无意识的规律，就可以引导消费者购买"有益健康的食品"，并且"帮助生产商和制造商提前规划，避免浪费精力"。广告商"对人类心理的了解"，以及他们具备"旨在唤起特定欲望、号召特定行动或是建立特定习惯的影响舆论"的能力，使得广告对提高国民营养健康水平至关重要。人们再度谈论规划、社会效率、种族健康和科学政府,但是市场研究并不旨在使消费行为理性化,而是试图使它变得简单明了,以便制造商、零售商和政府机构能够塑造消费行为。[67] 市场研究者的工作不是斥责消费者做出了不合理的饮食选择,而是去理解他们,这样广告商就可以动员他们去支持某一特定产品或品牌。[68]

尽管如此,市场研究的许多调查技术都借鉴了营养科学和社会科学,如调查员网络、调查卡和预算册等。但是和之前业余的"统计偷窥狂""粗鲁地从陌生人窗户"窥视不同,W. S. 克劳福德销售研究服务和研究部(W. S. Crawford Sales Research Services and Research Department)的研究助理们都是训练有素的,成员"以中年妇女为主",对通过问卷调查的方式"从家庭主妇那里获取信息的困难艺术很有经验"。超过 5000 个英国家庭完成了调查问卷,这个样本数量远远超过之前所有的饮食调查(奥尔的调查是基于 1152 份从之前的 11 项研究中挑选出来的家庭预算)。这次抽样在地理上也更具代表性。尽管克劳福德和布罗德利采用了广告从业者协会(Institute of Incorporated Practitioners in Advertising)推荐的按照收入划分社会等级的方法(顺便提一下,奥尔也曾用过这种方法),但他们抱怨说,这种方法掩盖了"非经济影响的效果,比如我们的社会等级制度强加给我们的习惯和禁忌"[69]。因此,调查问卷特别要求了解购买了什么食物、做了什么样的饭菜,以及家庭关于食物的更广泛的设想等信息。甚至社会分类法也会根据每个群体对食品的占有程度、职业和收入来描绘每个群体的特征。正如理查兹之前所发现的在殖民时期的饮食调查技术是有缺陷的,克劳福德和布罗德利的市场调查也使他们倾向于理解英国人的习惯和禁忌。殖民地实验室使得营养学家将营养不良重新定义为饥饿,并使人们对家庭食物的社会意义产生了新的兴趣。我们很快就会看到,克劳福德和布罗德利发展起来的技术在二战期间成为管理框架的一部分。正如儿童营养理事会(Children's Nutritional Council)在 1946 年解散前夕所说的,它于 1934 年制定的目标现在已经实现了:

> 社会营养学或食品社会学研究的是……人类在不同的文化和习俗条件下,选择、准备和消费食物的实际方式。它关注或多或少的饮食习惯和传统的固定模式,关注固定的用餐时间,关注偏见和禁忌,关注家庭喂养和公共喂养之间的关系,关注营养领域社会服务的发

展,关注各种机构饮食管理以及公众教育和食物问题启蒙的正确方法等。简而言之,它始于食品消费本来的面目,而不是我们希望它成为的样子……社会营养学的学者应该亲近他的工作对象并得到他们的信任。对"穷人和愚民是如何生活的"这种纯粹的好奇与这门新兴的科学的精神是完全背道而驰的。[70]

战争与重建:社会营养学成为一门应用科学

随着二战的爆发,粮食部进行了重组。它以前所未有的程度将社会与营养科学的专业知识结合起来,整合饮食调查技术,应用社会营养学原则,去努力塑造人民的饮食习惯。白厅里突然挤满了营养学家,很多人不遗余力地推动一项科学的粮食政策的出台。[71]虽然卫生部的营养咨询委员会实际上在二战前已经停止开会,但在1939年10月,霍普金斯、梅兰比、卡思卡特和奥尔还是被召回到奥尔的老朋友——卫生部长沃尔特·埃利奥特(Walter Elliot)那里,一起讨论粮食政策。也是在这个月,杰克·德拉蒙德(Jack Drummond)开始在英国粮食部担任"食品污染首席顾问"。到1940年2月,也就是实行配给制后的一个月,德拉蒙德被任命为粮食部的首席科学顾问,配备5名固定工作人员。(到1943年,他的工作人员增至14人。)两个月后,也就是1940年4月,新任首相温斯顿·丘吉尔任命副首相、工党领袖克莱门特·艾德礼(Clement Attlee)为内阁粮食政策委员会(Food Policy Committee)主席;一个月后,内阁科学食品委员会(Scientific Food Committee)成立了,成员包括人们熟悉的梅兰比、卡思卡特、奥尔和普拉特(刚从命运多舛的尼亚萨兰调查回来)。与此同时,卫生部继续就营养问题征求梅兰比和医学研究理事会的意见;到1941年5月,卫生部的首席医疗官威尔逊·詹姆森(Wilson Jameson)已经成立了一个有影响力的非正式委员会,与粮食部就营养问题展开合作。这种委员会的增加再次不可避免地引发了地盘之争,并且产生了容易被忽视的相互矛盾的建议。由于梅兰比、奥尔和德拉蒙德的职位之争阻碍了政府充分利用现有的营养专业知识,一群社会营养学家对此感到非常沮丧,他们在1940年末成立了营养学会(Nutrition Society)。在三年时间中,这个旨在为营养政策提供实用建议的学会的成员增至近500人(这让梅兰比非常懊恼,于是他禁止受医学研究理事会资助的营养学家加入营养学会)。营养学会甚至还有了自己的研究局,旨在通过促进研究小组间的交流和规范调查技术使调查工作系统化。[72] 该研究局的咨询委员会又分成若干小组委员会,分别关注实验室技术、临床检查和饮食调查等,其目的是向德拉蒙德提供前后一致的信息,从而形成政府的营养政策。

德拉蒙德在粮食部的工作囊括了许多社会营养学的核心原则。[73] 他根据国际联盟关于最优营养需求的计算方法,调整了人口中不同人群的营养需求,用来给配给制度以及关于农业生产和粮食进口的政策提供信息。此外,他还与医学研究理事会的特殊饮食咨询小组(Special Diets Advisory Group)合作,通过饮食调查来确定特定人群的营养需求,包括儿童(从婴儿到青少年)、孕妇、重工业工人,并且通过提供维生素食品(牛奶、橙汁、鱼肝油)和额外的口粮以及扩大公共喂养(在学校、工业食堂和英国餐厅)的范围来满足这些需求。[74] 德拉蒙德的高级科学助理马格努斯·派克(Magnus Pyke)还指导了一系列在工厂食堂、监狱、医院和英国餐厅进行的饮食营养充足性调查。这些调查被用于制定膳食和菜单的规划,但人们认识到,"纯粹的营养考量必须让位给民族习惯和传统"。德拉蒙德的团队还与粮食部的食品建议司密切合作,开发不熟悉的食物菜谱和口味,在认识到"传统食物在心理上的重要性"的同时,温和地改变人们根深蒂固的饮食习惯。[75] 二战期间,社会营养学家的专业知识和调查技术在政府规划中占据了中心地位,这是上一代人无法想象的。

这种变化在战时食品调查(Wartime Food Survey)工作中表现得最为明显。马克·艾布拉姆斯(Mark Abrams)担任了伦敦新闻交易所(London Press Exchange)所长,在这个领先的市场研究机构所进行的饮食调查变得至关重要,因为根据这些调查,粮食部形成了延续到战后的粮食政策并评估了其有效性,首先是1945年的家庭食品调查(Family Food Survey),随后是1950年开始的全国食品调查(National Food Survey)。[76] 从1940年7月开始,每个季度从分布在8个地区的1500个城市的工人阶级家庭收集每周的饮食记录,并且收集规模稳定增长;从更多的家庭(最高峰1943年时达到9141户,约31733人,此后也从未少于5500户)和更多地区(最高峰1949年时达到89个地区)收集到了连续的更加详细的记录。尽管最初侧重于城市工人阶级（偶尔也关注"特殊"饮食群体的家庭），但调查在1944—1947年间开始扩展到中产阶级家庭，并最终于1950年扩展到"完整地涵盖所有人口的各个层面"[把人口分为五大社会群体的分类方法在《人民的食物》（The People's Food）一书中被克劳福德和布罗德利所采用]。[77] 作为英国有史以来最大规模、最雄心勃勃的饮食调查，它代表了一项非凡的技术成就。研究助理负责确保每个家庭能够适当和准确地完成日志。[78] 用天平来称重和测量，这样家庭主妇就可以精确测量和记录她们的食物储备。虽然没有记录特定膳食中所使用的食物数量或其在家庭成员中的分配情况，研究助理还是会使用这些膳食中所记录的成分以及食物供应的最后称重来复查家庭主妇们记录的准确性。一旦收集了日志，有关这户人家的人数和组成以及他们以什么价格消费了哪些食物的信息就被集中整理在一张"转移清单"上。在这一阶段，研究机构就把这个转移清单交给位于科尔温湾（Colwyn Bay）的粮食部统计与情报司（Statistics and Intelligence Division），在那里，统计数据被制成打孔卡，由霍利里斯计算机（Hollerith machines*）进行月度分析，这样消耗的食物量就可以转化为平均营养摄入量来计算。[79] 战时食品调查包含了一套调查技术，该技术是朗特里在半个世纪前首次提出，并由社会学家和营养学家以及市场研究人员在两次世界大战期间发展起来的。正如马克·艾布拉姆斯所长后来所声称的，它确实有助于实证的社会科学在规划和管理战后社会重建的美好新世界中确立核心地位。[80]

并非所有人都支持这项调查，也不是所有人都赞同它精心规划的未来政府的愿景。自1940年7月这项调查启动后，它就立刻遭到了新闻界和议会的激烈批评，尽管它们批评的对象是信息部长达夫·库珀（Duff Cooper）勋爵和战时社会调查（Wartime Social Survey），而不是粮食部和艾布拉姆斯的伦敦新闻交易所。有趣的是，奥尔的朋友里奇·考尔德率先报道了这件事，并带头在他所在的《每日先驱报》上控诉库珀为窥探者。其他人也很快跟进，称这项调查是一项昂贵而毫无意义的工作，其"爱管闲事的人"的方法侵犯了人们的隐私和民主程序。达夫·库珀为这项调查进行了辩护，称调查使用了现代科学方法来解决专业和技术问题，比如

---

* 由霍利里斯（H. Hollerith）发明的专门用于普查的计算机。——译者注

食品消费模式和牛奶配送方式。关于调查试图去衡量"士气"(morale)这个引起最大争议的做法,他并没有对此进行辩护。[81] 虽然争议很快消散了,但次年,对战时社会调查的国内情报工作就有了重大调整,将重点放在为其他部门进行有目的的调查上,而不是一般意见测试或士气测试。[82] 即使战时食品调查并没有像战时社会调查那样招致那么多批评,但黑市交易和工人阶级对抱着工作日志的研究人员的怀疑使得战时食品调查继续招致敌意。事实上,1943 年 5 月,当《西部新闻晨报》(Western Morning News)将调查人员描述为城市工人阶级居住区的偷窥狂后,在普利茅斯的调查工作实际上被暂停了。[83] 在 1950 年的扩大调查中,拒绝合作的比例异常高,在抽样的 6375 个家庭中,只有 36% 的家庭返还了完整的日志。[84]

无论调查小组在各家门口受到了怎样的对待,他们的工作对塑造政府战时宣传活动,也就是后来所谓的公共关系,起到了至关重要的作用。战争期间,政府的公共关系机构经历了指数式的增长:到 1944 年,共有超过 4000 名雇员,其中半数在信息部(Ministry of Information)工作。[85] 公共关系体系的倡导者,例如政治和经济计划委员会等,认识到政府调查被指控为"秘密和非法地干预民众心理,并且窥探人们的个人观点和习惯",他们辩解道,公共关系的两大功能即调查民意和努力塑造民意,不仅符合"民主原则",而且对于一门有效的管理科学也是必不可少的。[86]

粮食部是政治和经济计划委员会对未来社会管理科学愿景的典范。它的公共关系司(Public Relations Department)是政府第六大公共关系司,一直与它的调查司(Survey Department)保持沟通(并通过调查司与艾布拉姆斯的战时食品调查进行沟通),获取关于一般营养知识、特殊食物的食用或特殊群体的饮食习惯等信息,开展宣传活动并监督其成效。正如其公共关系司副司长在给调查司副司长写信时所说:"我们的大部分活动取决于了解公众,尤其是家庭主妇,是如何处理和思考粮食问题的,而你们的调查是我们获得这类信息的主要的可靠渠道之一……如果我们没有这些信息的指导,……可能会导致支出上的浪费。"[87] 尽管如此,事实证明,战时食品调查在监督消费者的饮食习惯和缺陷方面比衡量消费者意见方面更有效,因此,更为详细的市场调查常常被外包给外部机构。[88] 例如,在 1946 年底,广告公司 J. 沃尔特·汤普森(J. Walter Thompson)

受委托调查粮食部出版的周刊《食品事实》(Food Facts，一份旨在激发人们对营养的兴趣和提高消费者饮食选择的周刊)的接受情况。在八周的时间里，他们跟踪调查了抽样中那些记得自己看过广告的人，以及那些认为杂志有用或使用过该杂志食谱的人，然后他们再根据社会群体和地理分布对这些数据进行了分类。[89]虽然最终报告的结果并不尽如人意(一周内只有28%的人真正看过该杂志，只有8%的人认为它有用，仅有4%的人尝试过它的食谱)，但是调查的准确性和它能够评估特定广告与出版物的有效性的能力，证实了市场研究技术要优于战时食品调查(当时是全国食品调查)的一般调查结论。

正如我们将在第七章中看到的，粮食部公共关系司的大部分工作都涉及如何唤起公众对营养的兴趣，并鼓励公民通过了解有关这个主题的媒体或去食品建议中心(Food Advice Center)来改善他们的饮食。卫生部的一项调查进一步证明，"不到一半的人会从科学的角度考虑食品价值"。认识到饮食习惯常常是根深蒂固的(因为特定的食物都有特殊的文化意义)，这场运动试图顺从消费者保守的饮食倾向，而不是违背消费者的饮食倾向。[90]其目的是推动民众充分利用营养科学和"现代"烹饪技术的新食谱和新配料，而不是去说教人们的无知和缺陷。现在，不仅穷人们，整个社会都成了这些干预措施的对象，这些措施通过广告来培养消费者想要成为营养健康和有生产力的公民的愿望。虽然作为消费者的公民有责任保护自己的营养健康，但国家也要确保他们能够在市场上拥有对营养的知情权并做出选择。根据粮食部科学顾问与医学研究委员会磋商后制定的精确指导方针，1943年国防(食品销售)条例令[Defence(Sale of Food) Regulations Order]对食品广告宣传中夸大营养成分和误导性的信息进行了规定。[91]

然而，大多数社会营养学家认为，市场并不是一个从营养上来重建战后社会的有效机制。在《贝弗里奇报告》关注了战后重建的社会民主议程的那一年，奥尔坚持认为，战后"政府的主要职能将是促进它所统治的人民的福祉，粮食政策将不再基于贸易利益，而是基于人民的营养需求"[92]。战时食品调查显示营养规划是可以实现的：尽管在1940—1941年这段灰暗的日子里，普通人饮食的营养值最初有所下降，但到1944年，它又恢复到甚至超过了战前水平——对于以前营养最缺乏的工人阶级来说，这是一个相当大的进步。⁹³粮食部关于战后粮食政策的白皮书称赞这一规划的胜利是未来的关键。白皮书承认贫困是饥饿和营养不良的主要原因，并指出，新兴福利国家的任务是确保社会所有成员都有足够的收入来保证健康的饮食。由于这是其他部的职责，白皮书只概述了粮食部两个具体的目标：一是扩大战时向依靠社会福利生活的母亲和儿童提供食品的制度，以便"这个国家所有的男孩和女孩都有充足的饮食，能以最佳的身体和精神状态来面对生活"；二是通过规范广告和食品标签，以及通过"最广泛的教育和宣传手段"，"帮助成年公民选择具有合适营养价值的食品"。如果没有社会与营养科学的技术，这些目标既无法制定也无法实现，因此，有必要"继续和扩展……粮食部和卫生部开展的饮食和营养调查，并将这些调查与由官方和非官方机构赞助的相关调查协调起来"⁹⁴。社会营养学的原则和技术已经被视为重建社会结构和国家健康的关键。

社会营养学的世界性任务

社会营养学家们并不认为重建社会是英国独有的问题。他们的愿景是一个世界性的重建，从印度的民族主义政治，到战后欧洲的废墟，再到联合国粮农组织。

在20世纪30年代，营养科学成为一种重要手段，用以构想一个现代的、科学规划的印度民族主义未来，从而摆脱英国殖民统治时期特有的饥饿和营养不良。如果说麦卡里森通过揭露印度隐藏的营养不良的规模为这个计划播下了种子，那么他在库纳的继任者W. R.艾克罗伊德则很好地延续了这个计划，把实验室研究和人员都印度化了。当艾克罗伊德于1945年离开库纳，担任由奥尔负责的联合国粮农组织的营养司司长，V. N.帕特沃德罕（V. N. Patwardhan）接任了他在库纳的职位，这一任命在十年前艾克罗伊德担任这一职务时是不可想象的。⁹⁵这种演变大部分要归功于印度基金协会［Indian Fund Association，即后来的印度医学研究理事会（Indian Council of Medical Research）］，该协会在整个20世纪30年代对营养研究的支持促成了1936年营养咨询委员会的成立。⁹⁶无论是谁促进了印度营养的繁荣，都有助于形成一个现代的和科学的印度民族的愿景。奥尔为甘谷力（Gangulee）的《印度的健康与营养》（*Health and*

Nutrition in India）一书写了序，但这本献给尼赫鲁（Nehru）的书本身接受了科学规划的理念，认为这是实现"我们这个'三张嘴仅有两碗饭'的国家的复兴"唯一的途径。仅仅摆脱英国的殖民统治并不能使印度摆脱饥饿和营养不良，我们需要一门管理科学。[97]

可悲的是，殖民统治给这种管理科学奠定的基础是滞后和不足的，因为整个战争期间，营养咨询委员会都在试图"通过评估需要多少不同的食物才能达到饮食的平衡，以及指出要达到这个目的现有生产必须做出哪些改变，来确定长期规划的目标"[98]。虽然直到1942年才在印度成立了食品部（Food Department）来推动印度科学食品政策的愿景的实现，但那之后很快在每个公共卫生部门就都有了营养学家的身影，他们进行调查并协调教育措施；每个邦都有自己的营养学家委员会来提供专家建议，帮助培训官员、教师和公共卫生工作者；那些营养缺乏症患者可以获得维生素补充剂；弱势群体也能获得公共喂养；食品生产是根据营养需求的计算来组织的；食品标准进行了规范，新技术也用于改善食品分配。[99]印度殖民政府的现代化体现在它科学地提供了营养健康。然而，这门新兴的管理科学的动力却来自它引人注目的失败。

对许多人来说，印度的殖民统治于1943年8月22日结束，当时加尔各答的《政治家报》（*Statesman*）刊登了一张在"帝国第二大城市"街头挨饿的妇女和儿童的照片。尽管在战争期间印度和孟加拉政府都有严格的审查制度，但是有关饥荒爆发的消息还是传到了英国，11天后，《曼彻斯特卫报》报道称，当时的情况"恐怖得无法形容"，腐烂的尸体横在街上数日。《政治家报》的照片使得人们真实感受到那种恐怖。[100]就连艾克罗伊德所在的官方饥荒委员会也赞扬了《政治家报》不顾孟加拉政府的反对，刊登了"令人毛骨悚然的饥荒受害者们的照片"，使"世界能够理解孟加拉饥荒的恐怖"，这种行为是"有价值的公共服务"。[101]对很多人来说，饥荒卷土重来证明，印度民族自治的需求是一个"生死攸关的问题"。弗雷达·贝迪（Freda Bedi）写道，那些在孟加拉饱受挨饿和垂死挣扎的人应该唤起的不仅仅是"痛苦的哭泣、怜悯的呼唤，另一波泪如泉涌的画面"；相反，此后非常重要的是，"每一个印度人都应该看到自己在由爱国者引导的人民民族政府（National Government of the People）中的命运"[102]。虽然民族主义媒体设立了救济基金，并派出特约记者撰写令读者感到痛心的报道以筹集更多的人道主义捐款,但是饥荒在英国几乎没有受到关注。在英国,人们的注意力都集中在被纳粹占领的欧洲的饥荒上。[103]然而,对于营养学家来说,孟加拉饥荒为他们提供了一个由悲剧带来的机会,进行饥饿的身体进行复苏的实验,这就是后来被称为"F疗法"(F-Treatment)的实验,即静脉注射人工的或经过消化处理的蛋白质和矿物质,也就是蛋白质水解物。尽管接受这种治疗的人死亡率只有8%(相比之下,没有接受治疗的对照组中死亡率为67%),但其所谓的奇迹般的效果却遭到印度媒体嘲讽,他们更关心的是解决饥饿问题的政治方案,而不是技术方法。[104]英国的许多医务人员也不相信这一结论,他们批评饥荒救济委员会(Famine Relief Committee)在救济包中放入了维生素胶囊,这使人想起"当人们需要食物时,脑海中浮现的却是满载胶囊的船只的可怕画面"。[105]

不久后,当面临另一场愈演愈烈的人道主义危机时,F疗法也在欧洲开始使用。由于对德封锁导致了大规模的营养不良和社会动荡,1918年后,不仅仅是和平主义者,很多英国人都加入了反对维持对德封锁的运动;1940年,被纳粹占领的欧洲饥荒开始蔓延,在对德国进行全面封锁的地区和被纳粹占领的地区,由于未能区分军队和平民,结果造成了恐慌。[106]到1942年5月,人们开始呼吁英国基于人道主义向当时被纳粹占领的前同盟国提供援助。成立饥荒救济委员会的目的是给儿童、哺乳期妇女、孕妇和残疾人提供"可控的粮食救济"。[107]1943年7月和11月,英国议会就这个问题进行了辩论。到1944年,至少有149个地方饥荒救济委员会如雨后春笋般成立,如牛津饥荒救济委员会,即后来所称的乐施会;88个其他有关组织[从妇女研究所(Women's Institute)到陆军时事局(Army Bureau of Current Affairs)]就这个问题举行了会议;50份请愿书共征集了12.5万个签名;一共分发了16万本小册子和3000张海报。[108]

从一开始,饥荒救济委员会的技术咨询委员会(Technical Advisory Committee of Famine Relief Committee)就开始招募全国顶尖的营养专家,其中包括奥尔、德拉蒙德、奇克和霍普金斯,来支持这项人道主义事业。这有助于证明他们所倡导的救济,即提供"保护儿童和哺乳期妇女不会患上营养缺乏症的最低补充口粮",并不会打破封锁或是影响战局。[109]

这些专家还明确指出，被纳粹占领的欧洲正处于危险状态："饥荒"和"挨饿"绝不仅仅是为了成为新闻头条或是吸引人道主义关注而设计的华丽辞藻，技术咨询委员会也准备提供科学证据。牛津大学营养学家 G. H. 伯恩(G. H. Bourne)写了《挨饿的欧洲》(*Starvation in Europe*)一书，阐释了"所有用来向外行人解释欧洲目前营养状况的技术术语"。这本书读起来很恐怖。战争使欧洲大约 2 亿人的饮食严重不足。希腊、克罗地亚、波兰和被占领的俄罗斯的城市工人阶级处于严重挨饿的边缘，而塞尔维亚、比利时、挪威和法国农民的饮食则严重不足。伯恩警告说，粮食包并不能解决问题：如果要缓和欧洲的"饥饿的阵痛"，粮食配给制需要在战后再维持一段时间。[110]

因此，营养科学对战后欧洲重建的国际主义愿景至关重要。德拉蒙德粮食部的档案里，充满了来自国际会议和人道主义组织关于欧洲饥荒的报告，以及对近 1 亿处于挨饿边缘的人实施救援的国际救援体系前景的报告。[111] 直到被纳粹占领的欧洲地区获得解放，才制定了紧急喂养其挨饿的国民的计划，首先从荷兰西部开始，那里的人正遭受着众所周知的 1944—1945 年"饥饿冬天"的困扰。[112] 德拉蒙德被任命为一个盟军委员会 [欧洲盟军远征军最高司令部(Supreme Headquarters Allied Expeditionary Force)]成员，给政府就向解放后的荷兰提供营养救济方面的建议。他抱怨称，尽管"俄罗斯、中国、印度和其他地方"有数以百万计的人死于饥饿，但"如何挽救"那些快要饿死的人却缺乏"明确的建议"。尽管如此，因为他知道在孟加拉饥荒期间进行的 F 疗法实验，他就鼓励医学研究理事会也为荷兰西部的特殊喂养小组准备治疗设备(包括静脉注射、口服和鼻管用药的说明)。[113] 他还与营养学会合作成立调查小组，跟随参与解放的盟军部队，可以迅速评估人口的营养状况，并找出那些最需要治疗的人。[114] 现在看来，营养学家不仅能够识别饥饿者和测量他们遭受饥饿的程度，还能让他们起死回生。

就在英国营养学家小组被派到荷兰的三周前，一个意想不到的机会出现了，他们可以在贝尔森*(Belsen)被解放时，测试 F 疗法的效果。一个由医学研究理事会工作人员组成的工作小组即刻被派往集中营，去评

---

* 纳粹德国的集中营。——译者注

估该治疗方法的实用性和临床成效。工作组组长珍妮特·沃恩（Janet Vaughan）报告了两个方面的坏消息。在贝尔森极端恶劣的环境下，几乎不可能实施 F 疗法：无法进行静脉注射，因为"病人一看到这些最简单的器械，尤其是注射器，他们就会大叫，他们认为这是死亡的前奏"；也无法通过鼻管给药，因为"病人认为这是一种新的折磨方式"；也无法口服，因为这种药的味道"令人不舒服，大多数病人似乎宁愿去死也不愿意继续服用"这种补充剂。[115]此外，即使服用了这种药物，似乎也没有什么效果。沃恩的团队在认识到"挨饿的人渴望食物，渴望熟悉的东西"后很快发现，让那些饱受创伤的实验对象定期少量饮用加入了他们熟悉的咖啡、茶、香草或草莓味道的脱脂牛奶和葡萄糖后，效果更好。[116]对德拉蒙德来说，F 疗法的再度失败证明了"食品短缺的心理后果的重要性和意义"。营养学家不能在不承认食物的社会意义和关联的情况下，简单地将实验室里的发现应用于人群。[117]后来，沃恩的发现又被应用在荷兰沃恩斯菲尔德（Warnsfield）的收容所的难民救济中，F 疗法逐步被淘汰，取而代之的是添加了葡萄糖和维生素补充剂的脱脂牛奶。后来，联合国善后救济总署（United Nations Relief and Rehabilitation Administration）及其分支机构联合国国际儿童应急基金会（United Nations International Children's Emergency Fund）也采用了这种方法，并于 1951 年由联合国粮农组织和世界卫生组织联合营养专家委员会（Expert Committee on Nutrition）编纂成法规条款。[118]

营养学家在战后重建中所发挥的作用并不限于拯救那些快要饿死的人。事实上，在奥尔的领导下，营养学家们扩大了国际联盟营养委员会的工作范围，设想了一个没有饥饿和饥荒的世界，而饥饿和饥荒正是助长 20 世纪上半叶社会动荡和战争的元凶之一。[119]在战时，营养学家已经能够使用科学技术来增加粮食供应和确保粮食供应的公平分配。现在看来，他们的专业知识对建设一个新的世界秩序至关重要，这个新的秩序致力于确保"人们免受缺粮之苦，提供适当且足量的粮食，从而保证所有人的健康与力量"。这也是 1943 年 5 月在温泉城（Hot Springs）召开的联合国粮食会议的目标；两年后，该目标在联合国粮农组织成立时达到最高潮。当粮农组织最初在温泉城提出该目标时，奥尔对侧重于营养研究和教育的提议进行了严厉的批评："世界上饥饿的人需要的是面包，但给他们的却是统计数据……不用研究就可以发现,世界上有一半的人缺乏足够的食物来维持健康;也不需要研究就可以发现,通过现代工程和农业科学,可以很容易地增加世界粮食供应,以满足人类的需求。"[120] 他之前另一次阐述他战后重建的议程是在 1943 年保罗·罗瑟(Paul Rotha)的纪录片《富足的世界》(World of Plenty)中。[121] 这部纪录片在温泉城大受欢迎。奥尔指出,战后重建的任务是要制定一个根据人类的需要而非利润的需要的世界粮食计划,从而科学地调整世界政治经济。营养学家们已经完成了他们的工作:他们提供了关于世界粮食需求的科学知识,并展示了要如何生产粮食;现在,政治家们必须明白,"19 世纪的经济和政治无法带动 20 世纪的科学"[122]。在战争期间英美两国基于营养规划的粮食政策所取得的巨大成就(包括农业生产的增加、价格管理和社会公平的分配形式)的基础上,我们不应该有任何倒退,因为这些技术现在可以构成世界粮食政策的基础。[123] 奥尔长期致力于根据人类需求制定科学规划的粮食政策,这一运动已从英国扩展到整个帝国,现在要运用到全世界了。

奥尔将身边的老朋友和同事都集中起来——包括里奇·考尔德(来自《每日先驱报》)、戴维·卢伯克(他的女婿,也是《食物、健康与收入》的首席研究员)、弗雷德里克·勒格罗斯·克拉克(Frederic Le Gros Clark)(来自反营养不良委员会)和 W. R. 艾克罗伊德(来自国际联盟和库纳)——奥尔阐述了他的计划,即营养科学要如何才能在战争的废墟上建立一个"富足的世界"。战后全球粮食短缺的现象并不一定是灾难性的,因为英国和美国的例子都表明,即使在粮食短缺的情况下,人们的营养状况也可以得到改善。只要有适当的规划,就可能创造一个新的富足的良性循环——在这个循环内健康的人群进行生产,并需要更多的食物,但是前提是市场应满足整个人类大家庭的营养需求。[124] 这与联合国粮农组织最初在温泉城提出的设想截然不同。在温泉城的时候,规划者希望通过评估世界粮食供应情况和不同人口的营养状况来制定国家的粮食政策。换句话说,粮农组织仅仅是向各国提供科学研究,并希望各国政府能够围绕这些研究来制定自己的粮食政策。因为这种自由放任的做法不能打破造成世界饥饿的市场霸权,奥尔提议成立一个世界粮食委员会,通过该委员会来有效地控制市场,调节粮食的商品价格,购买剩余粮食建立储备粮或出售给有需要的人,并投资用于发展农业生产的技术基础设施和项目。[125]

图 5.1　在奥尔的世界粮食计划田里耕耘
来源：David Low cartoon (DL2643), *Evening Standard*, 31 October 1946。辛迪加公司和肯特大学卡通与漫画研究中心授权。

奥尔花了三年时间去世界各地游说为这个计划争取支持，但以失败告终。1948 年，失望和沮丧的他辞去了联合国粮农组织总干事一职。在由美国、英国和苏联开辟的新的世界秩序中，美国利用自己的农业盈余来形成受援国在政治和经济上对它的依赖，奥尔的国际主义愿景备受排挤。比如，奥尔对美国拒绝与联合国合作来分配马歇尔计划援助感到非常愤怒。1949 年，当他因为自己的努力而获得诺贝尔和平奖时，他警告这些国家的白人统治者们，他们面临一个严峻的两难境地：要么创造一个由对抗贫困的战争来衡量科学成就和经济实力的世界；要么创造一个在为结束所有战争而培育势力范围和储备武器的竞赛中浪费了原有优势的世界。如果最强大的国家选择了后一条道路，那它们将被来自亚洲、非洲和拉丁美洲的痛苦和饥饿的浪潮"摧毁或淹没"。这种做法所带来的社会动荡和政治动荡是无法通过"提供技术援助和附带政治条件的小额贷款"来避免的。又或者,那些享有特权的国家可以"利用其压倒性的工业优势,创造一个富足的新世界"。这样,它们就可以获得新的权力和威望,在人类大家庭迈向和平与繁荣的新时代和人类休戚与共的征程中发挥领导作用,这是现代科学要避免西方文明走向衰落和灭亡而做出的唯一选择。[126] 就像奥尔从阿伯丁一路走到华盛顿一样,营养科学也走过了漫长的道路;现在,营养科学可以为拯救西方文明、创造一个富足和社会稳定的四海一家的世界提供技术依据。

尽管奥尔的世界粮食计划变得支离破碎,但是联合国粮农组织营养司却继续着其司长艾克罗伊德早在20世纪30年代就在国际联盟展开的工作,即设计用于调查和测量世界不同人口的营养状况和需求的标准化技术。[127] 营养学家没有把世界从饥饿中拯救出来,而只能试图去找出衡量全球饥饿的方法。他们的注意力再次回到开发一套调查技术去提供更"准确和可比较的数据"。在"欠发达地区"的工作带来了实际工作中的挑战,在那些地区,调查单元很少是西方的那种核心家庭。物物交换经济的持续存在使收入评估变得相当困难,饮食的季节性变化使得他们需要进行定期"重复"研究,而且调查人员还不得不学会少依赖记录卡,而多依靠"当地"中间人或他们自己对社区的观察。通过开发更为详尽的食物营养成分表,这项任务变得简单了一些。为了协助联合国粮农组织对世界粮食供应营养价值的年度评估,人们希望这些表格能够协调测量碳水化合物和卡路里的相互竞争的系统。[128] 同样,人们也决心替换掉在20世纪30年代公布的后来不断增加的关于热量需求的一系列量表——在这些量表中,非常强调体力活动的程度,但却没有任何方法来测量或定义这种体力活动;不同计算方法和"最低"营养需求或"最优"营养需求的松散定义是基于西方国家的情况,但却被当作一个通用的"参考标准"。[129] 然而,一直想提供一个测量营养需求的普适系统的努力,也被对食物在当地的特殊意义、社会意义和文化意义的认识所抵消了。尽管英美两国的战时政府在改变饮食习惯和增强"营养意识"方面取得了显著的成功,但人们认识到"试图突然改变现有习俗的运动,往往会遭遇不利的回应"。正如玛格丽特·里德在与尼亚萨兰一名妇女对话时听到的,"你们欧洲人认为可以教给我们一切东西。你们说,我们吃的食物是错误的,我们对待孩子的方法是错误的,我们给病人开的药也是错误的。你们总是说我们做错了。然而,如果我们总是做错事,我们应该能够意识到这一点"[130]。

记者马尔科姆·马格里奇(Malcolm Muggeridge)是一名愤怒的基督教左翼青年,他对关于"饥饿的英格兰"的辩论进行了精辟的点评:"在确定如何测量营养不足的兴奋情绪当中,那些营养不足的人很快就被遗忘了……(如果)有可能做一顿营养餐,许多挨饿的人就会有饭吃;但是,唉,除了自负和自以为是,营养并不能缓解饥饿。"[131]这似乎是一种典型的富有洞察力但不宽宏大量的表述。通过一系列普遍适用的识别、测量和管理的技术,营养科学当然有可能使饥饿研究技术化并使饥饿研究摆脱地方政治性。尽管关于这些技术的准确性仍然存在不确定性,更不用说它的普适性,但在 20 世纪上半叶,这些技术对于理解、讨论和治理饥饿来说至关重要。在那个时期,营养科学从一种测量英国贫困的新颖而有争议的技术发展成为通过联合国粮农组织调整全球经济结构的科学依据。这本身就表明,我们需要比马格里奇更严肃地看待这个领域。以营养的技术问题为标志的"饥饿的英格兰"的辩论促进了关于饥饿的苦难的民族志研究的扩展以及更为宽泛的对饥饿的重新定义。这些东西共同改变了 20 世纪 30 年代和 40 年代英国以及其他地区的饥饿政治。

事实上,由于营养学家扩展了饥饿的范畴(不仅包括挨饿的人和营养不足的人,还包括营养不良的人),营养科学远不是将饥饿简化为卡路里、蛋白质、维生素和男性营养需求值的技术计算,而是引发了一场富有成效的全球性辩论。认为营养不良是饥饿的新定义使得最低营养标准的定量计算方法被淘汰,因为只有预防性地制定最优营养标准才可能真正消除营养不良。营养学家不仅拓宽了饥饿的定义,还提高了营养健康的标准。如果说从民族志角度重新发现英格兰北方的饥饿关注的是失业男性,那么从技术角度重新定义饥饿则关注的是营养不良对儿童和母亲的严重伤害。事实上,它使饥饿真正成为一个全球性问题,而不仅仅是特定国家或地区的问题。

社会营养学家是饥饿的新定义和新标准的最有力倡导者,他们致力于改变政治、社会和经济生活。他们对营养不良的发现使饥饿的社会问题变成了一个更大的社会营养问题,也就是说,饥饿不再被视为穷人们的专属,因为现在全社会都面临着如何维持和改善营养健康的问题。这些营养学家敦促政府根据营养需求,而不是财富,来科学地规划粮食供应的生产和分配。营养学家对社会重建、人口营养健康和福利以及经济发展构建了一种引人注目的世界性愿景。此外,社会营养学家很快发现,食物和膳食绝不能简单归结为营养价值的计算。社会营养学家的任务是要了解和调整当地的饮食文化,以满足营养健康的普遍原则。在接下来的两章中,我们将看到营养学家如何运用他们的科学洞察力,来开发治理饥饿的新的治国方略。

第六章
集体喂养与福利社会

英国集体喂养的历史并没有遵循本书的逻辑。从饥饿的人道主义发现,到将饥饿作为政治批判和动员的理由,再到一门计算谁应该吃什么的饥饿科学的发展,这一过程并没有无缝对接。我们无法用一个简单而令人欣慰的故事来描述我们是如何解放饥饿者的。相反,向特定群体提供食物作为福利的一种形式表明,福利的历史与惩戒的历史是多么密不可分。当然,米歇尔·福柯教导我们,国家首先是在以惩罚居民为主要职责的惩戒机构里承担起福利责任的,比如精神病院、监狱和济贫院。19世纪早期,在这些惩戒机构的改革过程中,它们成了名副其实的实验室,在那里进行着维持其居民(最好是具备生产力的)所需的最低营养水平的相当拙劣的饮食研究。[1]正如我们已经看到的,济贫院贫乏的饮食是它执行其"劣等处置"惩罚原则的主要手段,正如《泰晤士报》在1843年精辟地指出,"食物的分配是经过精确计算的,以保证每顿饭都不能完全吃饱,保守估计这是为了避免吃饱带来的所有可能的风险,每顿饭的分量比(英格兰)给罪犯提供的食物还要少"[2]。最初济贫法委员会的委员还用过去的做法作为计算劣等处置原则的饮食依据,然而,从19世纪50年代和60年代开始,他们越来越多地使用化学家和医生的营养计算方法。[3]济贫院和监狱的惩罚制度是专门针对被认为有问题及需要纪律关注和改造的群体。然而,国家在行使惩戒他们的权利的同时,也承担起了维护他们福利的义务，如果只是把他们维持在"赤裸生命"的状态下，那么惩罚他们也就是可能的。作为对国家集体福利和集体喂养的回报，国家的臣民——尤其是贫民和罪犯——有义务去工作。英国人也把这种模式输出到国外，尤其是在饥荒时期：首先是在大饥荒期间在爱尔兰建立了公共救济，然后是1876年在印度颁布了《饥荒法典》（Famine Code）。

我们将看到，通过社区食堂和战时定量配给制，集体喂养扩展到不同人群，并最终涵盖整个社会，在这一过程中，集体喂养并不一定能摆脱它与惩戒之间的联系。随着集体喂养变得越来越普遍，惩戒的形式与其说是惩罚，不如说是一套新的义务和社会责任。集体喂养的拥护者认为食堂是一种新的社会形式，能够促进健康、高效、文明和社会团结。

我之所以强调集体喂养的惩戒谱系是一种福利形式，目的是详细叙述而不是反驳为什么要把集体喂养描述为一种解放形式（劳工运动与饥饿做历史性斗争的直接结果）。这样的描述赞许了那些为学校和工厂食堂以及更广泛的集体喂养形式（如社区食堂和战时定量配给制）而奔走的劳工运动中的男性，或者更多时候是女性。然而，政府机构也必须重新分配以接纳其他人——社会学家和营养学家、医务人员、建筑师、工业设计师、教师——他们不仅能够让国家从技术上承担养活人口中其他群体的责任，还可以通过展示这种国家干预的必要性来要求国家去这样做。食堂的物质环境本身也有助于构建一个新的社会愿景，虽然在当时这种愿景并没有实现。

学校餐和工厂食堂

很显然，当人们开始面向学龄儿童和工人进行集体喂养后，并不会停止面向囚犯和穷人的集体喂养。集体喂养的发展不是连续的；这两种喂养实践是并行存在的，而且常常是相互关联的。只有在专家确认饥饿对学龄儿童和工厂工人的生产力会造成不利影响后，国家才承担起他们营养问题的新责任。战争和人民的健康与生产潜力最大化的需求再次确保国家能够听取这些专家的建议。

随着1870年英国义务初等教育的引入，一些当选为新的学校董事会成员的人，特别是那些首次被允许以这种身份参与投票和任职的妇女提出,由于家庭被剥夺了原本可以作为家庭收入来源的孩子的劳动力,他们能用在食物上的钱更少了。孩子们由于挨饿,在学校里注意力也不集中。慈善团体,比如曼彻斯特和索尔福德的妇女健康协会(Ladies Health Association)中富有的女士、伦敦免费晚餐协会(London Free Dinner Association)和救世军,首先提供了免费的学校餐。除此之外,社会民主联盟自 1884 年成立以来就一直在学校董事会选举中发起运动,呼吁国家全面提供免费的学校餐,在 19 世纪 90 年代,独立工党也紧随其后。社会民主联盟成立 20 年后,这场运动的努力终于取得了成果。1904 年,在布拉德福德(Bradford),两名独立工党成员——校董会的玛格丽特·麦克米伦(Margaret McMillan)和市议会的弗雷德·乔伊特(Fred Jowett)在英国首位学校医疗官约翰·克尔(John Kerr)博士的大力帮助下成功地推出了免费学校餐。[4] 同年,克尔(时任伦敦学校董事会的首席医疗官)向体质衰退跨部门委员会提交了重要证据,委员会的最终报告建议国家提供学校餐是"培育一个帝国种族"(或至少防止其进一步的身体衰弱和精神萎靡)的有效措施。1906 年的教育(膳食供应)法案[Education (Provision of Meals) Act]将房产税提高了 0.5 便士,从而(非强制性地)使地方政府能够为"因缺乏食物而无法享受政府提供的教育的人"提供膳食。[5] 膳食服务的自愿性和向父母与纳税人收回成本的附带条件(两者都是提倡普遍膳食供应的倡导者们所强烈反对的)使得该法案能够吸引跨党派的支持。法案通过背后的推动者与其说是鲜为人知的工党赞助人 W. T. 威尔逊(W. T. Wilson),还不如说是约翰·戈斯特爵士(John Gorst,保守党议员,前教育部长)和托马斯·麦克纳马拉(Thomas Macnamara,自由党议员,全国教师工会前主席)。[6]

同样地,尽管重新被人知晓的家长式雇主[欧文(Owen)、利弗(Lever)、科尔曼(Colman)、弗赖伊(Fry)、卡德伯里(Cadbury)和朗特里]一直都给工人提供用餐室,在那里,工人们可以吃自己带来的食物;但是,直到 19 世纪 80 年代,随着人们对食物、健康和生产力之间的关系的认识日益加深,人们对工人的饮食问题才产生了更广泛的兴趣。[7] 营养充足的劳动力逐渐与生产力挂钩,所以雇主会雇用摄影师来为宣传册配上挤满吃得心满意足的工人的新食堂或用餐室的照片。[8] 用餐室几乎不能为雇主提供改善工人的营养健康,进而提高生产力的机会,尽管这样做可以避免

1983年卡车法案(Truck Act)的法律纠纷(卡车法案实际上规定了,在没有工人书面同意的情况下,将餐费算作工资的一部分或者将餐费从工资中扣除,都是违法行为)。到1914年,一些雇主已经开始提供食堂服务,在那里按成本价销售食物和茶水。一战期间增加军需品生产的必要性使工业食堂和工人福利问题成为劳合·乔治的军需品部(Ministry of Munitions)的中心议题。1915年6月,在军需品部,针对军需工人午餐时间的饮酒习惯和饮酒对生产力(以及道德方面,女性也是如此)都有明显的不利影响,中央管制委员会(Central Control Board)(酒类贩卖)成立了食堂委员会,负责在政府控制的工厂里开设食堂。

正如我们在第四章中看到的,体质衰退跨部门委员会建议国家提供学校餐的前提是:营养科学最终能提供一套识别饥饿儿童并评估缓解儿童饥饿所需要的食物的数量和成本的技术。[9]因此,1907年,也就是立法[教育(膳食供应)法案]后的一年,在乔治·纽曼的领导下,设立了学校医疗服务(School Medical Service),以帮助识别那些需要学校餐的儿童。这项服务还将区分哪些人可以免费享用午餐,哪些人必须承担部分餐费——这一区分有助于平息批评人士的声音,他们指责该法案废除了父母抚养孩子的责任,变成了由国家来赡养儿童。然而,在20世纪20年代前,由于这项新生的服务进行核查的能力有限,许多地方仍然沿用旧式的慈善做法,即经济状况调查,尽管调查程序差别迥异。[10]正如我们在第五章中看到的,那时候,人们还对能否把营养不良作为饥饿及测量标准争论不休,更别谈解决如何确定哪些儿童应该喂养的问题。事实上,到20世纪30年代,在像勒格罗斯·克拉克和反营养不良委员会等倡导者的掌控下,扩大了的营养不良的定义冲淡了最初的前提,即学校餐只提供给那些"因缺乏食物而无法享受国家提供的教育"的人。学校餐成为解决"饥饿的英格兰"的贫困和营养不良这个更大问题的方式。

此外,批评者认为,由于缺乏明确的标准和更一致的技术来鉴别营养不良,医学检查只能以随意和不公正的方式将学校餐的供应限制在少得可怜的2%或3%的学龄儿童。只有通过简单的经济状况调查——或为所有儿童提供学校餐——才能确保地区间食物提供的公平性并积极预防营养不良(而不是给医疗检查后被确定为营养不良的人提供补救式喂养)。[11]由于粮食大臣伍尔顿(Woolton)勋爵雄心勃勃地要将学校餐服务扩大到 75% 的学龄儿童,医学检查和当地负责支付学校餐成本的做法在 1941 年被取消。伍尔顿勋爵大胆地宣布:"我想看到小学生与上伊顿公学和哈罗公学的孩子们吃得一样好。"[12] 到 1944 年,教育法(Education Act)责成所有地方当局为学生提供学校餐服务。不过,该法中依旧保留了经济状况调查,以区分免费用餐者和半自费用餐者。直到 1968 年,对 19 岁以下有 3 个及以上兄弟姐妹的儿童的经济状况调查取消后,伍尔顿的目标才接近实现。之前只有 70% 多的学生在学校吃饭,其中 12% 的学生是免费用餐。[13]

在一战期间,对国家提供工业食堂的兴趣和计划涉及许多相同的人物和相同形式的专业知识。担任军需品部食堂委员会(Ministry of Munitions' Canteen Committee)主席和军需品部军需工人健康委员会(Health of the Munitions Worker Committee)主席的乔治·纽曼负责调查"工人的健康和体能"。[14] 从 12 月开始,履行委员会推荐职责的工作落在另一位大家熟悉的人物西博姆·朗特里身上,他被任命为军需品部新的福利部门主任,主要负责在所有下辖的(以及后来全国的)工厂中任命妇女福利监督员和建立食堂。他一直做到 1917 年初,然后该委员会的另一名成员埃德加·科利斯(Edgar Collis)接替了他的工作。[15] 委员会和军需品部汇集了一大批专家。该委员会任命知名的 H. M. 弗农(H. M. Vernon)博士(牛津大学生理学讲师)和梅杰·格林伍德(伦敦大学医学统计学者)建立"计算机"和"医学统计实验室"来评估疲劳和疾病的问题并计算健康和生产力的营养需求。弗农专注于测量最优工作时间和工作条件,而格林伍德为了给福利监督员和食堂经理提供有关适当饮食的建议,则指出了工人营养需求和他们实际吃的东西之间的差异。[16] 科利斯、格林伍德和弗农的研究很大程度上受到朗特里第一次约克郡调查的影响,他们总是引用这一调查的结果。像朗特里一样,他们借鉴了营养科学将工人的身体视为人体发动机的理念,并且使用英国皇家学会粮食(战争)委员会计算食物营养价值的方法,强调碳水化合物和脂肪作为燃料的重要性,以及蛋白质和维生素对正确保养人体发动机的重要性。[17] 纽曼称赞他们的书传递出"工业社会的团结精神",并强调营养不足造成的社会损失,因为一旦工人的人体发动机"受到损伤或损坏而无法复原……他的整个'工业前景'就被破坏了,他很快就成为国家的负担,甚至是负债"[18]。

对福利部门的努力同样重要的是多萝西娅·普劳德（Dorothea Proud）在伦敦政治经济学院所做的关于工业福利的自愿形式的博士论文,该论文很快出版并由劳合·乔治为其作序。

丹尼尔·乌西什金（Daniel Ussishkin）有力地指出,这些数据给美国的科学管理话语带来了一种特殊的英国式社会福利主义影响,科学管理在一战后工业疲劳研究委员会（Industrial Fatigue Research Board,1918年）和工业福利协会（Industrial Welfare Society,1919年）的工作中得到进一步发展。[19]到 1917年,已经建立了840多个食堂,在800名福利监督员的监督下为超过80万名工人提供食物,并且使"工人们在健康、营养和身体状况方面得到显著改善,疲劳和生病现象减少,缺勤率和停工率大大降低,酗酒的倾向也得到缓解,工人的效率和产出却在不断增加"[20]。工程师不无得意地宣布:"工业食堂……作为一种提高工人效率和生产力的良好的商业方法……已经牢固地建立起来了。"[21]

然而在停战后,当军需品部不再承担工厂食堂的费用,在每一家工厂的中心设一个食堂去孕育一种新的生产力和团结精神的崭新的世界很快就消失了。在20世纪20年代和30年代的紧缩和萧条时期,食堂并不是公司需要优先考虑的事情。二战爆发时,军需品部福利司在一战期间的工作仍然是要提醒战争策划者,若不是工业福利协会和新近成立的工业餐饮协会（Industrial Catering Association,1937年）的工作,他们得之不易的经验教训现在面临被"遗忘或者忽视"的危险。[22] 在 1939年,只有1500家工业食堂投入使用,工业食堂的拥护者非常希望战争能再次成为工业食堂扩张的催化剂(图6.1)。不出所料,1940年的工厂(食堂)令[Factory (Canteens) Order]要求所有雇员超过250人从事政府和军需品工作的公司开设食堂。到1943年12月,有超过15000家食堂投入运营,这些食堂都由劳工部（Ministry of Labour）福利部门的特殊食堂分支机构进行监管。随着那一年工厂令把范围扩展到所有雇员超过250人的工厂,至二战结束时,食堂的数量增至近2万家。[23]

尽管人们对把食堂作为一种福利机制很感兴趣,但他们还是打算提供体质衰退跨部门委员会所倡议的社会教育,即培训,或者可以说是在社会效率、社会文明和社会团结方面的训练。食堂绝不仅仅是治理饥饿的新社会伦理的产物;食堂以美好社会（good society）的名义积极建立起美好社会的模式。食堂的拥护者把食堂视为一个社会实验室以及社会工程的一个工具。科利斯和格林伍德赞扬了工厂食堂"很有可能成为社交机构,工人们在这里聚会、交友,加入并融入会对他们产生有价值的人性化影响的工业大家庭中"。而柯蒂斯-贝内特(Curtis-Bennett)[引用了佩卡姆健康中心(Peckham Health Centre)的例子,稍后详述]则把工业食堂设想成"社区活动的中心",工人和雇主在这里能够成为"更有社会意识的人"。[24]在食堂运动中,勒格罗斯·克拉克可能算是领军人物。在帮助推动学校餐计划成为英国福利国家和联合国粮农组织的核心计划后,他在1948年写道,他坚持认为学校食堂应该"引导孩子们进入一种社会生活……这种社会生活比我们过去所知的任何生活都要丰富和复杂"。他坚称,教育孩子们"宽容、自立、随和",这"从任何意义上来讲,都是国家教育体系的一部分"[25]。许多人希望,通过奉行美好社会的新模式,食堂会有助于培养健康、有效率、适应社会的公民。然而,正如我们将要看到的,要创造一个适当的道德和物质环境,需要不断扩大的专家队伍致力于改

图6.1 "1936年5月,位于伦敦阿克顿的一个伦敦地铁职工食堂。"
来源:盖蒂图片社授权。

善食堂的数量和质量。然而,直到 20 世纪 50 年代,零零星星的工厂食堂和低劣的质量严重损害了它们本应创造的新社会愿景。

在学校和工厂里,人们一再认为学校餐可以培养"孩子自我控制和关心他人的习惯"[26]。文明礼貌是一种需要在日常认真实践的行为,学校用餐时间就是要提供"无私、洁净和自助的实践课程",鼓励学生养成"举止文雅、对人礼貌和尊重他人的好习惯",以促进社会的"和谐与幸福"。如果学龄儿童很少能够在家里坐下来吃饭(更别提铺上桌布、使用餐具和礼貌地交流),那么学校餐就可以强调文明用餐的艺术——"洗手、洗脸、唱歌或饭前祷告,共同进餐,轻声交谈,学习使用刀叉或汤匙,以及用体面的方式进餐"。学校餐的倡导者希望这些技能能够从学校食堂传播到"学校、家庭甚至街头",并"代代相传"。[27]教授这些文明礼仪取决于适当的监督和纪律,这一制度要求学生效仿他们的老师或"监督员"的举止,否则就不允许进餐,进而被排除在社会群体之外。

在工厂食堂,福利工作者和食堂经理认为,如果能提供一个适当的文明环境,那么也就不需要监督了。例如,多萝西娅·普劳德发现"有充分证据表明,礼貌在很大程度上是由环境决定的",她观察到"在设施齐全的餐厅里的女孩与在大棚屋里的女孩的行为"有很大反差。"那些在大棚屋里嬉闹、乱扔食物、往地上乱扔纸张以及胡乱使用餐具的女孩,在进入一间讲究的用餐室后,就变得讲秩序和有礼貌了。"[28]科利斯和格林伍德报道称,长凳、普通桌子和粗糙的陶器换来的是人们"粗暴的对待、破坏和不礼貌的行为",而"单独的椅子、干净的桌布、鲜花、精美的餐具和瓷器、精心挑选的装饰画和窗帘,几乎总是能够得到它们应有的对待方式"。他们总结道,简言之,"给工人们一个让他们感到骄傲的食堂,食堂很快也会为它的工人们感到自豪"。因此,人们非常关注食堂的设计和建造问题,他们认为:食堂应该位于工作地点的中心;面朝南,可以俯视耕地;窗户要占建筑面积的百分之十,并能够彻底通风;每个用餐者至少需要 11 平方英尺建筑面积的用餐空间(如果用餐者超过 300 人,平均 8 平方英尺的用餐空间也可以)。餐食服务台的设计也经过了反复考量,以确保餐厅服务人员能以最快的速度为他们提供服务,避免工人们堆挤在一起或食物变凉。人们希望在这样的环境中,工人能够通过阅读书架提供的内容或听一听偶尔组织的古典音乐会来进一步提升自己。[29]二战期间汤姆·哈里森在一家工厂食堂短暂担任过福利官员,他安排了一场古典音乐会,当"一排排脏兮兮的男人全神贯注地坐在那儿,一动不动地听着古典乐和歌剧音乐,呈现出绝对的安静和完美的秩序"时,他惊叹不已。[30]

在学校,提供学校餐的物质环境也被认为是培养文明公民和社会公民的关键。[31]这种想法一部分是要为学校餐创造一个卫生舒适的空间,同时也是想提供一些通常在用手抓食物吃的最贫困的家庭中欠缺的餐桌礼仪的物质配备,如桌子、椅子、盘子、杯子、餐具,甚至桌布和鲜花。[32]因此,最初依靠地方慈善来提供餐食的时候,孩子们总是在不适当和有辱尊严的地方用餐,例如教堂附属室、公共餐厅、学校操场、教室、衣帽间和酒窖等,更有甚者是在街角或家里吃饭,这总不免让人大跌眼镜。[33]即使是专门为这一目的而建造的、一度被誉为效率和文明典范的喂养中心,也很快被诋毁为与济贫院联系甚密。[34]越来越多的人希望学校能够拥有自己"明亮、温暖和令人愉悦"的餐厅,"桌上摆放着花瓶,(每桌)最多不超过 12 人,而且还要用亚麻布或桌布覆盖桌面。桌边应该摆放的是椅子而不是调查表格……餐桌上每天都摆放着刀、叉、勺子和水杯"。[35]然而,要把这种环境变为现实是一个困难、缓慢且昂贵的过程。到 1936 年,在英格兰和威尔士 311 个地方教育当局(Local Education Authorities)中,仅有 73 个地方的学校设有食堂,而在为数不多的 479 所学校中,只有不到 3 万名儿童能够享受到学校餐的服务。[36]教育部对食堂供应的不均衡感到震惊,于是在 1938 年任命国内科学家埃德娜·兰利(Edna Langley)监督学校餐供应安排。兰利的第一份报告就证实了他们最大的担忧:由于缺乏材料和组织不力,"学校餐服务只在很少数的地区被认为具有明确的教育价值"。[37]

二战期间,由于教育委员会从地方当局手中接过了承担学校餐费用的责任(1939 年后),学校餐服务范围的扩大加速了相应的基础设施建设的发展。到 1943 年,工程部(Ministry of Works)和教育委员会合作设计生产了一整套全新的食堂设备,以及中央厨房和学校食堂的独立式预制设计。[38]这些设计都体现了食堂运动的目标:在设备齐全的餐厅里,学生们在自助餐台的后面,围坐在 8 至 10 张桌子旁,正面对着科学管理的厨房区域。在项目启动后的六个月里,每个月都会有两三千栋这样的建筑拔地而起,这种速度迫使教育委员会的官员们想方设法地加快规划许可进程。[39] 在项目的成功推动下，1944 年教育法承诺每个学校都应该有自己的食堂。第二年，修订后的学校建筑条例又重申了这一承诺，当时新一届教育部开始规划一个雄心勃勃的建筑项目，其成本从 1947 年的 2400 万英镑上升到 1949 年的 5500 万英镑，预计到 1952 年达到 9400 万英镑。工程部的建筑研究站（Building Research Station）最初负责监督这些新学校及其食堂的设计和建造，但由于工程的进度以及"管理和（建筑）技术进一步紧密结合"的需求是如此紧迫，教育部不得不拥有自己的建筑师和成立自己的建筑部门来监管这些建设项目，并制定食堂中关于光、热和空气流通的详细规定。[40] 在 20 世纪 50 年代早期，当人们发现许多新式的食堂效率低下、容量不足时，他们放弃了长期以来在每所学校建造单独的餐厅的梦想，地方教育当局也被鼓励通过采用"双用途"餐厅（餐厅还可以用作走廊、入口大厅或教室）来降低建设项目的单位成本。1956 年的一项调查显示，只有 48% 的学龄儿童在学校吃饭，导致就餐率低的部分原因是学校就餐条件没有达到理想要求。[41]

学校食堂的设计和建造只是为学校餐营造公民社会环境计划的一部分：厨房和餐厅必须配备适当的设施。桌椅必须各有不同且大小合适，以便不同年龄段的孩子们能够保持正确的坐姿，并给胳膊留出足够的空间来适当使用他们的刀叉。所有东西都要用卫生和耐用的材料制成，例如搪瓷（后来是陶器和不锈钢）的盘子、杯子、餐具、坚实的木地板、椅子和桌子（后来用油布覆盖）。[42] 同样地，厨房也铺上了瓷砖，提供了充足的自来水和适当的排水系统，配备了现代化的煤气灶，并按照科学管理的原则配备了节省时间的器具，如高压锅、机械削皮器和洗碗机。[43] 1939 年，由于对地方当局各种各样的做法感到震惊，工程部承担了向地方当局提供所有设备和家具的责任。工程部还编制了详细的目录，详细说明了预制厨房和食堂所用材料的功能、尺寸和价格。[44] 然而，很快人们就发现，没办法将材料和设备组合成一个模范社会环境。1943 年，人们在新式厨房的展览和推介会上大肆吹嘘的运输和盛放食物的隔热容器在使用过程中问题不断。容器满的时候会溢出或渗漏（不仅浪费热食，还会伤到工作人员），而空的时候又会冷凝和生锈。[45]

建筑物也是嘎吱作响。隔热很差的厨房和食堂建筑非常寒冷，还容易凝结水珠。诺维奇城的建筑师多次尝试解决这个问题。首先，他试图给大楼的天花板隔热,但是石膏后来变得很潮湿,最后掉了下来,水泥的效果也只是稍好一点。然后,他又试图通过在厨房和食堂之间放置分隔门来阻止蒸汽流出,但这只是把问题(和寒冷)转移到厨房,然后他又在厨房安装了排气扇。最后,当他想到在水槽上加个金属盖时,情况变得"令人满意"。[46] 人们希望这样的问题成为"过去式"。1953 年,教育部成立了学校餐家具和设备咨询小组委员会(Advisory Sub-committee for Furniture and Equipment for School Meals),与英国标准协会学校家具和食堂设备技术委员会(British Standards Institution Technical Committees on School Furniture and Canteen Equipment)合作。[47] 为了弥合用户、制造商、设计师和科学家之间的分歧,地方教育当局(而不是工业部)直接购买大部分由现代材料构造的最新设计的设备。即使总需要不断做出妥协,但文明的建设就是需要不断地努力,去为学校餐创造一个适当的环境。

食堂的目的是培养健康、文明和善于交际的人,所以卫生习惯备受提倡。工厂食堂设有洗手间和衣帽间,工人可以接触到阳光、新鲜空气和美食。工人应该接触新口味和更有营养的食物,这会最终改变他们在家的饮食习惯。对普劳德来说,理想情况下,食堂厨房应作为一个"家庭培训学校",允许"女孩"帮助选择菜单以及学习准备和烹饪食物的艺术和科学,尽管她们也不得不承认,"大家并不是很喜欢这样的特权",食堂厨房设备和家庭厨房设备之间的巨大差异"削弱了她们所学经验的价值"[48]。同样,由于社会和营养调查员不停抱怨穷人在饮食上的保守和无知,学校餐被视为一个向孩子们介绍新食物和良好饮食习惯的机会,教会他们"晚餐应该是"什么样,这样他们就可以养成"明智的饮食习惯","最终成为更好的父亲和母亲"[49]。勒格罗斯·克拉克被委派调查如何让学龄儿童吃蔬菜。他认为,学校食堂提供了一个"食品价值培训"的理想论坛,"彻底根除大多数孩子不喜欢某些特定食物的习惯"。例如,学校食堂甚至可以教孩子们喜欢可怕的瑞典芜菁甘蓝(rutabaga),这是一种富含抗坏血酸的根茎蔬菜,食用方法是与马铃薯一起捣碎后慢慢加量。[50] 在布拉德福德,如果那些在学校吃得好的孩子回到家里"吃饭不规律,或是吃着准备仓促且不合适的饭菜",那么会被认为是"浪费时间和金钱"。因此,每位母亲都会收到一本由学校医务人员和家庭科目主管设计的免费食谱。[51]

当然,现实与理想实在相去甚远:工厂和学校提供的食物通常很糟糕且没有营养价值。甚至纽曼的继任者、教育委员会首席医疗官麦克纳尔蒂(McNalty)也哀叹道:"单调的杂烩、炖菜和汤,除了单调乏味以外甚至热量值也不足,而且缺乏那些贫困的儿童在家吃不到的营养均衡饮食的元素,比如牛奶、奶酪、鸡蛋、绿色蔬菜、水果和肉类。"[52]虽然教育委员会在一段时间内就营养和样本菜单提出建议,但也从未参照过营养咨询委员会的意见;学校医务人员也没有系统地检查或核准过学校的饮食。[53]直到1941年才最终制定了学校餐的营养成分标准。然而,这个标准也没有得到过多的关注,直到1944年教育法设立了学校餐组织者的新职位,候选人来自最近接受过营养知识和厨房科学管理知识培训的家庭科学家,在此之后情况才有所改观。为此,他们制定了长长的日程表和人员编制表,以培养掌握科学餐饮技能的名副其实的工人"大军"。[54]学校食堂的这些新专家很快就公布了一系列出版物,提供营养规划、菜单样本、食堂管理、厨房组织和设计方面的最佳实践指南,以及卫生、演示和服务方面的建议。[55]营养方面的专业知识或许最终被用于学校餐的准备工作,但它并不能使学校餐变得更好吃或更诱人。

工厂食堂也未能避免这些问题。在一战期间,许多食堂的经营权都交给了志愿团体,而他们的服务显然是不可靠的。一位优秀的志愿者抱怨说,这是一份"只适合女佣的工作"[56]。尽管设立了专职福利监督员,但工厂食堂供应标准的差异(不仅仅是地区间的差异,还有工厂与工厂间的差异)是巨大的。[57]由于福利监督员的职责范围广且责任区域大,他们无法对每个食堂给予必要的关注。食堂的日常管理总是交给经理来负责。每个人都知道,食堂运营的成功与否"很大程度上取决于它的负责人"[58]。科利斯和格林伍德写道,食堂管理"是需要技能的工作,必须委任有足够能力的专家,该专家必须知道:(1)存货记录卡的价值;(2)如何进行分量分析(portion-analysis);(3)如何调整主要食品(比如大块肉)的供应,以及其他收费较高的商品(如茶和布丁)的供应;(4)工资支出不超过总营业额的25%;(5)如何调整售价以获得相当于买入价格33.5%的总平均利润"。此外,为了能够安排"符合科学的菜单",他们还必须掌握营养科学和食品价值的全面和详细的知识。[59]这是一项艰巨的任务,甚至可能是毫无希望的任务,即使对那些有着良好愿景的女性志愿者来说也是如此。

目前尚不清楚二战期间饮食供应的标准是否有很大的改善。工业福利协会指出,由于"缺乏充分的准备和规划",许多新食堂陷入困境后就倒闭了。1940年出版的小册子《工业食堂》(Canteens in Industry)到1947年时已经出了第六版,这本书就食堂规划、厨房设计、管理和服务、食物和饮食、地板、家具与装修的风格和材料提供了详细建议。但也没有什么特别之处,"最基本的要求就是:食堂环境干净明亮,伙食物美价廉,服务快捷高效,食堂氛围亲切友好"。所有这些要求都可以通过详细的计划和关注客户的需求来保证。[60]但这个建议并不总是被采纳。在1943年尤为明显,当时建立了一支新的食堂督察员队伍,以确保"不仅要改善食物,还要改进储藏、服务标准、沏茶方法、厨房和餐厅设施"[61]。即使是这种检查制度也可能被发现存在缺陷。六年后,从伍尔顿勋爵尖锐的批评可以看出,工业餐饮仍然需要利用"厨师的手艺和技能以及科学家的知识"来提高食品供应的质量。[62]工业餐饮存在的部分问题和学校餐一样,是关于如何吸引合格员工的问题。1942年前,在食堂工作的人被认为是没有工资标准的家政工人。1941年,新成立的全国工业餐饮企业协会(National Society of Caterers to Industry,其成员号称经营着2000家食堂,每天供应250万份餐食)指出,更高的职业地位和员工工资将带来更好的服务。[63]该协会与粮食部和劳工部成立了一个联合工业委员会(Joint Industrial Council),尽管他们很快起草了一份餐饮工资法案,但一直等到1945年餐饮行业工资委员会(Wages Board for the Catering Industry)才成立。

尽管如此,人们仍然对工厂食堂抱怨连连:食物又冷又难吃,环境拥挤,需要排长队,冷冰冰的服务,缺少餐具器皿和刀叉(经常没有洗干净),周日和夜班时不营业,等等。[64]有一家工程工厂因食堂服务水平太差,引起了工人的抵制:

> 据工人们称,这里的食物是冷的,而且分量不足。茶很淡,有位女经理曾用糖精来增甜。陶制餐具很脏,有些刀都生锈了,厨房和设备都很脏,且无人照管。这些抱怨主要来自上夜班的人,他们在大多

第六章 集体喂养与福利社会 | 135

图 6.2 约瑟夫·李:《花一个多便士买学校餐,现在又要花一先令买肚子疼的药……呃》(JL4200)

来源:Joseph Lee, "A penny more for 'is school meals and now another shilling for the tummy-ache it's given' im... Coo!" (JL4200), *Evening News*, October 1949. 肯特大学辛迪加组织和卡通与漫画研究中心授权许可。

数情况下都是吃的白天剩下的食物和重新加热的食物。当一次坏了的馅饼被端上桌子时,则出现了最可怕的情况。服务人员和管理人员一同去到厨房,从一堆馅饼中随便挑选了一个并把它切开,馅肉上面居然爬着蠕动的蛆虫。[65]

随着这样的故事和蛆虫被广泛传播,食堂饭菜的吸引力受到了极大的影响!尽管在1942年有7528家食堂为1400万工人提供餐饮服务,但绝大多数食堂就餐工人仅占工人总数的30%,其他大部分工人宁可回家吃饭或是到其他地方吃饭。[66]每个人都有自己的解释:一些人声称,食堂餐饮服务的极速扩张鼓励了从战时条件中获利的小型商业公司的敲诈勒索行为;还有一些人把责任归咎于工人,因为工人自己也通过偷窃食品和餐具来赚钱(据称,英格兰中部地区的一家工厂食堂在开业的头两个月里,就有三分之一的瓷器不见了)。[67]

学校餐也同样有了可怕的名声,这种名声建立起来很快,但消除起来却十分缓慢(图6.2)。尽管早期有一些好的迹象,但几乎没有证据表明孩子们学会了去享受或者说容忍有营养的食物。[68]尽管如此,孩子们仍在努力适应新的口味和食物。厄尼·本森(Ernie Benson)就因为一战前的免费早餐一辈子都不想再吃黑面包了。[69]甚至勒格罗斯·克拉克也发现,年龄较大的儿童对绿叶蔬菜更加讨厌,因为他们吃绿叶蔬菜的时间更长![70]美国的爱丽丝·沃特斯(Alice Waters)和英国的杰米·奥利弗(Jamie Oliver)等名厨发起的提高学校餐质量的运动似乎都如出一辙。他们是这段历史的一部分。不仅仅是改良的营养食物不受欢迎。在工人阶级的回忆录和证词中还充斥着很多可怕的故事——不新鲜的面包,浓稠的杂炖"汤里漂着一块块肥肉或可怕的肉类",做成香肠样子的"不知道塞了什么东西的小袋子",一堆湿乎乎的土豆泥,当然还有蒸布丁和水一样稀的蛋奶酱等。[71]最近一项名为"他们为什么要让我吃那些东西?"的调查发现,53%的受访者表示曾被迫吃过他们厌恶的学校餐。51%的人表示不喜欢学校提供的某些食物,特别是木薯粉和卷心菜,这些讨厌的食物继续影响着他们的饮食习惯。不愉快的回忆比比皆是,比如"油腻的烤肉、肉末馅饼、煮过头的豌豆和木薯布丁(也被称为"蛙卵")等,只有当用久经考验的策略——通过把食物扔在桌子上、口袋里、地板上或与人交换,把不想吃的食物藏起来或处理掉——骗过"食堂女服务员"的成功瞬间,人们才能稍感宽慰。[72] 布拉德福德的先驱者只是英国众多参加学校餐运动的第一批人,他们对饥饿的孩子们经常拒绝在学校吃饭的机会感到不解,"看到一个孩子拒绝吃对一个普通人来说非常诱人的饭菜,这并不奇怪……但奇怪的是,这个孩子同时又啃了几片干面包,表明他是真的饿了"[73]。

关键点也许就在他们说的"普通人"上。显然,特别是在 20 世纪 40 年代扩大这项服务之前,提供学校餐的人与吃学校餐的人之间有着相当远的社会距离。提供的饭菜总是不间断地循环——汤、炖菜、肉末和两个煮得特别烂的蔬菜,随后是一个很一般的高糖布丁,这种饮食更类似于中产阶级下层的饮食,而不是穷人劳动者的饮食。对穷人劳动者来说,面包仍是他们的主食,只有周末才有肉吃。布拉德福德一所小学的校长回忆起 1921 年一位家长跟她说过的话:"凯瑟琳不吃'这样的'晚餐。她有面包、果酱和糖浆。她说她今天什么晚饭也不吃。"[74] 对许多人来说,除了不熟悉的食物的味道和口感以外,慈善施粥所的耻辱,或者更糟的是,济贫院的恶臭(很像他们难以忘记的消毒剂和煮卷心菜的特殊气味)还萦绕在学校餐桌上挥之不去。[75] 虽然接受学校餐的儿童的家庭并没有失去投票资格(1918 年领取救济金的人会被剥夺投票权),政府也不会通过减少救济金和失业补助来惩罚他们,但医疗检查和经济状况调查(一直到 1968 年才被废除)仍然是造成社会差异的可恶标志。[76] 即使在 1944 年实行了学校餐普遍供应制度后,很多人仍然把学校的食物看作一种社会惩罚而不是他们应有的权利。

社区餐厅:一种"新的社会形式"

与仅面向特定群体的学校食堂和工厂食堂不同,社区食堂或社区餐厅是面向整个社会开放的。[77] 这一概念的起源也是战争的经历。劳工运动的战争应急工人全国委员会(War Emergency Workers' National Committee)首先鼓动建立公共厨房或公共餐厅,以通过规模经济,提供廉价且营养丰富的食物,从而减少穷人做饭的时间、费用和燃料。[78] 这一呼吁抓住了战时贫困的共同经历,通过塑造这些食堂干净、明亮、现代和人人可去的形象,清晰地描绘出未来和平时期民主社会契约的愿景。[79] 粮食部的官员在管理自愿定量配给和节约粮食运动(campaigns for voluntary rationing and food economy)中徒劳无功,他们也被这个计划所吸引,认为这是一种减少粮食消耗(理想值是减少10%—25%的粮食消耗)、改善战时人口营养健康和生产力的方法。[80] 有三名女性发挥了至关重要的作用:莫德·彭伯·里夫斯、C. S.(多萝西)皮尔夫人[Mrs. C. S. (Dorothy) Peel]和凯特·曼利(Kate Manley)。她们受粮食部聘请成立了妇女事务司(Women's Department),负责将失败的节约粮食运动转化为在厨房战线为全国家庭主妇提供切实可行的建议。该部门最终创建了并负责管理日后的国家厨房司(National Kitchens Division)。她们汇集了一系列爱德华七世时代社会与营养科学方面的专业知识:彭伯·里夫斯是伦敦贫穷劳动者中的社会调查员和卫生工作者;皮尔是比较富裕但并不是十分富足的阶层的家庭古鲁大师*;曼利是教育委员会家庭科目的督察员。[81] 用皮尔的话来说,她们对"公共厨房"给予厚望……"食物经过严格的清洗,用科学知识烹饪,并以顾客可以承受的价格出售",1917年5月,王后**大张旗鼓地在伦敦威斯敏斯特桥路(Westminster Bridge Road)开设了第一家社区餐厅,这让她们感到非常高兴。[82] 这家餐厅的运营非常成功,1918年2月,国家厨房令(National Kitchens Order)鼓励但不强制地方政府采取这项计划,承诺支付一半的启动成本(虽然其中一半采取贷款的形式,将由企业的预期利润偿还),并提供标准化设备,当然还有许多关于管理、饮食、会计方面的建议。最重要的是,国家厨房要根据当地的需要进行调整。他们可以改造学校餐现有的烹饪设施,或者改造其他合适的公共建筑。

1917年11月,F. W.("查尔斯")斯宾塞[F. W. ("Charles") Spencer]被任命为国家厨房司主任,让他感到失望的是,这么多自由裁量权都在地方当局手里,国家厨房运动的成功与否也取决于它们。斯宾塞是来自哈利法克斯(Halifax)的前市议员,以研究科学管理而著称,他非常痛恨浪费。他很快就开始痛斥地方当局没能建立国家厨房,或批评

---

* guru,"古鲁"尤指印度教的精神领袖。——译者注
** 当时国王是乔治五世。——译者注

它们管理效率低下。有大量关于国家厨房的管理中的不专业、烹饪中的蒙混过关和不可避免的偷工减料情况被反馈回粮食部,所以当斯宾塞于1919年1月辞职时,粮食部已经在考虑对国家厨房司进行重大改组。[83] 斯宾塞的继任者、《每日邮报》的创刊编辑、从1917年开始指导粮食部节约粮食运动的肯尼迪·琼斯(Kennedy Jones)接过了这个烂摊子。[84] 所有没有登记账目的国家厨房都由国家厨房司直接管理,未使用过的建筑物被租赁出去,原有的58名工作人员很快被裁减到27名,后来又裁减了15个被认为不需要的岗位。然而,和他的前任斯宾塞一样,琼斯很快发现,尽管有100多个行业和劳工委员会(Trades and Labour Coucils)的支持,但财政部和地方当局都不打算在财政上支持国家厨房计划。

原因很简单,国家厨房与慈善性的施粥所没有太大差异,因而不受欢迎。[85] 国家厨房和慈善性的施粥所有着不可思议的相似之处:一是名声,二是它们通常都位于昏暗的小巷,三是都由女性慈善家们来提供志愿服务,四是都缺乏餐饮设施。厨房仅用来分发食物,所以食客们必须带上自己的盛饭容器把食物带回家食用,但回家后食物已经变凉了。[86] 人们普遍认为,这是"对穷人的一种惩罚,只是没有明说而已"[87]。即使重新命名为"国家餐厅"(National Restaurants)也改变不了人们的看法。食物提供不了什么帮助。就连粮食部的官员也抱怨说,国家厨房的菜做得很差,没什么花样,营养价值也堪忧。玛丽昂·菲利普斯(Marion Phillips)博士是战争能源工人全国委员会(War Energy Workers' National Committee)和消费者委员会(Consumer Council)的成员,也是国家厨房最热心的支持者之一。她得出结论说,尽管到1919年全国已经开了93家国家厨房,但妇女们还是更愿意自己做饭,觉得自己做饭更便宜。[88] 正如皮尔所承认的,最初希望"国家厨房能够延续下去,并成为国家生活的一个特征……这种希望并不是建立在对劳动人民境况的了解上的"[89]。

然而,人们对社区食堂的想法和热情并没有消散。在伦敦佩卡姆(Peckham)的先锋健康中心(Pioneer Health Centre),这种首先在工业食堂发展起来的自助用餐的方法,成为更广泛的振兴社会项目的核心。[90] 自称为"佩卡姆实验"的做法始于1926年,是两名年轻的医生乔治·斯科特·威廉森(George Scott Williamson)和英尼斯·霍普·皮尔斯(Innes Hope Pearse)通过建立俱乐部发展起来的一种社区卫生保健模式。随着健康的生活方式逐渐形成,他们研究了俱乐部成员的健康和幸福状况。这两名医生并不给人治疗疾病,而是开创了预防性的医疗保健模式,这有助于维持个人的活力和发展一个健康的社会。佩卡姆社会多样化的人口组成被看作整个社会的代表。只有当地居民每周通过预定才能加入该健康中心。因为家庭被视为社会的自然单位,在健康中心成为当地社区的一部分的同时,健康中心也通过鼓励家庭之间的新的社交和合作形式来振兴当地社区。威廉森和皮尔斯自诩为"生物学家",他们把社会设想成一个有机体:疾病导致社会效率低下,或更糟糕的是,会导致社会实际上瓦解。两位医生相信所有的有机体都是随着环境的变化而不断进化的,他们主张,只有通过实地实验而不是在实验室里发现的一般规律,才能识别和恢复社会机体的健康。[91]因此,威廉森和皮尔斯对科学规划十分反感,并坚持认为他们的预防保健模式是完全自愿的,"不是说教,而是展示"[92]。健康中心不设主任或下达任何指令;其目的是要创建"我们社区的自主教育",在这里每个人都对自己的健康负责。[93]

1935年,该实验转到一个健康中心,那里不仅有自己的厨房和餐厅,还有游泳池、健身房、剧院、游戏室、休息室、托儿室、办公室、实验室、咨询室和一间暗室。该健康中心由欧文·威廉姆斯(Owen Williams)和威廉森合作设计,以其现代主义设计(使用混凝土、钢材和玻璃)和作为示范社区健康中心而闻名于世。事实上,建筑物作为传播健康和增进健康的温室,这两种功能不可分割。该项实验规模宏大。在代表250个家庭的1666名成员中,只有161人被认定是健康的。其他人都被发现患有各种形式的营养不良和营养缺乏症,食物和营养问题非常突出。在20世纪20年代,人们关注的焦点是在有效地管理拥有健康婴儿的家庭中饮食的重要性,这是一堂非常有用的社会公民课,吸引了多萝西·皮尔的大力支持,以至于新的健康中心中有一个房间是以她的名字命名的。[94]麦卡里森的研究对皮尔斯和威廉森的影响也越来越明显,因为他们的研究结果也呼应了麦卡里森对营养重要性的坚持,营养不仅对健康重要,对社会行为也同样重要。[95]事实上,食品和营养在他们实验中的中心地位是显而易见的。1935年,他们建立了一个有机农场"奥克利小屋"(Oakley House),距佩卡姆的新健康中心12英里,专门为其成员生产"富含维生素的重要食物"。现代城市生活和工业食品已经破坏了原来季节性饮食的自然规律,切断了人们"直接从土壤中获得食物的天然来源"[96]。按照只有"有生命的社会土壤才能生产出促进生命体健康所必需的重要品质的食物"的假设,奥克利小屋采用有机方法生产鸡蛋、牛奶和新鲜蔬菜等主要抗病食品。[97]

在新的健康中心里,自助餐厅成为大楼的中心。二楼可以俯瞰中央游泳池,是"主要社交功能"区域,成员们可以"与朋友小聚。在这里,他们可以坐下来聊聊天,边喝咖啡和啤酒边看报纸,还可以观看年轻人的舞蹈或者其他活动"[98]。作为社区的焦点以及社区礼仪和社交活动的形式,自助餐厅体现了健康中心的指导原则,即自助服务作为一种"健康的技术或机制",可以"产生责任感……(和)提升认识以及让交往更自由"。[99]在那里,人们可以在随意交谈中产生对新的服务和活动的渴望,可以自愿地选择推荐的新口味和新事物,而不是由医生将其强加在不情愿的对象身上。自助服务在鼓励人们选择食物时相互效仿方面是被寄予希望的,所以在餐厅设计上不惜一切代价。这种设计包含一个敞开式的平台以及一个自助服务台,可以将厨房与就餐区分隔开,以确保最大的流动性和可视性(参见图6.3)。[100]这里没有服务员或侍从,没有规章制度,也没有商业化的"自助"设备,所有东西——包括椅子、桌子、碗、盘子、餐具——"都必须设计成可以由会员自己来使用"。这一复杂而昂贵的过程是经过反复实验和摸索形成的:虽然最初制作一个打不碎的塑料盘子和碟子模型的造价高达惊人的60英镑,但这些盘子和碟子还是会不断地磕损,最终不得不用金属餐具来替换。正如皮尔斯和威廉森所认识到的,"看上去是鸡毛蒜皮的小事",但这些平凡的细节对他们希望发展的"那种社会组织而言,有着深远的意义"[101]。

虽然该健康中心在二战爆发后关闭了,但是它的影响依然存在。为了寻求金融支持,威廉森和皮尔斯在世界范围内不遗余力地宣扬这种健康中心所能带来的福音,从而吸引了洛克菲勒基金会和卡耐基基金会的关注,以及接待了玛丽女王和肯特公爵的造访,接下来的好事就是鲍德温夫人[首相斯坦利·鲍德温(Stanley Baldwin)的妻子]的到访。1946年,

图6.3 佩卡姆的自助餐厅
来源:盖蒂图片库授权。

在哈利·斯图尔特信托机构(Halley Stewart Trust)的支持下,该健康中心短暂地重新开放,人们的兴趣空前高涨:两位医生的书《佩卡姆实验》(The Peckham Experiment)卖了1.7万册;外交部委托保罗·罗瑟制作一部关于该保健中心的电影《健康中心》(The Centre,1947年);该保健中心员工做了不下300场讲座,很多是在中东、荷兰和美国做的巡回演讲。据报道,在过去的15个月的运营中,该健康中心吸引了不少于1.2万名游客,其中三分之一来自国外。[102] 在英国,除了预防医学模式或社区中心模式可能会对卫生部和住房部中正建设战后福利国家的人产生影响以外,自助食堂也在1956年成为学校食堂的主导模式。[103] 正如我们所看到的,作为历史学家和工业食堂的倡导者的柯蒂斯-贝内特就把自助餐模式作为典范。1936年将威廉森的演讲介绍给建筑协会(Architectural Association)的建筑师露西·巴克内尔(Lucy Bucknell)也借鉴了这种模式,1945年,她与勒格罗斯·克拉克合作设计的自助餐厅开创了社区餐厅的社会民主未来。

尽管佩卡姆健康中心在二战期间关闭了,但在 1940 年 9 月,公共食堂的概念又以英式餐厅的形式重现,作为应对被闪电战空袭的人群的紧急救助措施。[104] 在接下来的几年中,该计划得到了修订和拓展,成为补充公众口粮的一种方式,并专门针对没有食堂的小工厂以及无法或不愿提供学校餐的学校。采用佩卡姆式自助餐厅被认为是可以便宜而有效地提供简单但营养丰富的食物的最有效方法。同学校餐和国家厨房的做法一样,地方当局是被请求加入而不是被迫参与。它们可以选择承担准备金的责任(通过可偿还贷款来支付资本成本)并获取利润承诺,也可以选择在一家新餐厅开业时代表粮食部管理这家餐厅,所有的费用由粮食部承担,利润也归粮食部所有。两年后,当这项计划达到顶峰时,2119 家英式餐厅每天提供 61.9 万份餐食,仅伦敦就有 281 家之多。[105] 1943 年,刚完成赫特福德郡议会关于食堂餐的工作的勒格罗斯·克拉克,作为时任伦敦社会服务委员会公共喂养常设委员会(London Council of Social Service's Standing Committee on Communal Feeding)主任,在进行战时社会调查、"大众观察"和全国食品调查[以及粮食部科学建议司(Scientific Adviser's Division)的营养调查]的同时,也展开了一个关于英式餐厅的受欢迎度和社会效用的调查。他得出的结论并不完全让人意外:"即使是处于战争的风暴中,我们在这里见证了一种新的社会形态的出现",他补充道,"一个国家里拥有 2000 个这种性质的餐厅,几乎可以被视为是一种社会制度(social institution)了"。[106]

其他各种调查都同意勒格罗斯·克拉克的观点,即一种"社会合作"的新民主精神正在这些简陋的战时餐厅中出现。[107] 尽管一些顾客仍然试图在狭窄的空间里保持距离和维护隐私,但也有一些顾客接受了哈里森所说的"完全英式和完全民主化"的氛围,即"与陌生人挤在一起,与他们交谈(并且)自己动手取食物"[108]。一位来自伍斯特的"大众观察"日记作者记录了他第一次去一家英式餐厅时的感受,"这是一个崭新的、美妙的体验的开始"[109]。勒格罗斯·克拉克将这些"价格和顾客都很民主"的餐厅视为一个新的社会群体的典范,可以提供"可靠的家常便饭……这些饭菜都是由关注顾客饮食兴趣的人挑选的……(这些人)大多数情况下显然都是喜欢家庭生活、需要为一个非常庞大的家庭准备食物的妇女"[110]。战争结束后,"绝大多数"顾客都想要保留这些餐厅,勒格罗斯·克拉克和汤姆·哈里森都表示赞同。他们认为,有了更新和改进的场所、管理更加科学的自助餐服务、更多样化的菜单和选择以及更充分的饮食教育,公共餐厅将会拥有一个光明的未来。

尽管人们热情高涨,但这一新的社会制度却进行了巨大的让步。在伦敦的281家英式餐厅中,有41家是由志愿者团体经营的,勒格罗斯·克拉克首先对这些餐厅进行了研究,他认为这些餐厅更能代表全国的餐饮供应标准。他发现了大量临时设施和服务,他写道,这提醒"我们很快就会受到舆论的批评"[111](参见图6.4)。尽管"大众观察"报告不吝溢美之词,称赞其廉价的食物以及用铺着油布的桌子、花瓶、盐和胡椒瓶、水壶和玻璃杯(伦敦郡议会的餐饮服务中甚至会安排皇家艺术学院的学生们表演的古典音乐会)营造出的宜人环境,但勒格罗斯·克拉克的报告中也指出了餐厅一系列不足之处。[112]这些建筑主要是由居民区街道的教堂大厅、商店、民房和俱乐部所改造的(其中还有一个甚至是一家被疏散的医

图6.4　在布拉德福德,社区餐厅暂设在燃气展示厅
来源:盖蒂图片库授权。

院的地下室改造的）。在这些餐厅中，有 30 家餐厅足够明亮和宽敞，有的甚至还用鲜花装饰，但是至少有 11 家餐厅"明显昏暗和局促"，有三分之一的餐厅每张桌子都要坐 8 人或者更多，与公认的理想的 4 人桌还相距甚远。虽然自助餐饮服务形式多种多样（只有两家餐厅雇用了女服务员），但排队是个共性问题，因为在任何一家餐厅，每 5 分钟就要接待 10 到 40 人。

尽管存在这些困难，人们还是来到餐厅，吃饭，然后离开。他们显然很享受这个过程。这 41 家餐厅每天接待 12350 名顾客，男女比例大致相等（考虑到战时城市人口结构，男性年龄偏大，女性多为年轻的未婚女性，这并不奇怪）。餐厅顾客可能是产业工人（占 28%），也可能是办公室职员（占 26%），还有不少是专业人员、经理或商业车间工人（约 14%）。有多达 55% 的人喜欢这些餐厅的服务，55% 的人认为就餐便宜，还有 33% 的人称赞餐厅服务好。[113]这并不是一厢情愿的想法。前一年进行的战时社会调查发现，尽管总人口中只有 20% 的人在英式餐厅吃过饭，仅有 5% 的人经常在英式餐厅就餐，但总的来说人们普遍反馈良好。"大众观察"甚至声称，"如果有一样东西，能让人们对这场战争中涌现的新组织印象深刻，那一定是英式餐厅……现在很少有哪个机构能比英式餐厅更受欢迎了"。[114]

然而，这种最初的热情消失得多么快，多么不可思议啊！预期的就餐数量的"起飞"也从未实现。1943—1947 年间的全国食品调查发现，英国人平均每周吃 26.8 顿饭，其中只有 0.04% 是在英式餐厅吃的。[115]到 1947 年，英式餐厅只剩 850 家，而且还在逐渐减少。位于米德尔塞克斯（Middlesex）的伊夫斯利（Yiewsley）和西德尔顿（West Drayton）的英式餐厅的供应量从 1943 年峰值时的每天供应 350 份餐食跌落到 1945 年每天仅供应 100 份餐食。督察员将就餐量的下降归咎于菜单缺乏"想象力或变化"，以及附近工厂食堂的扩张。到 1946 年 10 月，由于地方议会不愿意支付其不断增加的运营费用，这家餐厅倒闭了。[116]人们寄希望于那些亏损的餐厅能够重新关注顾客的口味去制作更有营养的食物来挽救自己，但这种希望也破灭了。大多数经理似乎对改善顾客的饮食习惯不感兴趣，营养调查显示，在多数情况下，都是经理的外行指挥。[117]批评家乐于指出，这项计划旨在提供营养食品和适度价格，但两者均未实现。这些餐厅非但没有代表民主的胜利,反而因"与英国人的权利和自由格格不入"给了专家自由发挥的空间;最终,"为自由而工作的男人和女人,不会被约束去集体进餐以及吃'对他们有好处'的东西……如果一个人想吃一块面包、一块奶酪和喝一品脱啤酒,认为这比他在拥挤的餐厅里坐下来并'按计划'吃一顿饭会更健康、更快乐的话,那么,任何一个膳食学家都说服不了他"[118]。这与佩卡姆的情况大不相同。

再一次,失败促使人们再次努力去设想食堂以及它能带来的美好社会的能力。勒格罗斯·克拉克在早先伦敦社会服务委员会(London Council of Social Services)调查的基础上,通过协调英式餐厅经理、两名建筑师、家庭科学家和厨房装修专家以及他担任主席的公共喂养研究小组(Communal Feeding Research Group)成员们的专业意见,设计了社会民主未来的示范社区餐厅。示范社区餐厅的设计代表了50年来集体喂养经验中积累的智慧。示范社区餐厅将继续为这些选区服务,但是作为更广泛的社区的一部分;社区餐厅将"维持在大型商业和办公室工作的人以及小厂房中工人"的"生产力和工作效率";社区餐厅将服务"购物的家庭主妇、流动工人或短期工人、老人和住宅区的居民,对他们来说,偶尔从家庭烹饪中改变一下是一种有益身心的放松";社区餐厅还将提供更广泛的社会服务,可能是为学校儿童提供用餐,也可能是作为社区中心来使用。这些餐厅不仅服务社区,还将建设社区,以阐明"一个更为完整和人性化的国家生活愿景"。由于社区餐厅具备"进行社交和友好交谈的氛围",它们将成为"社区生活的自然中心,在那里更容易发现和促成有共同兴趣的群体",在那里市民也将接受关于餐饮、清洁和文明标准的"社会教育"。[119]

社区餐厅的材料设计和形式被视为实现这些崇高目标的核心。考虑到英式餐厅一直因排队、服务慢和空间不足而饱受抱怨,开放式的设计不仅使人流和服务达到最大化,也把感知空间最大化了。一个能容纳50人的宽敞的入口大厅,保证了队伍既不会延伸到餐厅外,也不会挤在就餐区,而是直接通向30英尺的服务台,在服务台上,餐前沙拉被巧妙地放在热盘和甜点之前。长长的服务台可以使顾客"自由"和"不受干扰"地看到厨房——那里有独立的储藏、准备、烹饪、服务和清洗空间——还可以目睹食物准备的全过程。认识到自助的就餐系统最初会要求顾客"习惯快速做出决定和估算食物总价",餐厅经理应该"在开业的最初一段时间集中精力培养消费者的习惯",而不是彻底地打破餐厅顾客的"固有思维"。[120]顾客在服务台的另一端付款后,就可以通向就餐区了。桌子(可坐4人,中间相距4.5英尺)被排成两排,每排两组,分布在中央走廊的两边。这样的间隔可以使用餐者到达自己的餐桌阻碍最小,并且手推车清理了桌子和托盘后,可以直达洗碗区。餐厅的入口处和出口处各有一个洗手间,这样就能尽量不打扰到用餐的人流。餐厅外还有一间咖啡厅和露台,以增添"餐厅常客们所喜欢的'俱乐部'氛围"。墙壁被刷成"明亮而清晰"的颜色,可以唤起"欢乐清新的氛围",餐厅这样做不仅是为了提供美味的食物,还要让顾客"享受到良好氛围的乐趣"。人们希望通过模拟下层阶级家庭的环境,鼓励用餐者和烹饪员工之间的友好互动,来营造一个温馨的环境,并且维持清洁、礼貌和文明的标准。

很显然,战争的经历推动了这些集体喂养计划,尤其是在二战期间,这些计划被视为与更广泛的粮食配给制度有关。定量配给制是英国有史以来最雄心勃勃和最全面的集体喂养方式。这种方式要求政府对市场进行前所未有的干预,所以直到一战的最后一年,社会动荡不断加剧时,它才开始实施。[121]相比之下,二战期间试图奉行人人"公平分享"和有难同当的新的社会民主原则的食物配给经历,已经成为历史学家所描述的"人民的战争"神话的一部分。[122]当然,粮食部不遗余力地宣扬其政策的成功和普及性,并特别指出伍尔顿勋爵和杰克·德拉蒙德是战时定量配给制的英雄"建筑师"。伍尔顿对他在利物浦的邻居在两次世界大战期间被饿死感到愤慨不已,这促使他后来成为粮食部长,而德拉蒙德是负责将"公平分享"的广泛原则转化为社会营养规划政策的科学顾问。[123]尽管历史学家通过展示定量配给制是如何让深刻的社会差异持续存在,甚至加剧了这种差异——国家和城市之间的差异、男人和女人之间的差异、穷人和富人间的差异、成人和儿童间的差异——从而对粮食部的这番说辞进行了修正,但这些说辞依然代表了对饥饿的社会治理的一个新的重大承诺。

在若干方面,二战期间定量配给制的社会逻辑复制了我所讨论的其他形式的集体喂养,即它首先针对特定群体,然后才以更广泛地触及社区为目标。定量配给制用积分制来平衡"直接"配给。在定量配给制中,每个人都有权享受规定的最低数量的食物。积分制则允许每个消费者花个人津贴上的"积分"去购买额外的特定食物;还有针对特定群体——如从事重工业工作的群体、哺乳的母亲和孕妇、儿童——需求的各种"福利"津贴和计划。[124] 通过部署精心调整的营养津贴,定量配给制结合了对一般人群福利的关注和对特定群体需求的持续关注,以维护整个社会的健康和效率。在面临严重的粮食短缺的情况下,尽管黑市市场准入、海洋和农村产量丰饶程度的不同造成了持续的不平等,但正是一定程度的社会营养规划确保了人民的营养健康得到保障,甚至得到改善。此外,尽管定量配给制把营养需求计算和福利问题置于财富和进入商品世界之上,但是定量配给制并没有完全放弃市场规律——甚至是更普遍的规律。正如我们将在下一章看到的,定量配给制作为一种福利和集体喂养方式,有自己的规律,消费者被教导如何充分利用可用的配额来为家庭的营养健康负责。我认为正是福利的两面性解释了人们对它模棱两可的态度,这种态度在学校、工厂和社区对食堂的不同接受度和使用中体现得很明显,更不用说人们对定量的严苛的不断抱怨或不愿申领福利食品了。[125] 因此,尽管卡罗琳·斯蒂德曼(Carolyn Steedman)雄辩地证明,在 20 世纪 40 年代末和 50 年代初,普遍供应的学校餐和福利食品的"经过精心计算的、规定的公平,以一种隐蔽的方式"教会了她"(她)有生存的权利,她还是有价值的",但我们永远不会清楚这是否治愈了她第一次经历的无声的阶级创伤——一位健康访查员曾对她母亲在家抚养孩子的家庭环境进行了严厉的谴责。[126]

第七章

人如其食：培养公民成为消费者

虽然现在人们基本上认为饥饿是一个集体的社会问题，但对饥饿的道德批判并没有随着食堂作为一种福利形式的兴起而消失。例如，在1926年，首席医疗官乔治·纽曼就自信地说道："要解决的问题不是消除贫困……儿童营养不良往往是照料不周、不懂抚育以及缺乏营养造成的，并不是真的由食物短缺造成的。"[1]矛盾的是，一战前，社会学家和营养学家曾试图将饥饿确立为一个严重的社会问题，而正是这种关于国民效率（national efficiency）的论述促使他们以更科学和更有技术含量的形式重新阐述了这种道德批判。甚至在二战前，勒格罗斯·克拉克就警告说："虽然近些年来公布了很多关于家庭支出调查以及需求与收入间关系的调查，但很多人仍然更愿意轻描淡写地说'无知、懒惰和愚蠢的消费'是造成营养不良的原因，而不愿意花点时间做一些简单的计算。其实营养不良的经济学毫无神秘色彩可言。"[2]尽管在饥饿影响了国民效率这一点上，越来越多的社会科学已形成了共识，但在两次世界大战期间，饥饿的原因仍然是人们争论的一个主题，一部分人认为这是饥饿者在消费时的无知和低效的选择造成的，还有一部分人认为鉴于现有政治经济体系的失败，饥饿者是无法摆脱的贫困的受害者。

这些立场（一方以纽曼为代表，另一方以勒格罗斯·克拉克为代表）可以被描述为关于饥饿问题的自由主义观点和社会主义观点之争。前者认为，家庭和市场仍然是治理饥饿的最佳机制，家庭主妇必须负起责任，更有效地利用有限的资源；后者认为，国家必须承担起责任，确保穷人有足够的收入，使他们不会挨饿。然而，很明显，这些立场从来都不是相互排斥的。要保障饥饿者的集体福利，就要继续用营养健康和有效利用资源的原则去教育作为个人消费者的饥饿者。正如我们将要看到的，所有这些努力和干预的对象往往是陷入困境中的母亲和家庭主妇。因为女性总是最后一个上桌吃饭的，所以说她们首先承担起控制饥饿的责任。社会的历史总是深深烙上性别的印记。[3]

贫困、无知和消费问题

当有关国民效率的论述重新激发了道德批判，即认为饥饿者自身的无知和低效导致了饥饿时，社会与营养科学也深受影响。通过对贫困劳动者的预算和饮食进行科学的和详细的审查，营养学家指出了贫困劳动者的不足和低效之处，认为这既是贫困问题，也是贫穷消费者的选择问题。朗特里是第一个通过识别基本生理需求来区分必要支出和不必要支出的人。穷人能够在多大程度上做出朗特里认为的作为消费者的理性选择，从而最大限度地提高他们的身体效率，这在很大程度上决定了朗特里会把他们归为应该贫穷的人还是不该贫穷的人。然而，这种看似科学的必要和不必要的消费形式的区分，仍然基于高度道德化的标准。朗特里1901年在约克郡进行的贫困调查因其严格地将最低营养需求转化为必要饮食而著名，在必要饮食中他排除了两样穷人最喜欢的食物——啤酒和肉。朗特里从效率和经济的角度论证了这一选择的合理性，因为这些食物的成本与其营养价值无关；但是排除这两样食物也暴露了朗特里作为贵格会教徒对饮酒的敏感和厌恶。尽管他认识到，考虑到当时的日常饮食和穷人对营养知识的缺乏，他的最低饮食标准几乎是不可能达到的；尽管他也承认真正生活在贫困中的人根本没钱去进行不理性的消费，但他依然相信有很多次级贫困（secondary poverty）是"无知或不当的家用开支以及其他浪费性支出"造成的，尤其当人们被酗酒和赌博这两个孪生恶魔所控制时。他认为，减贫不仅需要提高工资，还需要"精神和道德培训"。[4]随后，当他在1918年和1937年的同名著作中计算"人类对劳动的需求"时,他给出的生活必需品的定义中包含了肉类并且允许了啤酒和烟草花销(将其归为家庭杂项)。但他坚持认为,从健康保健方面看,穷人会为这些不理性的人类乐趣付出高昂的代价。[5] 1942年,当他使用修订后的标准在约克郡进行第二次调查时,他仍坚持认为,尽管有40%的人生活在贫困线以下,但其中的9%是其不合理的支出造成的。[6]

朗特里并不是唯一一个苦于计算消费的合法形式和合理形式的人。在整个20世纪上半叶的社会和营养调查中,调查人员精心记录了"不合理"的支出,并将其作为糟糕的和无知的家用开支的证据。他们经常哀叹穷人在消费时执意把享乐置于生存之上。[7] 社会调查人员总是不厌其烦地暗示"一个真正聪明的家庭主妇在努力选择合适的饮食时能做什么",并将她与体质衰退跨部门委员会所称的"大部分英国家庭主妇……染上了无可救药的懒惰和对家庭生活义务的厌恶"进行比较。[8] 关于贫穷的家庭主妇无能的描述有长长的一串,而且基本都是那几样:她不会预算;每周的钱通常到周三就花完了,所以她不得不每周都去一次当铺;她更愿意购买数量少的、不划算的食物;她对营养一窍不通,总是喜欢加工食品,而不是新鲜和传统的食品,还总是选错食品的种类;她没有做饭的艺术,觉得做饭是一件苦差事而不是一种乐趣——她尽可能多地把做饭工作外包给炸鱼薯条店;她的厨房里没有合适的炊具,更不要说适当的用于储藏、准备和制作的干净空间了;她和她那些营养不良、"饥肠辘辘"的孩子总是最后吃饭,因为首先要让家里养家糊口的男人吃饱。简而言之,社会学家和营养学家很少给操持贫困家庭的妇女说上一句好话——她们的无知和低效,往好了说,是不必要地加剧了饥饿,往坏了说,是造成饥饿的真正原因。值得强调的是,认识到贫困的结构性原因的人也在批判母亲的效率低下;甚至这些专家还鼓吹有必要对家庭主妇进行良好家庭管理和营养教育。[9]

饱受诟病的可怜的家庭主妇已经习惯了这种批评。至少从19世纪中期开始,女慈善家就开始上门拜访,主动提供卫生和家庭管理方面的建议;从19世纪70年代开始,越来越多的官员和检查员加入了她们的行列。[10] 正如我们所看到的,这支名副其实的富人大军,非常熟悉工人阶级家庭的神秘节奏,并且熟知要如何进入这些工人家庭。因此,他们成为社会和营养调查的主要研究人员。然而,20世纪早期的社会和营养调查显示,家庭管理与其说是要对人们进行道德劝诫的说教借口,还不如说是一套人们需要掌握的科学程序。正如社会与营养科学已经确定了工人阶级家庭主妇需要承担的新的社会责任,以便更有效地管理她们的家庭预算,为了达到这个目的,他们也提供了计算和规划的技术。为了取代道德劝诫,他们提供了如何正确核算家庭预算的技术、合理消费营养食品的技术、满足每位家庭成员不同需求的新的食谱和"现代"烹饪技术、科学组织厨房的技术,以及更普遍地高效和卫生地管理家庭的技术。的确,对工人阶级预算进行繁复细致的调查,必然会使家庭主妇接受这些新方法。家庭主妇每周必须完成总账的检查的规定让她们学会了记账和进行理性消费。正如我们已经看到的,调查卡上的每周分类账目要求家庭主妇提供越来越详细的关于她们收入和支出的记录:每顿饭吃些什么,确切地说使用了多少不同的配料和储存食物;每顿饭是如何烹饪的;做给谁吃;有哪些食物没有吃掉;谁在外面已经吃过了什么;等等。社会学家和营养学家试图把家庭主妇转变成能够反思和驾驭刚刚量化的家庭管理工作的主体。[11]

显然,这并非易事。在对约克郡的第一次调查中,朗特里发现,在他挑选的35个工人阶级家庭中,只有18个家庭能够在细致的监督下对他们的预算和食品消费情况做出可靠的记录。[12]同样,当彭伯·里夫斯和费边妇女小组(Fabian Women's Group)研究居住在伦敦兰贝斯区(Lambeth)的一周只有1英镑生活费的家庭时,他们发现,他们首先必须教会每位妇女如何记录每周账目。[13]一战结束后,随着社会和营养调查样本规模的扩大,测量技术也越来越复杂,被调查的人也越来越多。1943年,被调查人数达到峰值,当时战时社会调查已经追踪了9141个家庭中31733人的预算。此外,在20世纪20年代和30年代间,在经济状况调查基础上的国家福利的扩展也要求其受益人定期提供他们的预算账目。用马克斯·科恩(Max Cohen)的话来说,如果你失业了,这会让你觉得你就应该从观念上成为"一个计算器","当你离开交易所时,你会下定决心,仅把钱花在能买得起的那一小部分急需用品上"。[14]随着社会责任逐渐与个人和家庭的可计算性联系在一起,似乎有越来越多的人欣然接受了或至少是努力接受了新的会计制度。到20世纪30年代末,克劳福德和布罗德利在他们的调查中发现,在他们的5000名研究对象中,许多人已经在保留"日用品、牛奶、肉类等的家用开支账簿"。[15]

在解决家庭预算问题时,社会学家和营养学家不仅创造了一套理性和高效消费的模式和标准,而且还使其成为一种新的社会责任。人们希望家庭主妇不仅能够吸收消化一套社会处方,当然,它绝不只是国家制度的缩影,还要在不挑战家庭自主性和独立性的情况下,以有利于家庭单元的方式,将这套处方运用于市场和家庭。

家庭管理和节约粮食

人们普遍认为,比顿夫人(Mrs. Beeton)和她在1861年出版的《家庭管理手册》(Book of Household Management)一书标志着家庭管理的时代到了。这倒不是因为她是第一个提出这个话题的人,而是因为她把维多利亚时代对中产阶级家庭生活的狂热崇拜编纂成书。[16]然而在十年内,家庭管理不再被视作是只有中产阶级妇女才关心的事情,教育贫困家庭的母亲和引进义务教育这两个新的慈善兴趣点都把女孩的家庭教育提上了议程。1870年,家庭节约(domestic economy)首次被纳入教育部规章制度(Department of Education's Code of Regulations)。4年后,政府开始发放这门课程的教学经费,到1878年,这门课成了女孩的必修课。[17]由于烹饪被认为是家庭节约的一个重要组成部分,1874年成立了英国国家烹饪培训学校(National Training School of Cookery),以培养可以在小学开拓烹饪实践教学的烹饪指导老师。[18]在3年的时间里,利物浦、利兹、爱丁堡、格拉斯哥、曼彻斯特和莱斯特都成立了类似的烹饪学校,到1879年家庭科学教师协会[Association of Teachers of Domestic Science,它还拥有自己的专业期刊《家政学》(Housecraft)]成立时,教育委员会已经认可了不少于27家机构为小学烹饪培训指导机构。[19]烹饪课在女孩的小学课程中日益突出。在伦敦,最早的烹饪课从1878年就开设了,但自从1882年烹饪课成为教育部资助课程后,这门课程迅速发展起来;到1893年为止,超过100名家庭节约教师在伦敦各地的99个烹饪中心指导了2.5万名女孩。同样,虽然在1882年整个英格兰和威尔士只有457所学校开设烹饪课,但到1897年开设烹饪课的学校数量激增到2729所。[20]家庭科目,尤其是烹饪课,开始被视为女孩教育的中心,而这不仅仅是因为上烹饪课是要让女孩为今后的家庭服务做好准备。根据利物浦烹饪学校创始人范妮·考尔德(Fanny Calder)的说法,通过提倡"健康、勤俭、舒适、节约",烹饪课"对人民福祉产生的影响比女孩学校课程表上其他任何一门课程都更直接"[21]。

体质衰退跨部门委员会对此表示赞同。他们建议拓展小学课程中的烹饪、卫生、家庭节约课程,以及为12岁以上离开了学校的女孩开设必修的烹饪课,并呼吁建立专门学院去培养接受了所谓新家庭科学培训的女教师。[22]第二年,教育委员会任命了5名曾就读培训学校的妇女担任家庭科目督察员。她们的第一项工作就是对小学的烹饪教学进行调查。她们的报告于1907年发表,同年,教育委员会新任首席医疗官乔治·纽曼坚持认为,有必要对"女孩进行家庭卫生、食品营养价值和婴儿管理方面的培训"。报告中令人沮丧的发现推动了一套新的家庭科目教师培训条例(Regulations for the Training of Teachers of Domestic Subjects,1907年)的出台,该条例强调要将科学方法应用到家政学的不同分支中,特别强调食品营养价值、经济烹饪和家庭会计。[23]到1914年,委员会45名督察员中的19名督察员对50多万名女孩的家庭科目的教育进行了监督。[24] 1908年,在伦敦国王女子学院(London's King's College for Women)开设了"家政学与经济学"课程,旨在教授学生"日常生活中日常行为所依赖的科学事实和原理,以及家庭和机构管理中所需要的实际操作",这反映了一种日益增长的职业精神。[25]到1915年,该学科被授予独立成系的资格,即家庭与社会科学系(Department of Household and Social Sciences)。然而,尽管家庭教育和咨询已经专业化了——这也反映在这几十年间越来越多的职业妇女在国家机构中担任教师、卫生督察员、医务人员、健康访查员、地区护士和教育督察员——但这丝毫不能取代那些自愿准备向穷人提供家庭节约措施建议的女慈善家的努力。[26] 20世纪的第一个十年见证了新的志愿团体的出现——仅在伦敦就有威斯敏斯特健康协会(Westminster Health Society,1904年)、圣马里波恩健康协会(St. Marylebone Health Society,1905年)和圣潘克拉斯母婴协会(St. Pancras Mothers and Infants Society,1907年)——这些团体都致力于教育母亲承担起高效管理家务的新社会责任。[27]在这个越来越多的人都为之付出努力的领域,志愿者队伍与不断壮大的女性队伍并肩作战。自19世纪80年代末以来,这些清一色从新成立的烹饪学校毕业的女性一直在配备燃气和各种电力设施的精致的展示厅里从事烹饪示范工作。[28]

在一战期间,无论是节约粮食问题,还是由烹饪指导老师和家庭科学家组成的新的专业网络,都迫切要求人们更加重视粮食消费的节约问题。战争再一次改变了人们讨论的话题:节约粮食问题将人们的注意力从把饥饿的家庭主妇培养成更好的家庭管理者,转向让所有消费者在获取营养上更有效率。这一转变的推动力不是来自国家,而是来自国家粮食基金(National Food Fund)和国家节约粮食联盟(National Food Economy League)等志愿团体。[29] 国家粮食基金是在一战爆发期间建立的,最初的工作重点是为比利时难民和"极度贫困人口"提供食物,但到了1915年3月,它开始教授人们"购买、烹饪和使用食物的节约原则"。同年10月,国家节约粮食联盟作为国家粮食基金一个独立的附属教育机构成立了。在接下来的3年中,虽然政府"对节约粮食漠不关心,如果不是真的怀有敌意的话",但是国家节约粮食联盟还是分发了75万份小册子,并在地方和全国性的集市上组织了2000多场示范讲座和展览。[30] 与此同时,教育委员会利用家庭科目督察员和家庭科目教师的专业知识,也发布了各种各样的备忘录、条例以及关于节约粮食的小册子,这也预示着此后妇女辅助战时节省委员会(Women's Auxiliary War Savings Committee)和同业公会(Board of Trade)的节约粮食运动,以及1916年12月成立的粮食部的最终工作。[31] 粮食部的烹饪部门主要负责建立国家厨房,也需要关注节约粮食和营养教育问题。节约粮食日益增长的重要性从1917年3月高调任命肯尼迪·琼斯为节约粮食总干事就可见一斑。1917年10月,基督教青年会(YMCA)的全国秘书长阿瑟·亚普(Arthur Yapp)接任了这一职务。1918年2月,当定量配给制终于开始实施时,粮食部新成立的消费者委员会继续就如何充分利用配额给妇女提供建议。消费者委员会的成立不仅是消费政治的一个分水岭,也标志着官方认识到消费者在控制饥饿方面起着至关重要的作用。[32]

对于国家粮食基金和国家节约粮食联盟来说,节约粮食的逻辑很简单:更有效地管理每个家庭将减少对国家有限的粮食资源不必要的浪费。小家庭的省钱办法——这里省一点肉,那里省一点糖,小心地利用剩菜剩饭来做饭,采用更经济的烹饪方式,比如需要更少燃料的炖菜——在国家层面上看所产生的节省将是巨大而可观的。很多这种节省的行为都是受到社会地位较高的人[比如钱斯夫人(Lady Chance)]所宣扬的节俭慈善的原则推动的,这些原则虽然古老但却永不过时。此外,那些受委托给人们进行讲座、演示和写作的高素质教师也赋予这些节约行为越来越专业的氛围。[33]这或许可以解释为什么反对浪费运动逐渐从只关注工人阶级家庭转向也关注富裕阶层的家庭。[34]考虑到预算和设备有限,为工人阶级家庭主妇准备的宣传材料强调通过"更深入地了解食品营养价值"来节约粮食,这样"每天消费9—10便士而不是1先令,但却可能吃得更好"[35]。相比之下,"富裕家庭"的人则因在家庭管理方面"极度无能"而受到批评,这种无能导致他们"吃的比需要的多"。由于国家节约粮食联盟已经"排除了人们对理解食品营养价值科学的困难和恐惧,即使是最没有科学素养的主妇也完全可以理解它",特权阶层对"食品营养价值科学"有了更好的理解,所以他们应该只消费对"健康和效率"至关重要的食物,以及那些对军需品制造者阶层来说不是重要主食的食物。[36]因此,社会与营养科学不仅给浪费和节约下了更明确的定义,而且赋予国家节约粮食联盟新的权威,使其不再依赖假定的具有道德优越性的社会地位。

通过聘请彭伯·里夫斯、皮尔和曼利,粮食部也确保了社会与营养科学在制定和开展节约粮食运动中的中心作用。[37]正如我们在前一章所看到的,这三个人以不同的方式成为家庭管理这门社会科学的专家。皮尔对其阅读材料的回忆就很好地证明了这一点:"在我学习过的许多书,包括贝弗里奇先生的《失业》(Unemployment)、普劳德小姐的《福利工作》(Welfare Work)、F. W. 泰勒的《科学管理原理》(The Principles of Scientific Management)、梅雷迪斯的《英国的经济史》(Economic History of England)、西博姆·朗特里先生的《贫穷》、查尔斯·布思的《伦敦的生活与劳动》(Life and Labour in London)、哈蒙德的《城镇和乡村的劳动者》(The Town and Country Labourer)中,哈奇森先生的《食品与饮食学》(Food and Dietetics)成为我最珍贵的财产之一……我(也)经常向粮食部的科研人员尤其是亨利·汤普森(Henry Thompson)爵士提出请求……查阅有关食物的资料。"[38]关于爱德华七世时代的社会科学是如何跨越历史、社会调查、科学管理、社会政策和营养科学这个问题,我们再也找不到比这段话更清楚的认识了。有了这方面的专业知识,在把节约粮食和家庭管理问题从志愿领域上升到在白厅的国家中心这个过程中,像彭伯·里夫斯、皮尔和曼利这样的女性发挥了重要作用。

第七章　人如其食：培养公民成为消费者 | 157

　　与国家节约粮食联盟一样，由于粮食部的节约粮食运动利用社会与营养科学来确定谁在浪费粮食，该运动也把主要精力放在富裕阶层上。[39] 皮尔认识到"只有拥有燃料、设备和金钱的富人家庭才能支付得起专业人员为他们做饭，才会发生最明显的浪费行为"，因此她给"富裕家庭的主妇"和她们的家庭佣人组织讲座和示范活动。这些佣人经常抱怨他们的雇主拒绝节约或是尝试新食物。皮尔坚决站在那些"向穷人鼓吹节约，却一点儿也不了解穷人的生活以及他们在方方面面遇到的困难"的人的对立面。她与彭伯·里夫斯相互呼应，赞颂穷人"非常聪明的妙计"使得他们能够"用微薄和不稳定的每周收入来维持家庭和抚养孩子"。当她给职业母亲讲课时，她总感觉她"从职业母亲身上学到的东西远比她们能够从她身上学到的多"。然而，皮尔也认识到，如果穷人能更多地关注食物的营养价值和科学烹饪的原则，她们就能更有效地消费。[40] 她在粮食部的节约粮食工作的重点就放在这些营养教育和烹饪指导领域。

　　粮食部的节约粮食运动是国家对消费者选择的第一次重大干预。这场运动的规模之大令人印象深刻。作为前舰队街*的一名新闻工作者，肯尼迪·琼斯非常善于抢占新闻头条，其中最著名的是及时跟进节约粮食运动的新闻，乔治三世（George Ⅲ）在拿破仑战争期间宣称要减少面包和面粉的消耗，并且要求在1917年5月所有的宗教仪式上都要宣读该声明，还把公告贴在每一个邮局，而且在不少于1600家报纸上刊登声明。粮食部给那些坚持自愿定量配给制的人发放承诺书和紫色绶带，拍摄了关于粮食危机的短片并在全国各地的影院播放，印刷了1700万份包含营养建议和食谱的传单，举办了150场节约粮食展览，另外还开设了60家示范商店或食品小卖部。许多家庭科目教师在全国巡讲，传播有关节约粮食的建议并进行烹饪示范。[41]

　　然而，有充分的证据表明，消费者对这种接二连三的建议并不买账。虽然一些节约粮食的措施取得了有限的成功，尤其是在1917年2月至6月间，谷物消耗减少了10%，但这些措施还不足以阻止1918年初引入强制定量配给制。1917年春，粮食部对自愿定量配给承诺运动的效果进行

---

* Fleet Street，舰队街是英国伦敦一条著名街道，因为这条街是很多英国报纸的总部所在地，所以"舰队街"也成为"英国媒体"的代名词。——译者注

了调查,结果发现普遍存在的两极分化现象。在沃辛(Worthing)有 92% 的家庭签署了承诺书;而在金斯林(King's Lynn)有 43% 的人拒绝签署承诺书;在格拉斯哥一个工人阶级居住区的一条街道上,只有十分之二的家庭听说过自愿定量配给制(还都认为这与他们无关)。巴尼特(Barnett)说:"在金斯林,那些虽然知道为什么要进行节约运动但还是拒绝签字的人给出了各种各样的理由。有人认为没必要少吃,因为乡下有足够的粮食。还有些人说,他们有生以来第一次有了不错的收入,他们打算用这些钱购买更多的食物,而不是吃得更少。此外,他们还提到了军队对食物的浪费、给宠物喂牛排和牛奶、德国战俘的'过度饮食'、富人囤积食物以及政府推迟启动粮食控制等。"42 其中许多不满情绪体现在写给新闻界和粮食部的信件中,粮食部正是通过这些信件来监测公众舆论的。43 1917 年末格拉斯哥的敌对情绪非常强烈,所以粮食部建议阿瑟·亚普爵士和朗达(Rhondda)勋爵不要到那里去讨论节约粮食问题。44

很显然,许多人不喜欢富人向穷人宣传家庭效率:"这就好像当穷人不得不对自己的家庭实行最严格的节约时,来自社会较高阶层的人还要对他们进行节约粮食方面的说教,这就太不合适了。"45(参见图 7.1)尽管经常启用专业的烹饪导师作为新的中坚力量,但是那些部门讲师不知轻重的程度,既让人惊讶,又似乎在情理之中。甚至皮尔也回忆说,在一次活动中,一位从事农业劳动的观众被一位"主持会议的女士"告知"吃肉是不必要的——她建议人们的饮食要以豆类、谷物和奶油为主!"皮尔自己也没能逃脱观众的责难,但她很快就学会了"以良好的心态对待个人玩笑",并经受住了诘问者尖刻的刁难。在约克郡,"一个坐在大厅后面的人对我们的主席喊道:'先生,政府给我们送来了土豆皮,但碰巧的是,我们更希望他们送来的是土豆!'而在英国南方一个小镇上,一个身材高大的男人站了起来,用一种昏昏欲睡、非常幽默的声音说道:'可我要说的是,他们不应该让一位像你这样吃得白白胖胖的女士来给我们讲节约粮食!'"46 讲座后经常会有烹饪示范,试图在节约粮食的崇高理想和抽象理论上加一些实用的东西——这被认为是向人们推介如木薯等新食物、营养合理的食谱和节能烹饪技术的最有效方式。皮尔提供的显然有些勉强的证据表明,尽管人们明显不愿意接受新食品,但示范活动受到了更热烈的欢迎。47 然而,在示范活动上,专家给的建议的质量也是参差不齐的。

粮食部自己的调查显示,尽管从教育委员会招聘了成千上万的家庭科目教师,但很多烹饪示范教授的还是"战前烹饪方法"。因此,曼利迅速招聘了伦敦郡议会的烹饪专家,在3周内对18名教师进行了再培训,然后再把他们派遣到全国各地给他们的同行传播科学烹饪方法的福音。[48]

图7.1　W. K.哈兹尔登动画
来源:W. K. Haselden cartoon (WH1318),*Daily Mirror*,19 April 1917。Mirrorpix.com网站与肯特大学卡通和漫画研究中心授权。

事实上,在国家和地方培训中心以及国王学院接受了家庭科学教育培训的学生在战争期间广受欢迎。他们可以担任工业食堂和学校食堂、国家厨房、海军和陆军食堂的管理者、监督员、经理等职务以及在红十字会和医院就职。[49]战争突显了家庭管理的重要性和扩大新的家庭科学家专业队伍的紧迫性,这些家庭科学家可以教育所有社会阶层,让他们了解营养的必要性和高效管理厨房的好处。国王学院的学生人数从1914年的20人增加到1917年的104人,1918年教育法最终将家庭科目和教师——以及更广泛的技术和实践教育——与其他学术专业和教师平等对待。到1930年,很多家庭科目的培训学院都成为伦敦大学、曼彻斯特大学、利物浦大学、布里斯托大学、利兹大学、杜伦大学和卡迪夫大学的附属学院,并且可以颁发学历和学位证书,与此同时还有3000名专家在给超过50万名小学女生教授家庭科目。到20世纪30年代末,殖民地部认识到家庭科学教育已经成为殖民教育中日益重要的组成部分,通过这种教育可以将殖民地的发展和福利联系起来,因此,殖民地部试图增加对这些在大城市接受过专业训练的家庭科学家在殖民地的就业需求和加深他们对殖民地就业机会的认识。[50]

家庭科学和高效厨房

正如现在所设想的那样,在两次世界大战之间,家庭科学被视为确保家庭具有社会责任感(更卫生和更高效,且保证其家庭健康和生产力的家庭主妇是具有营养知识的消费者)的一种重要机制。[51]随着现代的高效厨房和菜单规划师出现在电影里、展览中、报纸和妇女杂志上,当然还有数不尽的家庭手册上,示范家庭以及要成为示范家庭所需的新材料(不能完全指望妇女解放自己)被不断呈现出来。人们希望,家庭科学课程及其新的物质形式将在世俗的家庭实践中发生一场无声的革命,并确保家庭主妇至少了解足够的营养知识,从而能够以最有效和最健康的方式购买和烹饪正确的食物。重要的是,家庭福利的社会责任并非简单地让位于家庭主妇的角色;相反,家庭福利的社会责任是通过主妇们作为消费者在市场上活动而产生的。尽管几乎没有人能够买得起示范家庭中拥有高效厨房的理想住宅,但对示范家庭生活的不断模仿鼓励人们去反思,并且渴望改进他们的家庭管理技术。

小学的烹饪课程和一战期间的节约粮食运动使许多女性接触到了营

养原则，但直到一战后，家庭科学的流行才使得营养知识通过大量的手册、烹饪书、广告、女性报刊得到更广泛的传播。在社会学家和公共卫生工作者依旧目光短浅地关注穷人的膳食制度时，但营养知识已不再是社会学家和公共卫生工作者的神秘领域，家庭科学家决心通过让家庭主妇（虽然她们并不总是了解每种食物的确切营养价值）意识到均衡饮食的重要性，来普及营养知识。

与家庭科学项目关系最密切的两位营养学家 V. H. 莫特拉姆和 R. H. A. 普利默[他的妻子维奥莉特·普利默（Violet Plimmer）给了他相当大的帮助]是在两次世界大战期间普及营养知识的积极分子。1920年，莫特拉姆成为国王学院家庭与社会科学系的生理学教授（他在国王学院一直待到1944年）后不久，开始出版面向家庭主妇和家庭科学教师的广受欢迎的营养手册，这些手册大多都是根据他的讲座编写的。[52]普利默曾协助建立了生化协会并在罗维特研究所工作过。1924年，他回到伦敦，担任伦敦圣托马斯医学院（St. Thomas's Medical School）医用化学教授（在那里他一直工作到1944年）。到圣托马斯医学院后，他立即开始给人民健康联盟（People's League of Health）做营养与健康方面的讲座，在妻子的配合下，他的讲座内容于第二年发表在《食品、健康和维生素》（Food, Health and Vitamins）一书中。[53]该书非常受欢迎，到1942年一共出了9版。莫特拉姆和普利默夫妇认为："对现代户主来说，对食物科学体系相关知识的了解是必不可少的"，他们致力于使"外行读者"能够理解这些知识，并将其翻译成"普通家户的普通术语"[54]。解释饮食、健康和经济之间的联系是他们的研究项目的核心。他们认为，家庭主妇一旦接受了营养科学基本原理的教育，就会减少开支，同时为家人提供更健康的膳食。简言之，如果每个厨房都能成为营养实验室，每本烹饪书都能成为实验室手册，那么每位女性都能成为家庭科学家。

为此，他们设计了一连串的公式、表格、图表和附录，旨在使每位女性都能把家庭膳食和每周饮食转变成一系列精心设计的详细的营养计算。[55]第一步是计算家庭的总热量需求；第二步是算出如何用正确比例的脂肪、蛋白质、碳水化合物和维生素来满足这些热量需求；第三步是如何通过参照特定食物的成本和营养价值表格将这些信息转化为实际膳食。

维奥莉特·普利默意识到这些计算的复杂性,因此她提供了不少于 25 张彩色图表来说明要如何实现适当平衡的"方形餐"。彩色图表显示了"同一种食物的各种成分……并且填上像那不勒斯的冰一样鲜明的颜色,上面印着各种维生素的含量……(这样)每种食物的性质就一目了然了"[56]。她强调,最关键的不是学习技术术语,而是理解一般原理,就像人们对待开车或无线电一样——这些原理可以指导人们规划饮食。[57]制定食谱(menu planning)是训练家庭主妇成为家庭科学家的重要工具。制定食谱强调的时间安排、食物构成和常规化与需要母亲具备科学知识的新要求相吻合。[58]在我们这个注重营养的时代,我们很难理解当时这些营养计算的新奇之处。但是,正如营养学家赋予了饥饿一种新的技术形式,使得政府能够解决饥饿问题,营养学家也给家庭主妇提供了一种完全不同的思考方式来喂养她们的家人。

从食品制造商越来越多地利用营养科学来开发和销售其产品的方式可以明显看出,营养科学已经开始植根在人们心中并站稳脚跟。萨莉·霍罗克斯(Sally Horrocks)绘制了一份图表,展示了食品工业是如何迅速地在营养学家的帮助下[例如莫特拉姆在进入国王学院前,曾为利华兄弟公司(Lever Brothers)工作]开发出生产高营养食品的新技术,这些技术随后在《分析师》(Analyst)、《工业化学家》(Industrial Chemist)和《食品制造》(Food Manufacture)等技术期刊上传播开来。到 20 世纪 20 年代末,人们越来越多地通过宣传产品的保健属性来销售产品:利华兄弟公司在 1927 年推出了富含维生素的维京(Viking)人造黄油,葛兰素史克(Glaxo)在 1928 年推出了添加维生素 D 的婴儿奶粉。1930 年,考曼斯公司(Colmans)更进一步,聘请了营养专家开发一种名为"阿尔玛塔"(Almata)的婴儿奶粉。介绍产品营养成分的传单被分发给护士和健康访查员,邀请他们参观工厂实验室并申请免费样品。《阿尔玛塔手册》("Almata Book")表面上是为公众准备的,讲的是"一位科学家与一位医生和一位护士间的合作",书里涵盖了与婴儿福利有关的各种主题,其中包括阿尔玛塔体重表(Almata Weight Chart),可以根据该表绘制出婴儿的生长情况,还包括大量健康婴儿、全心全意为了孩子的母亲的照片以及来自喜悦的父母的感言。[59]营养健康已成为一种商品。

令营养学家和公共卫生工作者大为懊恼的是,事实证明,特别不愿意接受营养指导的消费者似乎被这些产品的营养术语迷惑住了。莫特拉姆和普利默是营养健康商业化的强烈批评者,卫生部的乔治·纽曼也支持他们。他们的抱怨主要有两点:首先,普利默夫妇简明扼要地总结道,他们称之为"文明"的现代工业生活"让我们很容易吃到各种各样的错误食物,却很难吃到我们应该吃的食物"。工业化生产和加工的方便食品取代了自然的容易变质的食品。在这个过程中,人们的味觉被破坏了,并产生了新的"文明疾病",如便秘、消化不良、胃溃疡和十二指肠溃疡、胆结石和糖尿病。正是这些对健康的担忧激发了男性减肥的新时尚。与世界上仍然吃天然食物的原始种族的"强壮的体格和健康"相比,现代食品工业所带来的堕落的快乐和患病的身体就显得非常不利了。[60]到20世纪30年代,当乔治·纽曼担心"不加选择地给食物添加维生素"会给"营养平衡"带来令人不安的和无法预料的后果时,有机农业和粮食运动开始取得重大进展,尤其是在佩卡姆健康中心。[61]其次,在普遍对商业大众文化的批判的反思中,有人认为,广告商在操纵容易上当的大众的同时,也在贬低营养科学。[62]莫特拉姆希望,他所教授的家庭科学家能够培训消费者看透食品广告中欺骗性的营养宣传,但他也同时呼吁要加大监管力度,为此专利食品必须"通过专家医学意见的考验,而不是被不懂营养但有商业头脑的食品制造商硬塞给容易上当受骗的公众"[63]。有很多人支持他:1934年政治和经济计划委员会响应了莫特拉姆呼吁的通过制定法规来保护消费者的号召,反营养不良委员会也紧随其后,他们警告说"在目前允许商业广告滥用科学知识的情况下,开展正确的食品营养价值教育"是徒劳的。[64]尽管有这些抱怨声,但人们还是不得不承认,虽说是以不诚实和误导性的方式,可市场还是提高了人们的营养意识,而且市场还让消费者做出了理性选择,去消费那些声称能提供营养健康的食品。

正如我们在第五章中所看到的,担任英国一家大广告公司总经理的威廉·克劳福德在《人民的食物》一书中,对广告在促进人们的营养健康所起的作用方面,提出了一个更为积极的看法。他认为,由于广告是社会教育的另一种技术,一个更适合把"科学中的抽象事物"转变为人们日常生活的实践层面的技术,它将成为一个重要的"武器,学习营养学的学生无疑会使用该武器去努力实现他们理想中的健康国家"。为了说明这一点,他向人们展示了有多少女性(最富有的第一组受访者中有65.9%,最贫穷的第五组受访者中有89.5%)没有受到越来越多的饮食建议的影响。那些对广告感兴趣的人的兴趣点也集中在对食谱、节食和儿童喂养的实用建议方面;"他们很少提及像'维生素''食品营养价值''适当营养'这样的科学主题"[65]。之前几乎没有营养学家赞同克劳福德的观点,但到了20世纪30年代末,越来越多的社会营养学家喜欢利用广告技术来传播营养知识。甚至英国医学协会的营养委员会也成功地"充分利用现代广告,引起公众的注意",他们的手册《家庭膳食和烹调》(*Family Meals and Cookery*)和《医生烹饪手册》(*Doctors Cookery Book*)分别售出127566册和170654册。[66] 我们很快就会看到,他们这是对二战期间营养学家的管理工作的预演,即将复杂的营养教育广告运动与规范广告行业使用营养科学的框架结合起来。

在两次世界大战期间,家庭生活的科学改革如火如荼地进行,部分原因是健康卫生家庭的模式成了一种商业愿景,同时也成为公民的一种愿望。它的核心是每位女性的梦想,即拥有一个高效、省力的厨房,因为女性60%的家务劳动都是在厨房里完成的。一大批家庭科学家、建筑师、住房改革家和商业公司利用科学管理的理念设计出高效厨房,这些厨房不仅承诺减少家庭主妇的劳动,而且还承诺会改善家庭的健康和卫生状况。[67] 这些厨房不仅使创造家庭健康和卫生的社会责任成为一种商业愿景,甚至还能通过设计空间,不知不觉地转变在厨房工作的人的习惯,把效率强加给那些没有这种追求的人。

这一点在《每日邮报》的"理想之家"展览(Ideal Homes Exhibition)上得到了证明。[68]《每日邮报》于1908年创刊,从一开始就试图通过现代科学技术的应用,改变家庭管理方式和以管理家庭生活为职责的中产阶级女性读者。早期报纸关注妇女关心的健康问题,如健康、卫生、育儿等,但很快又融合了妇女对效率和节省劳力的兴趣。在一战前的最后一次展览中,节省劳力的技术及其实用演讲和示范都在"理想之家"各部分展区中得以展示。当"理想之家"展览在1920年重新开放时,它以人们熟悉的方式强调,科学管理是节省家庭主妇构建家庭健康和卫生所用劳力的方式。1919年8月,《每日邮报》推出了一个示范高效厨房计划,该计划将准备下午茶的步骤从350个减少到50个,随后还举办了读者关于省力装置和设计的最佳创意竞赛,以及完整的"理想省力之家"竞赛。[69] 在1920

年展览会上展出的获奖设计"不仅仅是家用电器,还包含了内在的节省劳力的设计特征,能够减少家务和维护工作。节省劳力的特性关注的重点是厨房,通过把各种器具组合在一起,尽量减少准备、烹饪、上菜以及清洗和打扫房间的工作。炊具、桌子、水槽和其他工作台都是按照中等身高的女性来科学设计的"[70]。鉴于这种对家庭效率科学的关注,多萝西·皮尔在1919年成为《每日邮报》女性版编辑也就不足为奇了。[71]皮尔是《每日邮报》老板诺斯克利夫(Northcliffe)勋爵眼中的理想人选,不仅是因为勋爵本人在20世纪20年代早期参与了反对历届政府的反浪费运动,而且还因为皮尔是《每日邮报》想象中英格兰中部女性读者的典型代表。[72]皮尔强调管理家庭的新科学方法有助于使家务劳动成为受人尊敬的活动,这不仅仅在带薪中产阶级[在通货膨胀时期,甚至需要解雇仆人,他们不得不接受自己作为"新穷人"(the New Poor)的窘境]眼中是如此,而且在正在步入上层社会的人眼中也是如此,这些人急于通过管理一个高效、卫生的家庭来建立自己新的社会地位。这里有一个关于我敬爱的外祖母贝丽尔(Beryl)的故事,她在20世纪20年代中期结婚后不久,就购买了刚出版的《省力提示和家居创意》(*Labor Saving Hints and Ideas for the Home*)一书,现在这本书就放在我的书桌上。

"理想之家"展览在展示科学管理的家庭的新设计和新技术的同时,还将家庭科学与人们对现代化的渴望和健康、卫生、幸福的未来结合在一起。当然,几乎没有人能够买得起《每日邮报》年度展览中展示的理想省力住宅,但所有去参观的人都能够暂时待在这些空间里,"幻想着自己在这样的空间里生活的场景"[73]。在1924年"理想之家"的展览目录中,它被描述为"每个人的展览",因为在"展示家居艺术的同时,展览教会了人们生活的艺术"。该展览鼓励所有人反思他们自己的家庭习惯、组织混乱的厨房和不卫生的空间。为了证明这一点,展览中经常展示低效和不卫生的"恐怖屋"(Chamber of Horrors),从设计拙劣的厨房器皿和炊具(1920年),到有石头地板和开阔牧场的拉纳克郡(Lanarkshire)矿工的传统小木屋(1922年),再到其他国家的厨房设计(1926年,展示了一个美国设计的"科学安排的样板房",有着卫生的表面以及省力的设计和设备)。这些令人陶醉的展览吸引了越来越多的观众,从1908年最初的20万人次增加到1926年的近50万人次,再到1937年的62万人次,一战后的高峰期达到了 100 万人次。[74] "理想之家"展览可能是拥有高效厨房的样板房的最大供应商,但并非唯一的供应商。还有很多其他展览——比如"更明亮的家"展览(Brighter Homes Exhibition)或"理想幸福之家"(Ideal and Happy Homes)——在全国巡回展出,让即使是最贫困地区的人们也能设想并暂时待在他们梦想的厨房里。[75] 正如一位历史学家最近所评论的,到了 20 世纪 30 年代,"梦想厨房"的规划和展示"几乎成了一种全国性的娱乐活动"。[76]

两次世界大战期间女性杂志的激增以及燃气行业和电力行业的竞争都推动了厂商竞相提供最卫生和最省力厨房的设计和设备这一潮流。在通过高效厨房实现理想家庭的民主化和普及家庭管理的科学技术方面,女性杂志做出了巨大贡献。《好管家》(Good Housekeeping)杂志于 1922 年创刊,随后很快出现了一大批类似杂志,例如《妇女与家庭》(Women and Home)(1926 年)、《妇女杂志》(Woman's Journal)(1927 年)、《妇女界》(Woman's Own)(1932 年)、《妇女画报》(Women's Illustrated)(1936 年)和《妇女》(Woman)(1937 年),这些杂志都致力于研究好的家庭管理的新科学。[77]《好管家》把关注的重心放在节省劳力设备、现代烹饪和高效消费上。它专门在斯特兰德大街(the Strand,1924 年)和牛津街餐厅(Oxford Street Restaurant,1927 年)特别设立的研究站测试新设备和食谱,每个研究站都自称拥有"一个现代化的、设备齐全的厨房",并通过《好管家》认证标志(Good Housekeeping Seal of Approval)引导读者购买最好的食品。《好管家》杂志中都是关于预算、营养和膳食计划的实用建议,这些建议通常是由国王学院家庭与社会科学系的工作人员或毕业生所撰写的,它们支持了研究所的烹饪示范、《好管家日记和账簿》(Good Housekeeping Diary and Account Book)等产品的营销以及为节省劳力而进行的竞赛。现如今人们对效率和节约的痴迷很好地表达了《好管家》杂志关于良好家庭管理的愿景——良好家庭管理既包括省力的设备,也包括如何准备和烹饪营养健康且价格合理的家庭餐。

尽管自 19 世纪末以来,燃气行业就在展示厅设立了示范厨房,并提供烹饪示范,但在两次世界大战期间,面对来自电力行业日益激烈的竞争,燃气行业付出了加倍的努力。他们重新设计了燃气展示厅,以确保来支付账单的顾客都要穿过一个配备了各种现代燃气设备的样板房,还有一些公司甚至开发了可以容纳200人的特别讲座会堂来进行他们的烹饪示范——到1937年,燃气、照明和焦炭公司(Gas, Light and Coke Company*)一共拥有23个这样的展示厅,为大约10万名女性提供了1700次烹饪示范。[78]尽管付出了这些努力,但在20世纪20年代,理想家庭和厨房还是越来越多地与电力联系在一起。[79]1925年,第一个全电力运营的示范住房在"理想之家"展览中展出。1924年,妇女电气协会(Electrical Association of Women)成立,主要是为制造商提供设计和使用家用电器的建议,其目的是创造一个更高效的家庭环境。[80]该协会的负责人卡罗琳·哈斯利特(Caroline Haslett)是美国家庭科学管理倡导者莉莲·吉尔布雷思(Lillian Gilbreth)和克里斯蒂娜·弗雷德里克(Christine Frederick)的信徒。[81]哈斯利特在1927年邀请弗雷德里克为妇女电气协会做了一系列讲座,讲座内容随后发表在该协会期刊《女性的电气时代》(Electrical Age for Women)上,文章高度赞扬利用电气来使房间成为一个高效的空间,在这个空间里,家庭主妇可以像家庭科学家一样工作。哈斯利特认为,电气化把厨房提升到"一个恰当的现代化位置,使其成为令人愉悦的卫生食物实验室",在那里,家庭主妇"在缩短流程和操作方便的同时,还能够保持厨房的干净整洁"[82]。1932年,哈斯利特出版了《厨房实用手册》(The Kitchen Practical),四年后跟着播出了短片《家庭动作研究》(Motion Study in the Home),该片展示了一个配备电气设备的厨房。该短片将以传统方式准备早餐与通过科学管理规划以最高效率准备早餐进行了对比。[83]为了巩固她作为提高家庭效率的新的最高权威的声誉,哈斯利特在1932年担任了全国妇女委员会新成立的家庭科学管理委员会(Council for Scientific Management in the Home)主席一职。该委员会借鉴了家庭主妇和家庭管理专家的经验,为建筑商和消费者搭建了示范厨房。正如我们在上一章中看到的,在家庭科学管理方面,有一个特别的英式转变。家庭科学管理委员会,如妇女电气协会与妇女燃气委员会(Women's Gas Council),对效率的定义都非常宽泛,认为效率包括健康和福利等社会问题,如营养标准、儿童福利、住房和消除烟尘等。[84]值得回顾的是,在

---

* 该公司是于1812年在英国伦敦成立的第一家真正意义上的公用事业公司。该公司在大型中央电厂的焦化过程中生产煤气,并通过地下管道输送给个人用户。——译者注

20世纪30年代,英国燃气协会委员会(British Council of Gas Association)赞助了几部关于这些问题的纪录片,如《住房问题》、《丰衣足食》和《上学儿童》(Children at School)。尤其是第一部纪录片,毫不费力地将毫不妥协的社会现实主义与将推广燃气产业作为解决贫民窟住房问题的技术方案结合了起来。

很显然,大部分人只能满足于在想象中、展览上或是杂志里待在他们的理想厨房里。尽管在两次世界大战之间,英国的公共和私人住房存量大幅增加,但实际住宅中很少有高效厨房。到1939年,超过75万所公房已经建成,占住房存量的10%,二战后的进一步建设几乎使这一数字涨了一倍,到1951年时达到17%。随着公共住房建设在20世纪20年代初的财政紧缩中收缩,私人开发商填补了这一空缺,建造了400万套新房,自住率从1914年的10%上升到1938年的32%。越来越多的新房子成为不断扩张的国家电网的一部分。1920年,国家电网仅向73万户家庭提供电力,到1938年,这个数字已经达到了900万户,并以每年75万户的速度增长。

然而,尽管如此,高效厨房在公共住房中只是时断时续地出现。1918年,战后重建部(Ministry of Reconstruction)成立了女性住房小组委员会(Women's Housing Subcommittee),以征求女性对战后住房设计的意见,"尤其是要给家庭主妇提供方便"。毫无疑问,该委员会成员包括了无处不在的多萝西·皮尔。[85]该委员会特别关注工人阶级女性的需要,他们得出结论称,一所现代化的房子不仅需要一个浴室和一个起居室(在那里可以吃东西,孩子可以玩耍,成人可以放松),还需要一间拥有省力的食物准备装置和节约式烹饪器具的专门房间——在这个房间里有热水和冷水,有易于清洁的工作空间以及方便操作的格局。然而,作为竞争对手的都铎·沃尔特斯委员会(Tudor Walters Committee)却忽视了这些建议。该委员会主要负责设计劳合·乔治所承诺的为英雄修建家园的计划。就如何将厨房和洗碗间隔开,从而将烹饪和用餐与洗碗分离开来,该委员会确实有过详细的讨论。[86]但直到20世纪30年代,节省劳力的独立厨房才开始进入公共住房。圣潘克拉斯住房改善协会(St. Pancras Housing Improvement Society)和伦敦郡议会在建造新公寓时都采用了妇女电气协会的设计。然而,像温佩公司(Wimpey)、科斯坦公司(Costain)和理想家园公司(Ideal Homestead)这样的私人开发商,"采用……按照美国家政学和家务效率专家的想法"设计的廉价的配有独立浴室和厨房的三居室半独立式住房,才是在"理想之家"展览中对推广高效厨房模型做出最大贡献的。[87]

1944年,当关于战后重建的《达德利报告》(Dudley Report)开始关注住宅设计时,很明显,女性比以往任何时候都更注重节省劳力的设计特点,尤其关注在厨房为家人准备饭菜时如何节省劳力。[88] 建筑师简·德鲁(Jane Drew)在1945年的《妇女画报》上发表的一篇题为《未来厨房》("The Kitchen of the Future")的文章就反映了这一趋势:"我觉得每个女性都同意,在战后要摒弃家务杂事,这就是我专注于厨房的原因。"[89] 然而,政治和经济规划委员会关于家用电器的调查显示,英国远远落后于美国,英国只有850万立方燃气和150万个使用中的电炉(换句话说,至少有25%的人既没有燃气也没有电炉)。而且,即使不考虑购物的时间,大多数妇女每周也要花49个小时来做家务。[90] 所以,一些女性对高效厨房持怀疑态度,也就不足为奇了。有人向建筑商抱怨说"需要揭穿超级厨房的想法":这种想法更多的是读科幻小说的产物,而不是来自对家庭生活现实的热爱。[91] 建造节省劳力的住房,配备能把家庭主妇转变成家庭科学家的高效厨房,这样的住房的交付显然是不平衡的。然而,比起人们在1918年的设想,到20世纪40年代,这个设想更接近于实现——它不是靠防火胶板和油毡来实现,而是在人们心中和脑海中实现。

二战期间在厨房前线战斗

在二战期间,国家以粮食部的形式直接参与了一项计划,该计划旨在使每个妇女都成为营养知识丰富的家庭科学家,使每个厨房都成为高效厨房。它是通过吸收新一批的训练有素的家庭科学家和许多专注于在两次世界大战期间普及家庭科学的商业技术来实现这一目标的。定量配给册的规定加上粮食部食品建议司(Food Advice Division)的工作,让消费者接受了新的教育,即鼓励他们以新的对社会负责的方式(高效和健康的方式)购买和准备食物以及搭配和烹调食物。那时,以社会民主和国家为中心的粮食定量配给制也依赖于教育公民最大限度地提高自身的健康水平和效率，并且使这些社会目标成为商业追求的目标。

如今人们熟知的勒格罗斯·克拉克于1946年为英国粮食部撰写了一份报告，称赞其食品建议司的工作是"第一次有系统地持续开展一项长期运动"，为了"在饮食问题上指导公众"[92]。食品建议司动员了一个由营养学家、家庭科学家、市场研究人员、家庭主妇组成的网络，其人员配置之全让人印象深刻，试图将营养科学转化成"可以被一般家庭主妇理解和使用的简单而实用的术语"，以便她们能够通过最有效地利用现有食物来改善家人的营养健康。[93]尽管食品建议司在20世纪40年代后期刚成立时规模并不大，但到勒格罗斯·克拉克写报告时，这个部门已发展壮大了很大。其总部有25名饮食专家和家庭科学家，他们与粮食部的科学建议司和公共关系司密切合作，不仅经营了一个测试新食品和配方的实验厨房，还将实验厨房的工作成果转化为宣传材料。传播食品建议的媒介多种多样，包括印有食谱的双月烹饪日历、海报、图表和展示营养需求与食品营养价值的照片、包含食谱和基本烹饪方法的书籍和小册子、给家庭科学教师和其他人提供食物建议的国内期刊、各种主题的短片、展览、讲座和示范活动等。[94]其中最著名的可能是英国广播公司（BBC）在每天的早间新闻后定期播出的《厨房前线》（Kitchen Front）节目，吸引了大约500万听众，"占现有听众的15%，收听率是其他日间谈话节目的4倍"。[95]

所有这些材料都强调了更丰富的营养知识是如何使那些在厨房前线战斗的人减少对食物、燃料和劳力的浪费，同时还能促进他们家庭的营养健康。这里的关键是制定食谱的原则。第一步要搞清楚三种基本食物类别（"健身食品""能量食品"和"保健食品"）的营养功能，每种食物属于哪一类，以及每个食物类别中每位家庭成员的不同需求。他们鼓励家庭主妇计划好一周内将要提供的食物，仔细平衡经济节约和食物多样性的需求，以满足家庭的营养需求和对美味佳肴的需求。这样做可以产生一系列节约措施：知道每顿饭的原料就可以减少花在购物上的时间；可以同时准备几个菜，从而节省了燃料和劳力；在准备一道菜时所剩下的食物还可以在另一道菜中循环利用（因此汤很受欢迎）。[96]

通过广泛利用战时社会调查和市场研究，粮食部认识到，由于"普通家庭主妇不希望有意识地'被教育'做饭的手艺"，粮食部的宣传材料应该

第七章　人如其食：培养公民成为消费者 | 171

提供"建议",而不是发布命令,然而在某种程度上,一战期间的节约粮食运动并没有做到这一点。[97]因此,食品建议司试图在"粮食部和本国妇女之间建立直接的个人联系",从而根据特定群体和个人的特殊需要和情况来提供切合实际的咨询意见。[98]一战结束时,食品建议司在外联工作方面建立了广泛的网络,25名地区食品建议组织者(Food Advice Organizers)协调了另外150名合格的演讲者和示范者的一系列活动以及大约50个食品建议中心的活动。此外,从1941年春季开始,食品建议司招募了当地志愿工作者,并通过简单培训使他们成为"食品引领者"(Food Leader),以便他们能更加直接但非正式地接触家庭主妇:到1946年6月,有不少于22300人戴上了食品引领者的徽章,并通过他们自己的杂志《食品引领者新闻》(*Food Leader News*)来通报最新情况。[99]

在所有这些努力中,最核心的工作是从1941年春天开始,在大城镇的主要街道上开设食品建议中心:这些中心宣传了粮食部的食品建议,并为好奇和愿意自我提升的人提供了一个"顺便过来看看"的地方,同时这里也是地区食品建议组织者、示范者和当地食品引领者的总部。他们还会雇请电台明星和戏剧明星来为食品建议中心剪彩,以吸引公众的注意力。在报纸和剧院的开业广告或是街头海报和大喇叭播放的开业公告中,都承诺在食品建议中心的简短演示后,会有茶和饼干来招待大家。[100]这些中心传播的是饮食建议而不是指令,它们的设计不是为了提供"官方机构的建议"或"弄得像学校上课的教室",而是要"像一个温暖、朴实的厨房,是那种家庭主妇在遇到问题时会去寻求帮助以及谈心聊天的地方"。烹饪设施要简单朴素(不能让"一名贫穷的妇女产生'他们有那么多大锅,做菜很容易,但是我做不到'的感觉"),且营养建议也是"用简单的语言来描述家常菜的烹饪"。尽管如此,他们还是散发了详细的技术传单。那些被任命去实现这种微妙平衡的人必须至少了解社会科学、营养科学和家庭科学方面的知识("详尽的烹饪知识"以及"家庭烹饪的个人经验和设备简陋的小厨房的难处");除了具备"饮食学知识"和"慈母心"(具有服务的意愿:对人和食物都有浓厚的兴趣,同时具有主动性和组织能力)以外,他们还应该展示出"示范技巧的知识",而不是"居高临下地与他们所接触的家庭主妇说话"。[101]培养这样的超级女性的重任落在家庭科目国家培训学院(National Training Colleges of Domestic Subjects)的肩上,该学院签订了合同,让学院的学生担任食品建议中心的管理者和示范者,以及开设进修课程。[102]

很难说清楚这些食品建议中心实际上是如何运作的,也说不清楚有多少人蜂拥而至,接受了他们的饮食建议。我们掌握的为数不多的详细记录表明,在高峰时期,会有多达 300 人陆续来到食品建议中心,而且随后人们还会通过邮件和电话来进一步咨询;有些日子里访客却少得可怜,滚滚人流变成了涓涓细流甚至零零星星,一天仅接到 30 多人次的问询。[103]每周通常会有一到两个下午(尤其是在集市日的下午)举行示范活动,演示活动会针对特定群体,比如新婚妻子、正在学习如何管理家庭的年轻家庭主妇、新手妈妈甚至是由于妻子的战时工作而不得不进厨房的男人。针对特定选区举行活动也是示范活动的另一特点,这样可以培养与大量团体的"联系",这些团体涵盖了从政治俱乐部和宗教组织到家庭主妇的协会和妇女志愿服务组织(Women's Voluntary Service)等。对这项工作至关重要的是配备了全套厨房设备的展示车,特别是在农村地区,因为那里很少有其他替代设施,如燃气和电力展示厅、学校食堂和工厂食堂或英式餐厅。展览工作也很普通:可能是在当地集市和市场上租用摊位,或是在更大型的活动中租用场地,比如 1944 年的"挖掘胜利"巡回展览(Dig for Victory exhibition)或《世界新闻报》的家居展(News of the World Home Making Exhibition),当然还有《每日邮报》1947 年的"理想之家"展览。[104]位于伦敦巴特西(Battersea)的圣约翰路(St. John's Road)的食品建议中心在 1944 年成立之初,仅有 9 万名联系人,但到第二年,联系人的数字就涨了一倍。

这些活动在很大程度上显示了食品建议中心在向非志愿者组织成员的大多数家庭主妇提供服务时所遇到的困难。食品引领者计划就是为了解决这个问题而制订的。该计划代表粮食部关于食品建议的信条的至高点:食品建议并不是由高高在上的专家和严厉的官员所颁布的命令,因为这些命令很快就会被人们遗忘和憎恶,食品建议最好要以非正式的方式传播。"一般家庭主妇最容易受到邻居和熟人意见的影响。要传达给她的知识……应该有一种改变时尚的微妙力量;这种知识要在她做家务活动时渗透到她的潜意识里。"[105]作为食品建议的先锋,食品引领者首先必须是其所在社区的"普通成员",但人们希望,在接受了短暂的培训并订阅了《食品引领者新闻》后,他们能把自己转变为佩戴徽章的专家,而这种转变也将预示着更广泛的饮食习惯的转变。人们希望"普通家庭主妇"通过邀请朋友和邻居到家里观看示范或是在其所居住的地区挨家挨户传播相关建议和文献,从而接触到食品建议司的工作所没有覆盖到的那些人群。尽管大部分食品引领者"会被归类为家庭主妇",但事实上,只有不到半数的食品引领者接受过培训,大多数的食品引领者都是通过妇女志愿服务组织(食品引领者计划的最初构想就是由该组织提供的)、女子学院(Women's Institute)、全国城市妇女协会联合会(National Union of Townswomen guild)和基督教女青年会(Young Women's Christian Association)等组织来招募的,还有一些食品引领者是专业的健康访查员、助产士和家庭科学教师。[106]毫无疑问,食品引领者计划扩大了那些传播食品建议的人的网络,但目前还不清楚该计划在吸引没有加入某一特定组织的家庭主妇的效果如何。[107]

  食品建议司与粮食部的公共关系司以及信息部紧密合作,广泛利用"大众观察"、战时社会调查以及市场研究等手段来监测其工作的成效。但结果并非总是尽如人意。例如,在1940年和1941年,"大众观察"发现,在他们所采访的人中只有不到一半的人知道"厨房前线"运动,许多人只知道这个口号,但却并不明白它所包含的意思。此外,设在查令十字街(Charing Cross)的"厨房前线"展览吸引的参观者主要是中产阶级男性,而不是它打算吸引的工人阶级女性。[108]同样,在英国广播公司播出的格特(Gert)和黛西(Daisy)主持的关于食物和烹饪的喜剧脱口秀原本定于晚上六点新闻后播出,而这个时间段家庭主妇都忙着照顾她们的孩子——这一发现使得粮食部争取到了梦寐以求的早上8点15分的黄金播出时段。[109]虽然1943年的一份家庭情报(Home Intelligence)报告中对食品建议司的工作"大加赞赏",但关于"最佳或最受欢迎媒介"的说法,大家褒贬不一。"总的来说,广播和电影似乎要比新闻媒体更受欢迎;海报和传单的宣传方式被认为'效果不大'。除了那些提供食谱和园艺小知识的传单外,一些家庭主妇认为其他的传单都是在浪费纸张。"[110]人们继续对1946年12月推出的一系列名为"食品真相"(Food Facts)的广告和传单的新举措的接受情况进行审查。英国市场调查局(British Market Research Bureau)对读者的反应进行了一项长达几个月的调查,他们每周都会采访约 1000 至 1500 名来自全国不同社会群体的家庭主妇。其调查结果很快就出来了,但也令人沮丧:只有不到 40% 的人看过相关广告,不到 10% 的人认为广告有效,仅有不到 5% 的人真正尝试过广告所推荐的菜谱。[111] 当然,食品建议司自己系统内的地区食品建议组织者和食品建议中心的管理者也会对某些特定活动或者倡议的成功与否提供经常性的(尽管也许不那么科学)反馈意见,就像伍尔顿勋爵和杰克·德拉蒙德所收到的堆积如山的反馈邮件中有很多这样的意见一样。[112]

这些对食品建议司在改变人们饮食习惯和提高人们的营养意识方面的负面评价,很难与勒格罗斯·克拉克等人所做出的积极响应相匹配。这些差异可能源自粮食部自己调查工作相互矛盾的调查结果。因此,尽管"大众观察"发现参观过"厨房前线"展览的人在营养知识方面有了显著提高——从 1940 年春季到 1941 年秋季,能够识别和区分不同能量、健身和保健食品种类的人的比例从 42.5% 上升到 59%——但仅仅 18 个月后,战时社会调查对 2000 名消费者进行调查研究后得出结论:"很多人对食品的营养价值没有科学认识。"[113] 尽管如此,到 1946 年,英格兰中部地区的粮食组织者声称:"在很大程度上,考虑食品的营养价值已经成为国民习惯的一部分;它在国家利益中的地位可以通过这一事实来评估——漫画家和笑话作者发现,他们的笑料中必须包含对食物的关注。"[114] 当然,许多寄给杰克·德拉蒙德的信件和电报也显示了人们对营养科学的深刻理解。[115] 同样地,在对战时童年生活的回忆录中,作者也必定提及他们的母亲是如何在厨房前线奋斗,以及用哪些新食材和食谱做了尝试,或是参加过哪些各式各样的烹饪示范活动,不然这样的回忆录就是不完整的。[116]

正如食品建议司的目的是通过推广膳食计划的概念将营养科学的原则转化为实际饮食建议,定量配给册的原则本身也是将一些规定和责任强加在家庭主妇身上,迫使她们对每周采购的必需品做好计划,即使她家庭的饮食并不需要如此。1939 年 9 月发出了覆盖所有人口的约 4400 万份定量配给册,但是留下的却是疲惫不堪的家庭主妇,她们运用不同的"直接"配给制和"积分"配给制,协调成人、婴儿和儿童的不同配额,以保证在先到先得的基础上获得不在配给范围内的食物(参见图 7.2)。[117] 我们对家庭主妇如何适应这些新规则知之甚少,但是,看起来在多数情况下,她们做得很好。尽管存在一个繁荣的黑市,但我们应该注意不要将黑市浪漫化地仅仅视为一种反抗的迹象。或者至少她们应付并顺从了这样的观点,即她们的斗争也是战争努力的必要组成部分。[118]人们经常抱怨的,不是必须要规划预算和饮食,而是长长的队伍和供应不足,虽然排长队的现象也凸显了这种计划节省劳力的华而不实之处。[119]排队的要求以及排队的不公平构成了以中产阶级妇女为主体的妇女组织[如母亲联盟(Mothers League)和英国家庭主妇联盟(British Housewives League)]所痛恨的焦点。然而,随着1946年和平时期定量配给制的延伸,尤其是对面包的定量配给,他们将批评转向对食品控制和国家对家庭生活的专横的和非英式的干涉的更为广泛的攻击。[120]鉴于家庭的科学管理已经等同于中产阶级家庭主妇的效率,人们反对的不是食品建议和膳食计划,而是反对国家控制和继续推行紧缩措施,这也是促使英国家庭主妇联盟的一些地方分支机构在食品建议中心外面抗议的原因。

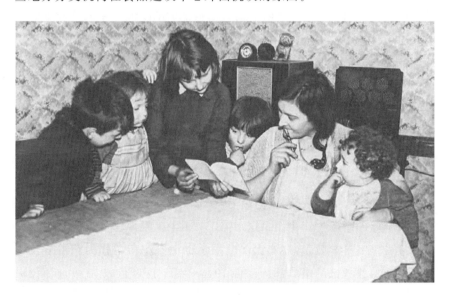

图 7.2 疲惫不堪的家庭主妇在计算配额
来源:《新闻记事报》1940年。辛迪加独家许可。

无论妇女有多么厌倦定量配给册的规定,在战后的岁月里,她们依然不能从计划膳食的指令中得到任何喘息的机会。粮食部和家庭科目教师协会(Association of Teachers of Domestic Subjects)为指导食堂经理、学生和负责确保战后社会营养健康的家庭主妇编制了新的手册和指南。该手册和指南由马格努斯·派克(马格努斯来自粮食部科学建议司)和勒格罗斯撰写,这些手册和指南不仅体现了营养专业知识在膳食计划科学中的中心地位,还展示了人们想要通过实际示范、图表和小测验来使得复杂的营养专业知识变得容易理解的坚强决心。[121]事实上,膳食计划正日益成为一个标志,即妇女在厨房前线的贡献是如何帮助升华《考文垂电讯晚报》(Coventry Evening Telegraph)所描述的"与过去说的'家务劳动'"相对的新的家庭科学以及它在社会重建工程中的任务。[122]到20世纪40年代末,为家人做饭已经与膳食计划和厨房的高效管理密不可分:"今天家庭烹饪的原则是建立在一个井井有条的厨房、提前购物、制定食谱,当然还有充分了解与每个家庭需求相关的食品营养价值和普通饮食的基础上的。"[123]

1947年,在过去20年间一直担任国王学院家庭与社会科学系主任的海伦妮·雷纳德(Helene Reynard)审视了英国家庭科学的公共事业及其在战后重建项目中的地位。她写道:"很明显,全体人民的健康、舒适和幸福很大程度上都取决于家庭主妇能否成功地扮演好照顾家庭和管理家庭的角色。"家庭科学的组织原则——经济节约、组织高效和营养良好——不仅保证了每个家庭都能拥有"精心规划的……干净和秩序井然的"家以及"充足的、营养的、多样化的和诱人的饮食",而且这些组织原则现在也被广泛应用于公共机构的社会工作中。公共餐饮在学校、工厂、医院和监狱里的拓展,家庭科学课程在学校和培训学院中的延伸,以及高效厨房和营养健康的商业营销,这些都为训练有素的家庭科学家创造了大量报酬丰厚的新职位。为满足这一需求,1944年教育法确保所有小学女生都接受家庭科学教育,还有大部分中学也把家庭科学作为获得学校毕业证书的结业考试的组成部分。自1946年起,不少于15所培训学校提供三年制课程,学费由政府补贴。布里斯托大学和伦敦大学还提供本科和研究生学位课程。[124]

当然,有些市民反对这样的观点,即认为所有人的健康、幸福和繁荣都取决于家庭主妇掌握家庭科学技能的能力。这些批评者发现定量配给制和膳食计划完全不符合英国人的习惯,严重违背了战争中英国人极力去捍卫的自由。德文(Devon)在二战期间反对粮食部的精彩的长篇演说中说道,我代表所有那些"喜爱他们自己的食物,并且不喜欢被官方告知他们应该吃什么,什么时候吃,在哪里吃"的人,明确地承诺,"不会尝试去重新培养口味或调整饮食习惯",当然也不会"去尝试那些大多数人都没有兴趣尝试的'计划'饮食的配方或图表"。德文嘲笑了格洛索普(Glossop)碰到的那位倒霉的保健军医,该军医臭名昭著的"超级食物"中就包括"格洛索普健康三明治",该三明治是由全麦面包、一盎司奶酪、肉或干酵母加上半盎司含维生素的人造奶油、芥末、西洋菜(或番茄、生胡萝卜)制成的。德文说:"如果一个维生素专家和正确饮食专家连什么才是真正对你好的都不知道就给出建议的话,那就太愚蠢了……(但)如果格洛索普菜单真的是'长生不老药',我也不确定我是否还想要无限地延长自己的生命。"《让我们吃吧!》(Let's Eat!)的作者得出结论说,专家们真的是"怪人",并且警告说,如果专家达成所愿,那么传统的、备受喜爱的、美味的食物,比如炸鱼和薯条以及传统的英格兰烤牛肉,就会永远从人们的餐桌上消失。[125]无论是1949年食品建议中心交由地方政府管理后被关停,还是1952年食品建议司被解散,或是1954年最终停止粮食定量配给制后粮食部被解散,他并不会为这一系列事情的发生而感到悲哀。

尽管批判定量配给制和食品建议的人宣称,他们正在进行一场"戴维与歌利亚"(David-and-Goliath*)之间的斗争,以支持以市场为导向的消费者来反抗国家控制的"巨人"。实际上,粮食部和它所控制的"巨人"已经将大部分的饮食控制权让渡给了公民消费者。粮食部空前地使用了市场调查和广告手段,来鼓励公民以更加理性和自我改善的方式消费。这些广告的成功之处就在于,它们让人们对营养保健产生了浓厚的兴趣:它们承诺女人会更加美丽动人,年轻人更加热情洋溢,孩子更加活泼快乐,男人更加强壮有力。因为食品的商业营销招致大量营养专家的批评,认为它们故意误导消费者,所以,粮食部坚持认为其食品建议在科学上是准确的,而且粮食部的科学顾问将帮助规范食品广告。虽然1938年的食品药品法案(Food and Drugs Act)为控制食品成分和食品标签提供了一个监管框架,但在二战爆发后,该法案的效力被暂停了,从而给商业制造商提供了机会,它们可以通过借用政府自己的广告和口号来夸大其产品的营养特性和产品益处。[126]许多食品不仅标签过时了,上面还有一些不合实

---

* 歌利亚是《圣经》中记载的被戴维杀死的巨人。——译者注

际的描述,或使用诸如"滋补""有营养的""天然的"这样模糊和有误导性的表述,而且还经常暗示说"所谓有饮食或营养价值的食物,实际上其营养价值是微不足道的"[127]。为帮助"家庭主妇从现有食品中做出明智的选择",1943年,粮食部颁布了国防(食品销售)条例令,首次规定食品标签和广告必须符合特定标准。标签和广告中必须清楚地列出精确的营养量,不仅整个产品要列出,而且每一份销售包装上都要列出。同时,粮食部科学顾问与医学研究委员会协商后,还制定了一套包含精确指导方针的操作守则。[128]从此以后,消费者会在如何通过市场获得营养健康方面得到建议,并且受到保护,不让任何人企图利用他们得来不易的营养知识。这标志着一个重大的转变:人们不再通过简单地指导公民如何成为理性消费者来确保营养健康,而是通过鼓励个人购买合适的食物来管理他们自己的营养健康。如果说科学专家给营养健康下了定义,那么广告就代表那些已经获得营养健康的人所获得的益处,而制造商开发出越来越注重营养的产品和标签。政府和正式政治的作用主要是促进知情消费者的选择,并确保能够提供所有必要信息以及监管框架,以支持负责任的消费者。这发生在一个社会民主国家出现期间,上述融合可能会让我们重新评估这样的论点,即以1951年和1979年两个漫长的保守党政府为标志的英国社会民主政治的失败主要在于未能满足其公民,尤其是女性公民的商业需求。[129]我们必须认识到,尽管妇女仍然是家庭的仆人,但福利国家对消费问题的关注提高了家庭主妇的政治地位。这种转变在妇女协会、城市妇女协会、妇女志愿服务组织和英国家庭主妇联盟等组织(它们都致力于动员家庭主妇成为新社会的关键角色)的大量涌现中得到了显著体现。

第八章

牢记饥饿：英国社会民主的剧本

1947年11月24日，令人敬畏的贝茜·布拉多克（Bessie Braddock）这位利物浦的第一位女议员，也是经历过两次世界大战之间的失业斗争的老兵，在下院加入了对国家援助法案（National Assistance Bill）二读的辩论。这是一个标志性的时刻。该法案意味着备受唾弃的济贫法的终结，工人运动积极分子们为这一天的到来进行了漫长而艰难的斗争。卫生大臣安奈林（"奈"）·贝文［Aneurin ("Nye") Bevan］的政治生涯就是在用福利和安全取代因贫困和失业带来的恐惧的斗争中塑造的。安奈林·贝文声称，他对自己支持了一项被他称为新福利国家基石的法案而感到自豪。他提醒下院，不要忘记济贫院的恐怖行为，以及济贫院是如何把贫穷与罪恶和犯罪行为联系在一起的。[1]但正是布拉多克这位曾被西尔维娅·潘克赫斯特称为全国最优秀的政论演说家的人，用最雄辩的语言证明了那些痛苦回忆，从而最终助力了该法案的通过。

让我们记住济贫法救济办公室外长长的队伍，那些一贫如洗的人，衣衫褴褛，鞋子破破烂烂，推着婴儿车，排着长队——许多人拿着他们在1914—1918年战争期间所携带的行囊——排队领取一周配额的黑糖浆和面包。那时候面包每周发放一次——我们都知道，即使再好的面包，保存了一周后会是什么样子。这就是我们要废除的东西……这些事情依然发生在我们身边。我们还记得它们……

自从 1906 年我第一次回想起人们挨饿的场景时,就盼着废除济贫法的那一天。七岁的时候,我被带到利物浦的市中心,即使在那时,那些参加社会主义运动的妇女也在照顾那些贫穷的人。她们每天都煮汤,然后用一辆货车把汤运到市中心,再把汤和一片面包片分发给那些等着用一分钱买一碗汤的饥饿的人。从那以后,我总是记得,当汤分完后没有更多东西可卖时,那些还在排队的人脸上悲惨和恐惧的神情……

我很高兴我能活着看到这一天的到来,并且能够成为这场动荡中的一分子——因为在这届政府上台之前,动荡必定会一直存在……在意识到我们现在生活在一个将为全体公民的利益而进行生产的国家感到欣喜的同时,我希望工人阶级运动现在可以忘记过去的恐怖。[2]

正如布拉多克所证明的那样,与饥饿和贫困的斗争是英国工人运动的核心,关于饥饿和贫困的可耻的屈辱记忆将在社会民主合法化方面发挥重要作用。回忆过去的斗争、苦难和牺牲,长期以来赋予了工人运动一种使命感,但随着 1945 年工党选举的胜利,此后产生的一连串历史使人们相信:"工党将继续前进,因为它深知已经走过的这条艰难道路上的深刻教训。"[3]饥饿成为这条复兴之路上一个熟悉的里程碑,打败饥饿成为 1945 年以后几十年中尤其是在被称为"饥饿的 30 年代"的这十年中,英国社会民主故事的一个关键部分。正如在英国人的自传和证词中,到处都能看到对工人运动的描述一样,在这些故事中到处都是关于战胜饥饿的叙述,英国人也用自己与饥饿的距离来衡量自己的富裕程度。正如杰夫·埃利(Geoff Eley)在描写二战结束后的英国电影里所写的,20 世纪 30 年代的贫困成为"当下差距和愿望的标志……惨痛的苦难、大规模的失业和饥饿游行的画面,定义了一个不可重复的无法接受的过去,也是一场需要集体行动和集体责任的苦难"[4]。本章并不关注社会民主是如何作为一种政治解决方式出现的,本章关注更多的是,饥饿的记忆是如何在战后的岁月中产生并形成社会民主的故事,从而验证了饥饿记忆的成就的。然而,正如布拉多克所认识到的,这两者是交织在一起的,并且我认为,这是因为在战后几十年里,福利国家在其初始阶段仍然处于一种不稳定的状态。

让我们回到后来成为 20 世纪 30 年代社会民主记忆缩影的饥饿游行。尽管这些饥饿游行是由失业工人发起的抗议活动,但这些失业工人在工人运动中充其量只能算边缘人物。正如我们在第三章中所看到的,发明饥饿游行的目的是展示失业者是经济衰退和政府失职的受害者,但在二战结束后,全国失业工人运动也采用了这种抗议形式来要求工作机会或是足够的福利待遇,即"工作的权利或完整的福利待遇"[5]。尽管全国失业工人运动的领导层主要是共产主义者,但他们主要不是阐述失业是资本主义不可避免的产物的经济批判,而更多的是质疑束缚失业者的惩罚性的福利制度,并且要求获得完整的福利待遇权利。全国失业工人运动的饥饿游行很少能迫使政府做出让步,而这也正是大多数历史学家评判它们的标准。饥饿游行更显著的成就是,通过宣称福利是普通人的一部分,是一种社会权利,而不是一种针对不听话的社会群体的惩罚形式,颠覆了人们原有的关于福利的逻辑。全国失业工人运动改变了两次世界大战之间的福利政治,并为 1942 年《贝弗里奇报告》的出现创造了条件。《贝弗里奇报告》呼吁建立一个普遍的社会保险和福利制度,从而为战后的社会民主福利国家奠定基础。

自相矛盾的是,由于长期以来工人运动一直忽视和谴责全国失业工人运动,直到 1936 年贾罗选区的工党议员埃伦·威尔金森(Ellen Wilkinson)领导了一场前往伦敦的著名的游行以抗议贾罗镇的失业率后,饥饿游行才变得受人尊敬。鉴于全国失业工人运动的饥饿游行被视为对法治和英国宪政的威胁,贾罗的游行被普遍视为一次反对失业的正当抗议活动,因为它被故意设计成一场宗教讨伐运动(而不是一场饥饿游行),它表达的是一个地方的利益(而不是某个阶级的利益),并且是在贾罗镇议会跨党派的支持下。然而,威尔金森对全国失业工人运动的亏欠之情在她那本关于饥饿游行的书《被谋杀的小镇》(*The Town That Was Murdered*)开篇的几句话中表露无遗,她坚持认为:"穷人的贫穷不是意外,不是暂时的困难,也不是个人的过错。它是任何资本主义国家绝大多数公民必须生活在其中的一种持久状态。这是(构成)现代工人运动基础的阶级斗争的基本事实。"[6]尽管威尔金森谈到了阶级斗争和资本主义的失败,但贾罗的这场宗教讨伐运动所产生的宣传效果比之前所有饥饿游行加起来还要好。后来，历史学家为了捕捉"饥饿的 20 世纪 30 年代"的时代精神，几乎有些情感用事地唤起了人们的这种关注。[7] 20 世纪 30 年代，对饥饿游行以及曾经令人厌恶的失业者形象的重新定位使他们从英国政治文化的边缘地带进入人们同情的中心，预示着一场显著的转变——这意味着饥饿游行，以及更广泛意义上的战胜饥饿，将占据英国社会民主故事的中心位置。

只有懦夫才在沉默中饿死

全国失业工人运动使饥饿游行成为战争期间失业者的抗议形式。除了 1922 年、1929 年、1930 年、1932 年、1934 年和 1936 年组织的全国饥饿游行以外，还有其他一些因地方或地区特殊情况和不满所引发的饥饿游行。[8] 1927 年 11 月，在安奈林·贝文的支持下，来自南威尔士（South Wales）的矿工一路游行到伦敦，抗议不断增加的失业人数。第二年秋天，他们再次上路，这一次是游行去斯旺西（Swansea）的英国工会大会（Trade Union Congress），而他们在苏格兰的同行则游行前往爱丁堡，强调贫困救济和失业津贴的不平等。1933 年的夏天发生了一系列地方游行和地区游行［从苏格兰到爱丁堡，从兰开夏郡到普雷斯顿（Preston），从诺丁汉郡（Nottinghamshire）和德比郡（Derbyshire）到德比（Derby），从约克郡到韦克菲尔德（Wakefield），从南威尔士到布里真德（Bridgend）］，主要都是抗议新成立的郡公共援助委员会（Public Assistance Committees）所管理的救助金额度。[9] 工党历史学家改变了人们以往对这些游行的忽视态度，并强调饥饿游行作为一种抗议形式的适应性，使得全国失业工人运动能够针对救济管理的特定部分或变化进行抗议，工党历史学家的这些做法值得称赞。[10] 全国失业工人运动在 1922 年的第一次游行要求工作的权利或是全国统一的 36 先令的完整的福利待遇，在 1929 年的第二次全国游行针对的是 1927 年失业保险法（Unemployment Insurance Act）中令人讨厌的"不真正找工作"（not genuinely seeking work）条款，而 1932 年的游行针对的是 1931 年 10 月引入的声名狼藉的经济状况调查。

毋庸置疑，在两次世界大战之间为失业者提供的大部分救济都具有惩罚性。惩罚那些失业者的目的与他们自己坚称的"福利是一种权利"的说法背道而驰。虽然1911年开始实行并在1920年扩大到1100万工人的社会保险确立了被保险人领取失业补助金的权利,但失业补助金有数额和期限限制(最初是每周15先令,共计15周),这迫使甚至有失业保险的工人也去申请1921年开始实行的"延长"补助金(将救助期限延长最多至47周,还包括对受助者家庭妇女和儿童的微薄津贴)。延长补助金是由公共资金支付,而不是由缴费的社会保险支付,因此他们将补助金(benefit)的申领人转为救济金(relief)或"援助金"(assistance)的申请人。为了让这种援助方式有威慑力,福利官员会对接受补助金的资格进行经济状况调查:济贫法中臭名昭著的"劣等处置"原则非但没有消失,反而扩大了适用范围。在救济金的浮动范围内,失业补助金总是低于基本工资,贫穷救济金或是失业援助金也总是低于补助金。在1927年实施"不真正找工作"条款以及1932年实施家庭经济状况调查后对申领资格进行了限制后,1931年补助率又降低了10%(虽然在1934年总额恢复到原来水平)以及用仅持续26周的"过渡性"补助金来代替延长补助金,救济金的总额和期限进一步缩减。正如伦敦基诺集团(London Kino Group)制作的无声的但让人难以忘怀的纪录片《面包》(Bread,1934年)所表现的那样,失业者继续体验着作为一种惩罚形式的"救济金",这也就不足为奇了。这种体验不仅包括救济金的不足(按实际价值计算,即使价格下跌了,救济金依然是不足的),还有越来越多令人眼花缭乱的法规和程序的出台(在1920年至1934年间共颁布了21部影响失业保险的立法),以及对救济金申请者有损人格的对待方式,他们不得不去证明他们是真的在找工作或接受对他们家庭的经济状况调查。伯内特恰当地总结了这种情况:"超出保险期限的失业救济金是被人随意决定的,而不是一种权利;实际上,它涉及对申请人'品格'的检验,失业救济金的申领者要被迫接受列出的各种条件。"[11] 1929年公共援助委员会曾短暂取代了地方监护人委员会(boards of guardians),其目的是防止像伦敦波普勒(Poplar)监护人委员会那样的工党控制的委员会建立一个对失业者更为慷慨的制度。公共援助委员会仍然是地方性的,因此,未能实施人们所希望的、集中的、全国统一的救济规模。1934年,在关于"饥饿的英格兰"的辩论进行得最激烈的时候,新的失业援助委员会(Unemployment Assistance Board)试图建立一个基于科学定义的最低额度的国家救济标准,全国范围的救济标准最终出台。¹² 然而，在那些公共援助委员会的标准更为慷慨的地区，尤其是在使用人们讨厌的经济状况调查来评估最低家庭总收入的问题上，国家救济标准的出台带来了巨大的争议，以至于新的国家救济标准直到1937年才得以实施，而地方上更为慷慨的津贴也就被取消了。

全国失业工人运动坚称这不是对待退伍军人的应有方式，试图像他们爱德华七世时代的前辈一样，来确立失业者获得福利的权利。在早期，运动积极分子对工作或福利权的阐述中一个重要组成部分就是服兵役。和欧洲大陆一样，在1918年后，英国的失业退伍军人从政治上被动员起来，而全国失业工人运动的起因也是他们的不满情绪。¹³ 在20世纪20年代初，全国失业工人运动的领导人瓦尔·汉宁顿喜欢把失业工人运动称为"一支由衣衫褴褛、吃不饱饭、手无寸铁的男人们组成的大军"，参加这场斗争的人必须宣誓效忠"失业者大军"。¹⁴ 在1922年第一次饥饿游行中，来自曼彻斯特的游行者中有75％的人被认为是退伍军人。游行最高潮时，在特拉法加广场的集会上，演讲者一个接一个——就像来自肯特游行分队的领导人杰克·赖利（Jack Riley）一样——讲述了他们所遭受的从一战回来后却发现原来的工作已经丢了的不公正待遇："1914年，他们要求我们参战，而我就是那枚倒霉的棋子。他们说我们要为自由而战。我们究竟为了什么自由而战？我们为之战斗的唯一自由就是挨饿的自由。"¹⁵ 尽管在后来的游行中，退伍军人的比例不可避免地下降了，但他们仍然在这场运动中有着标志性的地位，这不仅是因为他们仍然强烈地感受到背叛，而且还因为那些已经完成了战争使命的人相信他们有工作的权利或享受完整的福利待遇的权利。正如我们将要看到的，被选中参加贾罗大游行的人中有三分之二的人都是布尔战争或一战的老兵，这并非偶然。

职业军人精神仍然是全国失业工人运动饥饿游行的核心组成部分，这一点也不奇怪。地方议会组织了当地的游行分队（contingents）参加游行，这些游行分队负责协调其他游行队伍通过当地的准备工作。游行分队又被细分为20个连，每个连都有自己的领导人，代表他们参加游行分队控制委员会（Contingent Control Council），委员会每天晚上开会审查游行者的健康状况以及第二天的游行计划，并对违反规定的游行者采取必要的纪律处分。游行分队以鲜明的"军队风格"行进，每小时有十分钟

第八章　牢记饥饿：英国社会民主的剧本

休息时间,他们总是整齐划一地行进到指定目的地,在那里他们会受到接待委员会的接待。每个游行分队都有自己的军需官,负责确保队伍所有人的必要装备(靴子、大衣、毯子、刀叉、勺子、备用衬衣和内衣、剃须刀、肥皂和品脱杯),还要负责协调指定鞋匠、野战厨房(配备厨师和清洗助手,并配备便携式锅炉和由卡车运输的补给品)、执行急救的救护小分队和清理游行者睡过的大厅的杂务小组的工作。

如果这些游行要证明失业者是具有男子气概和道德力量的,那这些精心设计的军事准备就是为了维持游行者的士气和纪律,这至关重要。游行的每一步都是为了挑战媒体大肆宣传的贬损,即失业者在身体和道德上都是放纵堕落的,并且他们懒惰、冷漠、无可救药。[16]游行领导者和支持者总是强调游行者的力量和纪律。如果没有对他们所遭受的苦难和遍体鳞伤但绝不屈服、继续坚持的决心的赞颂,那这样的描述就是不完整的:穿着破漏的靴子以及被雨水浸透的衣服,衣服被冻得紧紧贴在他们身上,游行者在深深的积雪中坚持走了30英里,磨起血泡的双脚已经被冻得失去了知觉。这些骇人听闻的情况被描述为对这些游行者力量和决心的考验。[17]他们的献身戳穿了"没有工作的人是冷漠的"这一谎言:在游行者所拉的横幅中,"我们拒绝在沉默中饿死"和"只有懦夫才在沉默中饿死"是最能表达他们情绪的标语。奈·贝文这样描述1936年的游行:"多年的贫困削弱了他们的力量,但没有削弱他们的士气。他们不是来向所谓繁荣的英国南方乞求施舍的乞丐,而是一群有尊严、纪律严明的有代表性的男人,他们是工人们自己的特派全权代表。"[18]游行表明,失业者不会再羞愧退缩,不会再乞求施舍;他们可以自豪地、有纪律地游行,去要求获得至少是体面的、人道的救济形式,如果说并不总是要求工作或是完整的福利待遇的话。长期以来,救济总是与贫困以及诸多琐碎和有辱人格的规定绑定在一起,挑战这种污名也是全国失业工人运动最重要的成就之一。[19]全国失业工人运动在游行期间也同样积极追求福利政治。它试图厘清围绕失业者福利援助的一系列令人困惑的变化和复杂的规定,在地方法庭上,它代表了2000多名面临福利削减的人群。[20]

考虑到这些早期饥饿游行者的军人文化和男性文化,游行者中女性的缺席也就不足为奇了。尽管提供福利和维持家用的问题很大程度上都是女性的工作,但毕竟这些游行捍卫了失业男性通过获得工作或救济来维持其作为家庭经济支柱的地位的权利。当玛丽·多彻蒂(Mary Docherty)问汉宁顿,她是否可以参加1929年第二次全国饥饿游行时,汉宁顿直截了当地回答:"不行,女性是不允许参加的。"21然而,当年晚些时候,全国失业工人运动创建了一个由莫德·布朗(Maud Brown)领导的女性分支,布朗确保了女性在第三次饥饿游行中获得了有限的参与机会。22真正促使妇女加入运动的是经济状况调查对家庭生活带来了令人厌恶的影响,以及根据1931年6月的反常行为法案(Anomalies Act),有179888名已婚妇女被剥夺了失业救济的资格。231932年,大约50名年龄在16岁到63岁之间的女性从伯恩利(Burnley)游行到伦敦,成为这场运动的一个传奇。布朗似乎成功地迫使全国失业工人运动认识到,女性,尤其是失业男性的妻子,被一种特殊的福利政治所困扰。从20世纪30年代中期开始,她就争取到了领导人的支持,要为怀孕和哺乳期的母亲争得更多的福利待遇。24然而,在人们内心深处,饥饿游行仍然是一种根深蒂固的男性行为。女性甚至不允许参加贾罗游行。埃伦·威尔金森,作为此次游行中唯一的女性,吸引了很多人的注意。她认为,她们会"增加麻烦",因为游行"不会是一场豪华的巡游。这将会是一项艰苦的工作,我们必须保证每个人的健康"。25妇女的加入削弱了饥饿游行展示男性力量和自尊形象的力度,男人们努力养家糊口,保护家人不受"让儿童挨饿的政府"(baby-starving government)的惩罚性福利制度的伤害。他们所阐述的福利权是基于这样一种假设,即失业者的需要永远是第一位的。

与他们爱德华七世时代的前辈不同,两次世界大战之间参加饥饿游行的人都是英国公民。对于全国失业工人运动来说,饥饿游行是民主失败的标志,也是有必要的,因为议会无法代表失业者的利益或解决失业问题。长期以来,投票一直被认为是对被剥夺公民权者的救赎,是工人确保政府为他们利益服务的工具,但结果证明,投票实际上毫无价值。但这并不意味着选民回避政治解决的方案。事实上,他们不仅强调他们的抗议是合宪的,而且强调他们要通过宪政的手段开展工作的决心。自1922年以来,全国失业工人运动一直使用传统的道德力量来进行游说:游行者带着诉求请愿书,在游行去伦敦的路上收集支持者的签名。每次游行达到高潮时,都会有人请求一个代表团与首相或内阁成员会面,或是从1930年起,要求向下院提交请愿书。这些要求总是被拒绝,理由如下:(1)已

第八章　牢记饥饿：英国社会民主的剧本 | 187

经有宪政渠道让失业者通过他们的下院议员来表达不满；(2)全国失业工人运动本身不具有代表性，因为他的领导人是莫斯科的傀儡（这一点从1934年前工人运动没有对饥饿游行表示支持就可以看出）；(3)派代表团和到下议院都无法解决他们的问题。1934年饥饿游行期间，拉姆齐·麦克唐纳(Ramsay MacDonald)担任首相，可他当时的立场与他1905年支持来自莱斯特的选民的饥饿游行时的立场截然不同；他坚称："（这）不过是在拿眼下失业造成的痛苦开玩笑，去诱使人们游行到伦敦，暗示他们可以迫使首相、内阁和下院去接见他们。"[26]这些政府官员的拒绝行为证实了全国失业工人运动的观点，即失业者虽现在可能是公民，但实际上被剥夺了公民权，并且他们协助选出的议会也没有为他们代言。

　　麦克唐纳抱怨说，全国失业工人运动正在剥削和加剧失业者的痛苦，这已成了老调重弹，而将全国失业工人运动的领导者描绘成直接听命于莫斯科的共产主义者，则增加了这种指控的力量。[27]这样的指控暗示人们共产主义者会为了自己的政治目的而剥削失业者，并将不必要的痛苦强加给本已脆弱的人民。事实上，在1934年之前，全国媒体对全国失业工人运动的敌意一直非常强烈。直到1934年，当游行者到达伦敦前，除了《每日先驱报》和《每日工人报》外，其他报纸（除了报道有多少人放弃了游行以外）几乎都没有报道过全国失业工人运动的饥饿游行。[28]甚至有证据表明，在1932年和1934年，伦敦警察厅(the Metropolitan Police)呼吁新闻影片公司不要报道游行，并利用英国广播公司建议人们远离游行者在伦敦的集会。[29]把全国失业工人运动描述为一个共产主义组织，有助于他们把对游行活动的密切监视和日益压制性的政策合理化。[30]除了频繁逮捕和监禁饥饿游行的领导者（汉宁顿在十年中服刑五次）[31]，还有1931年10月发生在曼彻斯特和格拉斯哥的暴力冲突，在卡斯尔福德(Castleford)发生的暴力冲突（在反对经济状况调查的示威游行中，一名全国失业工人运动成员被警察用警棍打死），以及1932年夏末和秋天在伯肯黑德(Birkenhead)和贝尔法斯特(Belfast)发生的暴力冲突（2人被枪杀，15人中弹受伤）。自相矛盾的是，尽管这些警察的行动促成了公民自由全国委员会(National Council for Civil Liberties)的成立（该委员会认为政府非法、暴力地打断了立法会议），但它也帮助强化了全国失业工人运动的

"暴徒"形象,这种形象比莫斯利*的法西斯分子形象好不到哪儿去。[32] 作为回应,全国失业工人运动将责任推回给政府,他们声称是政府造成了失业,却未能解决失业所带来的痛苦。更糟糕的是,政府蓄意对饥饿游行者采取惩罚性政策——尤其坚持要求监护人委员会只给游行者提供少量的"随意饮食"(只提供两片面包和人造奶油,早餐和晚餐外加一杯茶或可可)以及根据"不真正找工作"条款或教区贫困救济的居住条款而拒绝提供救济。全国失业工人运动最大的战术胜利是在1934年。当年,英国引入科学校准的全国救济标准让受救助人的受助津贴减少了一半,此事引发了强烈的抗议,导致这一标准部分被废弃。

全国失业工人运动坚持认为失业是一种全国性的阶级经历,所以对福利的惩罚性本质的批判就更有力了:在任何时候,工人阶级的成员都有可能因发放救济的人的不人道行为而遭受痛苦。虽然历届政府试图使失业及失业救济问题地方化,比如具体到某些行业、特定工人群体或特定地区(或是1934年被指定为"贫困地区"的那些地区),但全国失业工人运动却利用饥饿游行来展示全国的失业范围和规模。[33] 随着地方游行分队不断壮大,不同的游行支流(不仅来自工业中心地带,还来自诺里奇、赫里福德、普利茅斯、南安普顿、布莱顿和坎特伯雷)都汇集到伦敦,每次游行中失业的国民都聚集在一起。对于饥饿游行而言,地理因素很重要,但最重要的还是失业悲剧的人性尺度。1922年,在第一次全国性的饥饿游行中,来自南威尔士的领导人宣布:"这些来自全国各地的涓涓细流,将唤醒公众并使他们认识到,我们不是报纸上的一个段落或记录下来的统计数据,而是像他们一样,穿着靴子和衣服,需要吃饭、喝水、睡觉,会爱,也会哭和笑的人。"[34]

直到1934年,公众舆论才开始转向,毫无疑问,这得益于在前一年"饥饿的英格兰"辩论中对失业痛苦的揭露。1934年的饥饿游行吸引了更多的关注和好评,即使是像《经济学人》和《泰晤士报》这样最不可能报道游行的媒体,也对游行进行了关注和评论。[35] 有人认为,1934年饥饿游行到达剑桥后,学生们第一次看到了英国北方工人阶级的贫困和失业,从

---

* 奥斯瓦尔德·莫斯利(Oswald Moseley)是两次世界大战期间英国臭名昭著的法西斯首领,被英国广播公司评为20世纪最可恶的英国人。——译者注

而使他们变得更加激进。³⁶ 这两个截然不同的世界——过去曾是两个国家,一个在英国北方另一个在英国南方,一边是饥饿一边是特权——相遇的新奇之处是显而易见的,其影响也是双向的。在1936年饥饿游行期间,这些来自杜伦和纽卡斯尔的男人受邀到剑桥大学进餐,他们品尝到了"他们有生以来吃过的第一份真正的三文鱼和第一份真正的鸡肉"³⁷。芭芭拉·卡特兰(Barbara Cartland)回忆起1937年当全国失业工人运动在萨沃伊牛排馆(Savoy's Grill Room)举行抗议活动时,双方都感受到的显而易见的震惊:"这些可怜的游行者衣衫褴褛,他们看起来疲惫不堪。他们没有发出任何声音;他们只是难以置信地环顾四周,完全被那里的喷泉、富丽堂皇和气氛所淹没;那些喝茶的人只是静静地坐在那里,看上去像是上流社会的人;谁也没有说话。那里陷入了不可思议的沉默。"³⁸ 这两个民族和阶级相遇的经典画面呈现在托马斯·达格代尔(Thomas Dugdale)的画作《贾罗游行者到达伦敦》(*The Arrival of the Jarrow Marchers in London*)中。在这幅画中,人们从一位上流社会贵妇的视角,透过她在丽兹酒店(Ritz)的窗户,观看游行者在皮卡迪利大街上集会。她好奇而又冷漠地俯视着下面黑压压一大片游行者,而她的丈夫则表现得毫无兴趣,反过来,这巧妙地反映了这对在物质上富裕的夫妻在精神上的颓废。

  在短短几年时间里,饥饿游行的政治从开始将全国失业工人运动游行者妖魔化为共产主义者领导的危险的乌合之众,转为后来抨击伦敦上流社会对来自贾罗的老实人的冷漠无情。的确,从贾罗出发的游行受到了汉宁顿和全国失业工人运动梦寐以求的礼遇。³⁹ 当然,通过咨询汉宁顿,威尔金森学到了很多关于如何消除那些批评饥饿游行是违宪的以及他们利用失业者的痛苦的方法。在1200名游行申请者中,只有500人被选中回答"关于家庭事务、服兵役和健康"方面的问题,然后再交给各区的医疗官进行健康检查。在这些人中,最终只选择200人参加游行,其中62%是退伍军人。⁴⁰ 被选中参加游行的人必须同意遵守游行规则,听从指示,并且"时刻保持清醒,未经执法官允许不得参加任何集会"⁴¹。作为回报,他们得到了由厨师、理发师、两名来自医院间社会主义社团(Inter-Hospital Socialist Society)的医学生、机械师和卡车司机组成的后勤团队的精心照顾,团队成员配置之全让人印象深刻。卡车载着烹饪设备和男式帆布包,所有男人都配备了靴子、袜子和备用鞋底,以及可以在潮湿的天气里当斗篷用的防水的防潮垫。急于宣传自己品牌的公司也捐赠了食品、香烟和药品。早期的报道对这些人的健康状况以及规律饮食、新鲜空气和锻炼的益处发表了太多溢美之词,以至于人们担心这些报道给贾罗的情况造成了错误的印象。然而,威尔金森坚持认为,这些健康的、营养充足的游行者揭穿了那些在工党会议上称他们为"衣不遮体、吃不饱饭"的人的谎言。更不用说那些内阁大臣了,威尔金森抱怨道:"在描述游行中的困境时,他们落下了'鳄鱼的眼泪',就好像这些游行者自从上次工作后就再没有吃过东西一样。"[42]

尽管全国失业工人运动的游行总是被抹黑为共产主义者对失业者的剥削,但是威尔金森决心确保从贾罗出发的游行被视为整个城镇的代表,而不是一个特定政党或阶级的代表。贾罗镇议会的全党游行委员会极为重视该游行的无党派性质。[43] 为了坚持这一中立原则,他们刻意避免了"饥饿游行"这样的表述,以便同当天从格拉斯哥出发的全国失业工人运动游行的政治纲领区分开来。[44] 取而代之的是,贾罗游行是用宗教术语进行描述的:旨在宣传该镇困境并向议会提交请愿书的宗教讨伐运动;受到该镇圣公会和天主教会的联合祝祷的游行者经常被称为朝圣者或"贾罗宗教讨伐战士"。[45] 然而,政府并没有把它们区别对待,政府发表了一份声明,将两场游行归在一起,称它们都是不必要的和违宪的游行:

> 在政府看来,这样的游行对它们所代表的事业毫无益处。它们很容易给参加游行的人造成不必要的困难,所以是不受欢迎的……在这个国家,议会制度下的每个成年人都有投票权,每个地区都有它们在下院的代表来提出他们的申诉和建议补救措施,这种列队来到伦敦的行为并不会对政策产生任何宪法性影响。[46]

随之而来的是那些之前通常会捍卫政府立场的人的铺天盖地的抱怨。谢菲尔德(Sheffield)主教宣称,游行是"非常有英式特色且合法的事情",而利兹保守党主席则将游行描述为一个"符合宪法的和有序的诉求",这些情绪也得到了谢菲尔德保守党代理人E. G. 惠特克(E. G. Whitaker)少校的呼应,他认为"无论我的保守党总部喜欢与否……"游行都是"一件好事"。[47]甚至连《旁观者》(Spectator)和《泰晤士报》也为游行和向议会请愿的权利进行了辩护,称其是"一项古老的、宝贵的、得到广泛认可的权利",并赞扬贾罗宗教讨伐运动(但明确指出全国失业工人运动游行不包含在内)"赢得了大量公众同情"。[48]正如威尔金森所质问的,"有主教、牧师和神职人员的祝福,有商人的捐款,有扶轮社(Rotary Club)父亲般的关心,还有市议会一致的支持,难道还有比这更符合宪法的活动吗?"[49]她说,游行者已经"经受住了来自议会的各种压力",他们的请愿书现在"承载了这些游行者身后妇女和儿童的希望"。[50]

这种对合法性、无阶级性和无党派性的强调,使得全国媒体前所未有地争先报道游行。几家地方报纸都派出记者参加游行,为他们的报道增添更多的民族志色彩,后来这一做法被全国媒体效仿。因此,报道也越来越倾向于关注游行中的人物故事和游行的主要人物——吉祥物小狗帕迪(Paddy)、口琴乐队、"微笑者"约翰·汉瑞(John Hanrey)、布尔战争老兵乔治·史密斯(George Smith)——用能够引起人们的兴趣、同情心和新闻关注的方式来进行报道。所有报道的中心聚焦在威尔金森的小身板上,人们通常称她为"小埃伦""我们的埃伦"或"勇敢的埃伦"。威尔金森的形象成为一种象征。她与戴着圆顶礼帽的议员莱利(Riley)并肩而立,是唯一获准参加游行的女性。在魁梧的人群中,她一个瘦小的身体,手里拿着拐杖,勇敢地带领着男人们前进(参见图 8.1)。媒体猜测她在游行中能坚持多久,他们不断地采访她,不是问她有关失业的政治问题,而是关于她的身高,她对体育的热爱,她对鞋子的选择,她脚底的水泡以及她的疲惫。[51]当勇敢的埃伦和她的伙伴们到达伦敦郊区时,"有一群摄像机在前面为他们开路,一队警察护送着他们,还有一群观众在后面追赶"。[52]汉宁顿和全国失业工人运动的饥饿游行从未得到过这样的关注。

尽管他们刻意拒绝使用饥饿游行一词,但贾罗宗教讨伐运动实际上就是一场饥饿游行。它的目的是提供威尔金森所描述的"活生生的贫困地区的景象",以及展示戴着圆顶礼帽的莱利所说的"贾罗失业的男人到底是什么样的",如果给这些人机会的话,他们显然"都很健康并且能承担一整天的工作"。[53]以下这些因素将贾罗游行和其他饥饿游行区别开来:一是它的无党派性将关注点放在一个城镇上,而不是一个被"绞灭"的阶级上;二是它提出工作的请求,而不是抗议不充分和惩罚性的救济形式。

这些因素使贾罗游行能够以各种方式抓住公众的想象力,并且最终将饥饿游行合法化为一种和平的、合法的抗议形式。贾罗很快就成为人们接受的(甚至是充满感情的)坚定的饥饿游行者面孔的代表,他们勇敢地与失业带来的屈辱和不公正做斗争。贾罗游行在全国失业工人运动游行中留下了浓墨重彩的一笔,以至于芭芭拉·卡特兰回忆说,1937年在萨沃伊的全国失业工人运动抗议也是贾罗人的杰作。[54]尽管是全国失业工人运动让饥饿游行成为主张福利是一项权利的有效武器,但贾罗游行才是20世纪30年代人们与失业和饥饿进行的斗争以及二战后社会民主所取得的成就的最好例证。

图 8.1 贾罗游行队伍里的"小埃伦"和男人们
来源:盖蒂图片库授权。

我们必须记住,这一成就是不稳定的,正如我们最近所了解到的那样,这不单单因为工党在1945年的选举胜利并不代表压倒性的胜利,尽管工党在议会中占了多数。[55]虽然作为这个福利国家奠基文本的1942年《贝弗里奇报告》可能勾勒出一个普遍的社会保险和福利制度,但描述威廉·贝弗里奇想要保护人民免遭五大恶魔(贫困、肮脏、无知、懒惰和疾病)的迫害时,却用了一系列委婉的说法。如果放在一个世纪前,这些说法是不过时的,而且这些说法并不能免除饥饿受害者对自身困境的责任。当然,贝弗里奇设想的福利制度的拥护者很快就将游行的目的转化为更积极的方面,如战胜贫困、改善住房、教育、工作和健康等。然而,贝弗里奇的奠基文本仍夹在将福利的概念作为一种必要的社会权利与将福利的概念作为一种纪律关怀形式之间:前者保护无辜的人免受超出其控制范围的系统性失败的伤害,后者则惩罚那些未能使自己免受这些不幸的人。从许多方面来说,这绝对是"维多利亚时代晚期慈善事业最后一次也是最辉煌的一次繁荣"[56]。因此,在福利国家建立后的几十年里,似乎有必要通过牢记饥饿的 20 世纪 30 年代,并把社会民主故事叙述成战胜饥饿的故事,将这些社会民主故事合法化。

历史、记忆和饥饿的 20 世纪 30 年代

饥饿与贫困一直存在,但在特定的历史时刻,它们会被我们重新发现与铭记。[57]

费希尔·昂温(Fisher Unwin)先生在 1904 年写的一本书的标题把见证了铁路的蓬勃发展和谷物法废除的十年烙上了"饥饿的 19 世纪 40 年代"的烙印。就在前些日子,一本名为《女性生活》(Womanfare)的杂志将此前的十年称为"饥饿的 20 世纪 30 年代"。以苦难为标志的 1930—1939 年的传说正在形成。在下一代人中,"饥饿的 20 世纪 30 年代"可能是他们经常见到的表述形式。[58]

正如 T.S.阿什顿(T. S. Ashton)所提醒我们的,直到 20 世纪的头十年,自由贸易运动人士在反对保护主义的斗争(反对保护主义的斗争也是 1906 年大选前张伯伦关税改革运动的一部分)中提出了"饥饿的 19 世纪 40 年代"的想法。[59]出版商 T. 费希尔·昂温是自由贸易的伟大倡导者理查德·科布登(Richard Cobden)的女婿,他确信,没有人会"再次投票让诅咒回到我们身边",他还从那些依然记得 1846 年谷物法废除之前生活中的苦难的人那里收集他想要的证词。1904 年,他以《饥饿的 19 世纪

40年代：面包税下的生活——当代目击者的描述性信件和其他证词》(*The Hungry Forties: Life Under the Bread Tax, Descriptive Letters and Other Testimonies from Contemporary Witnesses*)为题，出版了这些"访谈"的选集。他的妻子简·科布登·昂温（Jane Cobden Unwin）是伟大的科布登的女儿，她写了一篇序言，对比了废除谷物法前普遍存在的饥饿经历与随后半个世纪的富足生活。[60]这个故事在政治会议上被不断提起，在这些会议上"饥饿的19世纪40年代"的老兵或是参加会议或是进行演讲，让这个词被铭刻在政治的潜意识里。从那时起，历史学家和小说家就开始不加批判地将这一表述用作对19世纪40年代的描述。[61]和阿什顿一样，我认为"饥饿的20世纪30年代"这一概念也是用类似的方法在二战结束后的几十年中被创造出来并迅速被人采纳的。

二战后，当整个欧洲的社会民主似乎大获全胜时，阿什顿与弗里德里希·哈耶克（Friedrich Hayek）合作，试图阻止左倾知识分子给经济自由主义和资本主义抹黑。作为曼彻斯特学派的自由主义者，因而也是乐观的经济历史学家，阿什顿嘲笑那些支持阿诺德·汤因比的悲观估计的人。汤因比认为随着英国工业化的推进，人们的生活水平在不断恶化。[62]一战结束后，随着历史学家之间"生活水平之争"的激烈展开，阿什顿意识到，那些谈论饥饿的20世纪30年代的人的目的是庆祝社会民主和福利国家所取得的成就。尽管在这十年结束时的描述中并没有使用该术语，但他们确实将奥登（Auden）笔下"低迷而不诚实的十年"描绘为以持续失业和法西斯主义的兴起为标志的十年，体现为市场失灵和政治失败。[63]这种情绪在战争初期聚集，当时诸如J. B. 普里斯特利、乔治·奥威尔和汉弗莱·詹宁斯（Humphrey Jennings）等左翼知识分子肯定了"人民"的价值，鼓舞人民不仅要与法西斯主义做斗争，还要为一个社会民主的未来而奋斗，在社会民主的未来里，他们不会再回到20世纪30年代那种令人痛苦的贫困、饥饿和失业中了。[64]当1943年2月，工党议员詹姆斯·格里菲斯（James Griffith）提出一项动议，敦促丘吉尔战时政府采纳贝弗里奇的提议，他提醒下院说："我们的人民记得在上次战争结束时发生的事情，他们记得大萧条的时代，记得失业、沮丧、贫穷和痛苦。"[65]克莱门特·艾德礼领导的工党政府在1945年至1951年间提出的"不能再来一次世界大战"（Never Again）的表述，成为建设战后福利国家的战斗口号，格里菲斯则成为负责通过1946年的国民保险法（National Insurance Act）引入贝弗里奇的社会保险普遍制度的部长。[66]

正如布拉多克之前引用的演讲所表述的那样，在艾德礼执政期间，当持续的紧缩政策削弱了政府的成就时，工党孜孜不倦地培育着人们对20世纪30年代的记忆，让他们认为保守党要对这段"不幸岁月"的贫困和失业负责。因此，在贝文提出他最伟大的成就即国家医疗服务系统（National Health Service）之前，他在他最著名也最有争议的演讲中提醒听众：

> 在我幼年时，我不得不依靠姐姐的收入生活，并被告知要移民国外。这就是为什么不管有再多的甜言蜜语，再多的道德诱惑或社会诱惑，都无法消除我心中对造成我承受这些苦难经历的托利党的仇恨。在我看来，他们比害虫还要低贱。他们使数百万优秀的人民陷入半饥饿的状态。现在，托利党正倾注大量资金进行各种各样的宣传，并希望通过这种有组织、持续的大规模暗示活动来从我们的脑海里抹去我们的一切记忆。但是，我警告你们，年轻人，不要听信他们说的鬼话。不要听信伍尔顿勋爵的甜言蜜语。他是一个很好的推销员。如果你卖的是次品，你就必须是一个好的推销员。但是，我警告你们，他们没有变，即使变了，也只会变得比以前更差。[67]

在1950年和1951年的竞选宣言中，工党以更冷静、更慎重的语气警告说，那些黑暗的日子"绝不能再来"[68]。他们在1951年的竞选宣言中邀请选民"将两次世界大战间的英国与今天的英国进行对比"，并补充道，"那时我们曾经历大规模的失业、普遍的恐惧和痛苦，现在我们有了充分就业。那时数百万人受到缺乏安全感和贫困的折磨，现在我们为每个男人、女人和孩子提供了社会保障。"[69]在1950年的选举中，曾备受唾弃的饥饿游行者的形象出现在工党的海报上，并告诉年轻的选民，"问问你的父亲"，这样他就会告诉你们"他对于20世纪30年代的'苦痛记忆'"[70]。唤起人们对20世纪30年代饥饿的记忆在政治上变得不那么有效，因为保守党接受了人们对战后紧缩措施"排队、控制和定量配给制"的反对意见，并开创了一个消费和富裕的新时代，从而使他们连续三次赢得了选举。[71]到1956年,《星期日快报》(Sunday Express)甚至足够自信地刊登了一幅20世纪30年代饥饿游行的照片,并配上标题"这种情况还会发生吗?"因为他们知道读者的回答一定是否定的。[72]然而,当左翼修正主义者热切讨论工党的失败是否是社会巨变的结果时,新富起来的工人正逐渐抛弃阶级政治转而拥抱消费,人们再次想起了20世纪30年代,因为在那个时候饥饿和匮乏为阶级斗争和团结提供了一个清晰的剧本。[73]

正是在这种背景下,我们必须考虑源源不断的工人阶级的自传、证词和回忆录,这些主要都是从童年开始讲述二战前的贫困和饥饿的经历,并在二战后的几十年里出版。国家现在是以工人阶级的名义来进行治理,所以工人阶级越来越受到鼓励为他们自己代言,讲述他们在社会民主制度下从20世纪30年代的饥饿中得到救赎的故事。[74]卡罗琳·斯蒂德曼将这一过程描述为受国家资助的自传,并将它的制度起源一直追溯到课堂,在20世纪50年代的课堂上,作为一种"道德修养"形式,创造性写作被教授给学生,学生们通过讲述和分享他们自己的经历更加了解自己。[75]

工人阶级不仅仅在教室里被鼓励发言。20世纪50年代的标志是人们越来越多地尝试去记录和反映中下层和工人阶级的生活现实。例如,"愤怒的年轻人"急于逃离父母过的令人窒息的阶级生活,大量这样人们熟悉的"社会现实剧"不断上演。[76]然而,其中最有影响力的还是理查德·霍加特(Richard Hoggart)的作品。在他的童年受到了美国大众文化的亵渎后,他在书中写下了对两次世界大战期间工人阶级的哀叹,并且描述了他所受的教育是他摆脱这种困境的方式。他所写的《识字的用途》(The Uses of Literacy,1958年)成为新左派(New Left)的重要著作。面对日益增长的财富、消费资本主义和大众媒体日益扩大的影响,新左派备受阶级改革的困扰。[77]真实的工人阶级声音的出现是很重要的,这要归功于作为战后社会民主支柱的1944年教育法。[78]鉴于该法案仍然规定大多数人在11岁时就必须在中学里为终身的体力劳动做准备,通过工人教育协会(Workers Education Association)这样的机构来拓展成人教育也许更加有助于工人阶级的自我表达。[79]在工人教育协会中的新左派核心人物理查德·霍加特、雷蒙德·威廉姆斯和爱德华·汤普森首先从"子孙后代巨大的优越感"讲起,让学生了解工人阶级的历史和文化,然后再通过讲述工人阶级自我救赎的故事,让学生们也为此感到自豪。[80]随着罗宾斯 1963 年报告的发表，高等教育进一步拓展。随着普遍助学金的提供以及一些更为民主的校园的发展，到 1970 年，学生人数翻了一番。这种拓展扩大了阶级救赎的叙事范围，为许多自封为有机知识分子的人（如霍加特）提供了一个背井离乡和不安的，但却是自然的家园。[81]

从 20 世纪 60 年代末开始，大量文化组织和战略得以落地，这些组织和战略都致力于重申工人阶级的经验并赋予他们为自己代言的权利。正如斯蒂德曼已经证明，围绕成人教育、社团出版和社区戏剧、纪录片制作、民间运动、口述历史，当然还有妇女团体的不同的实践"都是基于这样的一种假定，即卑微者能够通过口头或书面的表达方式来说话，这样被剥夺者就可以理解他们自己的故事。这个故事——这种生活——可以通过各种各样的方式回到那些努力讲述或书写它的人身边，并被用来作为政治行动的基础"[82]。正如出生在英国工人阶级家庭的斯蒂德曼对她自己在 20 世纪 50 年代的童年生活的描述中证实的那样，许多实践都是密切相关的。[83]她是 1944 年教育法的受益者（也要感谢埃伦·威尔金森，学校免费提供牛奶和正餐）。在 20 世纪 60 年代末，她在新苏塞克斯大学（Sussex University）读本科，在那里她以汤普森主义方式（Thompsonian mode[*]）学习社会史，以及成为历史工作坊（History Workshop）集体的一位女权主义成员。历史工作坊是一个论坛，在这里"社会主义知识分子不仅可以融入劳动人民的文化和政治，同时劳动人民的文化和政治还可以孕育社会主义知识分子"[84]。对这次实验对象是不是白人进行标注是很有必要的。恢复和表达英国工人阶级饥饿经历的尝试，与帝国的衰落和工人阶级群体正逐渐转变为更丰富多彩、多种族群体密切相关。对曾经的阶级团结的世界的怀念之情，掩盖了对那些无法分享英国人对过去的记忆以及过去记忆所提供的阶级救赎的剧本的人的明显排斥。[85]

正如克里斯托弗·沃特斯（Christopher Waters）所指出的："在 20 世纪 70 年代和 80 年代，英国的社团出版社收集、编辑、印刷和传播了数百本工人阶级自传回忆录。"[86]其中许多自传，例如爱丽丝·福利（Alice Fo-

---

[*] 爱德华·汤普森是 20 世纪英国著名的历史学家、马克思主义者和社会主义者，西方马克思主义史学的代表人物，提出了著名的"道德经济学"概念，代表作有《英国工人阶级的形成》。汤普森主义方式指的是马克思主义史学方式。——译者注

ley)的《波顿的童年》(*A Bolton Childhood*),直接来自我所描绘的两大支流*。87 厄尼·本森给回忆他在利兹童年的自传取了合适的标题——"奋斗就是生活"(*To Struggle Is to Live*)。该书 1979 年由纽卡斯尔社团出版社出版,作者在开篇首先感谢他在工人教育协会的导师以及工人、作者和社团出版商联盟(Federation of Workers, Writers and Community Publishers)。88 第二年,当本森出版了第二部《挨饿还是反叛》(*Starve or Rebel*)时,杰克·林赛(Jack Lindsay)这位惊人的多产的马克思主义作家,同时也是工人教育协会的坚定支持者,仍然抱怨说:"我们很少有工人阶级关于他们的生活、他们的斗争、他们社会地位的觉醒意识的持续记录。"本森作为一名工会主义者、共产主义者和全国失业工人运动成员,是林赛眼中"真实的人",是"他们(工人阶级)所经历的艰难、冲突和斗争"的真实声音。89 同样,凯瑟琳·达尤斯(Kathleen Dayus)的自传描述的是两次世界大战期间在伯明翰贫民窟度过的童年生活,被形容为"用一种真实的工人阶级声音"说话。20 世纪 70 年代,地方档案学家和社会历史学家开始收集口头证词以寻找这种真实性。90

那么,在福利国家到来之前,饥饿和贫困的真实经历是如何被人记住的呢?克里斯托弗·沃特斯已经证明,与维多利亚时代工人阶级自传中标志性的自我完善的故事不同,那些 20 世纪下半叶出版的自传主要还在缅怀已经消失的世界。91 令人惊讶的是,他们中的大多数人只关注童年或成年初期,总是以二战结束为终点,而不是一直叙述到作者的今天。他们通过刻画一件件奇闻轶事来推动叙述,而不是随着时间的推移来推动叙事。虽然怀旧通常是自传、回忆录和证词的中心内容,但人们很难对饥饿产生怀念之情:正如矿工吉米·琼斯(Jimmy Jones)所回忆的那样,"当你追忆说……啊……记住,这是我自己做的,你总是回忆生活中美好的事情,而不是糟糕的事情"。92 饥饿的记忆太沉重了,很难被想起。博尔顿的一位不知名的市民,1903 年出生于一个七口之家,她对饥饿再熟悉不过了。她的父亲是一名漂白业者,经常因为生病而上不了班,年纪轻轻就去世了。她的婚姻生活也不尽如人意,因为她的丈夫在 20 世纪 30 年代大部分"极其糟糕"的日子里都处于失业状态:"他们说那段日子不赖,但

---

* 指的是工会运动(Trade Union movement)和工人教育协会。——译者注

实际不是。"[93] 玛丽·伯内特（Mary Burnett）是家里十个孩子中的老大，因此还要负责帮助母亲养家糊口，对她来说那段日子真是"糟糕透顶"。[94] 两次世界大战期间，在英国的奥尔德姆（Oldham），孩子们"饿得都站不起来了，也跑不动了"：饥饿和失业的灾难一直都在，"就在那里等着你去感受"[95]。对于一位在一战中失去父亲，不久后又失去母亲和长女，出生于1901年的全国失业工人运动积极分子来说，情况再糟糕不过了。剩下四个孩子还要为生存而战：

> 我们现在寿命更长，活在更好的时代里，人们长得更高了，每个人都有很大的不同，也没有原来那么多病了，人们过上了更好的生活，他们已经能够让自己变得更加健康了。过去每个人都比现在要矮，至少比现在要矮个5、6、7、8、10英寸，也比现在要瘦……每个人都或多或少比现在瘦，因为那时候营养不良……事情是非常糟糕的……孩子们因为没有食物而夭折。沃辛顿（Worthington）一家失去了大约4个孩子，呃，主要还是因为营养不良。政府是不会承认的，但事实确实就是如此……还有很多孩子是罗圈腿或是畸形，比你现在看到的还要多。到处都是贫穷，太可怕了。我们不想再回到那样的日子里了。[96]

这些关于饥饿的20世纪30年代的记忆不仅是在战后那些相对安全和繁荣的年代中记录下来的，而且还不断地被拿来与那时的安全和繁荣进行比较。在卡罗琳·斯蒂德曼战后的童年岁月里，饥饿和贫穷"像信念一样伴随着她。它存在于20世纪30年代的故事中，存在于家族的历史中"，这使得她的母亲提醒她，"（我）不会挨饿，在晚上可以躺在温暖的床上。我有一个美好的童年，比其他人都要好；我是一个幸运的小女孩"[97]。饥饿的20世纪30年代也意味着这种匮乏造就了后来的繁荣，人们所了解的饥饿，现在已经成为历史了。[98]

然而，"不能再来一次世界大战"的口号并没有完全体现人们对这些饥饿记忆的情感。在对快乐童年的回忆和童年悲惨的真实境遇之间，常常存在一种张力。格雷丝·福克斯（Grace Foakes）在她的自传中花了大量的篇幅来描述一战前她在伦敦东区度过的相当艰难的童年时光。她回忆道："对很多人来说，我似乎过着悲惨的生活，但我向你保证，情况并非总是如此。我从未为我自己所看到的情况而感到担心。我和其他孩子一样，过得无忧无虑，也是开开心心、吵吵闹闹、没心没肺、快快乐乐的。"[99]她认为，在紧密的群体联系中可以找到许多情感上的弥补，当贫困和饥饿降临的时候，这种群体联系就变得更加紧密了。在所有流派的大部分作品中，人们哀叹人与人之间的互帮互助与群体联系已不复存在，这种哀叹也是对现代社会的批判。虽然现代社会更加繁荣，但每个人都只会顾及自己。虽然玛丽·达格纳（Mary Dagnah）回忆了她学校的孩子们在回到只有空盘子和空橱柜的家前是如何收集他们"保卫尔（Bovril）牛肉汁的杯子和厚厚的楔形干面包杯"，但是她补充道，"我记得，他们看上去都非常开心，以一种'你从未拥有过，所以你永远不会失去'的态度……大家互相帮助；大家都在分享，门也从来不用上锁，也没有人试图和别人攀比。"[100]

牢记饥饿常常产生两种结果：一方面庆祝后来的充裕的物质使饥馑成为童年的回忆，另一方面又哀悼在这一过程中所丧失的文化价值。那些在孩童时期就饿过肚子的人，对战后英国的富足心存感激。阿瑟·巴顿（Arthur Barton）对20世纪30年代在贾罗饥饿的童年的回忆使他在战后成为一个富裕的成年人。"我发现……我特别喜欢打开食品杂货的包装，然后塞满食物储藏柜。浪费食物会让我感到非常愤怒。我对圣诞节很多食物的喜悦之情也被对我母亲的回忆所冲淡，和很多人的母亲一样，我的母亲把她的食物留给我吃，并且找借口说她已经吃过了。"[101]除了"食物在稀缺时尝起来更好吃"以外，人们常说的一句话就是，那些从未缺过食物的人认为现在的富足是理所当然的。[102]嘲笑当代饮食的威廉·伍德拉夫（William Woodruff）很好地抓住了这种精神。在描述两次世界大战间他在布莱克本（Blackburn）度过的童年时期时，他着重描述了萦绕着他的"饥饿心理"。当家里有点小钱的时候，他回忆道：

> 我们狼吞虎咽……没有人会因为暴饮暴食而受到指责。即使是我的姐妹们，也很少有人会关心自己的腰围。我们也不排斥肥肉。如果我们不吃的话，爸爸很快就会把肥肉吃掉……我们吃的每一餐都是我们喜欢的。我们吃的东西有一种朴实自然的味道。它有一种活力："饥饿就是最好的调味品。"我们大口咀嚼，吃得津津有味。我

们顾不上嘴巴的咂吧声、打嗝声和手指的吮吸声,也管不了喝热茶的吸溜声。吃饱喝足就是最幸福的了。"[103]

饥饿者对食物的自然反应与他们对腰围和吃相的不管不顾形成了鲜明对比;现在的富足只能通过过去饥饿的镜头来欣赏。享受一顿少有的家庭盛宴,或是短暂的富足时光,在这些回忆记录中一次又一次地重现。

战后,工人阶级被鼓励进行自我表达,在这样的社会民主框架下,饥饿总是在社会层面上被人们铭记。值得注意的是,自传体中几乎没有关于生活在持续饥饿中或饥饿的身体是什么感觉的描述。为此,我们必须求助于绝食者的自传,在这些自传中详细描述了他们嗅觉和味觉的增强,虚弱和疲惫,寒冷和发烧,剧烈的头痛和头晕,以及所感到的沮丧和凄凉。[104]唯一例外的是马克斯·科恩早期风格化的叙述,为了向克纳特·哈姆森(Knut Hamsun)致敬,他讲述了他与失业和饥饿做斗争的故事。他描述了他对食物的极度焦虑和痴迷,无论是走路还是读书都无法分散他的注意力,取而代之的是"大脑和精神的空虚"以及"无法忍受的虚弱和疲惫"[105]。有关饥饿的证词与其说是关于自我和内在感受的描述,不如说是关于忍受饥饿的社会群体的描述。[106]关于20世纪上半叶主宰工人阶级生活的各个机构是如何治理饥饿的,这些文本的细节中有着惊人的相似之处:家庭、街道、街角商店、市场、炸鱼薯条店或馅饼店、当铺、教堂、学校、济贫法监护人。饥饿的经历在小群体家庭生活的日常节奏和社会背景下被叙述出来。霍加特清楚地知道,正是这些地方的、具体的、个人的事情赋予工人阶级的生活以意义,而不是之前被教授的"大量抽象概念"。[107]

有些自传描述了流浪的亲戚、家人朋友或熟人,这些人宣扬社会主义福音并承诺总有一天会没有人挨饿,但他们自己通常是边缘人物或是地方"人物"。[108]伊万·爱德华兹(Ifan Edwards)是个例外,他在自传中讲述他在两次世界大战期间为摆脱贫困而进行的斗争,故事最终以皈依和救赎结尾;他用马克思替代了《每日邮报》。他写道:"饥饿和苦难是最好的导师,它们让事情的基本错误清晰而真切地显现出来;它们促使大脑以一种不同的、异乎常规的、苛刻的方式思考;它们加快了对虚假、欺骗、伪善和无关紧要事情的感知;他们看清真相,虚假的神灵在他们面前也会羞愧难当。"[109] 同样,工人运动也改变了厄尼·本森对饥饿生活的理解。他的自传《挨饿还是反叛》的书名就是最好的体现。书中讲述了他是如何通过共产党和全国失业工人运动接受了阶级斗争的表述,从而给他的饥饿经历赋予意义。但一般来说,战后自传中几乎没有什么政治内容。当它真正记录政治时,它就成了怀疑和矛盾的对象。1932年,一场饥饿游行的洪流席卷了伦敦的大街小巷,马克斯·科恩为之"振奋不已",也加入了游行的队伍。"数千人的脚步声似乎让整条街道都在颤抖和共振。高呼口号的吼声撞击着办公大楼的墙壁,轰鸣声直冲云霄……我们乐观地散去,相信一定会取得胜利。"[110] 对科恩而言,这不是什么顿悟,而是失业者在无望的辛劳中一个满怀希望的短暂时刻。威廉·伍德拉夫注视着来自布莱克本的人们踏上了游行的征程——他的共产主义导师称之为一次"优雅的朝圣"(这恰如其分,因为有些人禁食了一天,以便他们能够在离开前领到圣餐)。一个月后,他们又回来了,更瘦了些。另一个朋友说,他们看上去"垂头丧气"。"尽管别人都注意到他们了,但他们还不如待在家里,围着公园溜达呢。"[111]

二战后自传中的主人公不是饥饿游行者,也不是工人运动领导者,而是每天都在为养活饥饿的孩子而奋斗的普通人。这些自传没有重复关于饥饿的原因和谁该为此负责的抽象辩论,而是详细叙述了如何在饥饿中生存这一远非简单的事情。当然,有关忍耐和生存的故事反映了作者的性别:女性倾向于详细描述日常家庭生活里的艰辛,比如购物、做饭、典当、就地取材和缝缝补补等;男性则倾向于描述对工作的追求或体验,只有当没有食物或描述吃东西可以被视作英雄行为时,他们才会提及食物。[112] 无论男女,饥饿的剧本都是人们记忆中的小的英雄行为剧本化的表现:孩子狡猾地骗过督察员或慈善家偷吃垂涎已久的美食,或者,最重要的,尽管她们的丈夫总是绝望、酗酒和暴力,但母亲会在维持生计时做出牺牲和显示智慧。[113]《安杰拉的骨灰》(*Angela's Ashes*)的故事此前已经讲过很多次了。

正如母亲总是站在养家糊口的奋斗前线,她们也出现在很多关于饥饿童年的自传中。在这些自传中,就像在生活中一样,母亲的英雄主义总是无处不在。霍加特对他母亲的缅怀,以及他将工人阶级母亲塑造为"献身家庭,超越骄傲的自尊"的形象,尤其引人注目,尽管他也曾警告大家不要把这些女性描绘为英雄人物。[114]他的追随者就没那么小心了,他们描绘了一幅看似理想化的画面:他们的母亲用超人般的努力维持着家庭的运转。从性格上来讲,这位受人爱戴的母亲表现出更多的英雄气概和圣徒般的品质,因为她要么独自抚养孩子,要么在抚养孩子的同时还要与她的丈夫做斗争。好的情况下她的丈夫只是对她疏远和冷漠,最坏的情况则是她的丈夫还施暴和酗酒。[115]在这些叙述中,父亲往往是罪魁祸首:人们认为他没有养家糊口(并且这样的结果也不总是他无法控制的外在力量所导致的);吃饭却是父亲先吃,并且吃得最好,他的儿女只能饿着肚子在边上看着他吃[116];而他们却总是因为太骄傲而不愿意申请救济[117]。相比之下,母亲总是拼命工作。她们用一切可能的方法来弥补家庭收入的不足。她们"精打细算",通过每周与当铺和当地店主的周旋,巧妙地熬过一整周的生活,更不用说她们还展现了制作廉价但能填饱肚子的食物的天赋。即使当母亲被描述得不那么可爱时,她们的孩子也总是对她们表现出敬意,因为他们认识到家庭生活的重担是压在母亲的身上的。[118]南希·沙曼(Nancy Sharman)和帕特·奥玛拉(Pat O'Mara)的母亲经常因为负担过重而住院;还有一些母亲尽管生活中经常抱怨负担过重,但从未因此请过医生。甚至当格雷丝·福克斯的母亲最终被确诊为肺结核,医生给她开了两周的鱼肝油和麦芽糖,"她也很少吃,而是留给我们这些孩子吃"[119]。母亲这种具有牺牲精神的节约行为在餐桌上最为明显,在人们的记忆中,如果还有饭的话,母亲总是最后一个吃饭的。琼·伦尼(Jean Rennie)的母亲"让我们穿得干净整洁,吃得很好……我们没有挨饿,尽管我记得妈妈常常说她不饿。妈妈们都是这么说的"[120]。

除了母亲的英勇劳动和自我牺牲之外,饥饿的孩子的聪明才智也许是最常见的主题。小偷小摸是一种常见的生存策略,虽然它采取了多种多样的形式,也有着不同的动机和结果。[121]盗窃行为小到在下乡途中从果园偷苹果,大到去当地商店抢劫;从精心策划的多次小偷小摸行为到自发的但后来又有负罪感的抢劫行为;父母对盗窃的反应也从开始对他们拿回家的战利品热烈欢迎到后来发现这些宠坏的孩子的行为后疯狂责骂。偷窃行为不仅被描绘成是无可指责的,甚至有时候还是必要的。下面这个例子足以说明这点:凯瑟琳·达尤斯和她的哥哥姐姐上学迟到了,错过了她的免费早餐。在放学回家的路上,他们只吃了前一天晚上留下的面包和一点肉汁,他们"非常非常非常饿",他们眼巴巴地看着商店橱窗里陈列的"猪肉布丁、热的肉馅饼、肘子、猪肚和各种各样的蛋糕"。他们"口水直流",抱怨说这样的食物不应该"在(他们)这么饿的时候出现",于是他们决定采取行动。其中两个人放风,另一个人偷了一卷猪肉布丁和一些猪肉馅饼。"我从未吃过这样的猪肉馅饼。它真是太美味了。"[122] 如果饥饿能够允许儿童为自己的生存制定他们自己的法律,那么饥饿也为家庭成员、朋友和兄弟姊妹之间的小的慷慨行为创造了机会。这些善意的小举动总是发生在那些从未远离饥饿的人之间。在人们的记忆中,这些善举总是含有牺牲的成分。这种牺牲标志着一种团结和群体意识,只是这种意识在后来被人们遗忘。[123]

这种团结与那些对这些家庭进行审查并决定他们可以得到多少福利救济的人的残酷和不人道形成了鲜明的对比。值得注意的是,在这些自传中,那些不得不面对来自劳工交易所(Labour Exchange)、公共援助委员会和裁判委员会(Courts of Referees)的官员的侮辱的人,绝不会替这些官员说一句好话。乔·洛夫特斯(Joe Loftus)回忆道:"他们最关心的是降低你的等级,尽可能少地支付你救济金,甚至不给你应得的权利,在你甚至还没有开口说话时就认定你是故意消极怠慢,通过羞辱来与你保持距离。"[124] 这样的叙述并不多;事实上,这种可耻的侮辱还只是阶级的无声伤害的一部分,尽管他们在这个过程中感到屈辱,但为了家庭他们还是不得不忍受这一切——只有当救济官员或经济状况调查官员出现在他们家门口,问他们一些难以启齿的问题,同时打量着家里可以卖掉的值钱东西的时候,他们的家庭成员才开始理解这种屈辱。这种怨恨和苦难的交织,正是被全国失业工人运动在要求福利待遇的权利中挖掘出来的。然而,尽管这些战后自传和证词传播了人们经历饥饿的证据来唤起人们对20世纪30年代饥饿的记忆,但它们并不一定能够使社会民主的剧本合法化。虽然它们强调战后福利国家的物质成就,但这些物质成就往往会被文化失落感所抵消,这是由于以前那种群体团结被削弱了。

尽管如此,在这些对饥饿的20世纪30年代的童年回忆中,绝大多数都是以历史学家阿什顿为榜样,坚决抨击C. L. 莫厄特(C. L. Mowat)所说的"此后孜孜不倦地宣传的'饥饿的20世纪30年代'的神话"[125]。饥饿的经历是英国自由党左翼的工业历史学家、劳工历史学家的研究核心,而他们深受汤因比对工业革命的悲观叙述的影响。一些术语和研究重点可能发生了改变,但人们的情绪并没有变。正如我们在第一章中所看到的,自汤因比以来,对于那些参与生活水平之争的历史学家来说,他们争论的主战场是 18 世纪和 19 世纪。这一点在 20 世纪 50 年代和 60 年代有悲观主义倾向的盎格鲁-马克思主义者如爱德华·汤普森与有乐观主义倾向和计量经济学头脑的资本主义论者如阿什顿等的辩论中得到了证实。[126] 然而,随着饥饿的 20 世纪 30 年代的观点的确立,辩论的主战场转移到两次世界大战之间的那段社会历史中,尤其是关于 20 世纪 30 年代到底是富足还是匮乏的经历上。到 20 世纪 70 年代,修订过的关于这十年更为乐观的叙述以惊人的速度成为史学上的正统观念;失业和饥饿的经历仅限于局部贫困地区;生活水平的提高体现在营养状况的改善和婴儿死亡率的下降上,所以贫困被富足所抵消,旧工业的衰落被新工业的崛起所抵消;工人阶级男性的困境也被生产和消费新工业产品的女性的进步所抵消。[127]

正当战后社会民主解决方案的裂痕开始显现的时候,饥饿的 20 世纪 30 年代被揭去了神话的面纱,这并非巧合。在 20 世纪 70 年代,围绕在伊诺克·鲍威尔(Enoch Powell)、基思·约瑟夫(Keith Joseph)和玛格丽特·撒切尔身边的新右派政治家和知识分子越来越多地强调 20 世纪 30 年代是混合经济、福利国家和英帝国从殖民地撤退前的最后十年,它创造了一种依赖文化,这种文化使自力更生对个人和国有企业来说都是多余的。当诺曼·特比特(Norman Tebbit)在撒切尔夫人的第一任政府中担任就业大臣时,当时的失业率和 20 世纪 30 年代的失业率差不多。1981年,特比特说了一句臭名昭著的话,大意是说,当他的父亲失业时,他就骑上自行车自己去找工作,他没有去要求福利待遇,也没有依赖保姆式国家。作为回应,左翼历史学家认为,"当前严重失业的阶段不应该被一个错误的观点所笼罩,即当前的失业与之前的失业相关并且具有相似之处",他们坚持认为 20 世纪 30 年代的修正主义叙述不加批判地依赖来源于政府方面的信息。[128] 历史学家开始重新关注 20 世纪 30 年代失业的政治和饥饿游行的历史。斯蒂芬·康斯坦丁(Stephen Constantine)在特比特演讲的前一年结束了他的研究,他强调,"(对)许多人来说,那些年的记忆仍然是清晰而痛苦的,他们憎恨再次回到高失业率的年代"[129]。当1997年布莱尔领导的新工党(New Labour)在大选中获胜(人们曾短暂地将这次胜利与1945年工党的胜利相提并论),当撒切尔主义的幽灵最终消失时,历史学家再次找寻饥饿的20世纪30年代的记忆。[130]牢记那个痛苦的十年,依旧是英国社会民主大业的核心。

结　论

　　正是从 20 世纪 40 年代开始,在世界范围内,饥饿成为所有福利国家、殖民地国家和后殖民地国家、众多的跨国人道主义组织所关注的首要问题和长期问题。当我写这本书时,很多朋友和同事经常问我,为什么要把这本书结束在 20 世纪 40 年代。这个问题本身其实就暗示了答案:20 世纪 40 年代以后,英国在塑造饥饿历史方面发挥的作用越来越微不足道。这并不是说英国的影响力不再重要,也不是要没完没了地悲叹英国的衰落。[1]当然,英国福利国家在反饥饿斗争中的成就和失败直到 20 世纪 60 年代才完全显现出来。在那十年间,社会科学家重新发现了贫困的持续性特征,部分原因是他们用相对贫困来重新定义贫困,而不是用朗特里的最低营养标准贫困线的绝对衡量标准。[2]同样,尽管在二战后的几十年里,非殖民化进程发展迅速,但英国的殖民地发展政策确保了它的前殖民地即使在独立后仍然会与英国的经济紧密联系。同样,总部设在英国的非政府组织通过领导现在的全球反饥饿斗争,巧妙地重新包装了原来的对文明使命的帝国幻想。[3]因此,在 20 世纪 40 年代后,当饥饿从英国及其帝国消失后,或英国人不再想着要征服世界饥饿后,就再没有什么神奇的时刻了。二战后,特别是奥尔关于联合国粮农组织的设想失败后,英国就失去了在饥饿的现代文化史中的核心地位。正如我们在第一章中所看到的,这种变化发生在英国的现代化模式被视为典范的时刻。

我的论点是，饥饿远不是一种永恒不变的状态。饥饿、人们赋予饥饿的意义以及管理饥饿的体制，都在 18 世纪晚期和 19 世纪中期经历了一系列戏剧性的转变。广义地说，虽然斯密和马尔萨斯的古典政治经济学已经将饥饿确定为一种可以避免的人为现象，而不是自然或天意的诅咒，但他们对饥饿的看法使国家无须承担控制饥饿的责任。新马尔萨斯主义者认为市场必须是自由的，既可以自由地产生富足，也可以自由地形成贫困，他们很快就把饥荒的持续存在归咎于饥饿者的懒惰和意志薄弱。此后，我指出，饥饿是英国自由主义的核心困境之一，它帮助确定了市场与国家、臣民与公民、个人与集体、民族与帝国之间的界限。

19 世纪下半叶，对饥饿的人道主义发现（这一发现使饥饿成为政治批判和政治动员的依据）挑战了新马尔萨斯主义关于饥饿者是自身苦难的制造者的观点，这些困境进一步加深了。随着新济贫法的出台和爱尔兰饥荒的发生，新闻记者和社会创新者开发了新的技术来表现饥饿者无辜遭受的苦难。他们通过赋予饥饿者一个人类的面孔，确保了饥饿，无论是在国内还是国外，都成为一战前人道主义关注的焦点。爱尔兰和印度的殖民民族主义者与英国的妇女参政论者和失业抗议者一道，把饥饿变成了英国自由主义和英国殖民国家失败的象征，从而唤起了人们对饥饿的同情。然而，饥饿一直是引发人类同情或政治愤怒的一个模糊的对象。直到 20 世纪初，当社会调查人员借助新的营养科学为饥饿提供了一个准确的定义以及能够衡量饥饿的程度和社会成本时，情况才有所改变。人类的努力与科技和设备的复杂结合（受过训练的研究人员或采访者手中的统计样本、热量计和调查卡）使得社会学家和营养学家能够确定饥饿是一个紧迫的社会问题，要解决这个问题，需要新的社会福利形式。社会关切最初仅促使政府采取惩罚性的干预措施，以改造饥饿者。人道主义者、政治活动家、社会学家和营养学家随后形成了一种更为民主的社会观点，即认为饥饿是整个社会的责任。

故事最后一个具有讽刺意味的转折让我们几乎回到原点，去面对我们当前福利国家的困境。为防止饥饿重新成为一个社会问题而设计的福利形式，往往借鉴像济贫院等机构的惩戒方法，其依据是社会效率和责任方面的经验教训。在 20 世纪上半叶，工人运动，尤其是最容易遭受饥饿的失业工人，主张将福利作为一种不那么具有惩罚性的权利，这种方式预示着二战后福利国家的建立。

当营养学家在一战结束后将饥饿重新定义为营养不良时，饥饿不再被视为穷人的问题，而被当成所有人的营养挑战。从这个视角来看，遏制饥饿的努力不再局限于福利，而是回到了负责促进自身营养健康的个体消费者身上。如果考虑到饥饿形成的曲折逻辑，那么福利国家就是一个不稳定的成就，这个成就的巩固需要不断提醒人民它是如何把他们从饥饿的 30 年代的悲惨和痛苦中解救出来的。直到最近，提及 20 世纪 30 年代的饥饿几乎还是社会民主英国的一个常见特征，就像父母总是告诫孩子要把食物吃光，否则就把食物送给非洲挨饿的人一样。

现代英帝国对饥饿的理解和饥饿治理的方式发生了改变，这使得我们可以从多个角度重新考虑社会民主和福利国家的政治。

第一，继福柯之后，我强调了福利制度的惩戒性根源，它们源自最初在监狱和济贫院等机构进行的集体喂养。国家宣称要照顾那些国家本要惩罚的人，绝食抗议在一定程度上是对国家这种行为的拒绝。我并没有将惩戒和福利看作自然对立，或者认为它们是按照顺序先后发展起来的。我试图表明，惩戒和福利是相辅相成的。当然，正如福柯向我们展示的那样，惩戒和福利被用来武装劳动人民，使他们能够适应市场经济下的生活。我们可以进一步拓展这个论题，从而认识到市场机制对我所追踪的福利形式的重要性，尤其是做出对社会负责任的选择所依据的原则的重要性——无论是在自助餐厅，还是在计划、购买和准备家庭饮食方面。在强调福利的混合形式时，我努力证明，自由主义和社会民主并不依赖于历史上各自独立的治国方略（也许我们现在的新自由主义更依赖治国方略），而是依赖于不同治国方略的元素的重新加工或重新组合。

第二，国家绝不总是处于以保障社会营养、健康和效率为目的的各种福利形式的中心。我们一次又一次地看到，人道主义者、慈善团体、私人雇主和地方政党是如何动员来自社会与营养科学领域的各种专家的。一些辅助的工具走进家庭，比如女性杂志、家庭科学手册、菜单规划师以及"理想之家"展览和高效厨房展览。通过强调对社会负责的行为的标准，福利国家实现了政府化，从而重塑了围绕家庭成员的日常生活和家庭主妇的形象。然而，即使某些类型的福利，比如工人和学龄儿童的集体喂养，开始是由国家资助的，却往往仍然依赖于地方的主动性和志愿者的努力。集体喂养不仅是一种缓解饥饿的新奇的社会分配方式,它还产生了团结和文明的观念,以及以它的名义运作的美好社会。奥尔和勒格罗斯·克拉克等人自认为是在技术政治前线战胜饥饿的积极分子。他们和许多其他为不同群体配送食物的社会生活技术人员一样,在某种程度上创造了一种社会模式,这种模式不仅预示着战后英国的福利国家,并且还积极帮助创建了这个福利国家。

第三,机构不能仅依靠像奥尔和勒格罗斯·克拉克这样的技术专家。它还需要延伸到物质载体,从社会调查员的调查卡,到营养科学家的实验室,再到食堂,继而到营养菜单规划师。美好社会的物质生产所依赖的手段往往是片面的、不平衡的或是妥协的结果,因为各地的条件千差万别。值得强调的是,这些物质载体是如何具有不同的历史节奏的:专业知识的形式变来变去,但它们帮助构建的物质环境却持久得多。也许福利的不平等性和惩戒性的先例有助于解释许多人总是对救济分配持矛盾心理。社会理论家可能会谈论社会性的死亡,然而我们依然居住在被日益破坏的基础设施中。

第四,我的描述显然是对那种把工人运动刻画为为实现社会民主而进行的英勇斗争的有力而持久的叙述的重大挑战。虽然下面这么说并不是想转变我批判的态度,但我想强调的是,我对政治运动人士的贡献关注得较少,不是因为我想要贬低他们。社会性也许不是政治动员的产物,但是社会性的确很快成了政治动员的对象。激进政治和劳工政治的最初方向可能是落后的,是出于要恢复普通人失去的权利的愿望。但从19世纪后期以来,左翼人士开始向前看,并开始将通常是惩罚性的福利实践转变为社会权利。在我的饥饿的现代史的结尾处展示对生活福利的要求——使我们成为人类和社会的最低要求——是多么有效,这再恰当不过了。

第五,也是最后一点,从一开始就很明显,饥饿史要求我揭示在英国提供福利与在英国更广泛的殖民地和跨国层面提供福利之间的关系。在南亚和非洲的殖民地实验室里,英国营养学家发现了营养缺乏症,从而将饥饿重新定义为家庭中的营养不良。许多科学家随后都奋战在英国反饥饿斗争的前线,并在国际营养项目和跨国组织(像卡耐基公司、国际联盟和联合国)中发挥了领导作用,同时也在20世纪40年代英国殖民地发展和福利法案(Britain's Colonial Development and Welfare Acts)的设计中发挥了领导作用。有关殖民地发展和欧洲福利的文献把它们作为两个独立的主题来对待，但从历史上来看，它们的目标从未分离。它们不仅是历史的偶然，它们还积极地相互影响，相互成就。与当今为自由帝国辩护的人所持观点相反，晚期英国殖民主义明显采取了福利主义形式。然而，它的成就太片面，所以英国的殖民地在独立后的任务就是兑现这个殖民国家未能兑现的福利和发展的承诺。

在这部关于饥饿的现代史中，我借此机会重温了英国历史学家长期以来所称的自由主义危机以及社会民主和福利国家的出现。我想证明，尽管饥饿导致了英国本土和英帝国的自由主义危机，但它并没有导致自由主义的崩溃，反而促进了治理饥饿的自由主义方式和社会民主方式的结合。其结果就是产生了一个声称以国内外的社会福利为主要目标的国家。这段历史似乎给人们带来了一些政治上的希望。长久以来，我们已经接受了社会民主主义者和新自由主义者自我合法化的主张，即福利国家是一个整体的、大一统的结构。但事实上，福利国家既不是形式上的国家主义（statist），也不是导向上的福利主义（welfarist）。如果我们不能从历史上把福利形式与惩戒或市场分开，或把国家与其他统治形式分开，我们就不能再简单地问我们到底是支持福利还是反对福利，是支持国家还是反对国家。相反，我们或许可以设想一种新的政治形式，无论这种形式是地方的、全国的或是全球的，这种政治形式可以避开为了从战略上进行干预做的系统分析，从而确保民主的本质和社会的福利。

注　释

文档缩写

NA	National Archives，London 国家档案馆，伦敦
BL	British Library，London 不列颠图书馆，伦敦
BLPES	British Library of Political and Economic Science，London School of Economics，London 伦敦经济学院英国政治经济图书馆，伦敦
IWM	Imperial War Museum，London 帝国战争博物馆，伦敦
MO	Mass Observation Archive，University of Sussex "大众观察"档案，苏塞克斯大学
NMLH	National Museum of Labour History，Manchester 国家劳工历史博物馆，曼彻斯特
NWSA	North-West Sound Archive，Manchester 西北声音档案馆，曼彻斯特
OIOC	Oriental and India Office Collection，London 东方和印度事务部藏品处，伦敦
WA	Wellcome Archive，London 威尔科姆档案馆，伦敦

第一章　饥饿与现代世界的形成

1. 参见 T. K. Rabb and R. I. Rotberg (eds.)，*Hunger and History*：*The Impact of Changing Food Production and Consumption Patterns on Society*（Cam-

bridge: Cambridge University Press, 1985); L. F. Newman (ed.), *Hunger in History: Food Shortage, Poverty and Deprivation* (Oxford: Blackwell, 1990); Sharman Apt Russell, *Hunger: An Unnatural History* (New York, Basic, 2005)。

2. 我写于"让贫穷成为历史"(Make Poverty History)运动之后,也参见 Jeffrey Sachs, *The End of Poverty: Economic Possibilities of Our Time* (New York: Penguin, 2005)。

3. 关于长期环境变化,参见 Emmanuel Le Roy Ladurie, *The Peasants of Languedoc* (Urbana: University of Illinois Press, [1966] 1974); *Times of Feast, Times of Famine: A History of Climate since the Year 1000* (New York: Doubleday, [1967] 1971)。

4. Thomas McKeown, *The Modern Rise of Population* (New York: Academic, 1976); Peter Laslett, *The World We Have Lost* (New York: Charles Scribner's Sons, [1965] 1984); E. A. Wrigley and R. S. Schofield, *The Population History of England, 1541-1871* (Oxford: Blackwell, 1981). 这种对工业化"乐观"的解读的基础来自 J. H. Clapham, *Economic History of Modern Britain*, 3 vols. (Cambridge: Cambridge University Press, 1926-1938)。但这种乐观解读在第二次世界大战后得到了进一步巩固,参见 T. S. Ashton, *The Industrial Revolution* (London: Oxford University Press, 1948); F. A. Hayek, *Capitalism and the Historians* (Chicago: University of Chicago Press, 1954); W. W. Rostow, *Stages of Economic Growth: A Non-Communist Manifesto* (Cambridge: Cambridge University Press, 1960); and R. M. Hartwell, *Industrial Revolution and Economic Growth* (London: Methuen, 1971). 关于饥饿作为政治动员和政治抗议的决定因素,参见 Max Beloff, *Public Order and Popular Disturbances, 1660-1714* (London: Oxford University Press, 1938); W. W. Rostow, *British Economy in the Nineteenth Century* (Oxford: Clarendon, 1948). 关于这种批判的谱系,参见 D. C. Coleman, *Myth, History and the Industrial Revolution* (London: Hambledon, 1992), 1-43; Philip Connell, *Romanticism, Economics and the Question of "Culture"* (Oxford: Oxford University Press, 2001); Stedman Jones, *An End to Poverty? A Historical Debate* (London: Profile, 2004), chaps. 5 and 6。

5. Karl Polanyi, *The Great Transformation: The Political and Economic Origins of Our Time* (Boston: Beacon, [1957] 2001); E. P. Thompson, *The Making of the English Working Class* (London: Gollancz, 1963).

6. 尽管他们的研究明显局限于苏格兰高地的前工业化时代背景以及 18 世纪 90 年代的战时条件,参见 Roger Wells, *Wretched Faces: Famine in Wartime England, 1793-1801* (Gloucester: Sutton, 1988); and T. M. Devine, *The Great Highland Famine: Hunger, Emigration and the Scottish Highlands in the Nineteenth Century* (Edinburgh: Donald, 1988)。

7. John Burnett, *Plenty and Want: A Social History of Diet in England from 1815 to the Present Day* (London: Nelson, 1966); D. Oddy and D. Miller (eds.), *The Making of the Modern British Diet* (London: Croom Helm 1976); Oddy and Miller (eds.), *Diet and Health in Modern Britain* (London: Croom Helm, 1985); Jay Winter, "Unemployment, Nutrition and Infant Mortality in Britain, 1920-1950," in Winter (ed.), *The Working Class in Modern British History* (Cambridge: Cambridge University Press, 1983); Charles Webster, "Hungry or Healthy Thirties?" *History Workshop Journal* 13 (1982), 110-129; R. Floud, K. Wachter, and A. Gregory, *Height, Health and History: Nutritional Status in the United Kingdom, 1750-1980* (Cambridge: Cambridge University Press, 1990); Roger W. Fogel, *The Escape from Hunger and Premature Death, 1700-2100* (Cambridge: Cambridge University Press, 2004).

8. Mike Davis, *Late Victorian Holocausts: El Niño Famines and the Making of the Third World* (London: Verso, 2002); Manu Goswami, *The Production of India: From Colonial Economy to National Space* (Chicago: Chicago University Press, 2004), chap. 7.

9. Amartya Sen, *Poverty and Famines: An Essay on Entitlement and Deprivation* (Oxford: Clarendon, 1981); Sen, *Development as Freedom* (New York: Knopf, 1999). 关于对森的著作的持续批判, 参见 Michael Watts, "Hour of Darkness: Vulnerability, Security and Globalization," *Geographica Helvetica* 57, no. 1 (2002): 5-18.

10. 我在这里借鉴了丰富的跨学科学术成果,其中很大一部分灵感来自关于身体的女权主义历史。Nancy Scheper-Hughes, *Death without Weeping: The Violence of Everyday Life in Brazil* (Berkeley: University of California Press, 1992); Susan Bordo, *Unbearable Weight: Feminism, Western Culture and the Body* (Berkeley: University of California Press, 1993); Maud Ellmann, *The Hunger Artists: Starving, Writing and Imprisonment* (Cambridge, Mass.: Harvard University Press, 1993); Joseph Alter, *Gandhi's Body: Sex, Diet, and the Politics of Nationalism* (Philadelphia: University of Pennsylvania Press, 2000).

11. 例如,参见 Keith Laybourn, *The Evolution of British Social Policy and the Welfare State, 1800-1993* (Keele, U.K.: Keele University Press, 1993). 关于英国混合福利经济的更详细的历史,参见 Pat Thane, *Foundations of the Welfare State* (London: Longman, 1996); Derek Fraser, *The Evolution of the British Welfare State: A History of Social Policy since the Industrial Revolution* (Houndmills, U.K.: Macmillan, 2003); Bernard Harris, *Origins of the British Welfare State: Society, State and Social Welfare in England and Wales, 1800-1945* (Houndmills, U.K.: Macmillan, 2004).

12. 该启示来自 Arturo Escobar, *Encountering Development: The Making and Unmaking of the Third World* (Princeton, N. J.: Princeton University Press, 1995), chap. 4。

13. Piero Camporesi, *Bread of Dreams: Food and Fantasy in Early Modern Europe* (Chicago: Chicago University Press, 1989); Camporesi, *The Land of Hunger* (Cambridge: Polity, 1996).

14. Peter Laslett, "Did the Peasants Really Starve? Famine and Pestilence in Pre-Industrial Society," in *The World We Have Lost*, 113-134; John Walter, "The Social Economy of Dearth in Early Modern England," in J. Walter and R. Schofield (eds.), *Famine, Disease, and the Social Order in Early Modern Society* (Cambridge: Cambridge University Press, 1989).

15. E. P. Thompson, "The Moral Economy of the English Crowd in the Eighteenth Century," and "The Moral Economy Revisited," in *Customs in Common* (New York: New Press, 1991), 260-261. 也参见 A. Randall and A. Charlesworth (eds.), *Moral Economy and Popular Protest: Crowds, Conflict and Authority* (New York: St. Martin's, 2000)。

16. Adam Smith, *An Inquiry into the Nature and Cause of the Wealth of Nations* (London: Methuen, [1776] 1904), bk. 4, chap. 5: 46, 78, http://www.econlib.org/LIBRARY/Smith/smWN15.html.

17. Rev. Thomas Malthus, *An Essay on the Principle of Population* (London: J. Johnson, 1798), chap. 7, http://socserv2.socsci.mcmaster.ca/~econ/ugcm/3ll3/malthus/popu.txt.

18. Joseph Townsend, *A Dissertation on the Poor Laws* (Berkeley: University of California Press, [1786] 1971), 27. 汤赛德写道:"总的来说,只有饥饿才能刺激和激励他们(穷人)去劳动……它不仅是一种平和的、沉默的、无法释放的压力,而且作为勤劳和劳动的最自然的动机,它还唤起了最大程度的努力。"(第 23—24 页)关于英国启蒙时期的经济思想,参见 Roy Porter, *The Creation of the Modern World: The Untold Story of the British Enlightenment* (New York: Norton, 2000); Joyce Appleby, *Economic Thought and Ideology in Seventeenth-Century England* (Princeton, N. J.: Princeton University Press, 1978)。

19. Gertrude Himmelfarb, *The Idea of Poverty: England in the Early Industrial Age* (London: Faber and Faber, 1984); Boyd Hilton, *The Age of Atonement: The Influence of Evangelicalism on Social and Economic Thought, 1795-1865* (Oxford: Clarendon, 1988); Mitchell Dean, *The Constitution of Poverty: Toward a Genealogy of Liberal Governance* (London: Routledge, 1991).

20. Poor Law Commissioners, *Second Annual Report of the Poor Law Commissioners for England and Wales* (London: W. Clowes, 1836), 63.

21. 依旧经典的描述见 Nicholas Edsall, *The Anti-Poor Law Movement* (Manchester: Manchester University Press, 1971)。

22. 关于济贫法的悠久历史,参见 Lynn Lees Hollen, *The Solidarities of Strangers: The English Poor Laws and the People*, *1700-1948* (Cambridge: Cambridge University Press, 1998); David Englander, *Poverty and Poor Law Reform in Britain: From Chadwick to Booth*, *1834-1914* (London: Longman, 1998)。

23. Polanyi, *The Great Transformation*; Hannah Arendt, *On Revolution* (London: Faber and Faber, 1963); Michel Foucault, "On Governmentality," *Ideology and Consciousness* 6 (Autumn 1979): 5-22. 有关有用的比较,参见 Claire Edwards, "Cutting Off the King's Head: The 'Social' in Hannah Arendt and Michel Foucault," *Studies in Social and Political Thought* 1, no. 1 (June 1999): 3-20。

24. 阿甘本对这一过程进行了重新阐述和去历史化。他指出,从亚里士多德开始,公民身份的建构辩证法就是主权者给予的民主自由与对公民身体的惩戒权和生物政治权的重新描述之间的关系。Giorgio Agamben, *Homo Sacer: Sovereign Power and Bare Life* (Stanford, Calif.: Stanford University Press, 1998)。

25. Mary Poovey, *Making a Social Body: British Cultural Formation* (Chicago: Chicago University Press, 1995)。

26. 这是一段概略性的历史,参见 Nikolas Rose, *Powers of Freedom: Reframing Political Thought* (Cambridge: Polity, 1999)。

27. Jean Baudrillard, *In the Shadow of the Silent Majorities* (Cambridge, Mass.: MIT Press, 1983); Bruno Latour, *We Have Never Been Modern* (Cambridge, Mass.: Harvard University Press, 1993)。

28. Anthony Giddens, *Modernity and Self-Identity: Self and Society in the Late Modern Age* (Cambridge: Polity, 1991); Zygmunt Bauman, *Liquid Modernities* (Cambridge: Polity, 2000). 对这些社会理论发展有益的讨论,参见 Patrick Joyce (ed.), *The Social in Question: New Bearings in History and the Social Sciences* (London: Routledge, 2002); Nicholas Gane (ed.), *The Future of Social Theory* (New York: Continuum, 2004)。

29. 有关欧洲其他国家的类似尝试,参见 Jacques Donzelot, *The Policing of Families* (New York: Pantheon, 1979); Paul Rabinow, *French Modern: Norms and Forms of the Social Environment* (Cambridge, Mass.: MIT Press, 1989); George Steinmetz, *Regulating the Social: The Welfare State and Local Politics in Imperial Germany* (Princeton, N.J.: Princeton University Press, 1993); David G. Horn, *Social Bodies: Science, Reproduction, and Italian Modernity* (Princeton, N.J.: Princeton University Press, 1994)。

30. 在此,我借鉴和扩展了女权主义学者的以下著作:Gisela Bock and Pat Thane (eds.), *Maternity and Gender Policies: Women and the Rise of the European Wel-*

fare States, *1880-1950* (London: Routledge, 1991); Susan Pedersen, *Family, Dependence and the Origins of the Welfare State: Britain and France, 1914-1945* (Cambridge: Cambridge University Press, 1993); Gail Lewis, "*Race*," *Gender, Social Welfare: Encounters in a Post-Colonial Society* (Cambridge: Polity, 2000)。

第二章 饥饿的人道主义发现

1. *Oxford English Dictionary* (Oxford: Oxford University Press, 1989 2nd ed.), http://www.oed.com/; Raymond Williams, *Keywords: A Vocabulary of Culture and Society*, rev. ed. (New York: Oxford University Press, 1983), 150-151.

2. Thomas L. Haskell, "Capitalism and the Origins of the Humanitarian Sensibility," in Thomas Bender (ed.), *The Anti-Slavery Debate: Capitalism and Abolitionism as a Problem in Historical Interpretation* (Berkeley: University of California Press, 1992), 105-160; Thomas Laqueur, "Bodies, Details and the Humanitarian Narrative," in Lynn Hunt (ed.), *The New Cultural History* (Berkeley: University of California Press, 1989), 176-204.

3. 有关这一主题的最近两个富有挑战性的思考,参见 Luc Boltanski, *Distant Suffering: Morality, Media and Politics* (New York: Cambridge University Press, 1999); Jenny Edkins, *Whose Hunger? Concepts of Famine, Practices of Aid* (Minneapolis: University of Minnesota Press, 2000).

4. 从1837年到1849年,《泰晤士报》报道了58个类似的案例以及14个相关主题的头条新闻,尽管如此,我们将在第四章中看到,埃德温·查德威克作为济贫法专员以及济贫法的主要设计师,确保了在注册局的年度出生率和死亡率的报告中不包括饿死这一类别。

5. Thomas Laqueur, "Bodies, Details and the Humanitarian Narrative," in Lynn Hunt (ed.), *The New Cultural History* (Berkeley: University of California Press, 1989), 176-204.

6. *Times*, 23 December 1846, 4; and 22 January 1844, 4; John Lhotsky, *On Cases of Death by Starvation and Extreme Distress among the Humbler Classes Considered as One of the Main Symptoms of the Present Disorganization of Society* (London: John Ollivier, 1844), 1-2;在原文中强调饿死。伊霍茨基(Lhotsky)的文章转载了许多《泰晤士报》关于这些被饿死的人的报道。*Times*, 20 November 1846, 4.

7. 查尔斯·狄更斯的《雾都孤儿》(*Oliver Twist*)于1837年首次出版。*Times*, 19 November 1842, 4.

8. *Times*, 27 November 1846, 4; 29 December 1846, 4; and 4 January 1847, 4. "这是对野蛮谋杀的一种最残酷的补充(因为它们名副其实),而新济贫法正是其犯罪手段。"*Times*, 22 June 1842, 7.

9. Lhotsky, *On Cases of Death by Starvation*, 2.

10. Ian Anstruther, *The Scandal of Andover Workhouse* (London: Bles, 1973); Parliamentary Papers (1846), vol. 663-1, *Report of the Select Committee on Andover Union*.

11. 激进派和宪章派的新闻界也使用许多相同的表现手法强调,造成这些人死于饥饿的体制是不人道的和野蛮的。我的观点是,《泰晤士报》催生了一种全新的、截然不同的人道主义批判和人道主义公众。

12. Melissa Fegan, *Literature and the Irish Famine 1845-1919* (Oxford: Clarendon 2002), chap. 3; Margaret Kelleher, *The Feminization of Famine: Expressions of the Inexpressible?* (Durham, N.C.: Duke University Press, 1997), chap. 1; John Killen (ed.), *The Famine Decade: Contemporary Accounts, 1841-1851* (Belfast: Blackstaff, 1995); Steve Taylor, "Views of the Famine," at http://vassun.vassar.edu/~sttaylor/FAMINE/.

13. 经典的描述见 W. O. Henderson, *The Lancashire Cotton Famine 1861-1865* (New York: Augustus Kelley, [1934] 1969). W. L. Burn, *The Age of Equipoise: A Study of the Mid-Victorian Generation* (London: Allen and Unwin, 1964).

14. 其中许多在约翰·瓦茨(John Watts)的著作中都有详细的摘录, *The Facts of the Cotton Famine* (London: Simpkin and Marshall, 1866)。

15. 关于"新新闻主义",参见 Jo Baylen, "The Press and Public Opinion: W. T. Stead and the 'New Journalism'," *Journalism Studies Review* 4 (July 1979); Joel Weiner, *Papers for the Millions: The New Journalism in Britain, 1850s-1914* (New York: Greenwood, 1988); Judith Walkowitz, *City of Dreadful Delight: Narratives of Sexual Danger in Late Victorian London* (Chicago: Chicago University Press, 1992), chap. 3; Laurel Brake, *Subjugated Knowledges: Journalism, Gender and Literature in the Nineteenth Century* (New York: New York University Press, 1994), chap. 5; Mark Hampton, *Visions of the Press in Britain, 1850-1950* (Urbana: University of Illinois Press, 2004)。

16. 下文我特别引用了 A. S. Krausse, *Starving London: The Story of a Three Weeks' Sojourn among the Destitute* (London: Remington, 1886),最初在《伦敦全球杂志》(*London Globe*)上连载; Robert Sherard, *The White Slaves of England: Being True Pictures of Certain Social Conditions in the Kingdom of England in the Year 1897* (London: James Bowden, 1898),最初在《皮尔森杂志》(*Pearson's Magazine*)上连载; C. F. G. Masterman, *The Condition of England* (London: Methuen, [1909] 1960),其中大部分是在《民族周刊》发表的,该期刊是他于1907年创办的,

其宗旨是倡导"新自由主义"。

17. 引自 Walkowitz, *City of Dreadful Delight*, 29。

18. 后来,社会民主联盟的几名领导人以共谋罪被逮捕和审判,但最终被无罪释放;担任地方政府委员会主席的约瑟夫·张伯伦放宽了在伦敦发放户外救济的条件。参见 Jose Harris, *Unemployment and Politics: A Study in English Social Policy, 1886-1914* (Oxford: Oxford University Press, 1972), 55-56。

19. *Daily Telegraph*, 30 December 1904, 12. Charles Booth, *Life and Labour of the People in London* (London: Macmillan, 1892-1897); 这些地图可以在网上查询,http://booth.lse.ac.uk/。

20. Bart Kennedy, *The Hunger Line* (London: Werner Laurie, 1908), 117, 33-44, 59, 38. 也参见 Krause, *Starving London*, 34; Sherard, *White Slaves of England*, 114; Arnold White, *Efficiency and Empire* (Brighton: Harvester, [1901] 1973), 100; William Booth, *In Darkest England, and the Way Out* (London: Salvation Army, 1890), 18。

21. Richard Higgs, *The Heart of the Social Problem: Twelve Millions Starving; How Can They Be Fed?* (London: Stead's, 1913); Kennedy, *The Hunger Line*, 41. 也参见 Rev. William Sirr, *Workless and Starving: Brief Considerations upon the Burning Questions of the Day* (Plaistow, U.K.: Church Press, 1906)。

22. H. Llewelyn Smith and Vaughan Nash, *The Story of the Dockers' Strike* (London: Garland, [1889] 1984); H. W. Nevinson, *Neighbours of Ours* (Bristol: J. W. Arrowsmith, 1895); *In the Valley of Trophet* (London: Dent, 1896). Angela John's *War, Journalism and the Shaping of the Twentieth Century: The Life and Times of Henry W. Nevinson* (London: Tauris, 2006). 看来查询这本书的时间已经太晚了。

23. 有关外国记者和特约记者的不同角色的讨论,参见 Lucy Brown, *Victorian News and Newspapers* (Oxford: Oxford University Press, 1985), chap. 10。关于路透社,参见 Michael Palmer, "The British Press and International News, 1851-1899," in G. Boyce, J. Curran, and P. Wingate (eds.), *Newspaper History from the Seventeenth Century to the Present Day* (London: Constable, 1978), 205-219; 以及 Donald Read, *The Power of News: The History of Reuters* (Oxford: Oxford University Press, 1999)。

24. H. W. Nevinson, *Scenes in the 30 Days War between Greece and Turkey, 1897* (London: Dent, 1898); Nevinson, *Ladysmith: The Diary of a Siege* (London: Methuen, 1900); Nevinson, *A Modern Slavery: Narrative of a Journey in West Central Africa (Angola) and the Portuguese Islands of San Thome and Principe during 1904-5 to Investigate Slavery and the Slave Trade* (London: Harper and Brothers, 1906); Nevinson, *The Dawn in Russia, or Scenes in the Russian Revolution*

(London: Harper and Brothers, 1906); Nevinson, *The New Spirit in India* (London: Harper and Brothers, 1908). 休战是内文森和布雷斯福德的另一个话题。参见 Henry Brailsford, *Across the Blockade* (London: Allen and Unwin, 1919); 以及 Brailsford, *After the Peace* (London: Leonard Parsons, 1920)。有关内文森对自己生活的美化版本,参见 Nevinson, *Changes and Chances* (London: Nisbet, 1923); Nevinson, *More Changes, More Chances* (London: Nisbet, 1925); 以及 Nevinson, *Last Changes, Last Chances* (London: Nisbet, 1928)。

25. C. A. Bayly, *Empire and Information: Intelligence Gathering and Social Communication in India, 1780-1870* (Cambridge: Cambridge University Press, 1999); Tim Pratt, "Ernest Jones' Mutiny: The People's Paper, English Popular Politics and the Indian Rebellion 1857-58," in Chandrika Kaul (ed.), *Media and the British Empire* (Basingstoke, Eng.: Palgrave, 2006), 88-103; Ernest Jones, "English Popular Politics and India, 1857-1858" (M. A thesis, Manchester, 1999).

26. Paula Krebs, *Gender, Race, and the Writing of Empire: Public Discourse and the Boer War* (New York: Cambridge University Press, 1999), 38-39.

27. Krausse, *Starving London*, iii.

28. 谢拉德(Sherard)为写《英国白人奴隶》(*White Slaves of England*)一书,在英国北部和中部地区6个制造业中心进行了为期2个月的研究。关注英国北部和中部地区是如何试图通过直接引用报道的谈话内容来让他们的臣民"为自己发声"。Krausse, *Starving London*, i, iii.

29. Vaughan Nash, *The Great Famine and Its Causes* (London: Longmans, Green, 1900), v, 85-86. 也参见《英格兰人报》(*Englishman*)记者令人痛心的报道,引自 William Hare, *Famine in India: Its Causes and Effects* (London: King & Son, 1901), v.

30. 参见 Rev. J. E. Scott, *In Famine Land: Observations and Experiences in India during the Great Drought of 1899-1900* (London: Harper and Brothers, 1904), x-xi. 关于在把帝国的新闻带回英国这一过程中,传教士所扮演的更广泛的角色,参见 Susan Thorne, *Congregational Missions and the Making of an Imperial Culture in Nineteenth-Century England* (Stanford, Calif.: Stanford University Press, 1999); Kevin Grant, "Christian Critics of Empire: Missionaries, Lantern Lectures and the Congo Reform Campaigns in Britain," *Journal of Imperial and Commonwealth History* 29 (2001): 27-58。

31. Masterman, *The Condition of England*, 1.

32. Krausse, *Starving London*, 50-51.

33. Kennedy, *The Hunger Line*, 61-63. 他提醒他的读者:"如果你向他们求助,你得到的只是侮辱和刺探隐私的侦探技巧。"也参见 Krausse, *Starving London*, 19-20。

34. Nevinson, *More Changes*, *More Chances*, 251.

35. 纳什经常明确地恳求他的读者们自掏腰包,抵制我们现在所谓的"同情疲劳"。参见例如,1900 年 5 月,当人道主义的慷慨被爱国主义和南非事件所取代时,他呼吁设立印度饥荒救济金;大厦之屋饥荒救济基金(Mansion House Famine Relief Fund)筹集的资金仅为市长战争基金(Lord Mayor's War Fund)的 7%。Nash, *The Great Famine and Its Causes*, 186-187; Mike Davis, *Late Victorian Holocausts: El Niño Famines and the Making of the Third World* (London: Verso, 2002), 164.

36. Krausse, *Starving London*, 142, 46. 克劳斯对他读者的认同感是如此强烈,以至于他说:"在我所有的探索中,我都能想象到他们的存在"(第 76 页),因此他在报道中不断地将"我"变成"我们"。

37. 克劳斯最初的策略是公布他所报道的陷入困境的家庭的信息,例如姓名和地址,这样读者就可以通过实地探访来亲眼见证他的描述。当这些家庭收到了大量慈善捐款时,他放弃了这种方法。同上书,第 45—46、75 页。有关对报纸救济基金随意性的尖锐批评,参见 Sirr, *Workless and Starving*, 13。

38. 虽然统计数据和地图有效地显示了饥饿问题的规模,但往往使饥饿问题与人性分离,并且这些统计数据和地图表明饥饿问题不是发生在个体身上,而是发生在一些地区或抽象的人群中。关于统计数据在描述人类饥荒灾难方面的不足,参见 Nevinson, *New Spirit of India*, 144; 以及 F. H. S. Merewether, *A Tour through the Famine Districts of India* (London: A. D. Innes, 1898), vii.

39. Kennedy, *The Hunger Line*, 4.

40. Krausse, *Starving London*, 70-71.

41. 引自 Davis, *Late Victorian Holocausts*, 157。

42. Krebs, *Gender, Race, and the Writing of Empire*, 62.

43. Kennedy, *The Hunger Line*, 110, 112, 27-29. 有关没有那么种族化的对失业者的辩护,参见 Sirr, *Workless and Starving*, 5。

44. Kennedy, *The Hunger Line*, 38, 20-21.

45. Jennifer Green-Lewis, *Framing the Victorians: Photography and the Culture of Realism* (Ithaca, N. Y.: Cornell University Press, 1996).

46. Davis, *Late Victorian Holocausts*, 147-148.

47. Grant, "Christian Critics of Empire," 28.

48. Judith Walkowitz, "The Indian Woman, the Flower Girl, and the Jew: Photojournalism in Edwardian London," *Victorian Studies* 42, no. 1 (1998-99): 3-46; Seth Koven, "Dr Barnado's 'Artistic Fictions': Photography, Sexuality and the Ragged Child in Victorian London," *Radical History Review* 69 (Fall 1997): 6-45; John Taylor, *A Dream of England: Landscape, Photography and the Tourist's Imagination* (Manchester: Manchester University Press, 1994); John Tagg, *The Burden of Representation: Essays on Photographies and Histories* (Amherst: University of

Massachusetts Press，1988）.

49. 令人惊讶的是，饥荒摄影在文献中严重缺失。参见 Clark Worswick and Ainslee Embree，*The Last Empire：Photography in British India*，*1855-1911*（New York：Aperture，1976）；Judith Mara Gutman，*Through Indian Eyes*（New York：Oxford University Press，1982）；*Shifting Focus：Photography in India*，*1850-1900*（London：British Library，1995）.

50. James Ryan，*Picturing Empire：Photography and the Visualization of the British Empire*（Chicago：University of Chicago Press，1997），184.

51. J. D. Rees，*Famine Facts and Fallacies*（London：Harrison and Sons，1901），10.

52. H. O. Arnold-Foster（ed.），*The Queen's Empire：A Pictorial and Descriptive Record*（London，1897），x，转引自 Ryan，*Picturing Empire*，184.

53. Sir John Halford Mackinder，*India：Eight Lectures*（London：George Philip & Son，1910）.

54. Merewether，*A Tour through the Famine Districts*，viii.

55. Nash，*The Great Famine and Its Causes*，85.

56. Scott，*In Famine Land*，x-xi.

57. "尸体燃烧的气味让我昨晚几乎无法入睡，就在我写这篇文章的时候，我的一个工作人员喊道，院落的树篱下有一个人快死了……无论我们走哪条路，我们都能发现这些可怕的尸体，扭曲着，浮肿着，几乎身体的每一个地方都承载着痛苦。济贫院运来了一车又一车的尸体……在过去的几天里，已经发现了上千具尸体。"同上书，第 36 页。

58. 同上书，第 196 页。尽管饥荒的照片能够让读者暂时从目击者的角度来看饥荒，但这些照片作为更广泛的叙事框架的配图更加突显了叙述者的专业性。

第三章 作为政治批判的饥饿

1. Jeffrey Auerbach，*The Great Exhibition：A Nation on Display*（New Haven，Conn.：Yale University Press，1999）. 关于围绕爱尔兰饥荒人口统计的争论，参见 Cormac O'Grada，*Black '47 and Beyond：The Great Irish Famine in History*，*Economy*，*and Memory*（Princeton，N. J.：Princeton University Press，1999）。准确的数字可能不如饥荒在爱尔兰民族主义者的想象中所扮演的角色那么重要；的确，当死亡人数以百万计时，精确性似乎成为一种可望而不可即的优点。

2. 事实上，马尔萨斯在爱尔兰问题上的立场要复杂得多。参见 Thomas Malthus，"Newenham and Others on the State of Ireland，" *Edinburgh Review* 24（July 1808），有启发性的讨论见 David Lloyd，"The Political Economy of the Potato，" in

Ireland's Orifice（即将出版）。

3. Sir Charles Trevelyan, "The Irish Crisis," *Edinburgh Review*（January 1848）: 320. 特里维廉因改革印度的贸易关税、教育和公务员制度而闻名。有关另一种不同的修正主义的解释，参见 Robin Haines, *Charles Trevelyan and the Great Irish Famine*（Dublin: Four Courts, 2004）。

4. A. J. P. Taylor, "Genocide," in *From Napoleon to the Second International: Essays on Nineteenth-Century England*（London: Hamilton, 1993）, 153. 参见 Gareth Stedman Jones, *An End to Poverty? A Historical Debate*（London: Profile, 2004）；以及 Boyd Hilton, *The Age of Atonement: The Influence of Evangelicalism on Social and Economic Thought, 1795-1865*（Oxford: Oxford University Press, 1988）。

5. Mike Davis, *Late Victorian Holocausts: El Niño Famines and the Making of the Third World*（New York: Verso, 2001）。

6. Ranajit Guha, "The Prose of Counter-Insurgency," *Subaltern Studies*, vol. 2（New Delhi: Oxford University Press, 1983）。

7. Giorgio Agamben, *Homo Sacer: Sovereign Power and Bare Life*（Stanford, Calif.: Stanford University Press, 1998）。

8. William Woodruff, *The Road to Nab End: An Extraordinary Northern Childhood*（London: Abacus, 2003）, 236. 这句谚语概括了爱尔兰海两岸的人们对纪念饥荒150周年活动的不同反应。爱尔兰饥荒在爱尔兰是件大事，那里有许多关于爱尔兰饥荒的新博物馆、电视和广播节目、书籍和网站，但在英国，除了那些坚持反对英国政府进行正式的追溯性道歉的人以外，几乎没有关于爱尔兰饥荒的声音。Roy Foster, *Irish Story: Telling Tales and Making It Up in Ireland*（New York: Allen Lane, 2001）。

9. John Mitchel, *The Last Conquest of Ireland (Perhaps)*（Glasgow: Cameron, Ferguson, n. d.）, 8. 1860年出版的这本书很大程度上借鉴了他早期在《团结的爱尔兰人》(*United Irishmen*)中的作品以及饥荒期间的其他民族主义者的分析，但不管怎样，该书仍然具有标志性的地位，它帮助塑造了人们对饥荒的记忆。Graham Davis, "Making History: John Mitchel and the Great Famine," in P. Hyland and N. Sammels（eds.）, *Irish Writing: Exile and Subversion*（New York: St. Martin's, 1991）；James Donnelly, "The Construction of the Memory of the Famine in Ireland and the Irish Diaspora, 1850-1900," *Eire-Ireland* 31, nos. 1-2（1996）: 26-61.

10. Mitchel, *The Last Conquest of Ireland (Perhaps)*, 219.

11. John Mitchel（ed.）, *Irish Political Economy*（Dublin: Irish Confederation, 1847）, iv. 也参见 Isaac Butt, *A Voice for Ireland: The Famine in the Land*（Dublin: James McGlashan, 1847）。我的很多引用来自 Thomas A. Boylan and Timothy P. Foley, *Political Economy and Colonial Ireland: The Propagation and Ideolog-*

ical Function of Economic Discourse in the Nineteenth Century (London: Routledge, 1992), esp. chap. 6. 有关对饥荒的文学批评如何产生了关于爱尔兰及其经济的民族特殊性的更宽泛的分析，参见 Gordon Bigelow, *Fiction, Famine, and the Rise of Economics in Victorian Britain and Ireland* (Cambridge: Cambridge University Press, 2003), chap. 4。

12. 参见都柏林统计学会的创始人之一、贝尔法斯特女王学院(Queen's College Belfast)政治经济学教授的著作：William Hancock, *Three Lectures on the Question: Should the Principles of Political Economy Be Disregarded at the Present Crisis?* (Dublin: Hodges and Smith, 1847)。

13. Boylan and Foley, *Political Economy and Colonial Ireland*, 135-137. R. D. Collinson Black, *Economic Thought and the Irish Question, 1817-1870* (Cambridge: Cambridge University Press, 1960). 到 1855 年，都柏林统计学会已成为爱尔兰统计和社会调查学会(Statistical and Social Inquiry Society of Ireland)，是英帝国第一个致力于研究社会科学的组织。劳伦斯·戈德曼没有提及该组织，参见 Lawrence Goldman, *Science, Reform, and Politics in Victorian Britain: The Social Science Association 1857-1886* (Cambridge: Cambridge University Press, 2002)。

14. 这种历史主义的解读浓缩在多卷著作 *The Ancient Laws and Institutes of Ireland: "The Brehon Law"* (Dublin: A. Thom, 1865-1901)中，其中前两卷是由威廉·汉考克(William Hancock)编辑和介绍的。这与亨利·梅因关于印度的著作有明显相似之处，参见 Henry Maine, *Ancient Law: Its Connection with the Early History of Society and Its Relation to Modern Ideas* (London: John Murray, 1861)。有关其联系的进一步的探讨，参见 Clive Dewey, "The Rehabilitation of the Peasant Proprietor in Nineteenth-Century Economic Thought," *History of Political Economy* 6, no. 1 (1974): 17-47。也参见 S. B. Cook, *Imperial Affinities: Nineteenth Century Analogies and Exchanges between India and Ireland* (New Delhi: Sage, 1993), chap. 3。

15. 关于李斯特以及国民经济学家对古典政治经济学的批判，参见 Roman Szporluk, *Communism and Nationalism: Karl Marx versus Friedrich List* (Oxford: Oxford University Press, 1988); Bernard Semmel, *The Rise of Free Trade Imperialism: Classical Political Economy, the Empire of Free Trade and Imperialism, 1750-1850* (Cambridge: Cambridge University Press, 1970), chap. 8; G. M. Koot, "T. E. Cliffe Leslie: Irish Social Reform and the Origins of the English Historical School of Economics," *History of Political Economy* 7, no. 3 (1975): 312-336。

16. Arnold Toynbee, *Lectures on the Industrial Revolution of the Eighteenth Century in England* (London: Longmans, Green [1884] 1894); Alon Kadish, *The Oxford Economists in the Late Nineteenth Century* (Oxford: Clarendon, 1982)。

17. 有关这种对政治和文化的特别关注是如何被爱尔兰民族主义历史学家复制

的，参见 Stephen Howe, *Ireland and Empire: Colonial Legacies in Irish History and Culture* (Oxford: Oxford University Press, 2002), 61-62。

18. George O'Brien, *The Economic History of Ireland from the Union to the Famine* (London: Longmans, 1921), 585.

19. Chris Morash, *Writing the Irish Famine* (Oxford: Clarendon, 1995); Melissa Fegan, *Literature and the Irish Famine, 1845-1919* (Oxford: Clarendon, 2002).

20. Andrew Merry, *The Hunger: Being Realities of the Famine Years in Ireland, 1845 to 1848* (London: Andrew Melrose, 1910), 2-3.

21. Roger J. McHugh, "The Famine in Irish Oral Tradition," in R. D. Edwards and T. D. Williams (eds.), *The Great Famine: Studies in Irish History, 1845-52* (New York: New York University Press 1957); Cathal Poirteir, "Folk Memory and the Famine," in Poirteir (ed.), *The Great Irish Famine* (Dublin: Dufour, 1995): 219-231.

22. Louis J. Walsh, *The Next Time: The Story of 'Forty-Eight* (Dublin: Gill and Son, 1919)。关于自我牺牲和殉道的天主教民族主义伦理，参见 Kevin Toolis, *Rebel Hearts: Journeys within the IRA's Soul* (London: Picador, 1995), 339。

23. 在信奉新教的阿尔斯特地区，人们对饥荒的遗忘是还有待讲述的故事的另一部分。在 1841 年至 1851 年间，阿尔斯特的人口创纪录地减少了 374493 人。Howe, *Ireland and Empire*, 39. 关于饥荒的历史编纂及其曲折的政治和沉默，参见 Patrick O'Farrell, "Whose Reality? The Irish Famine in History and Literature," *Irish Historical Studies* 20 (1982): 1-13; Niall O'Ciossain, "Was There 'Silence' about the Famine?" *Irish Studies Review* 13 (1995-96): 7-10。

24. Eric Stokes, *The English Utilitarians and India* (Oxford: Clarendon, 1959).

25. Bipan Chandra, *The Rise and Growth of Economic Nationalism in India 1880-1905* (New Delhi: People's, 1966), chap. 1; S. Ambirajan, *Classical Political Economy and British Policy in India* (New York: Cambridge University Press, 1978), chap. 3; Davis, *Late Victorian Holocausts*, chaps. 1 and 5.

26. Gyan Prakash, *Another Reason: Science and the Imagination of Modern India* (Princeton, N. J.: Princeton University Press, 1999); Nicholas Dirks, *Colonialism and the Making of Modern India* (Princeton, N. J.: Princeton University Press, 2001); Manu Goswami, *Producing India: From Colonial Economy to National Space* (Chicago: University of Chicago Press, 2004). 有关不太发达的爱尔兰，参见 Patrick Carroll-Burke, "Science, Power, Bodies: The Mobilization of Nature as State Formation," *Journal of Historical Sociology* 9, no. 2 (1996): 139-167; "Material Designs: Engineering Cultures and Engineering States—Ireland, 1650-1900," *Theory*

and Society 31 (2002): 75-114。也参见 James C. Scott, *Seeing Like a State: How Certain Schemes to Improve the Human Condition Have Failed*（New Haven, Conn.: Yale University Press, 1999）。

27. 在浩如烟海的文献中,尤其要参见 Hari Shanker Srivastava, *The History of Indian Famines and the Development of Indian Famine Policy, 1858-1918*（Agra: Sri Ram Mehra, 1968）; Navtej Singh, *Starvation and Colonialism: A Study of Famines in the Nineteenth Century British Punjab, 1858-1901*（Delhi: National Book Organisation, 1996）;以及 N. Neelakanteswara Rao, *Famines and Relief Administration: A Case Study of Coastal Andhra, 1858-1901*（New Delhi: Radha, 1997）。

28. 参见 Robert Wallace, *Lecture on Famine in India*（Edinburgh: Oliver and Boyd, 1900）; J. D. Rees, *Famine Facts and Fallacies*（London: Harrison and Sons, 1901）; *Report of the Indian Famine Commission, 1901*, Parliamentary Papers（London: His Majesty's Stationery Office [HMSO], 1901）;以及 A. Loveday, *The History and Economics of Indian Famines*（London: G. Bell and Sons, 1914）。

29. John McLane, *Indian Nationalism and the Early Congress*（Princeton, N. J.: Princeton University Press, 1977）。

30. 经典的描述见钱德拉(Chandra)的《经济民族主义的兴起和发展》(*Rise and Growth of Economic Nationalism*)。他们中有几个人有饥荒的亲身经历。这样的经历对研究饥荒对印度政治阶层的形成的影响是非常有价值的。例如,参见 Meera Kosambi (ed.), *Pandita Ramabai through Her Own Words: Selected Works*（New York: Oxford University Press, 2000）, 247-260; Panchanan Saha, *Shapurji Saklatvala: A Short Biography*（Delhi: People's, 1970）。这些引用要感谢普拉琪·德什潘德(Praachi Deshpande)和马努·戈斯瓦米(Manu Goswami)。

31. 引自 Chandra, *Rise and Growth of Economic Nationalism*, 27。

32. Rustom Mansani, *Dadabhai Naoroji: The Grand Old Man of India*（London: Allen and Unwin, 1939）; Munni Rawal, *Dadabhai Naoroji: A Prophet of Indian Nationalism, 1855-1900*（New Delhi: Anmol, 1989）。

33. Goswami, *Producing India*, 225-231。一场围绕饥饿致死的统计记录的相似辩论。19 世纪 80 年代,随着饥荒救济计划的增加,殖民地官员也决心通过避免将饥荒中的死亡记录为"饿死"来证明自己的价值。

34. Dadabhai Naoroji, *Poverty and Un-British Rule in India*（Delhi: Government of India, [1901] 1969）, 212, 126。关于瑙罗吉的财富外流理论,参见 Birendranath Ganguli, *Dadabhai Naoroji and the Drain Theory*（New York: Asia Publishing House, 1965）; Chandra, *Rise and Growth of Economic Nationalism*。

35. Romesh C. Dutt, *Famines and Land Assessments in India*（London: Paul, Trench and Tubner, 1900）, 1; William Digby, *"Prosperous" British India: Revelation from Official Records*（London: Fisher Unwin, 1901）, 17.

36. Dutt, *Famines and Land Assessments in India*, 16; Dutt, *The Economic History of India*, vol. 1, *Under Early British Rule* (Delhi, [1901] 1960), xxiii.

37. 例如,参见 Naoroji, *Poverty and Un-British Rule in India*, 628。

38. H. M. Hyndman, *The Ruin of India by British Rule* (London: Twentieth Century, 1907), 13.

39. 关于"财富外流",参见 Amy Moore, *Hunger and Deadlock in India* (London: Socialist Commentary, 1943); K. Santhanam, *The Cry of Distress: A First-Hand Description and an Objective Study of the Indian Famine of 1943* (New Delhi: Hindustan Times, 1944); Freda Bedi, *Bengal Lamenting* (Lahore: Lion, 1944); K. C. Ghosh, *Famines in Bengal, 1770-1943* (Calcutta: India Associated, 1944)。下文提及了迪格比对《"繁荣"英属印度》("*Prosperous*" *British India*)一书的贡献,Santosh Kumar Chaterjee, *The Starving Millions* (Calcutta: Asoka Library, 1944), iii, 以及 Vicky's *Nine Drawings by Vicky* (London: Modern Literature, 1944), 12。

40. 关于英国宪政(British constitutionalism),参见 James Vernon (ed.), *Rereading the Constitution: New Narratives in the Political History of England's Long Nineteenth Century* (Cambridge: Cambridge University Press, 1996); James Epstein, "Constitutionalist Idiom," in *Radical Expression: Political Language, Ritual and Symbol in England, 1790-1850* (New York: Oxford University Press, 1994)。尼古拉斯·德克斯(Nicholas Dirks)最近指出,关于财富外流的民族主义批判,起源于埃德蒙德·伯克(Edmund Burke)对东印度公司的沃伦·黑斯廷斯(Warren Hastings)等官员腐败行为的抨击。Nicholas B. Dirks, *The Scandal of Empire: India and the Creation of Imperial Britain* (Cambridge, Mass.: Harvard University Press, 2006), chap. 4.

41. Naoroji, *Poverty and Un-British Rule in India*, 630-631.

42. 就其本身而言,它的目的是吸引曼彻斯特学派的自由贸易主义者,对他们来说,帝国在经济和道德上都是错误的。Donald Winch, *Classical Political Economy and Colonies* (Cambridge, Mass.: Harvard University Press, 1965); Semmel, *The Rise of Free Trade Imperialism*; John Cunningham Wood, *British Economists and the Empire* (London: Croom Helm, 1983).

43. William Digby, *The Famine Campaign in Southern India, 1876-1878* (London: Longmans, Green, 1878); H. J. Hyndman, *The Indian Famine and the Crisis in India* (London, 1877).

44. Mary Cumpston, "Some Early Indian Nationalists and Their Allies in the British Parliament, 1851-1906," *English Historical Review* 76 (1961): 279-297. Davis, *Late Victorian Holocausts*, 54-59.

45. 这是迪格比所持的立场。参见 Digby, "*Prosperous*" *British India*,

136-137。

46. 1886年，瑙罗吉作为自由党候选人在霍尔本（Holborn）的第一次选举中落败，索尔兹伯里勋爵（Lord Salisbury）曾讥讽道："我怀疑我们是否已经到了英国选民会选出一个黑人的地步。"Mansani, *Dadabhai Naoroji*, 263-266; Antoinette Burton, "Tongues Untied: Lord Salisbury's 'Black Man' and the Boundaries of Imperial Democracy," *Comparative Studies in Society and History* 43, no. 2 (2000): 632-659. 关于印度民族主义者以及他们在伦敦的支持者的网络，参见 Jonathan Schneer, *London 1900: The Imperial Metropolis* (New Haven, Conn.: Yale University Press, 1999), chap. 8。

47. 关于迪格比，参见他的 "*Prosperous*" *British India*, 18; Naoroji, *Poverty and UnBritish Rule in India*, 624. 关于维多利亚时代英国绅士领导的各种比喻，参见 John Belchem and James Epstein, "The Nineteenth-Century Gentleman Leader Revisited," *Social History* 22 (1997): 173-192。

48. Dutt, *Famines and Land Assessments in India*; Dutt, *The Economic History of India*, 2 vols. (New Delhi: Ministry of Information, [1902] 1970); J. N. Gupta, *Life and Work of Romesh Chundra Dutt* (London: Dent, 1911)。

49. Goswami, *Producing India*, chap. 7。

50. Ranade, "Indian Political Economy," in Chandra (ed.), *Ranade's Economic Writings*, 336-338; Chandra, *The Rise and Growth of Economic Nationalism in India*, chap. 14。

51. 值得注意的是，我们对这些早期饥饿游行的唯一记录来自 John Gorman, *To Build Jerusalem: A Photographic Remembrance of British Working Class Life, 1875-1950* (London: Scorpion, 1980) 和 Jess Jenkin 最近的优秀作品 *Leicester's Unemployed March to London, 1905*, occasional papers no. 2 (Leicester: Friends of the Record Office for Leicestershire, 2005)。

52. *Manchester Guardian*, 15 May 1905, 8; and 17 May 1905, 4.

53. Ibid., 9 June 1905, 7.

54. Ibid., 22 May 1905, 4; and 5 June 1905, 8.

55. Ibid., 6 July 1908, 6. 关于为失业者建造的农场殖民区，参见 Gareth Stedman Jones, *Outcast London: A Study in the Relations between Classes in Victorian Society* (Oxford: Clarendon, 1971)。

56. *Manchester Guardian*, 14 July 1908, 14.

57. Gorman, *To Build Jerusalem*, 75.

58. 曾在桑格马戏团（Sanger's Circus）饰演瓦尔多教授（Professor Valdo）的吉本上尉领导了一场由利物浦工作权利委员会（Liverpool's Right to Work Committee）的10名代表组成的游行，以抗议失业工人法（Unemployed Workmen's Act）。一路上，吉本通过表演马戏团的逃脱术来筹集资金。150名游行者抵达了伦敦，但伦敦的贸易和劳工组织却对他们的到来无动于衷。*Manchester Guardian*，18 January 1906，14；29 January 1906，11；and 9 February 1906，8.

59. 同上，22 January 1908，4；23 January 1908，3；24 January 1908，7；25 January 1908，10；27 January 1908，7；28 January 1908，14；30 January 1908，10；and 1 February 1908，10。

60. *Manchester Guardian*，30 January 1908，10."前一天他们不得不靠着一片干面包行军32英里，而且也没有钱买烟草和信纸。"同上，29 January 1909，5。

61. 例如,参见,同上，24 January 1908，7。

62. "The Chat Moss Colony," *Manchester City News*，2 August 1907.

63. *Manchester Guardian*，19 May 1905，8.

64. Gorman，*To Build Jerusalem*，77.

65. James Vernon，*Politics and the People：A Study in English Political Culture，1815-1867* (Cambridge：Cambridge University Press，1993)，chap. 8.

66. *Manchester Guardian*，20 January 1908，12；"Unemployed March to London," *Manchester City News*，25 January 1908.

67. *Manchester Guardian*，30 January 1908，10.

68. 同上，13 June 1905，10。关于工党教会，参见 Mark Bevir,"The Labour Church Movement，1891-1902," *Journal of British Studies* 38 (1999)：217-245。

69. *Manchester Guardian*，26 December 1907，7；and 28 December 1907，6. 六个月前,作为查特·莫斯实验农场殖民区(Chat Moss Farm Colony)经理的他被曼彻斯特灾难委员会(Manchester's Distress Committee)解雇。

70. 同上，6 July 1908，6。

71. Gorman，*To Build Jerusalem*，81.

72. 关于绝食抗议是一种跨国现象,参见 Kevin Grant,"Hunger Strikes and Fasts in Britain and the Empire，c. 1909-1935," in D. Ghosh and D. Kennedy (eds.)，*Decentering Empire：Imperial Structures and Globalization in the Era of Globalization* (Delhi：Longman Orient，2006). 下文中领土跨越的情况不那么明显，参见 Sharman Apt Russell，*Hunger：An Unnatural History* (New York：Basic，2005)。

73. 关于最具影响力的描述,参见 Lisa Tickner，*The Spectacle of Women：Imagery of the Suffrage Campaign，1907-1914* (London：Chatto and Windus，1987)；Maud Ellmann，*The Hunger Artists：Starving，Writing，and Imprisonment* (Cambridge，Mass.：Harvard University Press，1993)；Caroline Howlett,"Writing on the Body? Representation and Resistance in British Suffragette Accounts of Forcible Feeding," *Genders* 23 (1996)：3-41；以及 Barbara Green，*Spectacular Confessions：Autobiography，Performative Activism，and the Sites of Suffrage，1905-1938* (New York：St. Martin's，1997)。我也从伯克利的唐·韦茨曼(Don Weitzman)和哈

佛的詹妮尔·哈里斯(JuNelle Harris)的博士研究中受益。

74. 例如,参见 *Votes for Women*,16 July 1909,933;23 July 1909,981;以及 30 July 1909,1014。

75. Grant,"Hunger Strikes and Fasts in Britain and the Empire,c. 1909-1935."

76. 有关个性化的描述,参见 *Votes for Women*,20 October 1909,67;或 3 December 1909,154。

77. 关于痛苦的计算、没有食物和水的日子的表格、强制喂食的次数或星期数、体重减轻的图表,参见 Green,*Spectacular Confessions*,96-97。在没有被强制喂食的情况下,奥利弗·瓦尔里(Olive Wharry)进行了持续时间最长的(31 天)绝食抗议;参见 Sylvia Pankhurst,*The Suffragette Movement*:*An Intimate Account of Persons and Ideals* (London:Virago,[1931] 1977),441。

78. George Sweeney,"Irish Hunger-Strikes and the Cult of Self-Sacrifice," *Journal of Contemporary History* 28 (1993):424;Rosemary Cullen Owen,*Smashing Times*:*A History of the Irish Women's Suffrage Movement,1883-1922* (Dublin:Attic,1984),63;D. Norman,*Terrible Beauty*:*A Life of Constance Markievicz* (London:Hodder and Stoughton,1987);James S. J. Healy,"Suffragette Hunger Strikes,1909-1914," *Horizons* 16 (Summer 1982):65-76.

79. 引用来自 Owen,*Smashing Times*,63;以及 Ellmann,*The Hunger Artists*,12。

80. 这一点在街头妇女参政运动("Suffraging in the Streets")中做得很好,参见 Don Weitzman,*The Politics of Suffrage*:*A Comparison of the Chartist and Women's Suffrage Movements in Britain* (Berkeley:University of California,forthcoming)。也参见 Sandra Stanley Holton,"Manliness and Militancy:The Protest of Male Suffragists and the Gendering of 'Suffragette' Identity," in Angela V. John and Constance Eustance (eds.),*The Men's Share? Masculinities,Male Support and Women's Suffrage in Britain,1890-1920* (London:Routledge,1997);Charlotte Fallon,"Civil War Hunger-Strikes:Men and Women," *Eire-Ireland* 22,no. 3 (1987):75-91;Fallon,*Soul of Fire*:*A Biography of Mary MacSwiney* (Cork:Mercier,1986)。

81. Sweeney,"Irish Hunger-Strikes and the Cult of Self-Sacrifice," 424.

82. 这句话是乔治·丹杰菲尔德(George Dangerfield)说的,引自 *The Damnable Question*:*One Hundred and Twenty Years of Anglo-Irish Conflict* (Boston:Little,Brown,1976),343。参见 Sweeney,"Irish Hunger-Strikes and the Cult of Self-Sacrifice," 426;Charles Townshend,*Political Violence in Ireland*:*Government and Resistance since 1848* (Oxford:Clarendon,1983),314-317;Daniel Corkery,"Terence MacSwiney:Lord Mayor of Cork," *Studies* 9 (1920):512-520;Moirin Chavasse,*Terence MacSwiney* (London:Burns and Oates,1961);Francis J. Costello,*Endur-*

ing the Most: *The Life and Death of Terence MacSwiney*（Dingle，U. K.：Brandon，1995）。在麦克史威尼被捕的那天，科克市开始了大规模的绝食抗议，有几个罢工者比麦克史威尼坚持得更久，但他们被阿瑟·格里菲斯命令停止。Chavasse，*Terence MacSwiney*，171；Charles Townshend，*The British Campaign in Ireland*，1919-1921（Oxford：Oxford University Press，1975），122。

83. David Beresford，*Ten Dead Men*：*The Story of the 1981 Irish Hunger Strike*（London：Grafton，1987），14-15；Padraig O'Malley，*Biting at the Grave*：*The Irish Hunger Strikes and the Politics of Despair*（Belfast：Blackstaff，1990），26；Ellmann，*The Hunger Artists*，12-13。

84. O'Malley，*Biting at the Grave*，25。后来的共和党绝食抗议者，例如1981年的鲍比·桑兹（Bobby Sands），对他们斗争的历史性有着深刻的认识。参见O'Malley，*Biting at the Grave*，50，57；Tom Collins，*The Irish Hunger Strike*（Dublin：White Island，1986），119；Allen Feldman，*Formations of Violence*：*The Narrative of the Body and Political Terror in Northern Ireland*（Chicago：University of Chicago Press，1991），215-219。

85. *Manchester Guardian*，14 September 1932，12。

86. 妇女参政论者通过绝食抗议表明，她们并不比"野蛮的印第安人"（原文如此）强多少；*Times*，11 March 1913，14。波斯内特在爱尔兰接受过律师培训，后来成为奥克兰大学学院（University College，Auckland）古典文学和英国文学教授。

87. 关于伯德伍德作为医生、植物学家、策展人、记者和行政管理人员的杰出职业生涯，参见 http://64.1911encyclopedia.org/B/BI/BIRDWOOD_SIR_GEORGE.htm。

88. *Times*，12 March 1913，12。

89. 有关静坐绝食的古文物讨论的例证，参见 J. A. Dubois Abbé，*Hindu Manners，Customs and Ceremonies*，3rd ed.（Oxford：Clarendon，1906）。并非所有人都强调静坐绝食和西方的绝食抗议之间的联系，但尤尔（Yule）和伯内尔（Burnell）编的《霍布森—乔布森词典》（*Hobson-Jobson*）这本著名的英印词典中提供了大量关于它所列出的印度风俗历史的信息，包括来自各种专家的例证。参见 A. C. Burnell and H. Yule，*Hobson-Jobson*：*A Glossary of Anglo-Indian Words and Phrases*，W. Crooke，ed.（Delhi：Munshiram Manoharlal，［1886］1968）；*dhurna* entry，315-316。

90. Grant，"Hunger Strikes and Fasts in Britain and the Empire，c. 1909-1935."

91. David Arnold，*Gandhi*（Harrow：Longman，2001），181-182；Joseph S. Alter，*Gandhi's Body*：*Sex，Diet and the Politics of Nationhood*（Philadelphia：University of Pennsylvania Press，2000），28。

92. *Votes for Women*，16 July 1909，933。该条款是这样写的："臣民有权向国王请愿，所有对这种请愿的承诺和起诉都是非法的。"

93. Weitzman，"'Suffraging in the Streets.'" 在下院，菲利普·斯诺登（Philip Snowden）向内政大臣建议他"应该向西班牙或俄罗斯提出申请，以采用最残酷和时兴的野蛮方法"——暗指坎贝尔-班纳曼对布尔战争期间英国战术的批评。*Hansard* 11 (27 September 1909): 926.

94. 这一批评呼应了反传染病法(Contagious Diseases Acts)和强制接种疫苗的运动,参见 Judith Walkowitz, *Prostitution and Victorian Society*: *Women, Class and the State* (Cambridge: Cambridge University Press, 1980); Philippa Levine, *Prostitution, Race and Politics: Policing Venereal Disease in the British Empire* (London: Routledge, 2003); Nadja Durbach, *Bodily Matters: The Anti-Vaccination Movement in England, 1853-1907* (Durham, N.C.: Duke University Press, 2004)。

95. 第243a条允许妇女参政论者享有政治犯的特权,但不给予他们政治犯地位。该条款并不适用于继续绝食抗议的男性选举权抗议者。

96. Constance Lytton and Jane Warton, *Prisons and Prisoners: Some Personal Experiences* (London: Heinemann, 1914), 269-270; Helen Gordon, "The Prisoner: An Experience of Forcible Feeding" [1911] in Marie Mulvey Roberts and Tamae Mizuta (eds.), *Perspectives on the History of British Feminism. The Militants: Suffragette Activism* (London: Routledge, 1994), ix-x, 49.

97. Tickner, *The Spectacle of Women*, 107; Ellmann, *The Hunger Artists*, 33.

98. Harry Cocks, *Nameless Offences: Homosexual Desire in the Nineteenth Century* (London: Tauris, 2003), chap. 3.

99. *Votes for Women*, 17 October 1913, 34.

100. 同上, 7 August 1914. Pankhurst, *The Suffragette Movement*, 580。在她被释放后,受害者范妮·帕克(Fanny Parker)被发现生殖器区域有肿胀和擦伤。参见 June Purvis, "The Prison Experiences of Suffragettes in Edwardian Britain," *Women's History Review* 4, no. 1 (1995): 123。

101. 他因四项指控被捕,并因持有煽动性文件和一个RIC密码而被判有罪。Chavasse, *Terence MacSwiney*, 143-146, 151.

102. 最近一次是在4月中旬,在一次大罢工中,这些绝食抗议中被捕的人从蒙特乔伊(Mountjoy)和沃姆伍德(Wormwood)监狱里被释放,尽管两天前,博纳·劳(Bonar Law)和爱尔兰司法部长都坚持不会在任何情况下释放罢工者。参见 *Hansard* 127 (1920): 1559-1570, 1643-1646, 1810-1821; *Cork Examiner*, 15 April 1920, 5。

103. 都柏林和伦敦都在探索各种各样的妥协立场,尤其是国王乔治五世。参见 Boyce, *Englishmen and Irish Troubles: British Public Opinion and the Making of Irish Policy, 1918-1922* (London: Jonathan Cape, 1972), 89。*Manchester Guardian*, 27 August 1920, 3.

104. Costello, *Enduring the Most*, 160-161, 184-187; Fallon, *Soul of Fire*, 46-55.

105. Quoted from the *Daily News* in Chavasse, *Terence MacSwiney*, 159.

106. 引自 Costello, *Enduring the Most*, 174。爱尔兰的和平委员会（Peace with Ireland Committee）在麦克史威尼去世当天成立,其成员包括在《每日先驱报》报道麦克史威尼绝食抗议的乔治·萧伯纳（George Bernard Shaw）和亨利·内文森,以及亨利·布雷斯福德。参见 Henry W. Nevinson, *Last Changes, Last Chances* （London: Nisbet, 1928）, 175-177。关于战后英国的暴力和不足为奇的自由主义的帝国愿景的消亡,参见 Jon Lawrence, "Forging a Peaceable Kingdom: War, Violence, and Fear of Brutalization in Post-First World War Britain," *Journal of Modern History* 75, no. 3（2003）: 557-589。

107. Tim Pratt and James Vernon, "'Appeal from This Fiery Bed...': The Colonial Politics of Gandhi's Fasts and Their Metropolitan Reception in Britain," *Journal of British Studies* 44, no. 1（2005）: 92-114。和该文章一样,这里重点关注甘地在 1932 年和 1943 年的绝食,因为这是甘地在英国仅有的两次被广泛报道的绝食。

108. Mohandas K. Gandhi, *Indian Home Rule*（Madras: Ganesh, 1922）, 25；最开始的版本是 *Hind Swaraj, or Indian Home Rule*（Natal, 1910）。

109. Mohandas K. Gandhi, foreword to Mansani, *Dadabhai Naoroji*, 7; Gandhi, *Indian Home Rule*, 12-14, 105。

110. 甘地借鉴了像梅因和罗斯金（Ruskin）这样的政治经济学和工业主义的大都市批评家,他的目光超越了英国"文明"的黑暗时代,看到了曾经迷惑了许多印度人的竞争性的物质主义和对财富与技术的贪欲。Gandhi, *Indian Home Rule*, chap. 7, "Why Was India Lost?" 参见 Alter, *Gandhi's Body*, 23; Santhanam, *The Cry of Distress*, 6-7。

111. Mohandas K. Gandhi, *The Story of My Experiments with Truth*（Ahmedabad: Navajivan, 1929）, 157; Gandhi, *The Collected Works of Mahatma Gandhi*, vol. 24（Ahmedabad: Navjivan Prakashan, [1924] 1994）, 95-99。

112. Pyarelal, *The Epic Fast*（Ahmedabad: Mohanli Maganlal Bhatt, 1932）, 101, 113, 117。

113. 关于甘地的动机,参见 Francis G. Hutchins, *Spontaneous Revolution: The Quit India Movement*（Delhi: Manohar Book Service, 1977）, 311-318。

114. Annie Kenney, *Memoirs of a Militant*（London: Routledge, [1924] 1994）, 145; Sylvia Pankhurst, *Unshackled: The Story of How We Won the Vote*（London: Routledge, [1959] 1994）, 142-143。

115. 参见 Weitzman, "Suffraging in the Streets"; 以及 Holton, "Manliness and Militancy"。

116. 有关邓洛普和饥饿艺术家萨奇（Saaci）之间的对比,参见 *Votes for Women*, 16 July 1909, 950。关于禁食女孩,参见 W. Vandereycken and R. Van Deth, *From Fasting Saints to Anorexic Girls: The History of Self-Starvation*（New York: New York University Press, 1994）。有关强制喂食的引用来自 Henry Brailsford, "Letter

to a Liberal Member of Parliament," in Roberts and Mizuta, *Perspectives on the History of British Feminism*, 2-3，4。

117. Gordon, "The Prisoner," 46，58-59，19-20.

118. Ellmann, *The Hunger Artists*, 35; Mary Jean Corbett, *Representing Femininity: Middle-Class Subjectivity in Victorian and Edwardian Women's Autobiographies* (Oxford: Oxford University Press 1992), 165.

119. Howlett, "Writing on the Body?"

120. Mary R. Richardson, *Laugh a Defiance* (London: Weidenfeld and Nicolson, 1953), 171; Sylvia Pankhurst, *My Own Story* (London: Evelyn Nash, 1914), 334.

121. 关于这一主题的文献很多,但最经典的陈述见 Anna Davin, "Imperialism and Motherhood," reproduced in F. Cooper and A. Stoler (eds.), *Tensions of Empire: Colonial Cultures in a Bourgeois World* (Berkeley: University of California Press, 1997), 87-151。

122. Denise Riley, *"Am I That Name?" Feminism and the Category of "Woman" in History* (Basingstoke, U.K.: Macmillan, 1988), chap. 4.

123. Jane Marcus (ed.), *Suffrage and the Pankhursts* (London: Routledge, 1987), 1-2. 撰写了《健康的家》一书的弗朗西斯·瓦舍(Francis Vacher)是柴郡(Cheshire)的一名医疗官员和健康与食品掺假检查员。关于妇女参政论者对此的反应,参见 JuNelle Harris, "'The Women's Way': Gender and Political Protest in Suffragette Hunger Strikes, 1909-1914," paper presented at the Northeast Conference on British Studies, Concordia University, Montreal, Canada, 27-28 October 2000，11; Weitzman, "Suffraging in the Streets."

124. 例如,参见 *Votes for Women*, 17 January 1913，235。

125. Pankhurst, *The Suffragette Movement*, 441. 有关对妇女参政论者在监狱描述中妇女因其母性而被定罪的讨论,参见 Weitzman, "Suffraging in the Streets," 21-23。

126. 引自 Chavasse, *Terence MacSwiney*, 132-133。

127. Patrick O'Farrell, *Ireland's English Question: Anglo-Irish Relations, 1534-1970* (London: Batsford, 1971), 290.

128. Chavasse, *Terence MacSwiney*, 165-167; Costello, *Enduring the Most*, 173. 有关在布里克斯顿监狱外发生的万人示威游行以及警察对游行进行暴力阻止的报道,参见 *Daily Mirror*, 26 August 1920，3; *Daily Herald*, 26 August 1920，1。也参见 *Daily Herald*, 27 August 1920，1。有关比利·伍德拉夫的祖母所回忆的事件,参见 Woodruff, *The Road to Nab End*, 237。

129. *Daily Herald*, 29 October, 1920，1. 关于在都柏林和科克发生的"前所未有"的场景,参见 *Cork Examiner*, 1 November 1920，1，5。

130. O'Farrell, *Ireland's English Question*, 291.

131. 引自 Chavasse, *Terence MacSwiney*, 156。

132. 约翰·沃特斯牧师也是克兰里弗神学院（Clonliffe College）的神学教授。有关 1918 年 8 月至 1919 年 5 月间爱尔兰教会记录中的辩论，参见 Sweeney, "Irish Hunger-Strikes and the Cult of Self-Sacrifice," 426-427；Chavasse, *Terence MacSwiney*, 153-157。此后，英国政府迅速将共和党绝食抗议者描绘成违反天主教信仰的人。*Daily Herald*, 26 August 1920, 1.

133. Costello, *Enduring the Most*, 189.

134. P. J. Gannon, "The Ethical Aspect of the Hunger Strike," *Studies* 9 (1920): 448; A Catholic Priest, *The Ethics of Hunger Striking* (London: Sands, 1920), 9.

135. 他还被安葬在科克大教堂（Cork Cathedral）的共和军墓地里，这是自阿什以来绝食者从未获得过的荣誉。爱尔兰自由邦建立后，爱尔兰教会改变了立场；参见 Sweeney, "Irish Hunger-Strikes and the Cult of Self-Sacrifice," 428-431。

136. Ernie O'Malley, *The Singing Flame* (Dublin: Anvil, 1978), 250; Costello, *Enduring the Most*, 152-153.

137. 尽管玛丽·麦克史威尼很快就和麦克史威尼的妻子穆丽尔（Muriel）一起去了美国，但她很快就成了他遗产的唯一监护人，甚至从穆丽尔那里骗来了特伦斯孩子的监护权。穆丽尔为了共产主义抛弃了共和政治，为了欧洲大陆抛弃了爱尔兰，并且拒绝把女儿培养成天主教徒。Angela Clifford, *Muriel MacSwiney: Letters to Angela Clifford* (Belfast: Athol, 1996). 我要感谢罗伊·福斯特为这个故事添加了这个让人震惊的补充说明。

138. 关于安妮的绝食抗议，参见 *Cork Examiner*, 27 November 1920, 5。关于政府的摇摆立场和反对意见，参见 Fallon, "Civil War Hunger-Strikes," 77-80。

139. 关于试图制定一项针对全英国及其帝国的绝食抗议的政策，参见 Grant, "Hunger Strikes and Fasts in Britain and the Empire, c. 1909-1935"。

140. *Hansard* 11 (27 September 1909): 925-926; (28 September 1909), 1094; and (6 October 1909), 2000-2001.

141. 关于医学女性在这场辩论中的重要作用，参见 Kaarin Michaelsen, "'Like Hell with the Lid Off': British Medical Women and the Politics of Forcible Feeding, 1909-1914," paper presented at the Pacific Coast Conference on British Studies, Stanford University, Stanford, California, 6-8 April 2001。

142. 参见他在 1909 年 7 月 6 日和 8 日的报告, in NA, HO 144/1038/180965。

143. 在 1914 年 7 月 8 日，这些词是形容菲莉丝·诺思（Phyllis North）又名奥利芙·瓦尔里（Olive Wharry）的。在 6 月 19 日，她被描述为"一个非常歇斯底里的人"，在 7 月 1 日她又被描述为"固执和歇斯底里的人"。参见 NA, HO 144/1205/221873。

144. *Votes for Women*, 1 October 1909, 2; Pankhurst, *The Suffragette Move-*

ment，318。关于直接针对个别监狱医护人员的信，参见 *Votes for Women*，12 November 1909，106。

145. A. Savill，C. Mansell-Moullin, and Sir V. Horsley，"Preliminary Report on the Forcible Feeding of Suffragette Prisoners," *British Medical Journal*，31 August 1912，505。Forcible Feeding（Medical Men）Protest Committee，Petition to Home Sec.，7 July 1914。NA，HO 45/10726/254037。霍斯利（Horsley）和曼塞尔-莫林（Mansell-Moullin）是最开始 1909 年的纪念活动和强制喂食（医护人员）抗议委员会成立背后的主要人物。曼塞尔-莫林的妻子卡罗琳（Caroline）是妇女社会政治联盟的成员，曾在监狱服刑。从 1909 年 10 月到 1913 年 11 月，迈克尔森在《英国医学杂志》（*British Medical Journal*）上发表了 56 篇关于这个主题的文章，"几乎是其他任何主题的两倍"。考虑到 1908 年登记的 553 名妇女中有 538 人签署了一份支持妇女选举权的请愿书，这并不像一开始看起来那么令人惊讶。Michaelsen，"'Like Hell with the Lid Off'."

146. 监狱委员会主席伊夫林·鲁格勒斯-布里斯爵士（Sir Evelyn Ruggles-Brise）写道，监狱服务是"无法忍受的压力"。NA，PCOM 7/355 to Home Office，7 January 1913，NA。麦肯纳的话来自 Pankhurst，*The Suffragette Movement*，568。

147. Costello，*Enduring the Most*，195-196。也参见麦克史威尼关于所谓强迫喂食的类似争论，*Hansard* 133，19 and 21 October 1920，769-771，1051-1053。

148. Costello，*Enduring the Most*，198。在麦克史威尼去世的当天，政府发布了一封意在指控他在去年 5 月制造过手榴弹的信函。

149. 参见 Hutchins，*Spontaneous Revolution*，311-318。

150. R. Tottenham，Circular Note from Additional Secretary，Home Department，Government of India，to Provincial Governors，18 January 1941。OIOC，R/3/1/290。

151. R. Tottenham，Memorandum from Additional Secretary，Home Department，Government of India，to J. M. Sladen，Secretary to the Government of Bombay，Home Department，6 December 1940，OIOC，R/3/1/290；"Very Secret" letter from R. Tottenham，Additional Secretary，Home Department，Government of India，to J. M. Sladen，Secretary to the Government of Bombay，Home Department，16 December 1940，Ibid。

152. *Daily Mail*，4 March 1943，2。

153. *Daily Telegraph*，4 March 1943，4。

154. John Christie，*Morning Drum*（London：British Association for Cemeteries in South Asia，1983），87。Recollections of Bill Cowley，Punjab，India Civil Service，District Officers Collection，OIOC Mss Eur f180/66（entitled "Peacocks Calling"），116。

155. *Daily Mail*，13 February 1943，2。

156. 第二年,她在书中详细阐述了她的主张:Margaret Brady, *Having a Baby Easily* (London: Health for All, 1944) and *Health for All: Ration Time Recipe Book* (London: Health for All, 1948)。关于禁食疗法的流行,参见 Bernard Mac-Fadden, *Fasting for Health: A Complete Guide on How, When and Why to Use the Fasting Cure* (New York: MacFadden, 1925); Rev. Walter Wynn, *Fasting, Exercise, Food and Health for Everybody* (London, 1928); Alfred Layton, *Fasting for Perfect Health* (London: Lutterworth, 1928)。男性饮食文化在 20 世纪 20 年代开始传播,参见 Ina Zweiniger-Bargielowska, "'The Culture of the Abdomen': Obesity and Reducing in Britain, c. 1900-1939," *Journal of British Studies* 44, no. 2 (April 2005): 239-273。

157. *News Chronicle*, 15 February 1943, 2.

158. *Daily Express*, 1 March 1943, 1.

第四章　饥饿的科学与计算

1. 与十年一次的人口普查不同,这些数据使计算死亡率和流动性的规律成为可能。John Eyler, *Victorian Social Medicine: The Ideas and Methods of William Farr* (Baltimore, Md.: Johns Hopkins University Press, 1979); Lawrence Goldman, "Statistics and the Science of Society in Early Victorian Britain: An Intellectual Context for the General Register Office," *Social History of Medicine* 4, no. 3 (1991): 415-434.

2. 法尔的观点得到了理查德·霍华德的支持,参见 Richard B. Howard, *An Inquiry into the Morbid Effects of Deficiency of Food: Chiefly with Reference to Their Occurrence amongst the Destitute Poor* (London: Simpkin, Marshall, 1839)。关于查德威克和法尔的辩论,参见 D. V. Glass, *Numbering the People: The Eighteenth Century Population Controversy and the Development of Census and Vital Statistics in Britain* (Farnborough, U. K.: Saxon, 1973), 146-167; Christopher Hamlin, "Could You Starve to Death in England in 1839? The Chadwick-Farr Controversy and the Loss of the 'Social' in Public Health," *American Journal of Public Health* 85, no. 6 (1995): 856-866。

3. "Starvation Tables Memo to Mr. Rucker (Home Office) from Registrar General," 7 September 1929, p. 5, NA, RG26/13; Mary Poovey, "Figures of Arithmetic, Figures of Speech: The Discourse of Statistics in the 1830s," *Critical Inquiry* 19 (Winter 1993): 256-276; Theodore Porter, *Trust in Numbers: The Pursuit of Objectivity in Science and Public Life* (Princeton, N. J.: Princeton University Press, 1995); Ian Burney, *Bodies of Evidence: Medicine and the Politics of the English*

Inquest,*1830-1926* (Baltimore, Md.: Johns Hopkins University Press, 2000), 64-65.

4. 关于饥饿的"技术化"(technologization),参见 Jenny Edkins,*Whose Hunger? Concepts of Famine*,*Practices of Aid* (Minneapolis: University of Minnesota Press, 2000)。

5. Sidney and Beatrice Webb, quoted in G. R. Searle,*The Quest for National Efficiency: A Study in British Politics and Political Thought*,*1899-1914* (Oxford: Blackwell, 1971), 85.

6. 现在经典的描述见 Anson Rabinbach,*The Human Motor: Energy, Fatigue and the Origins of Modernity* (Berkeley: University of California Press, 1990)。也参见 Jane O'Hara-May, "Measuring Man's Needs," *Journal of the History of Biology* 4, no. 2 (1971): 249-273; Harmke Kamminga and Andrew Cunningham (eds.), *The Science and Culture of Nutrition*,*1840-1940* (Amsterdam: Rodopi, 1995)。

7. J. A. Hobson,*The Social Problem: Life and Work* (London: Nisbet, 1901), 265, 267, 266.

8. 未来的自由党首相坎贝尔-班纳曼1903年在珀斯的演讲,引自 A. F. Wells, *The Local Social Survey in Great Britain* (London: Allen and Unwin, 1935), 70-71。

9. 参见 Raymond Kent,*A History of British Empirical Sociology* (Aldershot: Gower, 1981); Martin Bulmer (ed.), *Essays on the History of British Sociological Research* (Cambridge: Cambridge University Press, 1985); E. P. Hennock, "The Measurement of Poverty: From the Metropolis to the Nation, 1880-1920," *Economic History Review* 40, no. 2 (1987): 208-227; and M. Bulmer, K. Bales, K. Kish Sklar (eds.), *The Social Survey in Historical Perspective*,*1880-1940* (Cambridge: Cambridge University Press, 1995); David Englander and Rosemary O'Day (eds.), *Retrieved Riches: Social Investigation in Britain*,*1840-1914* (Aldershot: Scholar, 1995)。

10. 阿特沃特是美国农业部康涅狄格实验站(Department of Agriculture's Experimental Station in Connecticut)的主任,在1895年至1907年期间,他监督了大约58篇关于人类营养的研究论文的发表,是当时营养研究的推动者。Kenneth Carpenter, "The 1993 W. O. Atwater Centennial Memorial Lecture: The Life and Times of W. O. Atwater (1844-1907)," *Journal of Nutrition*, 124 (1994): 1707-1714; Dietrich Milles, "Working Capacity and Calorie Consumption: The History of Rational Physical Economy," in Kamminga and Cunningham,*Science and Culture of Nutrition*, 75-96.

11. B. Seebohm Rowntree,*Poverty: A Study of Town Life* (London: Macmillan, 1901), 97-98.

12. 见朗特里关于肉食和素食的相对价值的漫长讨论,同上书,第240—243页。

13. 同上书,第 ix 页。

14. 有关一个典型的例子,参见第九号预算(Budget No. 9),该预算中详细描述了一个三口之家的生活——父亲27岁,母亲22岁,还有他们10个月大的婴儿——那时候当他们的一家之主作为一位体力劳动者还有工作的时候,每周生活费是18先令。同上书,第277页。

15. 同上书,第304页。这些情感在该书中得到了不那么仔细和科学的回应,见 Arnold White, *Efficiency and Empire* (Brighton: Harvester, [1901] 1973), 105; 以及 Richard Higgs, *The Heart of the Social Problem: Twelve Millions Starving: How Can They Be Fed?* (London: Stead's, 1913)。

16. *Report of the Inter-Departmental Committee on Physical Deterioration*, vol. 1, *Report and Appendix* (London: HMSO, 1904), v.

17. "对于不适当或不充足的食物对体格的影响,人们达成了惊人的共识,每个目击者都承认,这一因素是导致退化趋势的主要原因,尽管在一两个案例中,人们认为这一因素的相对重要性可能有夸大之嫌。"同上书,第39页。

18. 其他营养学家的工作也被提及,包括格拉斯哥的佩顿和邓洛普以及阿特沃特。参见查默斯医生(Chalmers)、麦肯齐医生(Mackenzie)、尼文医生(Niven)和埃霍尔茨医生(Eicholtz)的证据,以及朗特里和洛赫(Loch)的证据,见 *Minutes of Evidence Taken before the Inter-Departmental Committee on Physical Deterioration*, vol. 2。Robert Hutchison, *Food and the Principles of Dietetics* (London: Edward Arnold, 1900),是英国的标准之作。该书首次出版于1900年,1901年重印了三次,1902年和1904年各又重印了一次。1905年的第二版分别于1906年、1909年和1910年重印;1911年的第三版于1913年和1914年重印;1916年的第四版于1918年和1919年重印。它又再版了三次,最后一版由莫特拉姆改写了前几章。Robert Hutchison and V. H. Mottram, *Food and the Principles of Dietetics* (London: Edward Arnold, 1933)。

19. *Report of the Inter-Departmental Committee on Physical Deterioration*, 41.

20. Ibid., 111.

21. *Minutes of Evidence*, 2:259, 260.

22. Ibid., 202.

23. Maud Pember Reeves, *Round about a Pound a Week* (London: Virago, [1913] 1979), 174, 131. 有关一个不那么引人注目的批判,参见 Arthur Shadwell, *Industrial Efficiency: A Comparative Study of Industrial Life in England, Germany and America*, vol. 2 (London: Longmans, Green, 1906), 229.

24. A. L. Bowley, *The Nature and Purpose of the Measurement of Social Phenomena* (London: King & Son, 1915), 167, 171. 也参见 A. L. Bowley and A. R. Burnett-Hurst, *Livelihood and Poverty: A Study in the Economic Conditions of*

Working-Class Households in Northampton, Warrington, Stanley and Reading (London: Bell and Sons, 1915)。

25. David Smith, "Nutrition in Britain in the Twentieth Century" (Ph. D. diss., University of Edinburgh, 1986)。关于格拉斯哥学派，参见 D. Smith and M. Nicholson, "The 'Glasgow School' of Paton, Findlay and Cathcart: Conservative Thought in Chemical Physiology, Nutrition and Public Health," *Social Studies of Science* 19 (1989): 195-238。

26. E. V. McCollum, *The Newer Knowledge of Nutrition: The Use of Food for the Preservation of Vitality and Health* (New York: Macmillan, 1918)。

27. 有关维生素发现的有用历史，参见 Leslie Harris, "The Discovery of Vitamins," in J. Needham (ed.), *The Chemistry of Life: Eight Lectures on the History of Biochemistry* (Cambridge: Cambridge University Press, 1970), 156-170; 以及 Kenneth Carpenter, *Beriberi, White Rice, and Vitamin B: A Disease, a Cause, and a Cure* (Berkeley: University of California Press, 2000)。

28. C. Funk, "The Etiology of Deficiency Diseases," *Journal of State Medicine* 20 (1912): 341-368; Funk, *The Vitamines*, trans. H. E. Dubin (Baltimore, Md.: Williams and Wilkins, 1922); F. G. Hopkins, "Feeding Experiments Illustrating the Importance of Accessory Food Factors in Normal Dietaries," *Journal of Physiology* 44 (1912): 425-460。有关命名法的争论的描述，参见 J. C. Drummond, "The Nomenclature of the So-Called Accessory Food Factors (Vitamins)," *Biochemical Journal* 14 (1920), 660。

29. Alan R. Skelley, *The Victorian Army at Home: The Recruitment and Terms and Conditions of the British Regular, 1859-1899* (London: Croom Helm, 1977), 63-68。

30. 在此，我引用了加州大学伯克利分校的迈克尔·巴克利(Michael Buckley)关于一战期间粮食节约运动的尚未发表的博士论文。

31. 委员会的一名成员需要听一下"卡路里"这个词的解释。L. Margaret Barnett, *British Food Policy during the First World War* (London: Allen and Unwin, 1985), 8。

32. Paul Eltzbacher (ed.), *Germany's Food: Can It Last? The German Case as Presented by German Experts*, trans. S. Russell Wells (London: University of London Press, 1915), xiii。关于政治封锁和一个战时德国粮食政治的平行描述，分别参见 Paul C. Vincent, *The Politics of Hunger* (Athens: Ohio University Press, 1985); Belinda J. Davis, *Home Fires Burning: Food, Politics, and Everyday Life in World War I Berlin* (Chapel Hill: University of North Carolina Press, 2000)。

33. T. B. Wood and F. G. Hopkins, *Food Economy in War Time* (Cambridge: Cambridge University Press, [1915] 1917), 4, 35, v-vi.

34. 它是生理学会的一个小组委员会,而生理学会是在 1915 年 6 月才加入皇家学会的,皇家学会还有一年前成立的物理学会、化学学会、工程学会和"战争贸易"学会。

35. 转引自 David F. Smith, "Nutrition Science and the Two World Wars," in David F. Smith (ed.), *Nutrition in Britain: Science, Scientists and Politics in the Twentieth Century* (Routledge: London, 1997), 146。

36. "Report of the Physiology (War) Committee of the Royal Society on the Food Supply of the United Kingdom," Cd. 8421 (1916),该报告随后发表在 T. B. Wood, *The National Food Supply in Peace and War* (Cambridge: Cambridge University Press, 1917), 2, 12, 13, 14-15。

37. 关于该委员会的完整报告,见 Mikuláš Teich, "Science and Food during the Great War: Britain and Germany," in Kamminga and Cunningham, *Science and Culture of Nutrition*, 213-234。

38. 引自 Smith, "Nutrition Science and the Two World Wars," 149。

39. Sir William Beveridge, *British Food Control* (London: Humphry Milford, 1928), 194; Teich, "Science and Food during the Great War: Britain and Germany," 106, 110-111。

40. 尤其参见 Francis G. Benedict and Edward P. Cathcart, *Muscular Work: A Metabolic Study with Special Reference to the Efficiency of the Human Body as a Machine* (Washington, D. C.: Carnegie Institute, 1913)。卡思卡特在 1914 年离开格拉斯哥,成为伦敦医院的生理学教授,但他在 1919 年回到格拉斯哥,成为教授。1908 年,皇家陆军医疗队(Royal Army Medical Corps)的罗伯特·布莱卡姆(Robert Blackham)少校曾对士兵的热量需求进行过一次失败的实验,目的是减少定量配给额。

41. Sir W. G. Macpherson, W. H. Horrocks, and W. W. O. Beveridge, *Medical Services: Hygiene of the War* (London: HMSO, 1923), vol. 2, chap. 4; E. P. Cathcart and J. B. Orr, *Energy Expenditure of the Infantry Recruit in Training* (London: Miscellaneous Official Publications, 1919)。1914 年,在卡思卡特的帮助下,奥尔成为皇家陆军医疗队的一名军官。Lord Boyd Orr, *As I Recall: The 1880s to the 1960s* (London: MacGibbon & Kee, 1966), 62-91。

42. 参见 R. H. Plimmer, *Analyses and Energy Values of Foods* (London: HMSO, 1920)。

43. 转引自 Mark Harrison, "The Fight against Disease in the Mesopotamia Campaign," in H. Cecil and P. H. Liddle (eds.), *Facing Armageddon: The First World War Experienced* (London: Leo Cooper, 1996), 484。Macpherson, Horrocks, and Beveridge, *Medical Services*, vol. 2, chap. 3。

44. 后来出版为 *Studies of Rickets in Vienna, 1919-22* (London: Medical Re-

search Council, 1924）。参见 H. M. Sinclair, "Chick, Dame Harriette（1875-1977），" in David F. Smith（ed.）, *Oxford Dictionary of National Biography*（Oxford: Oxford University Press, 2004）, http://www. oxforddnb. com/view/article/30924。

45. 委员会成员包括 F. G. 霍普金斯、哈丽雅特·奇克、J. C. 德拉蒙德、爱德华·梅兰比和阿瑟·哈登（Arthur Harden）。Medical Research Committee, *Report on the Present State of Knowledge concerning Accessory Food Factors（Vitamines）*（London: HMSO, 1919）。

46. 全部转引自 Smith, "Nutrition Science and the Two World Wars," 150。

47. 参见 Bryan Turner, "The Discourse of Diet," *Theory, Culture and Society* 1（1982）, 22-32; Turner, "The Government of the Body: Medical Regimens and the Rationalisation of Diet," *British Journal of Sociology* 33（1982）: 254-269; Ken Albala, *Eating Right in the Renaissance*（Berkeley: University of California Press, 2002）; Steven Shapin, "Trusting George Cheyne: Scientific Expertise, Common Sense, and Moral Authority in Early Eighteenth-Century England Dietetic Medicine," *Bulletin of the History of Medicine* 77, no. 2（2003）: 263-297。

48. 公众分析师协会成立于 1874 年，其专业期刊《分析师》也创刊于 1874 年。参见 Francis Vacher, *The Food Inspector's Handbook*（London: Record Press, 1893）; O. W. Andrews, *Handbook of Public Health Laboratory Work and Food Inspection*（London: Bailliere, Tindall & Cox, 1901）。我要感谢克里斯·奥特（Chris Otter）提醒我，搬到实验室的本质是妥协的和不平等的。

49. Sir Edward Sharpey-Schafer, *History of the Physiological Society during its First Fifty Years, 1876-1926*（London: Physiological Society, 1927）. Gerald L. Geison, *Michael Foster and the Cambridge School of Physiology: The Scientific Enterprise in Late Victorian Society*（Princeton, N. J. : Princeton University Press, 1978）; Terrie M. Romano, *John Burdon Sanderson and the Culture of Victorian Science*（Baltimore, Md. : Johns Hopkins University Press, 2002）。

50. 1913 年，该俱乐部开始出版《生化杂志》（*Biochemical Journal*）并成为一个学会，到 1944 年，其成员已有 1017 名。R. H. A. Plimmer, *The History of the Biochemical Society, 1911-1949*（Cambridge, England: Biochemical Society, 1949）。

51. Graeme Gooday, "The Premises of Premises: Spatial Issues in the Historical Construction of Laboratory Credibility," in Crosbie Smith and Jon Agar（eds.）, *Making Space for Science: Territorial Themes in the Shaping of Knowledge*（Houndmills, U. K. : Macmillan, 1998）。

52. Rowett Institute, *First Report, 1922*（Aberdeen: Milne & Hutchison, 1922）; Mark W. Weatherall, "The Foundation and Early Years of the Dunn Nutritional Laboratory," in Smith, *Nutrition in Britain*, 29-52。

53. Sally M. Horrocks, "The Business of Vitamins: Nutrition Science and the Food Industry in Inter-war Britain," in Kamminga and Cunningham, *Science and Culture of Nutrition*, 235-258; Horrocks, "Nutrition Science and the Food and Pharmaceutical Industries in Interwar Britain," in Smith, *Nutrition in Britain*, 53-74.

54. Orr, *As I Recall*, 96-99.

55. Rowett Institute, *First Report*, 1922, 21.

56. 关于实验室的设备和方程式作为"不可变的移动设备"使可转移的测量系统成为可能,参见 Bruno Latour, *Science in Action: How to Follow Scientists and Engineers through Society* (Cambridge, Mass.: Harvard University Press, 1987); Latour, *Pandora's Hope: Essays on the Reality of Science Studies* (Cambridge, Mass.: Harvard University Press, 1999), 102, 307。有关它们可变的不动性(mutable immobility)的精彩讨论,参见 Chris Otter, *The Government of the Eye: A Political History of Light and Vision in Britain, 1800-1900* (Chicago: Chicago University Press, 2007), chap. 3。

57. R. H. A. Plimmer, *Practical Organic and Bio-Chemistry* (London: Longmans, Green, 1926), 284.

58. W. R. Aykroyd, *Human Nutrition and Diet* (London: Thornton Butterworth, 1937), 97.

59. Ibid., 26.

60. 因此,人们对研究澳大利亚土著的"热带"代谢率产生了兴趣,参见 Warwick Anderson, *The Cultivation of Whiteness: Science, Health and Racial Destiny in Australia* (Melbourne: Melbourne University Press, 2002), 164。

61. 对完美的接口管或呼吸阀的追求是实验室仪器的小部件总是遇到故障的原因。各种各样的设计使用了不同的材料,如云母、橡胶、黄铜和皮革。一些科学家放弃了使用接口管,取而代之的是玻璃或橡胶鼻夹,甚至橡胶或金属口罩。F. W. Lamb, *An Introduction to Human Experimental Physiology* (London: Longmans, Green, 1930), 195-197.

62. Michael Worboys, "The Discovery of Colonial Malnutrition between the Wars," in David Arnold (ed.), *Imperial Medicine and Indigenous Societies* (Manchester: Manchester University Press, 1988); David Arnold, "The 'Discovery' of Colonial Malnutrition and Diet in Colonial India," *Indian Economic and Social History Review* 31, no. 1 (1994): 1-26.

63. 举一个并不像奥尔和艾克罗伊德那样迅速崛起的例子:在伦敦大学学院接受过培训的 F. W. 福克斯(F. W. Fox)于1925年成立了南非医学研究所(South African Institute for Medical Research)的新的生化部,塑造了南非整整一代人的营养研究。参见 Diana Wylie, *Starving on a Full Stomach: Hunger and the Triumph of Cultural Racism in Modern South Africa* (Charlottesville: University of Virginia

Press, 2001), 141。

64. D. McCay, *Investigations on Bengal Jail Dietaries: With Some Observations on the Influence of Dietary on the Physical Development and Well-Being of the People of Bengal* (Calcutta: Superintendent Government Print, 1910).

65. H. M. Sinclair, *The Work of Sir Robert McCarrison, with Additional Introductory Essays by W. R. Aykroyd and E. V. McCullom* (London: Faber and Faber, 1953); Sinclair, "McCarrison, Sir Robert (1878-1960)," in Andrew A. G. Morrice (ed.), *Oxford Dictionary of National Biography* (Oxford: Oxford University Press, 2004), http://www.oxforddnb.com/view/article/34678.

66. Robert McCarrison, "Problems of Nutrition in India" (1932), in Sinclair, *The Work of Sir Robert McCarrison*, 267-268; McCarrison, *Nutrition and National Health: Being the Cantor Lectures Delivered before the Royal Society of Arts 1936* (London: Faber and Faber, [1936] 1944), 21.

67. Robert McCarrison, "Memorandum on Malnutrition as a Cause of Physical Inefficiency and Ill-Health among the Masses in India" (1926), in Sinclair, *The Work of Sir Robert McCarrison*, 261.

68. "宗教偏见"(*religious prejudice*)一词来源于 McCarrison, *Problems of Nutrition in India*, 262, 277。

69. E. M. Collingham, *Imperial Bodies: The Physical Experience of the Raj, c. 1800-1947* (Cambridge: Polity, 2001), 156-157.

70. 他们比那些吃印度马德拉斯饮食的人"吃得少或者吃得更差"。McCarrison, *Nutrition and National Health*, 24-25; Robert McCarrison, "A Good Diet and a Bad One: An Experimental Contrast," *Indian Journal of Medical Research* 14, no. 3 (1927): 649-654.

71. W. A. Murray, *The Poor White Problem in South Africa: Report of the Carnegie Commission* (Stellenbosch, South Africa: Pro Ecclesia, 1932), viii, x, xvii, xx, xiv.

72. Ibid., pt. 4, *Health Factors in the Poor White Problem*, 7. 随后的研究表明,尤其是与非欧洲人营养不良的情况相比,南非贫困白人的营养健康状况没有进一步恶化。Wylie, *Starving on a Full Stomach*, 148.

73. Anderson, *The Cultivation of Whiteness*, chap. 5.

74. 内阁委员会认为:"几乎可以肯定,农业和畜牧业的改善……也伴随着当地人自身的健康和工作能力的改善。"J. Boyd Orr and J. L. Gilks, *Studies in Nutrition: The Physique and Health of Two African Tribes* (London: HMSO, 1931), 12.

75. J. L. Gilks and J. Boyd Orr, "The Nutritional Condition of the East African Native," *Lancet* 29, no. 5402 (12 March 1927): 561-562. 马塞男性比基库尤男性高5英寸,重23磅,"根据测力仪的测定",比基库尤男性强壮50%。Orr and Gilks,

Studies in Nutrition, 9. Cynthia Brantley, "Kikuyu-Maasai Nutrition in 1928 Kenya," *International Journal of African Historical Studies* 30, no. 1 (1997): 49-86.

76. 饮食小组委员会(Sub-Committee on Dietetics)的主席是议员沃尔特·埃利奥特(他是奥尔的一位私人朋友,早年曾与奥尔一起在罗维特研究所研究动物营养,当时是一名保守党议员,同时也是农业部长),委员会成员还包括哈迪、霍普金斯、卡思卡特和奥尔。Worboys, "The Discovery of Colonial Malnutrition between the Wars," 212-213.

77. M. Havinden and D. Meredith, *Colonialism and Development: Britain and Its Tropical Colonies, 1850-1960* (New York: Routledge, 1993). Stephen Constantine, *The Making of British Colonial Development Policy, 1914-1940* (London: Frank Cass, 1984); Frederic Cooper, "Modernizing Bureaucrats, Backward Africans, and the Development Concept," in F. Cooper and R. Packard (eds.), *International Development and the Social Sciences: Essays on the History and Politics of Knowledge* (Berkeley: University of California Press, 1997).

78. Audrey I. Richards, *Hunger and Work in a Savage Tribe: A Functional Study of Nutrition among the Southern Bantu* (Cleveland, Ohio: World, [1932] 1964); Lord Hailey, *An African Survey: A Study of Problems Arising in Africa South of the Sahara* (Oxford: Oxford University Press, 1938). 非洲语言和文化国际研究所成立于1926年,后来成为国际非洲研究所(International African Institute)。

79. Economic Advisory Council, Committee on Nutrition in the Colonial Empire. *First Report*, pt. 1, *Nutrition in the Colonial Empire* (London: HMSO, 1939), 4.

80. 参见 Cynthia Brantley, *Feeding Families: African Realities and British Ideas of Nutrition and Development in Early Colonial Africa* (Portsmouth, N. H.: Heinemann, 2002)。

81. E. Burnett and W. R. Aykroyd, "Nutrition and Public Health," *Quarterly Bulletin of the Health Organisation of the League of Nations* 4 (June 1935): 1-140. Paul Weindling, "The Role of International Organizations in Setting Nutritional Standards in the 1920s and 1930s," in Kamminga and Cunningham, *Science and Culture of Nutrition*, 319-332.

82. CNCE, *First Report*, 156, 151; Hailey, *An African Survey*, 961. 在20世纪30年代,在殖民地发展基金的支出中,医疗和公共卫生计划的投资仅次于交通和通信系统的投资。其投资的重要性在这十年中不断增加,到1939年,用于公共卫生和福利的开支超过了用于交通基础设施的开支。Havinden and Meredith, *Colonialism and Development*, chaps. 7 and 8.

83. CNCE, *First Report*, 14.

84. 我所强调的关于教育对这种转变的同等重要性,参见 Corrie Decker, "Investing in Ideas: Girls' Education in Colonial Zanzibar" (Ph. D. diss., University of Cali-

fornia, Berkeley, 2007)。

85. CNCE, *First Report*, 166, 151, 167. Hailey, *An African Survey*, 1123, 961.

86. Audrey Richards, *Land, Labour and Diet in Northern Rhodesia: An Economic Study of the Bemba Tribe* (London: Oxford University Press, 1951), 6.

87. Ibid., 5.

88. Brantley, *Feeding Families*.

89. CNCE, *First Report*, 106, 163.

90. Richards, *Land, Labour and Diet in Northern Rhodesia*, xii.

91. Richards, *Hunger and Work in a Savage Tribe*, 1. 马林诺夫斯基在前言中称赞理查兹开拓了一个新的研究领域，即"营养过程的社会和文化功能", ix.

92. 参见 Tom Harrisson, *Savage Civilisation* (London: Gollancz, 1937)，这本书很大程度上是以马林诺夫斯基的名义写的。马林诺夫斯基后来授权哈里森通过"大众观察"来研究"我们自己的人类学"。Charles Madge and Tom Harrisson, *Mass-Observation: First Year's Work, 1937-38: With an Essay on a Nation-Wide Intelligence Survey by Bronislaw Malinowski* (London: Drummond, 1938).

93. Richards, *Hunger and Work in a Savage Tribe*, 8. 有关她对营养科学在殖民地发展中所发挥的作用越来越矛盾的心理，也参见 Richards, *Land, Labour and Diet in Northern Rhodesia*, 7, 3。

94. Chandra Chakraberty, *Food and Health* (Calcutta: Ramchandra Chakraberty, 1922), 1; B. S. Gopala, *Universal Uncooked Food for Human Health, Economy, Contentment and Racial Efficiency* (Rajahmundry: Saraswathi Power Press, 1939).

95. 这些作品随后被收集和出版，见 M. K. Gandhi, *Diet and Diet Reform* (Ahmedabad: Navajivan, 1949)。与麦卡里森的辩论发生在 1929 年。

96. Ibid., 18, 19.

97. Ibid., 24(原文中的强调部分), 26. 有关营养科学本土化的类似尝试，参见 Chakraberty, *Food and Health*; B. S. Gopala, *Universal Uncooked Food for Human Health*。

98. Gandhi, *Diet and Diet Reform*, 24.

第五章 饥饿的英格兰与一个富足世界的规划

1. Vera Meynell, "Hungry England," *Week-End Review* 7, no. 152 (4 February 1933): 117.

2. *Daily Worker*, 30 January 1933, 引自 Allen Hutt, *The Condition of the*

Working Class in Britain (London: Martin Lawrence, 1933), 153。

3. Fenner Brockway, *Hungry England* (London: Gollancz, 1932). 布罗克韦出生在加尔各答，父母都是传教士。他最初是《每日新闻报》的记者，但在第一次世界大战期间成为和平主义者。1929 年，他被选举为独立工党议员。但在 1931 年，由于工党拒绝支持他或他的独立工党伙伴的背叛，他又失去了议员席位。David Howell,"Brockway, (Archibald) Fenner, Baron Brockway (1888-1988)," *Oxford Dictionary of National Biography*, Oxford University Press, 2004, http://www.oxforddnb.com/view/article/39849.

4. "Hungry England: An Inquiry," *Week-End Review*, 1 March 1933, 264. 这场辩论从 2 月 4 日一直持续到委员会在愚人节发表了一份不祥的报告，见"'Hungry England' Inquiry: Report of Committee," *Week-End Review*, 1 April 1933。

5. Political and Economic Planning (henceforth PEP), *Planning: The Measurement of Needs*, no. 29 (London: St. Clements, 19 June 1934), 2.

6. 罗斯·麦吉本(Ross McKibbin)曾争论道："古老的个人观察方法(以及)……耸人听闻的揭露……直到《通往威根码头之路》发表时才达到巅峰"；参见 Ross McKibbin, "Social Class and Social Observation in Edwardian England," *Transactions of the Royal Historical Society* 28 (1978): 175. 就连在伦敦政治经济学院社会科学中心工作的历史学家 R. H. 托尼(R. H. Tawney)也抱怨说，"医生对营养不良的理解就是普通人所说的挨饿"。参见 M. E. Bulkley, *The Feeding of School Children* (London: Bell and Sons, 1914), xiii.

7. 这个词源于 J. B. Priestley, *An English Journey: Being a Rambling but Truthful Account of What One Man Saw and Heard and Felt and Thought during a Journey through England during the Autumn of the Year 1933* (London: Heinemann, 1934), 397-413。

8. 引用来自 Harry Pollitt's introduction to Allen Hutt, *The Condition of the Working Class in Britain* (London: Martin Lawrence, 1933), xii。

9. 关于"英国北方"(the North)一词的发明，参见 Beatrix Campbell, "Orwell Re Visited" in R. Samuel (ed.), *Patriotism: The Making and Unmaking of British National Identity* (London: Routledge, 1989), 3:227-232; Philip Dodd, "'Lowryscapes': Recent Writings about 'the North'," *Critical Quarterly* 32 (Summer 1990): 17-28; 以及 Dave Russell, *Looking North: Northern England and the National Imagination* (Manchester: Manchester University Press, 2004)。

10. George Orwell, *The Road to Wigan Pier* (London: Penguin, [1937] 1979), 98, 94。

11. 关于在缅甸的奥威尔和在印度的布罗克韦，参见 Orwell, *The Road to Wigan Pier*, 54; Brockway, *Hungry England*, 188。

12. 参见 Tom Harrisson, introduction to Bob Willcock, "Polls Apart" unpub-

lished Mass-Observation survey, 1947, 2.

13. Humphrey Spender, *Worktown People*: *Photographs from Northern England, 1937-38* (Bristol: Falling Wall, 1985), 16; Julian Trevelyan, *Indigo Days* (London: MacGibbon & Kee, 1957), 85.

14. Brockway, *Hungry England*, 114.

15. Priestley, *An English Journey*, 409. 也参见 Max Cohen, *I Was One of the Unemployed* (London: Gollancz, 1945), 7。

16. Brockway, *Hungry England*, 65, 109, 120. 后来的保守党首相哈罗德·麦克米伦 (Harold Macmillan) 坚称，"编成统计表的一组组数字关系的是活生生的男人和女人，而不只是抽象的数字"，见 Pilgrim Trust, *Men Without Work*: *A Report Made to the Pilgrim Trust* (Cambridge: Cambridge University Press, 1938), vii; Jurgen Kuczynski, *Hunger and Work*: *Statistical Studies* (London: Lawrence and Wishart, 1938), viii。

17. F. Greene (ed.), *Time to Spare*: *What Unemployment Means—by Eleven Unemployed* (London: Allen and Unwin, 1935), 10, 14.

18. 当然，其真实性是有剧本的。虽然大多数"回忆录"是"失业者自己写的"，但当他们"有很多话要说，但几乎没有能力说出来时……他们的叙述就被中间人口头记录下来，因此产生了一部谈话风格的回忆录"。H. L. Beales and R. S. Lambert (eds.), *Memoirs of the Unemployed* (Wakefield, U. K.: EP, [1934] 1973), 13. 这些"回忆录"首先发表在《听众》(*Listener*) 杂志上。

19. Greene, *Time to Spare*, 83.

20. *The Long Summer*, episode 6, "The Facts" (Uden Associates, 1993).

21. *North Mail and Newcastle Chronicle*, 13 October 1936. 能够确认的特约记者有《南谢尔兹公报》(*South Shields Gazette*) 的乔治·沃克 (George Walker)、《北邮报》(*North Mail*) 的悉尼·斯特奇 (Sidney Sterch) 和最著名的《每日先驱报》的里奇·考尔德。

22. *Daily Herald*, 30 October 1936.

23. E. Wright Bakke, *The Unemployed Man*: *A Social Study* (London: Nisbet, 1933), 298, viii.

24. Ross McKibbin, "The 'Social Psychology' of Unemployment in Interwar Britain," in *Ideologies of Class*: *Social Relations in Britain, 1880-1950* (Oxford: Oxford University Press, 1990).

25. 引自 David Smith, "Nutrition in Britain in the Twentieth Century" (Ph. D. Dissertation, University of Edinburgh, 1986), 115, 116。

26. Advisory Committee on Nutrition (ACN), Ministry of Health, *Memorandum to the Minister of Health on the Criticism and Improvement of Diets* (London: HMSO, 1932), 9. 营养咨询委员会的主席是格林伍德少校，他在 1927 年以前一直

是卫生部的一名医疗官员,以前曾与卡思卡特密切合作。

27. "'Hungry England' Inquiry: Report of Committee," *Week-End Review*, 1 April 1933, 357, 358.

28. 英国医学协会委员会包括莫特拉姆、G. C. M. 麦戈尼格尔(后面更多的是关于他)以及伦敦卫生和热带医学学院的 G. P. 克劳登(G. P. Crowden)。

29. Ministry of Health, *Nutrition: Report of Conference between Representatives of the Advisory Committee on Nutrition and Representatives of a Committee Appointed by the British Medical Association* (London: HMSO, 1934), 4, 7.

30. Ibid., 4, 5. 营养咨询委员会从未完全从争议中恢复过来。尽管它在 1935 年被重建,但实际上被卫生部搁置了。David F. Smith, "Nutrition Science and the Two World Wars," in David F. Smith (ed.), *Science, Scientists and Politics in the Twentieth Century* (London: Routledge, 1996), 153.

31. G. C. M. McGonigle and J. Kirby, *Poverty and Public Health* (London: Gollancz, 1936); J. B. Orr, *Food, Health and Income: Report on Adequacy of Diet in Relation to Income* (London: Macmillan, 1936); McCarrison, *Nutrition and National Health: Being the Cantor Lectures Delivered before the Royal Society of Arts 1936* (London: Faber and Faber, [1936] 1944).

32. PEP, "The Malnutrition Controversy," *Planning* 88 (15 December 1936): 2. 政治和经济计划委员会营养健康小组委员会(Health Group on Nutrition)成员包括克劳登和朱莉安·赫胥黎(Julian Huxley)。

33. McGonigle and Kirby, *Poverty and Public Health*, 142; PEP, "The Malnutrition Controversy," 8.

34. James Vernon, "The Ethics of Hunger and the Assembly of Society: The Techno-Politics of the School Meal in Modern Britain," *American Historical Review* 110, no. 3 (June 2005): 693-725.

35. "Health of the School Child: Annual Report of the Chief Medical Officer of the Board of Education for 1908," Parliamentary Papers (1909), Cd. 5426, xxiii.

36. Bulkley, *The Feeding of School Children*, 170-171; Barbara Drake, *Starvation in the Midst of Plenty: A New Plan for the State Feeding of School Children*, Fabian tract no. 240 (London: Fabian Society, 1933), 9-10; Save the Children Fund, *Unemployment and the Child: Being the Report of an Enquiry Conducted by the Save the Children Fund into the Effects of Unemployment on the Children of the Unemployed and on Unemployed Young Workers in Great Britain* (London: Longmans, Green, 1933), 76-77.

37. 引用来自 Bernard Harris, *The Health of the Schoolchild: A History of the School Medical Service in England and Wales* (Buckingham, U. K.: Open University Press, 1995), 130-131; John Hurt, "Feeding the Hungry Schoolchild in the First

Half of the Twentieth Century," in D. J. Oddy and D. S. Miller (eds.), *Diet and Health in Modern Britain* (London: Croom Helm, 1985), 195。

38. Board of Education, Minutes of Meeting of Medical Staff Committee, 28 September 1934, NA, ED50/78 (M456/171). 这项调查是由伦敦郡议会首席学校医疗官 R. H. 辛普森(R. H. Simpson)博士进行的。根据纽曼的一份备忘录,辛普森的报告"完全证实了……一段时间以来,我们已经认识到,每年公布的这些报表的摘要并没有经过详细的审查"。Board of Education, "Memo to Sir G. Newman from Cecil Maudsley 10.4.34 on Dr Simpson's Report on Standards of Nutrition," NA, ED50/51 (M456/150). 也参见 Board of Education, Minutes of Meeting of Medical Staff Committee, 28 Sept 1934, NA, ED50/78 (M456/171)。

39. Helen Jardine, Audrey Russell, F. Louis, S. Leff, and F. Le Gros Clark, "Statement of Aims," *Bulletin of the Committee against Malnutrition* 1 (March 1934): 2; "The Official Meaning of Malnutrition," *Bulletin of the Committee against Malnutrition* 9 (July 1935): 28-31; "Memorandum to the Advisory Committee on Nutrition from the Committee against Malnutrition," *Bulletin of the Committee against Malnutrition* 10 (September 1935): 49-51; McGonigle and Kirby, *Poverty and Public Health*, 144-145; R. H. Jones, "Physical Indices and Clinical Assessments of the Nutrition of Schoolchildren," *Journal of the Royal Statistical Society* 101, no. 1 (1938).

40. 引自 Harris, *The Health of the Schoolchild*, 133。

41. 反营养不良委员会的首期刊物指出:"现代调查的整体趋势证明,设定最低标准是不可能的。" Helen Jardine, Audrey Russell, F. Louis, S. Leff, and F. Le Gros Clark, "Statement of Aims," *Bulletin of the Committee against Malnutrition* 1 (March 1934): 2. 作者们坚持认为,最低标准是不科学的,因为它们忽略了个体的变化,并且基于简单印象,所以短期研究是无法追踪营养健康的长期后果的。*Bulletin of the Committee against Malnutrition* 6 (January 1935): 6.

42. 有关麦卡里森的观点,参见 McCarrison, *Nutrition and National Health*, 65-66. 也参见 McGonigle and Kirby, *Poverty and Public Health*, 147。

43. 国际联盟关于维生素标准化的前两次会议分别于 1931 年和 1934 年在伦敦举行,爱德华·梅兰比任主席,杰克·德拉蒙德参会,哈丽雅特·奇克和 W. R. 艾克罗伊德任技术秘书。"Second Conference on Vitamin Standardisation," *Quarterly Bulletin of the Health Organisation of the League of Nations* 3, no. 3 (1934): 428-440. 同样,卡思卡特于 1932 年在罗马主持了第一次关于热量需求的会议。"Conference of Experts for the Standardisation of Certain Methods Used in Making Dietary Studies," *Quarterly Bulletin of the Health Organisation of the League of Nations* 1 (1932): 477. 梅兰比在 1935 年和 1936 年主持了随后的会议,当时的重点转向对粮食需求的普遍考虑。参见 "Report on the Physiological Bases of Nutrition," *Quarterly*

Bulletin of the Health Organisation of the League of Nations 5 (1936): 391。也参见 Paul Weindling, "The Role of International Organizations in Setting Nutritional Standards in the 1920s and 1930s," in Harmke Kamminga and Andrew Cunningham (eds.), *The Science and Culture of Nutrition, 1840-1940* (Amsterdam: Rodopi, 1995), 319-332。

44. "The Most Suitable Methods of Detecting Malnutrition," *Quarterly Bulletin of the Health Organisation of the League of Nations* 2 (1933). 也参见 E. J. Bigwood, *Guiding Principles for Studies on the Nutrition of Populations* (Geneva: League of Nations Technical Commission on Nutrition, 1939), 143-146; E. Burnett and W. R. Aykroyd, "Nutrition and Public Health," *Quarterly Bulletin of the Health Organisation of the League of Nations* 4, no. 2 (1935): 323-474。

45. Bigwood, *Guiding Principles*, 155。

46. 在这个包括艾克罗伊德、奇克和奥尔在内的 8 人委员会中,梅兰比担任委员会主席。Bigwood, *Guiding Principles*, 147, 177, 175。

47. "工资和金钱的支出总是笼罩在浓浓的黑暗之中,但所有与食物有关的细节都绝不会被善于观察的眼睛发现,无论这种目光有多么和善。" Margaret Loane, *From Their Point of View* (London: Edward Arnold, 1908), 74-75。

48. A. F. Wells, *The Local Social Survey in Great Britain* (London: Allen and Unwin, 1935), 32. 与一战前寥寥可数的几次调查相比,在 1918 年至 1935 年间韦尔斯(Wells)进行了 156 次调查。

49. David Vincent, *Poor Citizens: The State and the Poor in Twentieth-Century Britain* (Harlow, U. K.: Longman, 1991), 75-79; Vincent, *The Culture of Secrecy: Britain, 1832-1998* (Oxford: Oxford University Press, 1998), 142-154。

50. Herbert Tout, *The Standard of Living in Bristol: A Preliminary Report of the Work of the University of Bristol Social Survey* (Bristol: Arrowsmith, 1938), 24. 关于记录食物开销的日记,参见 Maud F. Davies, *Life in an English Village: An Economic and Historical Survey of the Parish of Corsley in Wiltshire* (London: Fisher Unwin, 1909), 101。

51. Tout, *The Standard of Living in Bristol*, 14-15。

52. 例如,参见 Barbara Drake, *Starvation in the Midst of Plenty*, 5-7; D. Caradog Jones, *The Social Survey of Merseyside* (Liverpool: Liverpool University Press, 1934), 1:155-159; Pilgrim Trust, *Men without Work: A Report Made to the Pilgrim Trust* (Cambridge: Cambridge University Press, 1938), 100-135; and Tout, *The Standard of Living in Bristol*, 16-17。

53. B. S. Rowntree, *The Human Needs of Labour* (London: Longmans, Green, 1937), 72; *Poverty and Progress: A Second Social Survey of York* (London: Longmans, Green, 1942), 173-176. 相比之下,为了不削弱对比,鲍利并没有修

改他的系数量表进行重复研究。A. L. Bowley and Margaret L. Higg, *Has Poverty Diminished? A Sequel to "Livelihood and Poverty"* (London: King & Son, 1925), 33-34.

54. Mottram, "The Fundamentals of Dietetics" in Greene, *Time to Spare*, 136.

55. Wal Hannington, *The Problem of the Distressed Areas* (London: Gollanz, 1937), 57. 1937年1月, 全国失业工人运动甚至组织了自己的饮食调查, 通过一份名为"家庭主妇的最低标准"的问卷来记录失业家庭的实际生活条件。有关全国失业工人运动及其饥饿游行的讨论, 参见第八章。

56. Ibid., 58. 也参见 Somerville Hastings, *A National Physiological Minimum*, Fabian tract no. 241 (London: Fabian Society, 1934), 3。

57. Hannington, *The Problem of the Distressed Areas*, 61, 60.

58. In Beales and Lambert, *Memoirs of the Unemployed*, 270.

59. Orwell, *The Road to Wigan Pier*, 86. 也参见 Kuczynski, *Hunger and Work*, 5。

60. Orr, *Food, Health and Income*; McGonigle and Kirby, *Poverty and Public Health*; League of Nations, *Interim Report of the Mixed Committee on the Problem of Nutrition*, vol. 1, *The Problem of Nutrition* (Geneva: League of Nations, 1936). 也参见 League of Nations, *Report of the International Labour Office on Workers' Nutrition and Social Policy* (Geneva: League of Nations, 1936)。

61. J. B. Orr, *The National Food Supply and Its Influence on Public Health* (London: King & Son, 1934). 也参见 Ritchie Calder's introduction to Orr, *As I Recall* (London: MacGibbon & Kee, 1966), 15。

62. J. B. Orr, foreword to N. Gangulee, *Health and Nutrition in India* (London: Faber and Faber, 1939), 5.

63. PEP, "What Sort of Plenty?" *Planning* 44 (12 February 1935): 2; PEP, "The Malnutrition Controversy." 关于政治和经济计划委员会及其在英国社会民主主义兴起中的重要地位, 参见 *Fifty Years of Political and Economic Planning: Looking Forward, 1931-1981* (London: Heinemann, 1981); Daniel Ritschel, *The Politics of Planning: The Debate on Economic Planning in Britain in the 1930s* (Oxford: Clarendon, 1997)。

64. 即使是那些在节食和育儿方面寻求实用建议的人, 也很少有时间去研究诸如"维生素""食物价值""适当营养"等科学课题。Sir William Crawford and H. Broadley, *The People's Food* (London: Heinemann, 1938), 85-86.

65. 最早的专业广告组织是英国广告代理商协会(Association of British Advertising Agents, 1917年)、英国广告商协会(Incorporated Society of British Advertisers, 1920年)、英国广告协会(Advertising Association of Great Britain, 1926年)和广告从业者协会(Institute of Incorporated Practitioners in Advertising, 1927年)。参见 T.

R. Nevett，*Advertising in Britain：A History*（London：Heinemann，1982）。关于克劳福德，参见理想化的传记 G. H. Saxon Mills，*There is a Tide... The Life and Work of Sir William Crawford，K. B. E.；Embodying a Historical Study of Modern British Advertising*（London：Heinemann，1954）。

66. Stephen Constantine，*Buy and Build：The Advertising Posters of the Empire Marketing Board*（London：HMSO，1986）.

67. Crawford and Broadley，*The People's Food*，xi，305，304.

68. Peter Miller and Nikolas Rose，"Mobilizing the Consumer：Assembling the Subject of Mass Consumption，" *Theory，Culture and Society* 14，no. 1（1997）：1-36.

69. Crawford and Broadley，*The People's Food*，314-315，30.

70. Children's Nutritional Council，"Social Nutrition，" *Wartime Nutrition Bulletin* 34（February-March 1945）：1-2.

71. F. Le Gros Clark and R. M. Titmuss，*Our Food Problem and Its Relation to Our National Defences*（London：Penguin，1939）；J. B. Orr and D. Lubbock，*Feeding the People in Wartime*（London：Macmillan，1940）；Charles Smith，*Britain's Food Supplies in Peace and War*（London：Fabian Society，1940）；George Walworth，*Feeding the Nation in Peace and War*（London：Allen and Unwin，1940）. 下面这段很大程度上归功于戴维·史密斯的著作，参见 David Smith，"Nutrition Science in Britain in the Twentieth Century"（Ph. D. diss.，University of Edinburgh，1987）；Smith，"Nutrition Science and the Two World Wars，" in David F. Smith（ed.），*Nutrition in Britain：Science，Scientists and Politics in the Twentieth Century*（London：Routledge，1997），142-165；Smith，"The Rise and Fall of the Scientific Food Committee，" in David F. Smith and Jim Phillips（eds.），*Science，Policy and Regulation in the Twentieth Century*（London：Routledge，2000），101-116。

72. 在1941年至1943年间，共进行了15次食品消费普查、23次特殊群体食品消费调查、43次营养状况调查、31次血红蛋白水平调查以及15次膳食补充剂效果的调查。Ministry of Food，"Bureau of Nutrition Surveys：Nutrition Society，" NA，MAFF98/149.

73. 他还将营养技术引入食品工业，如在面包和人造黄油中添加维生素，提高小麦面粉的提取率，使用脱水或粉状的鸡蛋、牛奶和蔬菜。与德拉蒙德一样，他的委员会中有几位成员之前也曾在商业部门工作过，如维生素和农业食品公司（Vitamins and Agricultural Foods）的马格努斯·派克博士、亨氏公司（Heinz）的 L. 巴顿（L. Barton）和利华兄弟公司的 G. 米尔斯（G. Mills）博士。有关对德拉蒙德的部门的工作简要总结，参见"Permanent Record of the Work of Scientific Adviser's Division，" NA，MAFF223/30。最完整的记录见 Ministry of Food，*How Britain Was Fed in War Time*（London：HMSO，1946）；R. J. Hammond，*Food：History of the Second*

World War, 3 vols. (London: HMSO, 1951-1962)。

74. 成立于 1940 年的这个委员会考虑了大量的特殊群体，包括素食者、糖尿病患者、残疾人、犹太患者和晚期疾病患者。Ministry of Food, "Medical Research Council (Special Diets) Advisory Committee," MAFF98/15.

75. Ministry of Food, *How Britain Was Fed in War Time*, 47, 46.

76. Arnold Baines, "How the National Food Survey Began," in Ministry of Agriculture, Food and Fisheries (MAFF), *Fifty Years of the National Food Survey, 1940-1990* (London: HMSO, 1991), 17-23. 艾布拉姆斯成为战后市场研究的元老，并建立了专业协会——市场研究协会 (Market Research Society)。 Michael Warren, "Abrams, Mark Alexander (1906-1994)," *Oxford Dictionary of National Biography*, Oxford University Press, 2004, http://www.oxforddnb.com/view/article/54696.

77. Ministry of Food, *Annual Report of the National Food Survey Committee: Domestic Food Consumption and Expenditure, 1950; with a Supplement on Food Expenditure by Urban Working Class Households, 1940-1949* (London: HMSO, 1952), 5.

78. 艾布拉姆斯聘用了 40 名女性员工作为研究助理，但地点的选择受到限制，因为在某些地方，尤其是农村地区，无法招募到训练有素的调查人员。Ministry of Food, *The Urban Working-Class Household Diet, 1940 to 1949: First Report of the National Food Survey Committee* (London: HMSO, 1951), 94.

79. Ibid., 98. 多萝西·霍林斯沃思 (Dorothy Hollingsworth) 在 1941 年被招募做这份工作。到 1956 年，1940 年至 1943 年的打孔卡由于频繁的分析使用已经磨损得无法被霍勒里斯机器读取了。Dorothy Hollingsworth, "How Nutritional Knowledge was Applied," in MAFFF, *Fifty Years of the National Food Survey, 1940-1990*, 24-31.

80. Mark Abrams, *Social Surveys and Social Action* (London: Heinemann, 1951). 有关对政府信息的机制和政治的提示性说明，参见 Jon Agar, *The Government Machine: A Revolutionary History of the Computer* (Cambridge, Mass.: MIT Press, 2003)。

81. 感谢劳拉·戴蒙德·比尔斯 (Laura DuMond Beers) 允许我引用 "Cooper's Snoopers and the Ministry of Information in WW2 Britain"，这是 2002 年 3 月在加州大学伯克利分校举行的太平洋海岸英国研究会议上的一篇未发表的论文。也参见 Laura DuMond Beers, "Whose Opinion? Changing Attitudes towards Opinion Polling in British Politics, 1937-1964," *Twentieth-Century British History* 17, 2 (2006): 177-205。

82. Ian McLaine, *The Ministry of Morale: Home Front Morale and the Ministry of Information in World War Two* (London: Allen and Unwin, 1979); Louis

Moss, *The Government Social Survey: A History* (London: HMSO, 1991).

83. 英国粮食部的调查部门称,普利茅斯事件不具有代表性,1943年调查的数千户家庭中只有四五十封投诉信。NA,MAFF102/58. 一年前,它自己对调查态度的调查发现,73%的人"感兴趣并愿意合作",12%的人"怀疑但愿意合作",12%的人"不感兴趣但愿意合作",3%的人"怀疑或不愿意合作"。Moss, *The Government Social Survey*, 6.

84. 有2131人拒绝合作,另外返还的日志中有523本是不完整的。Ministry of Food, *Annual Report of the National Food Survey Committee*, 90.

85. PEP, "Government Information Services," *Planning* 230 (2 February 1945): 15. 到1943年,战时社会调查的固定工作人员已超过100人。Moss, *The Government Social Survey*, 7.

86. PEP, "Government Information Services," 22, 2.

87. Memo from Harrisson to E. F. Nash, Distribution Plans Division, 17 February 1944, NA, MAFF102/58.

88. 1943年秋,在日志中加入了一个空白区域,这个区域是用来邀请填写者自由地评论食物的任何方面。"研究结果往往很难归类,部分原因是它们常常含糊不清,有时甚至模棱两可。"Memo on Wartime Food Survey for Scientific Adviser's Division, June 1944, NA, MAFF98/145, 13.

89. 样本的规模从1082人到1513人不等。Ministry of Food, "Reports on Enquiries into the Readership of 'Food Facts.' Prepared for Ministry of Food by the British Market Research Bureau Limited," NA, MAFF223/23.

90. 卫生部在1942年至1943年对2000名消费者进行了抽样调查,转引自Children's Nutritional Council, "Social Nutrition," 3。

91. Ministry of Food, *How Britain Was Fed in War Time*, 50; Ministry of Food, *The Advertising, Labelling and Composition of Food* (London: HMSO, 1949), 64-65. 这些标准在1946年的食品标签令(Labelling of Food Order)中有所扩展。

92. J. B. Orr, *Fighting For What? To "Billy Boy" and All the Other Boys Killed in the War* (London: Macmillan, 1942), v.

93. Ministry of Food, *How Britain Was Fed in War Time*, 49.

94. "Draft White Paper on Post-War Food Policy," 15 February 1945, NA, MAFF128/17.

95. 在1919年至1926年间,麦卡里森一共写了27篇文章,但是其中只有2篇是在库纳发表。从1935年到1945年,167篇文章中的80%是印度人写的。关于库纳和印度科学的更大范围的本土化,参见 Sinclair, *The Work of Sir Robert McCarrison*, xi-xxix; David Arnold, *Science, Technology and Medicine in Colonial India* (Cambridge: Cambridge University Press, 2000)。

96. 关于它资助的研究规模，参见 W. R. Aykroyd, *Note on the Results of Diet Surveys in India* (New Delhi: Indian Research Fund Association, 1939); Nagendranath Gangulee, *Bibliography of Nutrition in India* (Oxford: Oxford University Press, 1940); Nutrition Advisory Committee, *Results of Dietary Surveys in India 1935-1948*, Special Report no. 20 (New Delhi: Indian Council of Medical Research, 1951)。

97. Gangulee, *Health and Nutrition in India*, iv, 306.

98. Nutrition Advisory Committee, Report of the 12th Meeting of the Nutrition Advisory Committee of the Indian Research Fund Association, held in New Delhi on 24 November 1944, 109, 110, BL, V/26/830/8.

99. Nutrition Advisory Committee, Report of the 11th Meeting of the Nutrition Advisory Committee of the Indian Research Fund Association, held in New Delhi on 27-28 March 1944, BL, Ibid.

100. 引自 Amy Moore, *Hunger and Deadlock in India* (London: Socialist Commentary, 1943), 1。

101. Famine Inquiry Commission, *Report on Bengal Famine* (Delhi: Government of India, 1945), 71; K. Santhanam, *The Cry of Distress: A First-Hand Description and an Objective Study of the Indian Famine of 1943* (New Delhi: Hindustan Times, 1944), 55.

102. Freda Bedi, *Bengal Lamenting* (Lahore: Lion, 1944), 6, 108.

103. 其中一些报道，如桑瑟兰姆(Santhanam)和贝迪(Bedi)的报道，后来被结集成书出版。也参见 Santosh Kumar Chaterjee, *The Starving Millions* (Calcutta: Asoka Library, 1944)。

104. 从 1943 年 12 月开始，印度营养咨询委员会(Nutrition Advisory Committee)在加尔各答的全印度卫生和公共卫生研究所(All-India Institute of Hygiene and Public Health)资助了针对饥饿和贫困人口治疗的临床研究。Nutrition Advisory Committee, "Report of the 10th Meeting of the Nutrition Advisory Committee of the Indian Research Fund Association, held in New Delhi on 13-14 December 1943," BL, V/26/830/8, 3.

105. Famine Relief Committee, *Report for the Year 1943/44* (London: St. Clements, 1944), 6. 关于医学上的批评，参见 *Lancet* 242, no. 6275 (4 December 1943): 704; *Lancet* 243, no. 6299 (29 April 1944): 576; *Lancet* 245, no. 6355 (9 June 1945): 723。

106. Maggie Black, *A Cause for Our Times: Oxfam, the First Fifty Years* (Oxford: Oxfam Publications, 1992). 有关和平主义立场，参见 Roy Walker, *Who Starves? A Discussion on Blockade* (London: Peace Pledge Union, 1940); Walker, *Famine over Europe: The Problem of Controlled Food Relief* (London: Andrew

Dakers, 1941)。救助儿童基金成立于 1920 年,旨在帮助欧洲中部约 1700 万饥饿和发育不良的儿童,他们的贫困部分是封锁造成的。

107. Famine Relief Committee, *Hunger in Europe: A Statement of the Case for Controlled Food Relief in German-Occupied Countries* (London: Famine Relief Committee, 1942), 1. 该组织最初关注比利时和希腊,后来又关注了波兰、法国和荷兰。这场人道主义运动催生了牛津饥荒救济委员会。

108. Famine Relief Committee, *A Year's Work: An Account of Efforts to Obtain Permission for Controlled and Limited Food Relief in German-Occupied Countries* (London: Famine Relief Committee, 1943), 4-5, 7. 有关一个地方委员会活动的描述,参见 Manchester and Salford Famine Relief Committee Minute Books, Manchester Central Reference Library Archives, M599/4/1/1-3。

109. Famine Relief Committee, *Report for the Year 1943/44*, 6.

110. G. H. Bourne, *Starvation in Europe* (London: Allen and Unwin, 1943), 5.

111. Ministry of Food, "Scientific Adviser's Division: Europe, General," NA, MAFF98/141.

112. 1943 年 11 月成立的联合国救济和康复机构也至关重要。Henri A. van der Zee, *The Hunger Winter: Occupied Holland, 1944-45* (London: Norman and Hobhouse, 1982);有关德拉蒙德自己的描述,参见 Jack Drummond, *Malnutrition and Starvation in Western Netherlands, September 1944-July 1945*, pt. 1 (The Hague: General State Printing Office, 1948)。

113. Sir Jack Drummond, *Problems of Malnutrition and Starvation during the War* (Nottingham: Clough and Son, 1946), 17-18; Royal Society of Medicine, "Nutrition in Enemy Occupied Europe," *Lancet* 242, no. 6275 (4 December 1943): 703-704; Medical Women's Federation, "Problems of Health in Europe," *Lancet* 243, no. 6296 (29 April 1944): 576-577; "Partial Starvation and Its Treatment," 375-376. 德拉蒙德也意识到类似的实验在明尼苏达大学(University of Minnesota)生理卫生实验室也有,在那里他们是本着善心的饥饿实验反对者,探讨饥饿对形态、化学、生理和心理的影响,正如他在该书前言中所写的,参见 Ancel Keys, Josef Brazek, Austin Henschel, Olaf Mickelsen, and Henry L. Taylor, *The Biology of Starvation*, 2 vols. (Minneapolis: University of Minnesota Press, 1950)。

114. Drummond, "Interim Report of F-Treatment for Cases of Starvation and Related Food Matters Concerning W. and N. W. Holland," NA, MAFF128/16.

115. *Lancet* 245, no. 6354 (9 June 1945): 723-724.

116. Ibid., 724; Drummond, *Problems of Malnutrition and Starvation during the War*, 18-19.

117. Drummond, foreword, Ancel Keys et al., *The Biology of Starvation*,

1: xiv.

118. Drummond, "Interim Report of F-Treatment for Cases of Starvation and Related Food Matters concerning W. and N. W. Holland," NA, MAFF128/16. W. R. Aykroyd, *The Conquest of Famine* (London: Chatto and Windus, 1974), chap. 11; World Health Organization, technical report, series no. 45, *Prevention and Treatment of Severe Malnutrition in Times of Disaster* (World Health Organization: Geneva, 1951). 这份报告的大部分内容是由明尼苏达州饥饿实验的安塞尔·基斯(Ancel Keys)撰写的。

119. 有关20世纪30年代和40年代"世界饥饿"的发现和概念化的有趣讨论,参见 Frank Trentmann, "Coping with Shortage: The Problem of Food Security and Global Visions of Coordination, c. 1890s-1950," in Frank Trentmann and Flemming Just, eds., *Food and Conflict in the Age of the Two World Wars* (London: Palgrave, 2006), 27-35。

120. Orr, *As I Recall*, 163.

121. Tim Boon, "Agreement and Disagreement in the Making of 'A World of Plenty'" in Smith, *Nutrition in Britain*, 166-189.

122. J. B. Orr and David Lubbock, *The White Man's Dilemma: Food and the Future* (London: Allen and Unwin, 1953), 7.

123. Orr, *Fighting for What?*; J. B. Orr, *Food and the People* (London: Macmillan, 1943).

124. F. Le Gros Clark, *Feeding the Human Family* (London: Sigma, 1947).

125. Food and Agriculture Organization of the United Nations (FAO), *Proposals for a World Food Board* (Washington, D.C.: FAO, 1946). 也参见 FAO, *Report of the Special Meeting on Urgent Food Problems Washington, D.C., May 20-27, 1946* (Washington, D.C.: FAO, 1946)中的初步讨论。

126. Orr and Lubbock, *The White Man's Dilemma*, 102. 奥尔的同事德卡斯特罗(De Castro)坚持认为富足的世界将"与新的社会结构相匹配,这将保证在普遍寻求幸福和社会福祉的过程中达到一个新的阶段"。Jose De Castro, *Geography of Hunger*, with a Foreword by Lord Boyd Orr (London: Gollancz, 1952), 258。

127. 英国有一些营养学家再次走在这些努力的前沿,如:仍然担任罗维特联邦动物营养办公室(Commonwealth Bureau of Animal Nutrition)主任的伊莎贝拉·利奇(Isabella Leitch)博士,任伦敦卫生和热带医学学院人类营养部(Human Nutrition Unit)主任的B. S. 普拉特,在伦敦大学教育学院(University of London's Institute of Education)殖民部工作的玛格丽特·里德以及仍然是儿童最低营养水平委员会的秘书长的勒格罗斯·克拉克,他们都定期投稿或起草营养司的出版物。

128. FAO, Nutritional Studies, *Dietary Surveys: Their Technique and Interpretation* (Washington, D.C.: FAO, 1949); FAO, Nutritional Studies, *Food Com-*

position Tables for International Use（Washington, D. C.：FAO, 1949）。

129. "通用的"标准基于一个 25 岁的男人或女人,身体健康,营养良好,生活在温和的气候中,男人在轻工业工作,女人从事一般家务或轻工业工作。对婴儿、儿童、青春期男孩和女孩以及孕妇和哺乳期妇女的需求进行了详细的分类,放弃了回归系数。FAO, Nutritional Studies, *Calorie Requirements*（Washington, D. C.：FAO, 1950）。

130. FAO, Nutritional Studies, *Teaching Better Nutrition：A Study of Approaches and Techniques*（Washington, D. C.：FAO, 1950）, 4, 11-12。"营养意识"（*nutrition-conscious*）一词是艾克罗伊德对美国战时营养教育项目的描述,参见 Famine Inquiry Commission, *Final Report*（Madras：Government Press, 1945）, 229。

131. Malcolm Muggeridge, *The Thirties：1930-1940 in Great Britain*（London：Collins, [1940] 1967）, 281, 282。

第六章　集体喂养与福利社会

1. Valerie Johnston, *Diets in Workhouses and Prisons*（New York：Garland, 1985）。有关印度监狱和军队的饮食,参见 David Arnold, "The 'Discovery' of Colonial Malnutrition and Diet in Colonial India," *Indian Economic and Social History Review* 31, no. 1 (1994), 1-26。

2. *Times*, 27 October 1843, 4。

3. 莱昂·普莱费尔（Lyon Playfair）是杰出的化学家以及尤斯图斯·冯·李比希（Justus von Liebig）的学生,在 1850 年担任济贫法委员会顾问。爱德华·史密斯（Edward Smith）博士是一位对饮食有着浓厚兴趣的医生,1865 年被任命为济贫法委员会的医务观察员。参见 Edward Smith, *Dietaries for the Inmates of Workhouses*（London：Walton, 1866）; Smith, *A Guide to the Construction and Management of Workhouses*（London：Knight, 1870）。很明显,尽管查德威克尽了最大的努力,但济贫院的饮食依然因地而异,并且在史密斯的指导下变得更加慷慨。

4. Keith Laybourn, "The Issue of School Feeding in Bradford, 1904-1907," *Journal of Educational Administration and History* 14, no. 2 (July 1982)：30-38。布拉德福德的学校餐服务很快成为国内外效仿的典范;参见 Louise Stevens Bryant, *School Feeding：Its History and Practice at Home and Abroad*（London：Lippincott, 1913）。

5. Charles E. Hecht (ed.), *Rearing an Imperial Race*（London：St. Catherine's, 1913）; *Inter-Departmental Committee on Physical Deterioration：Report and Appendix*, Parliamentary Papers (1904), Cd. 2175, xxxii; *A Bill to Provide Secular Education and Periodical Medical Examination and Food for Children*

Attending State-Supported Schools, Parliamentary Papers (1906), 143: ii, 199.

6. John Stewart, "Ramsay MacDonald, the Labour Party and Child Welfare, 1900-1914," *Twentieth-Century British History* 4, no. 2 (1993): 105-125; Stewart, "'This Injurious Measure': Scotland and the 1906 Education (Provision of Meals) Act," *Scottish Historical Review* 78, no. 1 (1999): 76-94.

7. Sir Noel Curtis-Bennett, *The Food of the People: Being the History of Industrial Feeding* (London: Faber and Faber, 1949), chap. 7; Anson Rabinbach, *The Human Motor: Energy, Fatigue, and the Origins of Modernity* (Berkeley: University of California Press, 1992); Jakob Tanner, *Factory Meal: Nourishing Science, Industrialism and People Nutrition in Switzerland, 1890-1950* (Zurich: Chronos, 1999).

8. 参见 the collections in the Documentary Photography Archive at the Greater Manchester Record Office, D170/1/21。

9. 我更全面地研究了学校餐的营养技术政治,参见 James Vernon, "The Ethics of Hunger and the Assembly of Society: The Techno-Politics of the School Meal in Modern Britain," *American Historical Review* 110, no. 3 (June 2005): 693-725。

10. 参见 M. E. Bulkley, *The Feeding of School Children* London: Bell and Sons, 1914), 64-69。关于学校医疗服务的发展,参见 Bernard Harris, *The Health of the Schoolchild: A History of the School Medical Service in England and Wales* (Buckingham, U.K.: Open University Press, 1995), 56, 123-124。

11. Charles Segal, *Penn'orth of Chips: Backward Children in the Making* (London: Gollancz, 1939), 122-123; Barbara Drake, *Starvation in the Midst of Plenty: A New Plan for the State Feeding of School Children*, Fabian tract no. 240 (London: Fabian Society, 1933), 15-16.

12. 当战争开始的时候,每 30 个孩子中有一个在学校吃饭,而战争结束时,每 3 个孩子中就有 1 人在学校吃饭,即便他们中间只有 14% 的人可以免费吃饭。Richard Titmuss, *Problems of Social Policy* (London: HMSO, 1950), 510.

13. John Burnett, "The Rise and Decline of School Meals in Britain, 1860-1990," in J. Burnett and D. Oddy (eds.), *The Origins and Development of Food Policies in Europe* (Leicester: Leicester University Press, 1994), 66; Harris, *The Health of the Schoolchild*, 196-197.

14. "Report of the Welfare and Health Section for the Year Ending 1917," NA, MUN5/94/346/39. 对这些发展最好的描述,参见 Angela Woollacott, *On Her Their Lives Depend: Munitions Workers in the Great War* (Berkeley: University of California Press, 1994)。

15. 劳合·乔治这样描述朗特里和朗特里的任职:"没有人比他更有资格胜任这项任务。" Lloyd George, foreword to Dorothea Proud, *Welfare Work: Employers'*

Experiments for Improving Working Conditions in Factories(London: Bell and Sons, 1916), xii.

16. 他们的研究形成了该委员会 21 份备忘录和 1917 年发表的最终报告的科学支柱, 该报告共卖出了 21 万份。H. M. Vernon, *The Health and Efficiency of Munition Workers* (London: Oxford University Press, 1940), 2-3.

17. Edgar L. Collis and Major Greenwood, *The Health of the Industrial Worker* (London: Churchill, 1921), 246, 258, 243.

18. 参见他的前言, Ibid., xviii, xix。

19. Daniel Ussishkin, "Morale: Social Citizenship and Democracy in Modern Britain" (Ph. D. diss., University of California, Berkeley, 2007), chap. 3.

20. 引自 Vernon, *Industrial Fatigue and Efficiency*, 247。

21. 引自 Woollacott, *On Her Their Lives Depend*, 64-65。

22. Vernon, *The Health and Efficiency of Munition Workers*; Curtis-Bennett, *The Food of the People*, 253; Industrial Welfare Society, *Canteens in Industry: A Guide to Planning, Management and Service* (London: Industrial Welfare Society, 1940).

23. Ministry of Food, *How Britain Was Fed in War Time* (London: HMSO, 1946), 43. 作为 17 万家工厂总数的百分之一, 这个比例还不够给人留下深刻的印象。Labour Research Department, *Canteens in Industry* (London: Workers Pocket Series, 1941), 4.

24. Collis and Greenwood, *The Health of the Industrial Worker*, 267; Curtis-Bennett, *The Food of the People*, 300.

25. F. Le Gros Clark, *Social History of the School Meals Service* (London: National Council of Social Services, 1948), 2.

26. Eddie Williams, *School Milk and Meals* (Monmouth, U. K.: Rogerstone, 1944), 3; Bulkley, *The Feeding of School Children*, 199.

27. 引自 Bryant, *School Feeding*, 74; Austin Priestman, *The Work of the School Medical Officer* (London: Oxford University Press, 1914), 4; Williams, *School Milk and Meals*, 3。

28. Proud, *Welfare Work*, 123.

29. Collis and Greenwood, *The Health of the Industrial Worker*, 261-263. 也参见 Proud, *Welfare Work*, 119-126, 188-199; Canteen Committee of the Central Control Board (Liquor Traffic), *Feeding the Munitions Worker* (London: HMSO, 1916); Health of Munitions Workers Committee, "Canteen Construction and Equipment," memorandum no. 6, Cd. 8199, 1916。

30. Tom Harrisson diary, 25 November 1941, MO, TC67/3/D, "British Restaurants and Canteens."

31. 本书中只研究了战后的发展情况,见 Andrew Saint, *Towards a Social Architecture: The Role of School-Building in Post-War England* (New Haven, Conn.: Yale University Press, 1987)。

32. 1906 年教育(膳食供应)法案的最初报告指出:"对于许多最贫困的孩子而言,精心准备的晚餐,配上干净的桌布、干净的器皿和得体的餐桌礼仪,是他们几乎无法了解的事情;我满怀信心地希望,学校餐所提供的主题课程……对这些享用过学校餐的孩子产生的影响不仅仅是暂时的。"引自 Hecht, *Rearing an Imperial Race*, 17。

33. Bulkley, *The Feeding of School Children*, 76-106.

34. George Rainey, "Paris and London," in Hecht, *Rearing an Imperial Race*, 421; Williams, *School Milk and Meals*, 5.

35. Segal, *Penn'orth of Chips*, 92.

36. "Particulars regarding the Provision of School Canteens (as Distinct From Feeding Centres), 1936," NA, ED50/219.

37. "Provision of Meals": Report of Edna Langley to Dr. Glover, 4 April 1939, NA, M501/262.

38. 这些设计可能源于沃特福德的工程部实验建筑研究站(Ministry of Works Experimental Building Research Station)。其中一间样板食堂厨房配备了最新出版的《学校食堂设备目录》(*Catalogue of School Canteen Equipment*)中所列的最新设备,在泰特美术馆后面展出,并邀请地区学校检查员和 LEA 的官员对它进行检验。参见 September 1943 memos from Agnes Miller and Miss Langley, as well as circular letter to LEAs, 13 October 1943, NA, ED50/219。

39. 参见 C. Cameron, "School Canteens and Kitchens," 20 September 1943;以及"Comments on the Draft Explanatory Memorandum to the Proposed Town and Country Planning Order," 8 January 1944, NA, HLG71/899。

40. "Ministry of Works Organisation: The Present Position," 1, NA, ED150/156; "The Standards for School Premises Regulations, 1951," Statutory Instruments, no. 1753"; Medical Research Council and Building Research Group, "Joint Committee on Lighting and Vision: Proposed New Regulations for the Lighting of Schools," NA, ED150/25.

41. 只有 25.5% 的学校拥有这样的餐厅。*Report of an Inquiry into the Working of the School Meals Service, 1955-56* (London: HMSO, 1956).

42. 关于不同材料和安排的优劣,参见 Willard Stanley Ford, *Some Administrative Problems of the High School Cafeteria* (New York: Columbia University, 1926);以及 Ministry of Works, *School Furniture and Equipment* (London: HMSO, 1946). 从 20 世纪 50 年代开始,叠层和可堆叠的桌椅成为人们关注的焦点,参见 London County Council, *School Furniture* (London: London County Council, 1958)。

43. Bryant, *School Feeding*, 56; Priestman, *The Work of the School Medical*

Officer, 3; Hecht, *Rearing an Imperial Race*, 400.

44. 由高级工程师与高级餐饮顾问共同监督工作。"Ministry of Works Organisation: The Present Position," 1, NA, ED150/156. 例如，参见 Ministry of Education, *School Meals Service: Equipment Catalogue, 1947* (London: HMSO, 1947)。

45. 参见其中所有信件，见"Wartime Meals: School Canteen Equipment: West Bromwich," 1943, NA, MAFF900/103。也参见"Care and Maintenance of Insulated Containers," *School Meals Service: Canteen Leaflet*, no. 4 (1951)。

46. J. W. Beeson (director of education, Norwich) to W. D. Pile, 19 June 1952; Norwich city architect, "Memorandum, School Meals Service—Kitchen and Dining Rooms: Insulation and Prevention of Condensation," 23 May 1952, NA, ED150/104. 到20世纪50年代中期，厨房的木质工作台不符合卫生部新的食品卫生条例，该条例建议使用福米加塑料台面或不锈钢台面。W. B. Ashplant to A & B General, "Food Hygiene Regulations, 1955," 12 October 1956, NA, ED150/156.

47. A. F. B. Nail (英国标准协会助理技术主管) to Johnston Marshall (教育部首席建筑师), 5 November 1953, NA, ED150/80; G. Weston (英国标准协会技术主管) to W. D. Pile, "School Furniture Press Conference," 7 October 1955, Ibid.; BSI, "Sub-Committee—Dining Tables and Chairs of Technical Committee—School Furniture, Revised Draft Standard for School Dining Tables and Chairs," April 1955, 同上。

48. Proud, *Welfare Work*, 196, 193.

49. Drake, *Starvation in the Midst of Plenty*, 16; London County Council, *Meals for School Children* (London: London County Council, 1947), 5. 也参见 London County Council, *Education in London, 1945-1954: A Report by the Education Officer* (London: London County Council, 1954), 87。

50. F. Le Gros Clark, *The School Child's Taste in Vegetables: An Inquiry Undertaken by F. LeGros Clark, BA, and Presented to the Education Committee* (Hertford: Hertfordshire County Council, 1943), 13, 14.

51. Priestman, *The Work of the School Medical Officer*, 13, 4.

52. 引自 Segal, *Penn'orth of Chips*, 93。

53. 例如，参见 the Board of Education's 1914 circular no. 856, 7-10. Brinson to Maudsley, 23 March 1937, "Dietaries: The Oslo Breakfast: The London Health Dinner," 1937-1943, NA, ED50/219.

54. 这包括监督员、炊事监督员、炊事承办人员、厨师主管、厨师、助理厨师、厨房助手、店长。Board of Education, "Staff for the School Meals Service," circular no. 1631 (24 June 1943); "Special Services General Files: Staffing of School Canteens and Kitchens, 1947-52," NA, ED50/502.

55. 注意两个已经引用过的《学校食堂手册》[*School Canteen Handbook* (1940)]

和《学校食堂平衡菜单》(第二版)[Balanced Menus for School Canteen Dinners, 2nd ed. ([1947] 1958)]都是与家庭科学专家合作完成的[除担任萨里郡议会学校餐官员外,莫卡姆(Morkam)还是温布尔登技术学院家庭科学部(Wimbledon Technical College's Domestic Science Department)的前负责人]。伦敦郡议会的《学龄儿童餐食》[Meals for School Children (1947)]是由该议会餐饮服务主官 W. J. O. 牛顿(W. J. O. Newton)所写。类似的出版物还有很多。

56. Deborah Thom, *Nice Girls and Rude Girls: Women Workers in World War I* (London: Tauris, 1998), 169. 伍拉科特(Woollacott)详细列出了志愿服务团队的范畴,包括"YMCA (England), the YWCA (in both England and Scotland), the YW&WCA (Scotland), the National People's Palace Association, the Salvation Army, the Church of England Temperance Society, the Church Army, the British Women's Temperance Association (Scotland), the Glasgow Union of Women Workers, the Women's Volunteer Reserve, and the Women's Legion"。Woollacott, *On Her Their Lives Depend*, 64.

57. Thom, *Nice Girls and Rude Girls*, 131. Woollacott, "Maternalism, Professionalism and Industrial Welfare Supervisors in World War I Britain," *Women's History Review* 3 (March 1994): 29-56.

58. Proud, *Welfare Work*, 124.

59. Collis and Greenwood, *The Health of the Industrial Worker*, 264-265.

60. *Canteens in Industry*,转引自 Curtis-Bennett, *The Food of the People*, 277, 251-253.

61. "Report of the Superintendent Inspector of Canteens," Ministry of Labour Factory Inspectors Department, 1944, 转引自 Curtis-Bennett, *The Food of the People*, 277. 勒格罗斯·克拉克对缺乏检查机制表示遗憾,因为检查制度可以确保对所提供的服务负责。F. Le Gros Clark, "The Principles of Canteen Inspection," *Food Manufacture* 18 (1943): 36-38, WA, GC/145/D. 23.

62. 一家餐饮公司给一组营养学家配备了一个移动实验室来分析餐厅所提供的食物。Curtis-Bennett, *The Food of the People*, 12, 271.

63. 针对这一新专业化部门的出版物包括:M. B. Neary, *Canteen Management and Cookery* (London: John Miles, 1940); Catherine H. MacGibbon, *Canteen Management* (Christchurch: Whitcombe and Tombs, 1941); John Douglas Mitchell, *Successful Canteen Management* (London: Practical Press, 1946); Empire Tea Bureau, *The Small Canteen: How to Plan and Operate a Modern Meal Service* (London: Oxford University Press, 1947); Dick T. Kennedy, *Industrial Catering and Canteen Management* (London: MacClaren & Sons, 1949); Jack Hampton, *Canteen Cookery* (London: Practical Press, 1953). 也参见从1946年起在伦敦发行的期刊《营养和餐厅饮食》(*Nutrition and Canteen Catering*)。

64. Labour Research Department, *Canteens in Industry*, 6-7.

65.《新螺旋桨》(*New Propellor*)1943 年 1 月的报道,引自 Labour Research Department, *Works Canteens and the Catering Trade: Food Problems, Workers' Control of Canteens, Catering Workers and Employers' Profits*(London: Labour Research Department, 1943), 15。

66. Labour Research Department, *Works Canteens and the Catering Trade*, 11-12. 在这 1400 万工人中,只有 250 万人能吃上热饭。

67. 有关这些相互对立的解释,参见 Labour Research Department, *Works Canteens and the Catering Trade*;以及 Eleanor Umney, "A Few Notes from Experience," 1 February 1942 (welfare officer in Letchworth), MO, TC67/3/D, "British Restaurants and Canteens"。

68. 关于随着粥在家庭中越来越受欢迎,它也被用来作为学校的早餐,参见 Bulkley, *The Feeding of School Children*, 200。

69. Ernie Benson, *To Struggle Is to Live: A Working-Class Autobiography*, 2 vols. (Newcastle, U. K.: People's, 1979), 1:39.

70. Le Gros Clark, *The School Child's Taste in Vegetables*, 11.

71. Kathleen Dayus, *Her People* (London: Virago, 1982), 15; Nancy Sharman, *Nothing to Steal: The Story of a Southampton Childhood* (London: Kaye and Ward, 1977), 39; Benson, *To Struggle Is to Live*, 44-45; J. G. Atherton, *Home to Stay: Stretford in the Second World War* (Manchester: Richardson, 1991), 6, 15.

72. www. friendsreunited. com 网站和《BBC 好食物》(*BBC Good Food*)杂志共同开展了该项调查,调查结果在 2003 年 9 月发表,第 105 页。

73. E. R. Hartley, *How to Feed the Children: Bradford's Example* (Bradford, 1908), 引自 Laura Mason, "Learning How to Eat in Public: School Dinners," in *Oxford Symposium on Food and Cookery: Public Eating* (London: Prospect, 1991), 209.

74. 引自 Mason, "Learning How to Eat in Public," 208。

75. 有关穷人证词中的典型例子,参见 Grace Foakes, *Between High Walls: A London Childhood* (London: Shepheard-Walwyn, 1972), 39; Benson, *To Struggle Is to Live*, 39; Fenner Brockway, *Hungry England* (London: Gollancz, 1932), 32。

76. 参见 Barbara Vaughan, *Growing Up in Salford 1919-1928* (Manchester: Richardson, 1983), 9; Mary H. Dagnah, *Castel Hall Revisited: Stalybridge in the 1930s* (Manchester: Richardson, 1995), 5。

77. 关于这些问题的最广泛的讨论,参见 Marion Roberts, "Private Kitchens, Public Cooking," in Matrix, *Making Space: Women and the Man-Made Environment* (London: Pluto, 1986), 106-119。

78. War Emergency Workers National Committee, "National Kitchens,"

NMLH，WNC14/2.

79. L. Margaret Barnett, *British Food Policy during the First World War* (London: Allen and Unwin, 1985), 151.

80. C. S. Peel, *A Year in Public Life* (London: Constable, 1919), 189.

81. 彭伯·里夫斯是全国妇女选举权协会（National Union of Women's Suffrage Society）和妇女工会联盟（Women's Trade Union League）以及1907年建立的费边妇女小组的成员，1908年她的丈夫成为伦敦政治经济学院院长。皮尔写过很多书，比如 *Ten Shillings a Head for House Books: An Indispensable Manual for Housekeepers* (London: Constable, 1900)，该书到1912年出了9版，她写的其他书还包括：*The New Home: Treating of the Arrangement, Decoration and Furnishing of a House of Medium Size to Be Maintained by a Moderate Income* (1903); *How to Keep House* (1910); *Marriage on Small Means* (1914); 以及 *Learning to Cook: The Book of "How" and "Why" in the Kitchen* (1915)。她还出版了一系列烹饪书，比如：*Entrees Made Easy* (1905), *Puddings and Sweets* (1905), 以及 *Fish and How to Cook It* (1907)。关于曼利，参见 "Memorandum on Work in Connection with Food Economy and Control, carried out by Miss Kate Manley, O. B. E.," "Women, War, and Society" microfilm collection, IWM, pt. 4, Food, 3/9。

82. Peel, *A Year in Public Life*, 191; C. S. Peel, *How We Lived Then, 1914-1918: A Sketch of Social and Domestic Life in England during the War* (London: John Lane, the Bodley Head, 1929), 83-85.

83. F. W. Spencer, "Report on National Kitchens," NMLH, CC/NK/131/2. 有关新成立的消费者委员会对斯宾塞的国家厨房司进行了越来越多的监管和质询，参见 NMLH, CC/NK/105/113。关于接二连三的负面报道，参见 NMLH, CC/NK/161-227。

84. Dilwyn Porter, "Jones, (William) Kennedy (1865-1921)," *Oxford Dictionary of National Biography* (Oxford: Oxford University Press, 2004), http://www.oxforddnb.com/view/article/46376.

85. Peel, *A Year in Public Life*, 189. 斯宾塞沮丧地承认，工人阶级认为这些慈善机构"和多年前的施粥所无异"。Spencer, "Report on National Kitchens," 7.

86. 这个问题使得斯宾塞甚至设计了一个保温的"充水饭盒"。Spencer, "Report on National Kitchens," 5.

87. 粮食部官员的话，引自 Barnett, *British Food Policy during the First World War*, 151。

88. National Kitchen Advisory Committee, 15 October 1919, NMLH, CC/NK/328。琼斯组成的顾问委员会由他自己以及彭伯·里夫斯、皮尔、杰茜·梅尔夫人（Mrs. Jessy Mair）和菲利普斯组成。也参见 Alex J. Philip, *Rations, Rationing and Food Control* (London: Book World, 1918), 110; 以及 H. W. Clemesha, *Food Con-*

trol in the North-West Division (Manchester: Manchester University Press, 1922), 31。

89. Peel, *How We Lived Then*, 85.

90. 参见 Jane Lewis and Barbara Brookes, "The Peckham Health Centre, PEP and the Concept of General Practice during the 1930s and 1940s," *Medical History* 27 (1983): 151-161; Lesley A. Hall, "Archives of the Pioneer Health Centre, Peckham, in the Wellcome Library," *Social History of Medicine* 14, no. 3 (2001): 525-538; Philippa Grand, "'Between Work and Sleep': The Problem of Leisure and Civil Society in Interwar Britain" (Ph. D. diss., University of Manchester, 2002), chap. 4; 以及 David Matless, *Landscape and Englishness* (London: Reaktion, 2004)。

91. George Scott Williamson, "A Scientific Enquiry into Social Disintegration," n. d., 1-7, WA, SA/PHC/B. 1/1/6.

92. "The Basis of Planning: A Lecture Given at the School of Planning and Research for National Development by Dr Scott Williamson," *Architectural Association Journal* (November 1936): 182-186, WA, SA/PHC/D. 2/4/2.

93. George Scott Williamson, "Health: Need for Experimental Approach," scrap note, 1939, p. 3, WA, SA/PHC/B. 3/12.

94. 实验早期座右铭是"和睦的家庭,足够的亲子陪伴,健康的婴儿,有用的公民"(Peaceful Homes, Adequate Parenthood, Healthy Babies, Useful Citizenship)。 "妇女工作和爱好"房间是献给皮尔的,她"出于对旧中心的了解和欣赏使她一直致力于建好新中心的工作"。参见档案盒里的手写笔记 WA, SA/PHC/3/1。

95. 她评价说,那些"吃得好的人是活泼可爱的,而那些吃得不好的人是爱争吵和喜怒无常的"。Innes Hope Pearse, "Statement on the Relation of Oakley House to the Pioneer Health Centre," p. 1, WA, SA/PHC/ B4/1.

96. Innes Hope Pearse and George Scott Williamson, *The Case for Action: A Survey of Everyday Life under Modern Industrial Conditions with Special Reference to the Question of Health*, 3rd ed. (London: Faber and Faber, 1938), 52. 关于他们的有机主义政治,参见 Matless, *Landscape and Englishness*。

97. Pearse, "Statement on the Relation of Oakley House," 3.

98. Pearse and Williamson, *The Case for Action*, 136.

99. George Scott Williamson, "Self-Service," May 1938, WA, SA/PHC/B. 3/12; Innes Hope Pearse and Lucy H. Crocker, *The Peckham Experiment: A Study in the Living Structure of Society* (New Haven, Conn.: Yale University Press, 1945), 57, 74-75.

100. Minute Book, 1 February 1934, WA, SA/PHC/A. 1/3.

101. Pearse and Crocker, *The Peckham Experiment*, 74-75.

102. "The Peckham Experiment: What Next?" 1947, WA, SA/PHC/B. 5/23/

5；G. Scott Williamson and Innes H. Pearse, *The Passing of Peckham*（London：Associates of Peckham, 1951), 1-2.

103. *Report of an Inquiry into the Working of the School Meals Service*, 8.

104. Sir Thomas G. Jones, *The Unbroken Front: Ministry of Food, 1916-1944: Personalities and Problems*（London：Everybody's Books, 1944). 然而,"大众观察"调查表明,利物浦第一家餐厅于 1940 年夏天开业,早于布利茨·查尔斯·玛奇（Blitz Charles Madge）餐厅,"British Restaurants," 22 January 1942, iii, MO, TC67/3/d, "British Restaurants and Canteens."

105. 地方之间的供应差异非常大,伦敦与英格兰、苏格兰、威尔士和北爱尔兰之间存在巨大鸿沟。Labour Research Department, *Works Canteens and the Catering Trade*, 18-21. 也参见 1941 年 12 月粮食部向公众提供的截然不同但更为详尽的数据,见 Madge, "British Restaurants," i.

106. F. Le Gros Clark, *The Communal Restaurant: A Study of the Place of Civic Restaurants in the Life of the Community*（London：London Council of Social Services, 1943), 25, 5(在原文中强调这一点).

107. Ibid., 24; Madge, "British Restaurants," iii.

108. Tom Harrisson, "Housewives' Feelings about Food," 24 April 1942, p. 6, MO, TC67/3/d, "British Restaurants and Canteens."

109. "British Restaurant Diary W. 00. 3. Worcester Jan 1942," in MO, TC67/3/d, "British Restaurants and Canteens."

110. Le Gros Clark, *The Communal Restaurant*, 24.

111. Ibid., 21.

112. MO, TC67/3/d, "British Restaurants and Canteens."

113. Le Gros Clark, *The Communal Restaurant*, 6, 7-8, 12-13, 19.

114. Ina Zweiniger-Bargielowska, *Austerity in Britain: Rationing, Controls, and Consumption 1939-1959*（Oxford：Oxford University Press, 2000), 74. "大众观察"调查发现在 33% 的去过英式餐馆的人中,有 96% 的人"喜欢这家餐馆",尽管还有少数人抱怨服务的速度和拥挤的用餐环境。Harrisson, "Housewives' Feelings about Food," 6, 5.

115. 只有 1.3% 的家庭主妇在英式餐厅吃过饭,其中 4% 的人不喜欢英式餐馆,40% 的人喜欢英式餐馆（还有 56% 的人没有表示）。所有数据来自 Ina Zweiniger-Bargielowska, *Austerity in Britain*, 33, 74, 114. 也参见 Steven Fielding, Peter Thompson and Nick Tiratsoo *"England Arise!": The Labour Party and Popular Politics in 1940s Britain*（Manchester：Manchester University Press, 1995), 108-110.

116. Ministry of Food, "British Restaurants: Yiewsley and West Drayton Urban District," NA, MAFF900/112.

117. Le Gros Clark, *The Communal Restaurant*, 21; Ministry of Food, "Nutritional Survey of British Restaurants: General," NA, MAFF98/61.

118. James Devon, *Lets Eat*! (London: War Facts, 1944), 16, 12-13.

119. "总之,食堂是对社会成员进行社会教育的一个重要因素。"*Community Centres* (London: HMSO, 1944), 引自 F. Le Gros Clark, *Community Restaurants in Design* (London: London Council of Social Services, 1945), 12, 4。

120. 经理们必须记住"要满足他们将要服务的社区的饮食品味和饮食偏好"。Le Gros Clark, *Community Restaurants in Design*, 4.

121. Barnett, *British Food Policy during the First World War*.

122. 参见 Angus Calder, *The People's War* (London: Jonathan Cape, 1969); 以及最近的 Sonya Rose, *Which People's War? National Identity and Citizenship in Britain, 1939-1945* (Oxford: Oxford University Press, 2003)。

123. Ministry of Food, *How Britain Was Fed in War Time* (London: HMSO, 1946); R. J. Hammond, *Food: History of the Second World War*, 3 vols. (London: HMSO, 1951-1962). 也参见 Jones, *The Unbroken Front*。

124. 对食品配给的行政机制和政治的最全面的描述见 Zweiniger-Bargielowska, *Austerity in Britain*。

125. 只有54%—64%的家庭申请了他们的福利,但消费水平依然明显较低,只有27%的儿童的实际消费满足了他们的日常需求。参见 J. E. Fothergill, "The Uptake of Welfare Foods: Report of an Inquiry Carried Out by the Social Survey in April 1951 for the Ministry of Food," September 1951, NA, M501 (24)/7, ii.

126. Carolyn Steedman, *Landscape for a Good Woman: A Story of Two Lives* (1986), 122, 2. 我要感谢布鲁斯·罗宾斯(Bruce Robbins)对这篇文章的精辟解读,见"The Health Visitor: Identity, Injustice, and the Welfare State," a paper presented to "States of Welfare," a Mellon Foundation Conference at the Unit of Criticism and Interpretive Theory at University of Illinois, Urbana-Champaign, 10-11 March 2006。

第七章 人如其食:培养公民成为消费者

1. Board of Education, *Health of the Schoolchild*, *1926* (London: HMSO, 1927), 转引自 David Smith and Malcolm Nicolson, "Nutrition, Education, Ignorance and Income: A Twentieth-Century Debate," in Harmke Kamminga and Andrew Cunningham (eds.), *The Science and Culture of Nutrition, 1840-1940* (Amsterdam: Rodopi, 1995), 297。

2. F. Le Gros Clark (ed.), *National Fitness: A Brief Essay on Contemporary Britain* (London: Macmillan, 1938), 114.

3. 首先令人信服地提出该观点的是 Denise Riley, "*Am I That Name?*" *History and the Category of "Women" in History* (Basingstoke, U. K.: Macmillan, 1988)。

4. B. S. Rowntree, *Poverty: A Study of Town Life* (London: Macmillan, 1901), 141-142, 74, 105.

5. B. S. Rowntree, *The Human Needs of Labour* (London: Longmans, Green, 1937), 127.

6. B. S. Rowntree, *Poverty and Progress: A Second Social Survey of York*, 2nd ed. (London: Longmans, Green, 1942), 26.

7. 众多的例子, 参见 *Report of the Inter-Departmental Committee on Physical Deterioration*, vol. 1, *Report and Appendix* (London: HMSO, 1904), 41; Pilgrim Trust, *Men without Work: A Report Made to the Pilgrim Trust* (Cambridge: Cambridge University Press, 1938), 115, 128. 正如保罗·约翰逊和罗斯·麦吉本所指出的,中产阶级社会调查人员完全无法理解,那些显而易见的看似不必要的支出是如何与维护工人阶级自尊和文化资本错综复杂地联系在一起的。Paul Johnson, *Saving and Spending: The Working-Class Economy in Britain, 1870-1939* (Oxford: Clarendon, 1985), 6; Ross McKibbin, "Social Class and Social Observation in Edwardian England," *Transactions of the Royal Historical Society* 28 (1978): 175-199.

8. D. N. Paton, J. G. Dunlop, and E. M. Inglis, *A Study of the Diet of the Labouring Classes in Edinburgh* (Edinburgh: Otto Schulze, 1900), 转引自 Smith and Nicolson, "Nutrition, Education, Ignorance and Income," 289; *Report of the Inter-Departmental Committee on Physical Deterioration*, 1:40.

9. 例如,参见 Pilgrim Trust, *Men without Work*, 114; PEP, "The Malnutrition Controversy," *Planning* 88 (15 December 1936): 12-13. 有关极少数为家庭主妇辩护的人,参见 Maud Pember Reeves, *Round about a Pound a Week* (London: Virago, [1913] 1979), 75, 144。

10. Mary Poovey, *Making a Social Body: British Cultural Formation, 1830-1864* (Chicago: Chicago University Press, 1995); Eileen Yeo, *The Contest for Social Science: Relations and Representations of Gender and Class* (London: Rivers Oram, 1996); Ellen Ross, *Love and Toil: Motherhood in Outcast London, 1870-1918* (Oxford: Oxford University Press, 1993); Jane Lewis, "The Working-Class Wife and Mother and State Intervention, 1870-1918," in Jane Lewis (ed.), *Labour and Love: Women's Experience of Home and Family, 1850-1914* (Oxford: Oxford University Press, 1986).

11. Nikolas Rose, *Powers of Freedom: Reframing Political Thought* (Cambridge: Polity, 1999), 128-130, 213-215.

12. Rowntree, *Poverty*, 223-225.

13. 有关一张详细的处理账目的图片,参见 Pember Reeves, *Round about a Pound a Week*, 10-15。也参见鲍利生动的描述:"很少有人有耐心、毅力、意愿和能力来做这种记录。"A. L. Bowley, *The Nature and Purpose of the Measurement of Social Phenomena* (London: King & Son, 1915), 139-140.

14. Max Cohen, *I Was One of the Unemployed* (London: Gollancz, 1945), 102.

15. Sir William Crawford and H. Broadley, *The People's Food* (London: Heinemann, 1938), 314。然而,这个调查包括了所有社会阶层,而不是像之前调查仅包括工人阶级。

16. Kathryn Hughes, *The Short Life and Long Times of Mrs Beeton* (London: Harper, 2006).

17. June Purvis, "Domestic Subjects since 1870," in Ivor Goodson (ed.), *Social Histories of the Secondary Curriculum* (London: Falmer, 1985); Ann Marie Turnball, "Learning Her Womanly Work: The Elementary School Curriculum, 1870-1914," in Felicity Hunt (ed.), *Lessons for Life: The Schooling of Girls and Women, 1850-1950* (Oxford: Blackwell, 1987).

18. 英国国家烹饪培训学校给监狱长官、地方政府委员会和军队提供烹饪课程和建议。到1913年,它声称已经为伦敦郡议会提供了75%的小学烹饪教师。Dorothy Stone, *The National: The Story of a Pioneer College, The National Training College of Domestic Subjects* (London: Robert Hale, 1976), 91-92, 62-63, 95-97, 106.

19. Helen Sillitoe, *A History of the Teaching of Domestic Subjects* (London: Methuen, 1933), 27, 44.

20. Ibid., 41, 44; Anne Clendinning, *Demons of Domesticity: Women and the English Gas Industry, 1889-1939* (Aldershot: Ashgate, 2004), 32.

21. Anna Davin, *Growing Up Poor: Home, School and Street in London, 1870-1914* (London: Rivers Oram, 1996), 149.

22. 体质衰退跨部门委员会规定,烹饪课应该注重经济、实用和营养知识,参见 *Report of the Inter-Departmental Committee on Physical Deterioration*, 1:43。

23. Sillitoe, *A History of the Teaching of Domestic Subjects*, 129-131. Board of Education, *Special Report on the Teaching of Cookery to Public Elementary School Children* (London: HMSO, 1907).

24. Board of Education, *General Report on the Teaching of Domestic Subjects to Public Elementary School Children in England and Wales, by the Chief Woman Inspector of the Board of Education* (London: HMSO, 1912), 38.

25. "Women, War, and Society" microfilm collection, IWM, pt. 2, Education Files, 2/9/6, Household and Social Science Department, King's College for Women;

Nancy L. Blakestead, "King's College of Household and Social Science and the Origins of Dietetics Education," in David F. Smith (ed.), *Nutrition in Britain: Science, Scientists and Politics in the Twentieth Century* (New York: Routledge, 1997), 75-98.

26. 据估计,到19世纪90年代,有50多万名妇女在我们称为检查行业的领域工作,她们或作为专业人员或作为志愿者。Martha Vicinus, *Independent Women: Work and Community for Single Women, 1850-1920* (London: Virago, 1985), 211-212.

27. Deborah Dwork, *War Is Good for Babies and Other Young Children: A History of the Infant and Child Welfare Movement in England, 1898-1918* (London: Tavistock, 1986), 147, 154, 167.

28. Clendinning, *Demons of Domesticity*.

29. 我非常感谢迈克尔·巴克利(Michael Buckley)即将发表的博士论文"Recipe for Reform: Food, Economy and Citizenship in First World War Britain"。除此之外,还有一些转变的推动力来自全国家庭专业培训学校(National Training College of Domestic Subjects)、全国妇女选举权协会联盟(National Union of Women's Suffrage Societies,它在1915年11月举办的爱国家政展览主要关注可以使营养价值最大化和成本与浪费最小化的菜单与食品)以及英国商业燃气协会(British Commercial Gas Association)。"Women, War, and Society" microfilm collection, IWM, pt. 4, Food, 1/25; Stone, *The National*, 128-129, 136; Clendinning, *Demons of Domesticity*, 186-189.

30. Lady Chance, "An Account of the Work of the National Food Economy League," and National Food Fund, "The National Food Fund and Its Work," both in the "Women, War, and Society" microfilm collection, IWM; "Classes in Household Economy," *Times*, 12 March 1915. 苏格兰有自己的爱国粮食联盟(Patriotic Food League)。

31. 关于教育委员会早期活动,参见"Memorandum on Work in Connection with Food Economy and Control, carried out by Miss Kate Manley, O. B. E. ," "Women, War, and Society" microfilm collection, IWM, pt. 4, Food, 3/9。

32. 关于用正式的政治术语描绘消费者权利出现的最近记载,参见 Matthew Hilton, *Consumerism in Twentieth-Century Britain: The Search for a Historical Movement* (Cambridge: Cambridge University Press, 2003)。

33. Lady Chance, "An Account of the Work of the National Food Economy League."

34. 这些出版物是根据情况定价的。例如,参见 *Patriotic Food Economy for the Well-to-Do* (6便士); *Handbook for Housewives* (2便士); *Housekeeping on 25/a Week* (1便士). 也参见"Syllabus for Working Women"和"Syllabus for Mistresses

and Cooks," "Women, War, and Society" microfilm collection, IWM。

35. *Handbook for Housewives*, 3, 4.

36. *Patriotic Food Economy for the Well-to-Do*, 4, 2, 11.

37. 尽管粮食(战争)委员会提出了批评,参见 Mikulas Teich, "Science and Food during the Great War: Britain and Germany," in Kamminga and Cunningham, *The Science and Culture of Nutrition*, 227。

38. C. S. Peel, *A Year in Public Life* (London: Constable, 1919), 106-107.

39. 在此,有关与粮食(战争)委员会的建议相呼应的研究,参见 T. B. Wood and F. G. Hopkins, *Food Economy in War Time* (Cambridge: Cambridge University Press, 1917), 35。

40. Peel, *A Year in Public Life*, 126, 26-27, 28.

41. "Report on Cookery Section of the Ministry of Food," n. d., National Museum of Labour History (NMLH), CC/NK/4. ii; "Memorandum on Work in Connection with Food Economy and Control" 3. 关于对媒体非常了解的肯尼迪·琼斯,参见 Sir Thomas G. Jones, *The Unbroken Front: Ministry of Food, 1916-1944: Personalities and Problems* (London: Everbody's Books, 1944)。

42. Margaret L. Barnett, *British Food Policy during the First World War* (London: Allen and Unwin, 1985), 76-77, 117.

43. Jones, *The Unbroken Front*, 4; Derek J. Oddy, *From Plain Fare to Fusion Food: British Diet from the 1890s to the 1990s* (Woodbridge: Boydell, 2003), 77-78.

44. Ibid., 23; Peel, *A Year in Public Life*, 167.

45. Oddy, *From Plain Fare to Fusion Food*, 82. 图片 7.1 中的对话如下:"亲爱的,我一直在讲节约粮食,我太想喝茶了!"/"你真可怜!"/"就像我告诉人们,是人们吃了太多不必要的食物——/谢谢,我会的——就像我说的——/仆人们吃得太多了!"/"这正是我的发现!"/"如果人们能够克制自己就好了,哪怕是一点点也行!"/"别担心,这是自己家里做的。"/"亲爱的,我看不出任何自我克制的迹象。"/"我想你是对的——那我再叫些面包和黄油。"

46. Peel, *A Year in Public Life*, 126, 91.

47. 在一次烹调演示中,有人建议用豆子来代替很难弄到的肉,一位上流社会的女士嘲笑道:"给我那样的垃圾? 我想不会吧。"另一人补充道:"给他豆子,然后痛打他一顿!"Peel, *How We Lived Then*, 91.

48. NMLH, Consumers' Council 1918-1920, CC/NK/2. 到 1920 年,据说有约 3000 人接受再培训成为烹饪指导师。

49. Stone, *The National*, 128-129, 136; "Memorandum on Work in Connection with Food Economy and Control," "Women, War, and Society" microfilm collection, IWM, pt. 4, Food, 3/9; "Household and Social Science Department, King's College

for Women, Appointments Gained by Past Students," Ibid., Education files, 2/9/4; Sillitoe, *A History of the Teaching of Domestic Subjects*, chap. 15.

50. Philippa C. Easdaile, "Memorandum on the Teaching of Domestic Science in England and Its Application to Work in the Colonies," forwarded by W. OrmsbyGore of the Colonial Office to British resident, Zanzibar, 21 April 1937, Zanzibar National Archives, AB 1/395 Secretariat, Domestic Science, 1937. 我要感谢科里·德克尔(Corrie Decker)的备忘录。

51. 尽管美国在家庭科学方面有丰富的史学研究,但是英国却鲜有类似研究。参见 Clendinning, *Demons of Domesticity*; Judy Giles, *The Parlour and the Suburb: Domestic Identities, Class, Femininity and Modernity* (Berg: New York, 2004); Dena Attar, *Wasting Girl's Time: The History and Politics of Home Economics* (London: Virago, 1990)。

52. V. H. Mottram, *Food and the Family* (London: Nisbet, 1925); V. H. Mottram and W. M. Clifford, *Properties of Food: A Practical Text-Book for Teachers of Domestic Science* (London: University of London Press, 1929).

53. 成立于1917年的人民健康联盟似乎很快就着手解决营养问题。参见 Eric Pritchard, *Principles of Diet: The People's League of Health Pamphlets* (London: Bailliere, Tindall & Cox, 1921)。

54. Mottram, *Food and the Family*, 17-18, x. 关于知识普及的类似故事,参见 Harmke Kamminga, "'Axes to Grind': Popularising the Science of Vitamins, 1920s and 1930s," in D. F. Smith and J. Phillips (eds.), *Food, Science, Policy and Regulation in the Twentieth Century: International and Comparative Perspectives* (London: Routledge, 2000), 83-100; Rima D. Apple, *Vitamania: Vitamins in American Culture* (New Brunswick, N. J.: Rutgers University Press, 1996)。

55. 这是莫特拉姆对如何计算一个家庭热量需求的解释:"假如父亲是牧师,他的指数就是1.0;他的妻子指数是0.83;我们假设这些儿童年龄分别为9岁、12岁和14岁,最后一个是男孩,他们需要的指数分别为0.6、0.7和1.0。假设有两个指数为0.83的女佣,总指数就是 1.0+0.83+0.6+0.7+1.0+0.83+0.83 或 5.79,也就是说这个家庭可以算作5.79个成年男性。每天的热量需求总量就是 3000×5.79 即 17370卡路里或每周121590卡路里。每周的食物供应应该要满足每周的需求。如果达不到的话,就会在某些地方出现问题。"明白了吗? Mottram, *Food and the Family*, 140.

56. Violet G. Plimmer, *Food Values at a Glance and How to Plan a Healthy Diet* (London: Longmans, Green, 1935), 5.

57. 同上,13; R. H. A. Plimmer and Violet A. Plimmer, *Food, Health and Vitamins* (London: Longmans, Green, 1928), vii.

58. Rima D. Apple, *Perfect Motherhood: Science and Childrearing in America*

(Piscataway, N. J.: Rutgers University Press, 2006).

59. Sally Horrocks, "The Business of Vitamins: Nutrition Science and the Food Industry in Interwar Britain," in Kamminga and Cunningham, *The Science and Culture of Nutrition*, 247-248.

60. Plimmer and Plimmer, *Food, Health and Vitamins*, 89, 6. 关于在两次世界大战期间,男性减肥潮的兴起,参见 Ina Zweiniger-Bargielowska, "'The Culture of the Abdomen': Obesity and Reducing in Britain, c. 1900-1939," *Journal of British Studies* 44, no. 2 (April 2005): 239-273。

61. George Newman, *On the State of Public Health, 1932* (London: HMSO, 1933), 140n47. 关于有机运动(organic movement),参见 David Matless, *Landscape and Englishness* (London: Reaktion, 1998), chaps. 3 and 4。

62. Mottram and Clifford, *Properties of Food*, 205. 关于两次战争期间对大众消费者文化的批判,参见 D. L. LeMahieu, *A Culture for Democracy: Mass Communication and the Cultivated Mind in Britain between the Wars* (Oxford: Clarendon, 1988)。有关对于两次世界大战期间英国消费者"暴民本能"的特殊观点,参见 Percy Redfern (ed.), *Self and Society: First Twelve Essays; Social and Economic Problems from the Hitherto Neglected Point of View of the Consumer* (London: Ernest Benn, 1930), 4。

63. Mottram and Clifford, *Properties of Food*, 206.

64. PEP, *Planning: What Consumers Need* 36 (23 October 1934), 12. 政治和经济计划委员会关于消费者权利和保护的必要性的许多讨论都是通过食品来阐释的。Committee against Malnutrition, "Memorandum to the Advisory Committee on Nutrition from the Committee Against Malnutrition," Bulletin of the Committee against Malnutrition, 10 (September 1935), 51.

65. Crawford and Broadley, *The People's Food*, 303, 304, 86.

66. Fabian Society, "National Nutritional Conference," BLPES, K25/1.

67. Siegfried Giedion, *Mechanization Takes Command: A Contribution to Anonymous History* (New York: Norton, 1948). 也参见 Leif Jerram, "Buildings, Spaces, Politics: The City of Munich and the Management of Modernity, 1900-1930" (Ph. D. diss., University of Manchester, 2000); "Kitchen Technologies," special issue, *Technology and Culture* 43, no. 4 (2002)。

68. 文中后面的段落大量引用了以下文献:Deborah S. Ryan, *The Ideal Home through the 20th Century: Daily Mail—Ideal Home Exhibition* (London: Hazar, 1997)。

69. *Daily Mail Ideal Labour-Saving Home* (London: Associated Newspapers, 1920).

70. Ryan, *The Ideal Home*, 34.

71. 早些时候,她将自己的省力模型发表在 Dorothy Peel,*The Labour-Saving House* (London: John Lane, the Bodley Head, 1917)。参见第六章 Peel's *Daily Mail* cookbooks。

72. Tom Jeffrey and Keith McClelland, "A World Fit to Live In: The *Daily Mail* and the Middle Classes, 1918-1939," in J. Curran, A. Smith, and P. Wingate (eds.), *Impacts and Influences: Essays on Media Power* (London: Methuen, 1987), 27-52. 1921 年,"理想之家"展览暂时更名为"《每日邮报》效率展"。

73. Ryan, *The Ideal Home*, 16. 马克·桑德伯格(Mark Sandberg)曾启示性地写道:"诚然,家庭展览有着悠久的历史,但在 20 世纪初某些时候,在'购买'空间之前对其进行想象的想法开始被广泛接受……我认为,样板房正是这种转变发生的地方,它促进了一种现代住房逻辑的传播,该逻辑认为身体和空间之间的契合是需要去执行的,而不是被给予的。"Mark B. Sandberg, "Temporary Housing: Model-Home Spectators and Housing Exhibitions in the Early Scandinavian Design Movement," unpublished paper, February 2004.

74. Ryan, *The Ideal Home*, 55, 17. "理想之家"展览在其殖民地和后殖民时期才开始受到关注;参见加州大学圣巴巴拉分校(University of California, Santa Barbara)的比安卡·穆里洛(Bianca Murillo)即将发表的博士论文。1967 年在加纳(Ghana)的阿克拉(Accra)举办的《每日画报》(*Daily Graphic*)"理想之家"展览吸引了 5 万名参观者。

75. 参见 Barbara Vaughan, *Growing Up in Salford, 1919-1928* (Manchester: Neil Richardson, 1983), 24; "Papers from the Mass-Observation Archive at the University of Sussex," microfilm 78388, pt. 1, reel 33, W42/J.

76. David Jeremiah, *Architecture and Design for the Family in Britain, 1900-1970* (Manchester: Manchester University Press, 2000), 106.

77. 到 1932 年,有 25 本女性周刊和 14 本女性月刊。*Woman's Weekly* 拥有超过百万的读者。Ross McKibbin, *Classes and Cultures: England, 1918-1951* (Oxford: Oxford University Press, 2000), 508. 引自 *Ragtime to Wartime: The Best of Good Housekeeping, 1922-1939* (London: Ebury, 1986)。

78. Clendinning, *Demons of Domesticity*, 268-270.

79. Georgie Boynton Child, The *Efficient Kitchen: Definite Directions for the Planning, Arranging and Equipping of the Modern Labor-Saving Kitchen—A Practical Book for the Homemaker* (New York: Robert McBride, 1925); Charles R. Darling, *Modern Domestic Scientific Appliances: Being a Treatise for the Guidance of Users and Manufacturers of Domestic Appliances, Architects and Teachers of Domestic Science, with Special Regard to Efficiency, Economy and Correct Method of Use* (London: Spon, 1932).

80. 该使命并不局限于中产阶级家庭。妇女电气协会 1935 年的一项调查估计,家庭电气化可以使工人阶级妇女的家务劳动时间减少73%,从每周26.5小时减少到7个多小时。Caroline Davidson, *A Woman's Work Is Never Done: A History of Housework in the British Isles, 1650-1950* (London: Chatto and Windus, 1986), 42-43.

81. 有关妇女电气协会和哈斯利特,参见 Suzette Worden, "Powerful Women: Electricity in the Home, 1919-1940," in Judy Attfield and Pat Kirkham (eds.), *A View from the Interior: Feminism, Women and Design* (London: Women's Press, 1989), 128-143; Rosalind Messenger, *The Doors of Opportunity: A Biography of Dame Caroline Haslett* (London: Femina, 1967); Davidson, *A Woman's Work Is Never Done*, 40-42。到1940年,妇女电气协会共有85个分会以及9000名会员。

82. 引自 Jeremiah, *Architecture and Design for the Family*, 69。

83. Worden, "Powerful Women," 144; Messenger, *The Doors of Opportunity*, 79-82。在哈斯利特的领导下,妇女电气协会与家庭科学教师协会建立了密切的联系,家庭科学教师协会从1930年开始为他们举办年会,从1933年开始给他们颁发文凭。

84. 成立于1934年的妇女燃气委员会以妇女电气协会为榜样,致力于消除"科学家与家庭主妇之间的隔阂,将制造商和消费者联系起来"。到1939年,该协会招募了1.3万名家庭主妇参加在其分会展示厅举行的每周例会,讨论家庭管理的一般问题和燃气技术对家庭的具体贡献。Clendinning, *Demons of Domesticity*, 285。

85. 许多妇女组织都有代表出席,例如全国妇女理事会(National Council of Women)、妇女合作行会(Women's Co-Operative Guild)、妇女劳工联盟(Women's Labour League)早些时候都出版了小册子《工作妇女之家》(*The Working Women's House*)。Ministry of Reconstruction Advisory Council, *Women's Housing Subcommittee, First Interim Report*, Cd. 9166 (London: HMSO, 1918); Ministry of Reconstruction Advisory Council, *Final Report*, Cd. 9232 (London: HMSO, 1919)。参见 Barbara McFarlane, "Homes Fit for Heroines: Housing in the Twenties," in Matrix, *Making Space: Women and the Man-Made Environment* (London: Pluto, 1986), 26-36。

86. Alison Ravetz, *The Place of Home: English Domestic Environments, 1914-2000* (London: Chapman and Hall, 1995), chap. 8。

87. Alison Ravetz, "A View for the Interior," in Attfield and Pat Kirkham, *A View from the Interior*, 198。

88. Ibid. 在经过3年广泛的调查找到"妇女们想要的房子"后,由普莱德尔·布弗里(Pleydell Bouverie)夫人写的《〈每日邮报〉的英国战后住宅之书》(*Daily Mail's Book of Britain's Post-War Homes*)一书也于1944年出版。Ryan, *The Ideal Home*, 89。

89. 转引自 Marion Roberts, "Private Kitchens, Public Cooking," in Matrix, *Making Space*, 107。

90. PEP, *Report on the Market for Household Appliances*（1945），转引自 Helene Reynard, *Domestic Science as a Career*（London：Southern Editorial Syndicate, 1947），chap. 13。

91. 转引自 Marion Roberts, "Private Kitchens, Public Cooking," in Matrix, *Making Space*, 107。

92. F. Le Gros Clark, "Memorandum on the 'Food Advice' Work of the Ministry of Food," April 1946, 1, WA, GC/145/04. 历史学家完全忽视了食品建议司的工作。

93. Ministry of Food, "Food Advice Information Service," NA, MAFF102/36 1.

94. 关于这些材料的清单，同上，1951 年 11 月。怀旧或好奇的人可以从食品建议司成员撰写的烹饪书中找到许多食品建议司的食谱；参见 Marguerite Patten, *We'll Eat Again: A Collection of Recipes from the War Years*（London：Hamlyn, 2002）；*Post-war Kitchen: Nostalgic Food and Facts from 1945-1954*（London：Hamlyn, 2000）；*Victory Cookbook: Nostalgic Food and Facts from 1940-1954*（London：Bounty, 2002）。

95. Sian Nicholas, *The Echo of War: Home Front Propaganda and the Wartime BBC, 1939-45*（Manchester：Manchester University Press, 1996），82。

96. 关于一些典型例子，参见 Barbara A. Callow, *Good Health on War-Time Food*（London：Oxford University Press, 1941）；Ministry of Food, *Wise Eating in Wartime*（London：HMSO, 1943）；Edinburgh Children's Nutritional Council, *It Should Be the Aim of All Housewives to Secure for the Family a Well-Balanced Diet*（Edinburgh：Children's Nutritional Council, 1944）；Ministry of Food, *The ABC of Cookery*（London：HMSO, 1945）。

97. Le Gros Clark, "Memorandum on the 'Food Advice' Work of the Ministry of Food," 1. "大众观察"早期一份关于公众对教育部宣传活动反应的报告发现，公众对粮食部最不利的评论是"基于对粮食部居高临下地告知'他们'的这一事实的不满"。MO, TC67/2/A, Ministry of Food-Publicity Campaign Questionnaire, May 1940.

98. L. S. Horton, "Memorandum on Food Advice Centres," 19 January 1941, NA, MAFF102/1; N. Bamworth, Food Economy Division, to H. P. Blunt, Public Relations Division, Ministry of Food, 4 April 1941, in "Food Education Campaigns: Establishment of Food Advice Centres," NA, MAFF102/1.

99. 到 1947 年年底，总人数达到 23,567 人。参见 James Hinton, *Women, Social Leadership and the Second World War: Continuities of Class*（Oxford：Oxford University Press, 2003），168。

100. "Guidance Notes for Grand Openings of Food Advice Centres, March

1941," in Ministry of Food, Food Education Campaigns. 英国广播公司《厨房前线》节目的主持人弗雷迪·"米布丁"·格里兹伍德（Freddie "Ricepud" Grisewood）在全国旅行，开设食品建议中心，常常吸引众多观众队伍一直排到外面的人行道和道路上。参见 Norman Longmate（ed.）, *The Home Front: An Anthology of Personal Experience, 1938-1945*（London: Chatto and Windus, 1981）, 154。

101. L. S. Horton, "Memorandum on Food Advice Centres," 19 January 1941, 1-3, NA, MAFF102/1.

102. Ministry of Food, Food Advice Division—National Training Colleges of Domestic Subjects, General Correspondence, NA, MAFF900/151; Stone, *National*, chaps. 39-40.

103. F. Chapman to Miss McKean, Weekly Report: Doncaster, 1 May 1943; Resume of Work Done in Eastern Division—both in NA, 同上; Cardiff: Cookery Demonstrations, Lectures on Nutrition, Film Shows; Permanent Records of Divisional Food Advice Activities, 1940-1949: Midland Division; Food Advice Service in South Wales; Ministry of Food, Food Advice Centre, 79 St Johns Road, London, SW11—all in NA, MAFF102/30。

104. Ministry of Food, "Food Advice Centre—Doncaster," NA, MAFF900/152; Ministry of Food, "'News of the World' Exhibition," NA, MAFF128/16.

105. F. Le Gros Clark, "Memorandum on the 'Food Advice' Work of the Ministry of Food," 5.

106. 1946年4月，在22300名食品引领者中，只有不到一半的人登记中显示是受过培训的。正如有着相当大地区差异的食品引领者计划（苏格兰和伦敦不到总数的10%），某些组织的优势也因地区而异。在纽卡斯尔，30%的食品引领者属于妇女志愿服务组织，另外40%是职业女性。同上，2, 4。

107. 欣顿（Hinton）认为依靠像妇女志愿服务组织这样的中产阶级志愿群体，更加不可能接触到非团体妇女。Hinton, "Women, Social Leadership and the Second World War," 168-175.

108. MO, TC/67/2A, "Ministry of Food—Publicity Campaign Questionnaire," May 1940; 同上, "The Kitchen Front Exhibition: Investigation into the Public's Knowledge of Energy, Body-Building and Protective Foods"。

109. 诚然，10%的工人阶级家庭仍然没有无线电设备收听广播。同上, "April 1940: Gert and Daisy's BBC Talks"。

110. Home Intelligence Special Report, no. 44, "Housewives' Attitudes towards Official Campaigns and Instructions," 14 May 1943, NA, INF1/293. 也转引自 Ina Zweiniger-Bargielowska, *Austerity in Britain: Rationing, Controls, and Consumption 1939-1959*（Oxford: Oxford University Press, 2000）, 111-112。

111. Ministry of Food, "Reports on Enquiries into the Readership of 'Food

Facts,' prepared for Ministry of Food by the British Market Research Bureau Limited, a branch of J. Walter Thompson Co. Ltd,"NA, MAFF223/23.

112. 例如，唐卡斯特食品建议中心（Doncaster's Food Advice Centre）的主管抱怨格特和黛西最近在那里的演示，由于过多地随意使用鸡蛋和糖等原料，破坏了很多有益的演示工作。Ministry of Food, "Food Advice Centre—Doncaster," NA, MAFF900/152. 伍尔顿在 1941 年就收到了 1.3 万封来信。*Times*, 12 January 1942.

113. "The Kitchen Front Exhibition"；Wartime Social Survey, Food during the War, February 1942-October 1943, NA, RG23/9A.

114. Le Gros Clark, "Memorandum on the 'Food Advice' Work of the Ministry of Food," 10.

115. Ministry of Food, "State of Nutrition in UK," NA, MAFF98/68.

116. 例如，参见 J. G. Atherton, *Home to Stay: Stretford in the Second World War* (Manchester: Neil Richardson, 1991); Barbara Atkinson, *The Home Front: Life in Ashton during World War II* (Ashton, U. K.: Tameside Leisure Services, 1995)。

117. 普通配给册（R. B. 1）发给成人，6 岁以下儿童发放婴儿配给册（R. B. 2），5—18 岁儿童发放儿童配给册（R. B. 4）。到 1941 年，要求家庭主妇向特定的零售商登记购买供应品的直接配给制已应用于培根、火腿、黄油、糖、肉、茶、人造奶油、烹调油脂、蜜饯和奶酪。积分配给制，即消费者每 4 周获得 16 分，用于购买各种食品（到 1942 年扩展到罐头食品、干粮、大米、木薯、炼乳、早餐麦片、饼干和燕麦）。水果、蔬菜、鱼和面包都不属于定量供应。

118. 粮食部总是非常谨慎地确认家庭主妇在掌握配给制方面的爱国行为："她们要记住配给册，要观察积分价值和有效期，还要追踪偶尔供应的橙子和其他稀有食品。她们的很多时间都花在排队上，即使是普通食品配额也要排队。"Ministry of Food, *How Britain Was Fed in War Time*, 49-50.

119. 有关对食物定量配给制和黑市政治的广泛讨论，参见 Zweiniger-Bargielowska, *Austerity in Britain*, 69-86, 160-177。

120. James Hinton, "Militant Housewives: The British Housewives' League and the Attlee Government," *History Workshop Journal* 38（1994）：129-156; Joe Moran, "Queuing Up in Post-War Britain," *Twentieth-Century British History* 16, no. 3（2005）：283-305.

121. 参见 Ministry of Food, *Manual of Nutrition* (London: HMSO, 1945), 新版本于 1947 年和 1953 年出版; F. Le Gros Clark and Margaret E. Gage, *Planning Meals: Introductory Book for the Use of Beginners* (London: Association of Teachers of Domestic Subjects, 1951)。

122. 引自 Sonya Rose, *Which People's War? National Identity and Citizenship in Britain, 1939-1945* (Oxford: Oxford University Press, 2003), 34。

123. *Family Cooking: A Guide to Kitchen Management and Cooking for the Family* (Dublin: Parkside, 1947), 5.

124. Helene Reynard, *Domestic Science as a Career* (London: Southern Editorial Syndicate, 1947), 11, 12, 100.

125. James Devon, *Let's Eat!* (London: War Facts, 1944), 3, 7.

126. Atherton, *Home to Stay*, 11. 关于拖延已久且基本没有约束力的1938年食品药品法案(主要关注掺假问题,而不是广告问题),参见 Michael French and Jim Phillips, *Cheated Not Poisoned? Food Regulation in the United Kingdom, 1875-1938* (Manchester: Manchester University Press, 2000)。

127. Ministry of Food, *The Advertising, Labelling and Composition of Food* (London: HMSO, 1949), 9.

128. Ministry of Food, *How Britain Was Fed in War Time*, 50; Ministry of Food, *The Advertising, Labelling and Composition of Food*, 64-65. 在1946年食品标签令中扩展了这些标准。

129. Carolyn Steedman, *Landscape for a Good Woman: A Story of Two Lives* (New Brunswick, N.J.: Rutgers University Press, 1986); Zweiniger-Bargielowska, "Rationing Austerity and the Conservative Party Recovery after 1945," *Historical Journal* 37, no. 1 (1994): 176-917; Zweiniger-Bargielowska, *Austerity in Britain*.

第八章 牢记饥饿:英国社会民主的剧本

1. Aneurin Bevan, *In Place of Fear* (London: Heinemann, 1952). 贝文是为数不多的在战争期间支持失业的饥饿游行者的工党议员之一。

2. *Hansard*, 5th series, Commons, (1947-48), 444:1632, 1635.

3. Jon Lawrence, "Labour—the Myths It Has Lived By," in D. Tanner, P. Thane, and N. Tiratsoo (eds.), *Labour's First Century* (Cambridge: Cambridge University Press, 2000), 349. 例如,参见 Francis Williams, *The Rise of the Labour Party* (London: Labour Party, 1946); Williams, *Fifty Years' March: The Rise of the Labour Party* (London: Odhams, 1949); *Marching On, 1900-1950: Golden Jubilee of the Labour Party* (London: Labour Party, 1950).

4. Geoff Eley, "Distant Voices, Still Lives: The Family Is a Dangerous Place; Memory, Gender, and the Image of the Working Class," in Robert Rosenstone (ed.), *Revisioning History: Film and the Construction of New Past* (Princeton, N.J.: Princeton University Press, 1995), 30.

5. 从1921年成立到1929年,该组织有一个比较累赘的名字——国家失业工人委员会运动(National Unemployed Workers' Committee Movement)。

6. Ellen Wilkinson, *The Town That Was Murdered: The Life-Story of Jarrow* (London: Gollancz, 1939), 7.

7. 一个经典例子见 Noreen Branson and Margot Heinemann, *Britain in the Nineteen Thirties* (London: Weidenfeld and Nicolson, 1971)。

8. 有关那些参加了饥饿游行的人的证词,参见 Wal Hannington, *The Insurgents in London* (London: Southwark, 1923); Hannington, *Unemployed Struggles, 1919-1936: My Life and Struggles amongst the Unemployed* (Wakefield, U. K.: EP, [1936] 1973); Bob Edwards, *Hunger Marches and Hyde Park* (London: Jones, 1983); Robert Davies, "Hunger March: The Story of a Short and Long Unemployed March to Preston and to London," Manuscript, Working Class Movement Library, n. d.; Ian MacDougall (ed.), *Voices from the Hunger Marches: Personal Recollections by Scottish Hunger Marchers of the 1920s and 1930s*, 2 vols. (Edinburgh: Polygon, 1990-1991)。

9. 有关 1933 年游行的描述,参见 Harry McShane, *Three Days That Shook Edinburgh: Story of the Historic Scottish Hunger March* (Edinburgh: AK, [1933] 1994); Phil Harker, *Lancashire's Fight for Bread! Story of the Great Lancashire Hunger March* (Manchester: Lancashire Marchers' Committee, 1933)。

10. Peter Kingsford, *The Hunger Marchers in Britain, 1920-1939* (London: Lawrence and Wishart, 1982); Richard Croucher, *We Refuse to Starve in Silence: A History of the National Unemployed Workers Movement* (London: Lawrence and Wishart, 1987); W. Gray, M. Jenkins, E. Frow, and R. Frow, *Unemployed Demonstrations, Salford and Manchester, 1931* (Salford: Working Class Movement Library, 1981); H. Davies, *Ten Lean Years: Unemployed Struggles and the NUWM in Nottingham* (Middlesborough, U. K.: n. p., 1984)。

11. John Burnett, *Idle Hands: The Experience of Unemployment, 1790-1990* (London: Routledge, 1994), 262. 这段话在很大程度上要归功于伯内特通过错综复杂的立法提供的指导。也参见 Croucher, *We Refuse to Starve in Silence*; David Vincent, *Poor Citizens: The State and the Poor in Twentieth-Century Britain* (London: Longman, 1991)。

12. 迪格比认为真正反对具有惩罚性失业救助的斗争并不是来自全国失业工人运动,而是来自高度政治化的地方监护人委员会和公共援助委员会;参见 Anne Digby, "Changing Welfare Cultures in Region and State," *Twentieth Century British History* 17, no. 3 (2006): 297-322。

13. Croucher, *We Refuse to Starve in Silence*, chap. 1. 关于欧洲大陆和英国例外论,参见 Adrian Gregory, "Peculiarities of the English? War, Violence and Politics, 1900-1939," *Journal of Modern European History* 1, no. 1 (2003): 44-59。

14. Hannington, *Unemployed Struggles*, 85, 81.

15. Kingsford, *The Hunger Marchers in Britain*, 50.

16. "除了《每日先驱报》和自由党报纸以外,其他媒体几乎都把失业者描绘成游手好闲、找不到工作的人,而把'失业救济金'(the dole)描绘成舒适的工资。"Robert Graves and Alan Hodge, *The Long Weekend: A Social History of Great Britain, 1918-1939* (New York: Norton, 1963), 246.

17. 有关英勇斗争、无私牺牲和男子气概的耐力典范,参见 Harry McShane, *Three Days That Shook Edinburgh*, 7, 14-15; Hannington, *Unemployed Struggles*, 81, 184。

18. *Socialist* 12 (November 1936): 1.

19. "以前,向监护人申请救济是一件可耻的事情……但我们坚持认为,在新的情况下,向一个剥夺我们获得基本生活工资权利甚至是越来越多地剥夺我们工作权利的国家提出要求将是一件值得尊敬的事情。"Arthur Horner, *Incorrigible Rebel* (London: MacGibbon & Kee, 1960),转引自 Matt Perry, *Bread and Work: Social Policy and the Experience of Unemployment* (London: Pluto, 2000), 122。

20. 克劳彻(Croucher)的《我们拒绝在沉默中挨饿》(*We Refuse to Starve in Silence*)特别有效地详述了全国失业工人运动在救济金管理政治方面的工作。也参见 Perry, *Bread and Work*, 104。

21. MacDougall, *Voices from the Hunger Marches*, 1:4.

22. 一支由 8 位来自巴恩斯利(Barnsley)和 14 位来自布拉德福德的妇女组成的小分队在布朗的领导下从布拉德福德游行到谢菲尔德,到了谢菲尔德,大概是被认为缺乏男性的耐力,她们被塞进了一辆去卢顿(Luton)的长途大巴,然后大队伍继续向伦敦进发,与工党议员珍妮·李(Jennie Lee)和玛丽昂·菲利普斯(Marion Phillips)会面。Croucher, *We Refuse to Starve in Silence*, 112.

23. Perry, *Bread and Work*, 78.

24. 参见 Maud Brown, *Stop This Starvation of Mother and Child* (London: NUWM, 1935)。

25. *Shields Daily Gazette*, 25 July 1936, 5. "The Jarrow March," Ellen Wilkinson Press Cuttings, NMLH, W1/7.

26. *Daily Herald*, 28 February 1934, 2.

27. "Communist Plot in London: The Truth about Tomorrow's March of Unemployed; Organised Plot to Provoke a Riot at Dictation of Moscow." 第二天,特别部门关于警察和 21 名全国失业工人运动领导人政治记录的报道在其他报纸上发表。Kingsford, *The Hunger Marchers in Britain*, 52-53; Hannington, *Unemployed Struggles*, 84.

28. 当地和地区媒体对全国失业工人运动的反应更为积极,尤其是那些将饥饿游行当成当地男性的朝圣之旅的媒体。Press Cuttings, NMLH, CP/IND/HANN/02/04-05.

29. Royden Harrison,"New Light on the Police and Hunger Marchers," *Bulletin of the Society for the Study of Labour History* 37（Autumn 1978）：17-49。

30. 许多历史学家关注的是国家对全国失业工人运动的镇压。例如，参见，同上；R. Hayburn, "The Police and the Hunger Marchers," *International Review of Social History* 17, no. 3（1972）：625-644; John Stevenson, "The Politics of Violence," in G. Peele and C. Cook（eds.）, *The Politics of Reappraisal*, 1918-1939 (London: Macmillan, 1975); John Halstead, Royden Harrison, and John Stevenson, "The Reminiscences of Sid Elias," *Bulletin of the Society for the Study of Labour History* 38（Spring 1979）：35-48; Gray, Jenkins, Frow, and Frow, *Unemployed Demonstrations, Salford and Manchester*。

31. 汉宁顿声称，自宪章运动以来，国家开始通过使用间谍和机构奸细来迫害政治领袖。Hannington, *Unemployed Struggles*, 141。

32. Croucher, *We Refuse to Starve in Silence*, 125-143。关于公民自由全国委员会，参见 Gerald Anderson, *Fascists, Communists and the National Government: Civil Liberties in Great Britain*, 1931-1937（Columbia: University of Missouri Press, 1983）; Mark Lilly, *The National Council for Civil Liberties: The First Fifty Years*（London: Macmillan, 1984）; K. D. Ewing and C. A. Gearty, *The Struggle for Civil Liberties: Political Freedom and the Rule of Law in Britain*, 1914-1945 (New York: Oxford University Press, 2000)。公民权利问题——公众集会、请愿和言论自由——是19世纪80年代的抗议活动中失业者最关心的问题。1987年11月，特拉法加广场发生"血腥星期日"（Bloody Sunday）冲突后，特拉法加广场一直禁止公众集会。因此，40年后，在汤姆·曼（Tom Mann）的注视下，在那里举行饥饿游行者集会具有象征意义。参见 Jose Harris, *Unemployment and Politics: A Study in English Social Policy*, 1886-1914（Clarendon: Oxford, 1972）, chap. 2。

33. 关于失业的政治建构，参见 Croucher, *We Refuse to Starve in Silence*, 14-16; Perry, *Bread and Work*, 64-65。关于英国北方和北方工人阶级的饥饿的发现，参见本书第二章。

34. Kingsford, *The Hunger Marchers in Britain*, 41。

35. Ibid., 197, 191。

36. Valentine Cunningham, *British Writers of the Thirties*（Oxford: Oxford University Press, 1988）, 247。

37. *North Mail and Newcastle Daily Chronicle*, 3 November 1936, in National Hunger March Cuttings, NMLH, CP/IND/HANN/O5; Kingsford, *The Hunger Marchers in Britain*, 212-213。

38. Hugh Montgomery-Massingberd and David Watkin, *The London Ritz: A Social and Architectural History*（London: Aurum, 1980）, 92-93。此处引用要感谢朱迪·沃德维茨（Judy Walkowitz）。也参见 Graves and Hodge, *The Long Week-*

End, 391。

39. 我要感谢 Fiona Flett, "The Nation and the North: Perceptions of 'The North' through the Jarrow March, 1936" (B. A. thesis, University of Manchester, 1995)。

40. 她驳斥了一位市议员"荒谬的"希望,该议员提出希望接纳"每一位游行到达伦敦的失业者"。Ellen Wilkinson, "The Jarrow March," Ellen Wilkinson Press Cuttings, NMLH, W1/7; *Shields Daily Gazette*, 25 July 1936, 5; *Shields Daily Gazette*, 29 September 1936. 除非另有说明,以下所有引用均来自该合集。

41. *Northern Echo*, 8 September 1936。

42. *South Shields Gazette*, 9 October 1936; *Liverpool Daily Post*, 15 October 1936。

43. *Yorkshire Post*, 6 October 1936; *Daily Independent*, 16 October 1936。

44. *Northampton Daily Chronicle*, 6 October 1936。

45. 事实上有两份请愿书:一份来自贾罗的请愿书,有 1.2 万人签名,还有一份来自泰恩赛德(Tyneside)的请愿书,有 6.85 万人签名。贾罗的请愿书由工党议员威尔金森递交,泰恩赛德的请愿书由保守党议员尼古拉斯·多伊尔(Nicholas Doyle)爵士递交。在游行沿途举行了很多宗教仪式,游行者们也总是在周日休息。*South Shields Gazette*, 5, 9, and 12 October 1936。

46. National Hunger March Cuttings, NMLH, CP/IND/HANN/O5; *Daily Sketch*, 15 October 1936。

47. *Eastern Press*, 17 October 1936; *Sheffield Independent*, 14 October 1936; *Sunday Express*, 15 October 1936。

48. *Spectator*, 30 October 1936。

49. Wilkinson, *The Town That Was Murdered*, 204。

50. *Eastern Press*, 17 October 1936。

51. 例如,参见 *South Shields Gazette*, 9 October 1936; *East Ham Echo*, 13 November 1936; *Star*, 14 October 1936; 以及 *Daily Mirror*, 29 October 1936。

52. *Morning Post*, 31 October 1936。

53. Wilkinson, *The Town That Was Murdered*, 208; *Sunday Referee*, 4 October 1936。

54. 相关典型描述,参见 John Lochmore in MacDougall, *Voices from the Hunger Marches*, 2:327; Kingsford, *The Hunger Marchers in Britain*, 1920-1940, 221。

55. Stephen Fielding, "What Did 'the People' Want? the Meaning of the 1945 General Election," *Historical Journal* 35, no. 3 (1992): 623-640; Tony Mason and Peter Thompson, "'Reflections on a Revolution'? The Political Mood in Wartime Britain," in N. Tiratsoo (ed.), *The Attlee Years* (London: Pinter, 1991): 54-70; S. Fielding, P. Thompson, and N. Tiratsoo, *England Arise! The Labour Party and*

Popular Politics in 1940s Britain（Manchester：Manchester University Press，1991）。

56. Gareth Stedman Jones，"Why Is the Labour Party in a Mess?" in *Languages of Class：Studies in English Working Class History*，*1832-1982*（Cambridge：Cambridge University Press，1983），246。

57. 我要向斯特德曼·琼斯道歉，参见 Stedman Jones，"Why Is the Labour Party in a Mess?" 242。

58. T. S. Ashton，"The Treatment of Capitalism by Historians，" in F. A. Hayek（ed.），*Capitalism and the Historians*（Chicago：Chicago University Press，1952），55。

59. W. H. Chaloner，*The Hungry Forties：A Reexamination*（London：Routledge and Kegan Paul，1957）；A. C. Howe，"Towards the 'Hungry Forties'：Free Trade in Britain，c. 1880-1906，" in E. Biagini（ed.），*Citizenship and Community：Liberals，Radicals and Collective Identities in the British Isles*，*1865-1931*（Cambridge：Cambridge University Press，1996），193-218；Biagini（ed.），*Free Trade and Liberal England*，*1846-1946*（Oxford：Oxford University Press，1998）；Frank Trentmann，"The Erosion of Free Trade：Political Culture and Political Economy in Great Britain，c. 1897-1932"（Ph. D. diss.，Harvard University，1998）。

60. Jane Cobden Unwin，*The Hungry Forties：Life under the Bread Tax；Descriptive Letters and Other Contemporary Witnesses*（London：Unwin，1904）。

61. 威廉·查德威克是"最后一位曼彻斯特宪章运动者"，自由贸易工会（Free Trade Union）雇用他去"告诉听众保护主义是什么样子的，因为他自己也亲身经历过保护主义的阴暗面……当他描述'饥饿的20世纪40年代'时，他谈到了他和饥饿总是'相互陪伴'的那段时光"。T. Palmer Newbould，*Pages from a Life of Strife*（London：Frank Palmer，1911），ix；Allen Clarke，*The Men Who Fought Us in the Hungry Forties*（Manchester：Cooperative Newspaper Society，1914）；Lilian Dalton，*Sons of Want：A Story of the Hungry "Forties"*（London：Sheldon，1930）。G. D. H. Cole and R. W. Postgate，*The Common People*，*1746-1946*（London：Methuen，1938），书中一整章都在写"饥饿的20世纪40年代"。理查德·霍加特"没有忘记'饥饿的20世纪40年代'的记忆"，这些记忆是他的祖母在两次世界大战之间告诉他的。Richard Hoggart，*The Uses of Literacy*（New Brunswick，N. J.：Rutgers University Press，[1957] 1998），60。克拉彭（Clapham）是第一个在书中试图消除这一"传奇"的人，Clapham，*Economic History of Modern Britain：The Early Railway Age*，*1820-1850*（Cambridge：Cambridge University Press，1926），vii。其他人纷纷效仿；参见 Montague Fordham，*Britain's Trade and Agriculture*（London：Allen Unwin，1932），28-29。

62. 关于汤因比的《英国工业革命讲稿》（*Lectures on the Industrial Revolution in*

England)(London: Rivingtons, 1884)的霸权影响, 参见 Gareth Stedman Jones, *An End to Poverty? A Historical Debate* (London: Profile, 2004), 227-231。

63. W. H. Auden, "1st September 1939," in *Another Time* (London: Faber and Faber [1940], 2007); Malcolm Muggeridge, *The Thirties: 1930-1940 in Great Britain* (London: Collins, [1940] 1967); Graves and Hodge, *The Long Weekend*.

64. J. B. Priestley, *Out of the People* (London: Collins, 1941); George Orwell, *The Lion and the Unicorn* (London: Secker and Warburg, 1941)。关于最近激进化理论及其批判的最佳描述, 参见 Fielding, Thompson, and Tiratsoo, *England Arise*! 也参见 John Baxendale and Christopher Pawling, *Narrating the Thirties: A Decade in the Making, 1930 to the Present* (Basingstoke, U. K.: Macmillan, 1996), 46-78, 116-139。

65. 转引自 Christopher Waters, "Autobiography, Nostalgia and the Changing Practices of Working Class Selfhood," in G. K. Behlmer and F. M. Levanthall (eds.), *Singular Continuities: Tradition, Nostalgia, and Identity in Modern British Culture* (Stanford, Calif.: Stanford University Press, 2000), 178-195。

66. Peter Hennessy, *Never Again: Britain, 1945-51* (New York: Pantheon, 1992)。

67. Speech of 3 July 1948, Wikipedia.

68. *Let Us Win Through Together: A Declaration of Labour Policy for the Consideration of the Nation*, 1950, http://www.psr.keele.ac.uk/area/uk/man/lab50.html.

69. *Labour Party Election Manifesto*, 1951, http://www.psr.keele.ac.uk/area/uk/man/lab51.htm.

70. H. G. Nicholas, *The British General Election of 1950* (London: Macmillan, 1951), 213, 241; 转引自 Baxendale and Pawling, *Narrating the Thirties*, 154。

71. Ina Zweiniger-Bargielowska, *Austerity in Britain: Rationing, Controls, and Consumption, 1939-1955* (Oxford: Oxford University Press, 2000)。

72. *Sunday Express*, 20 February 1956.

73. 右翼的理查德·克罗斯曼(Richard Crossman)和哈罗德·威尔逊(Harold Wilson)以及"新左翼"的霍尔(Hall)和汤普森都对此进行了分析。克罗斯曼和威尔逊用20世纪30年代来驳斥富裕时代阶级政治的相关性, 而霍尔和汤普森则用20世纪30年代来强调"20世纪50年代的浅薄、冷漠和物质主义"。Baxendale and Pawling, *Narrating the Thirties*, 161。

74. 有关强调新兴福利国家合法性的早期例子, 参见 Max Cohen, *I Was One of the Unemployed*, foreword by William Beveridge (London: Gollancz, 1945)。

75. Carolyn Steedman, "State-Sponsored Autobiography," in B. Conekin, F. Mort, and C. Waters (eds.), *Moments of Modernity? The Reconstruction of Post-*

war Britain (London: Rivers Oram, 1998), 41-54. 也参见 James Vernon, "Telling the Subaltern to Speak: Social Investigation and the Formation of Social History Twentieth Century Britain," *Proceedings of the International Congress History under Debate, Santiago de Compostela, July 1999* (Santiago de Compostela: University of Santiago de Compostela, 2000)。

76. 这个清单包括:约翰·奥斯本(John Osborne)的《愤怒中回顾》(*Look Back in Anger*,1956 年)、科林·威尔逊(Colin Wilson)的《局外人》(*The Outsider*,1956 年)、约翰·布雷恩(John Braine)的《金屋泪》(*Room at the Top*,1957 年)、艾伦·西利托(Alan Sillitoe)的《星期六晚上和星期天早上》(*Saturday Night, Sunday Morning*, 1958 年)和丹尼斯·波特(Dennis Potter)的《闪闪发光的棺材》(*Glittering Coffin*, 1960 年)——其中大部分都被拍成了电影。用戴维·埃德加(David Edgar)的话来说,他们为那些"太小还不能够享受 1944 年教育法的一代人代言,他们虽然逃离了中下阶层和工人阶级的命运,但他们并没有被他们所在的阶级所接收。吉米·波特(Jimmy Porter)(奥斯本的《愤怒中回顾》的主人公)就是福利国家为其提供了一份"无效护照"的儿童的最生动的代表;这护照虽然能让他们摆脱他们鄙视的背景,但却并不允许他们进入一个让他们感到舒适的新世界"。David Edgar, "Stalking Out," *London Review of Books*, 20 July 2006, 10.

77. Stuart Hall, "A Sense of Classlessness," *Universities Left Review* 5 (1958): 26-32; Raphael Samuel, "Class and Classlessness," *Universities Left Review* 6 (1959). 对这些讨论最好的描述见 Dennis Dworkin, *Cultural Marxism in Postwar Britain: History, the New Left, and the Origins of Cultural Studies* (Durham, N.C.: Duke University Press, 1997)。

78. Robert Hewison, *In Anger: Culture in the Cold War 1945-60* (London: Weidenfeld and Nicolson, 1981), 141.

79. 到 20 世纪 60 年代末,工人教育协会招收的学生人数是大学生人数的两倍。参见 Michael Sanderson, "Education and Social Mobility," in P. Johnson (ed.), *Twentieth Century Britain* (London: Longman, 1994), 380-382; Jonathan Rose, *The Intellectual Life of the British Working Classes* (New Haven, Conn.: Yale University Press, 2001), 256-297。

80. Edward Thompson, *The Making of the English Working Class* (New York: Vintage, [1966] 1981), 12.

81. Hoggart, *The Uses of Literacy*.

82. Steedman, "State-Sponsored Autobiography," 49. 1969 年,在牛津大学罗斯金学院举行的历史研讨会上,史蒂芬·约(Stephen Yeo)断言:"支撑所有这些工作的假设是:劳动人民为自己说话,谈自己的历史,这本身就是一种政治行为。"Lin Chun, *The British New Left* (Edinburgh: Edinburgh University Press, 1993), 166.

83. Carolyn Steedman, *Landscape for a Good Woman* (Newark, N.J.: Rutgers

University Press, 1987).

84. Chun, *The British New Left*, 166. 关于工人阶级历史学家的形成，参见 Patrick Joyce, "More Secondary Modern than Postmodern," *Rethinking History* 5, no. 3 (2001): 367-382; Peter Bailey, *Popular Culture and Performance in the Victorian City* (Cambridge: Cambridge University Press, 2003), chap. 1; Geoff Eley, *A Crooked Line: From Cultural History to the History of Society* (Ann Arbor: University of Michigan Press, 2005), chap. 1。

85. Jed Esty, *A Shrinking Island: Modernism and National Culture in England* (Princeton, N.J.: Princeton University Press, 2004).

86. Christopher Waters, "Autobiography, Nostalgia and the Changing Practices of Working Class Selfhood," in G. K. Behlmer and F. M. Levanthall (eds.), *Singular Continuities: Tradition, Nostalgia, and Identity in Modern British Culture* (Stanford, Calif.: Stanford University Press, 2000), 180; D. Morley and K. Worpole (eds.), *The Republic of Letters: Working Class Writing and Local Publishing* (London: Comedia, 1982).

87. 它以"两个伟大的开端结束，一个是工会运动，还有一个是工人教育协会……她从这两个运动中汲取了力量，用一生的服务和奉献回报这两个运动"。Alice Foley, *A Bolton Childhood* (Manchester: M/C University Extra-Mural Department and N. W. District of the Workers Education Association, 1973), 92.

88. Ernie Benson, *To Struggle Is to Live: A Working Class Autobiography*, vol. 1 (Newcastle: People's, 1979). 本森的导师是工人教育协会中经验丰富的劳工历史学家约翰·霍尔斯特德(John Halstead)。他还感谢了弗劳一家(the Frows)。沃特斯·格林伍德(Walter Greenwood)的《被施舍的爱》(*Love on the Dole*)使得埃迪·弗劳(Eddie Frow)在全国失业工人运动中的领导永垂不朽。他们一起在索尔福德建立了工人阶级运动图书馆，我就是在那里读了本森的书。

89. Benson, *To Struggle Is to Live*, vol. 2, *Starve or Rebel, 1927-1971* (Newcastle: People's, 1980), 5. 也参见 Kathleen Dayus, *Her People* (London: Virago, 1982)。

90. 在接下来的几页中，我所引用的口述历史资料来自1979年建立于曼彻斯特的西北声音档案馆。

91. Waters, "Autobiography, Nostalgia and the Changing Practices of Working Class Selfhood," 185-186. 关于19世纪工人阶级和自述自传，参见 David Vincent, *Bread, Knowledge and Freedom: A Study of Nineteenth Century Working Class Autobiography* (London: Europa, 1981); J. Burnett, D. Vincent, and D. Mayall, *The Autobiography of the Working Class* (New York: New York University Press, 1984-1989)。

92. Jimmy Jones, testimony (1974), NWSA, no. 834.

93. Testimony (1981), NWSA, no. 85.

94. "不过我要告诉你,我不想再讲了;我无法再面对那样的生活,因为它太艰难了。" Mary Burnett, testimony (n. d.), NWSA, no. 1999.0337.

95. Mrs. Mawson, testimony (n. d.), NWSA, no. 1998.0164. 虽然她的父亲是个店主,但父亲也"失业了,我们很饿,母亲每餐只给我们三片面包,再没有别的了;我们没有钱……我母亲体重减少到了6英石"。

96. Testimony (1982), NWSA, no. 88c.

97. Steedman, *Landscape for a Good Woman*, 39, 46.

98. "我已经好多年没有饿过了。不像我小的时候,那时候只想着能多吃一点。" Gilda O'Neil, *My East End: Memories of Life in Cockney London* (London: Viking, 1999), 291.

99. Grace Foakes, *My Part of the River* (London: Shepheard-Walwyn, 1974), 107. "去生活,并且知道有关心你的邻居,你可以依靠他们做你的朋友和助手,这确实弥补了金钱和物质上的不足。"

100. Mary H. Dagnah, *Castle Hall Revisited: Stalybridge in the 1930s* (Manchester: Neil Richardson, 1995), 3. 也见 Testimony (1981), NWSA, no. 85。

101. Arthur Barton, *Two Lamps in Our Street: A Time Remembered* (Hutchison, U.K.: Hutchison New Authors, 1967), 19-20.

102. "你知道的,那没什么奢华的东西。我的意思是,我们享受了他们现在无法享受的奢侈——你明白我的意思吗?" Miss Healy, testimony (1982), NWSA, no. 129. 关于"好吃的东西"和"好的桌子"的重要性,参见 Hoggart, *The Uses of Literacy*, 21。

103. William Woodruff, *The Road to Nab End: An Extraordinary Northern Childhood* (London: Abacus, [1993] 2002), 41-42.

104. 关于绝食抗议和关于自我的瓦解或不同阶段,参见 Maud Ellmann, *The Hunger Artists: Starving, Writing, and Imprisonment* (Cambridge, Mass.: Harvard University Press, 1993)。例如,参见 Sylvia Pankhurst, *The Suffragette Movement: An Intimate Account of Persons and Ideals* (London: Virago, [1931] 1977), 444, 474; Frank Gallagher, *Days of Fear* (John Murray: London, 1928), 21-40; Paedar O'Donnell, *The Gates Flew Open* (London: Jonathan Cape, 1932), 191-211。

105. Cohen, *I Was One of the Unemployed*, 29-30. 克努特·汉姆生(Knut Hamsun)的《饥饿》(*Hunger*)一书于1899年首次被翻成英文,是一部经典的现代主义作品,讲述了一位作家与饥饿的物质和精神腹地做斗争的故事。

106. 在此,我附和沃特斯的建议,"在这些作品中有一个自我的概念,也许不是一个以心理深度为标志的自我……而是在一个丰富而精致的社会中发现的自我"。Christopher Waters, "Autobiography, Nostalgia and Working Class Selfhood in Post-War Britain," paper presented to the Department of History, George Washington U-

niversity, October 1999.

107. Hoggart, *The Uses of Literacy*, 73.

108. 南希·沙曼的叔叔带她去参加政治会议,她写道:"[他告诉我]长大后事情会变得多么不同,工人阶级将会改变英国的社会面貌,会有足够的食物,不会再有失业。"Nancy Sharman, *Nothing to Steal: The Story of a Southampton Childhood* (London: Kaye and Ward, 1977), 53; Woodruff, *The Road to Nab End*, 365-372.

109. Ifan Edwards, *No Gold on My Shovel* (London: Porcupine, 1947), 187.

110. Cohen, *I Was One of the Unemployed*, 20.

111. Woodruff, *The Road to Nab End*, 382-386.

112. 该观点见 Liz Stanley, "Women Have Servants and Men Never Eat: Issues in Reading Gender, Using the Case-Study of Mass-Observation's 1937 Day-Diaries," *Women's History Review* 4, no. 1 (1995): 85-102。

113. "在自传中,母亲通常被塑造成自我牺牲的英雄形象,她们理当得到更多回报。父亲很少像现在这样高大威猛,也很少能够唤起这样的忠诚,尤其是他们早年面对压力时总是依靠暴力或者酗酒来消解。"Anna Davin, *Growing Up Poor: Home, School and Street in London, 1870-1914* (London: Rivers Oram, 1996), 26.

114. Hoggart, *The Uses of Literacy*, 29-31.

115. 关于缺失父亲的家庭,参见 on fatherless families, 同上; 以及 Sharman, *Nothing to Steal*。关于疏远的、冷漠的或酗酒的父亲,参见 Grace Foakes, *Between High Walls: A London Childhood* (London: Shepheard-Walwyn, 1972); Albert S. Jasper, *A Hoxton Childhood* (London: Barrie and Rockcliff, 1969); Jean Rennie, *Every Other Sunday* (Bath: Chivers, 1979); Pat O'Mara, *The Autobiography of a Liverpool Irish Slummy* (Liverpool: Bluecoat, 1994); Foley, *A Bolton Childhood*; 以及 Woodruff, *The Road to Nab End*。

116. "我们吃了一点面包和果酱,或者面包上的棕色酱汁,或者一点佐料。我常常看着我爸爸吃他的青鱼,他看着我,然后掰一点给我。那是饥饿的年代,艰难的年代。"O'Neil, *My East End*, 196.

117. "不像母亲,父亲似乎没有注意到现在横在我们面前的饥荒……他似乎从未意识到他的家人越来越饿了……如果没有工作,你就会挨饿。你没有乞讨,也没有偷窃……你没有抱怨,没有哀嚎,也没有呜咽;这是一件值得骄傲的事。在他看来,富人的工作就是让穷人自生自灭。来自'他们'的施舍会带来伤害。对我们来说幸运的是,母亲没有这样的态度。不管发生什么事,她都不愿看到她的孩子们挨饿。"Woodruff, *The Road to Nab End*, 47.

118. Dayus, *Her People*; Ray Forsberg, *Means Test Kid* (Beverley, U. K.: Hulton, 1985).

119. Foakes, *My Part of the River*, 8.

120. Rennie, *Every Other Sunday*, 8.

121. Davin, *Growing Up Poor*, 185-186. 孩子们通常不会像东盎格鲁的一个失业木匠那样对他们的偷窃行为做出合理的解释:"我不想看到我的妻子或儿子挨饿,我也不想让自己挨饿……如果不让我挣面包,那我就拿面包。只要我还是个自由人,我就会得到我的面包钱,我将从那些超过了他们应得份额的人手中得到它,他们不知道如何用这些钱,只知道把钱花在为自己购买衣服和为自己举办宴会上。偷窃也许没有道理,也没有正义,但是慈善行为的道理和正义就更少了。"H. L. Beales and R. S. Lambert (eds.), *Memoirs of the Unemployed* (Wakefield, U. K.: EP, [1934] 1973), 193.

122. Dayus, *Her People*, 16-18. 也参见 Benson, *To Struggle Is to Live*, 1: 54-55; Sharman, *Nothing to Steal*, 57-58。

123. Foley, *A Bolton Childhood*, 47; Jones, testimony (1974), NWSA, no. 834.

124. Joe Loftus, "Lee Side," 转引自 Burnett, *Idle Hands*, 261。

125. C. L. Mowat, *Britain between the Wars, 1918-1940* (London, [1955] 1967), 432.

126. Thompson, *The Making of the English Working Class*, 207-212; Raphael Samuel, "British Marxist Historians, 1880-1980: Part 1," *New Left Review* 120 (1980): 21-96; Bill Schwarz, "'The People' in History: The Communist Party Historians Group, 1946-1956," in Richard Johnson, Gregor McLennan, Bill Schwarz, and David Sutton (eds.), *Making Histories: Studies in History Writing and Politics* (London: Hutchison, 1982).

127. 关于很多相关例子,参见 John Burnett, *Plenty and Want: A Social History of Diet in England from 1815 to the Present Day* (London: Nelson, 1966); D. H. Aldcroft, *The Interwar Economy, 1919-1939* (New York: Columbia University Press, 1970); John Stevenson, *Social Conditions between the Wars* (Harmondsworth, U. K.: Penguin, 1977); Jay Winter, "Unemployment, Nutrition and Infant Mortality in Britain, 1920-1950," in *The Working Class in Modern British History* (Cambridge: Cambridge University Press, 1983), 232-255; Miriam Glucksman, *Women Assemble: Women Workers and the New Industries in Interwar Britain* (London: Routledge, 1990)。

128. Charles Webster, "Healthy or Hungry Thirties?" *History Workshop Journal* 13 (1982): 111. 安德鲁·索普是对的,像韦伯斯特(Webster)这样的学者试图"以不利的方式呈现 20 世纪 30 年代,旨在使撒切尔主义失去合法性"。Andrew Thorpe, *Britain in the 1930s* (London: Longman, 1992), 4.

129. Stephen Constantine, *Unemployment in Britain between the Wars* (London: Longman, 1980), 84. 这里提到的很多著作都是最近人们对 20 世纪 30 年代重拾兴趣的产物。

130. Tony Mason,"'Hunger is a Very Good Thing': Britain in the 1930s," in N. Tiratsoo (ed.), *From Blitz to Blair: A New History of Britain since 1939* (London: Weidenfeld and Nicolson, 1997): 1-24; Baxendale and Pawling, *Narrating the Thirties*.

结论

1. 对这一观点的很好的分析,见 R. English and M. Kenny (eds.), *Rethinking British Decline* (New York: St. Martin's Press, 2000)。

2. P. Wilmot and M. Young, *Family and Kinship in East London* (London: Routledge, 1957); B. Abel-Smith and P. Townsend, *The Poor and the Poorest: A New Analysis of the Ministry of Labour's Family Expenditure Surveys of 1953-54 and 1960* (London: Bell, 1965). 正是在这个时候,帮助老人组织(Help the Aged, 1961 年)、儿童贫困行动小组(Child Poverty Action Group, 1965 年)和住房组织(Shelter,1966 年)等成立了。David Vincent: *Poor Citizens: The State and the Poor in Twentieth-Century Britain* (London: Longman, 1991).

3. Fred Cooper, *Africa since 1940: The Past of the Present* (New York: Cambridge University Press, 2002); Jenny Edkins, *Whose Hunger? Concepts of Famine, Practices of Aid* (Minneapolis: University of Minnesota Press, 2000).

索 引

Abrams, Mark 马克·艾布拉姆斯 141-142, 321n76

Advertising: and nutritional health 广告: 广告与营养健康 137, 138-139, 145, 214-215, 232-233, 234; growth of industry 广告业的发展 137, 319n65; regulation of 广告的规范 145-146, 215, 233-234; and dissemination of nutritional knowledge 广告与营养知识的传播 215-216. See also Market research 也参见市场研究

African Survey《非洲调查》110-112

Agamben, Giorgio: "bare life" 吉奥乔·阿甘本:"赤裸生命"44, 160, 284n24

Agency, nonhuman 非人道主义机构 15, 100-104, 160, 168-169, 172-173, 184-185, 191-193, 200, 218-223, 276

America 美国 参见 United States 美国

Animal testing 动物实验 103-104. See also Cruelty to Animals Act（1876）也参见 1876 年虐待动物法案

Anstey, Edgar 埃德加·安斯蒂 135

Anthropology of food 食品人类学. See also Food; Richards, Audrey 也参见食品; 奥德利·理查兹

Arendt, Hannah 汉娜·阿伦特 13-14

Ashton, T. S. T. S. 阿什顿 256-257, 270

Asquith, Herbert Henry, 赫伯特·亨利·阿斯奎斯 61

Attlee, Clement 克莱门特·艾德礼 140, 258

Atwater, W. O. W. O. 阿特沃特 84, 85, 88, 93

Autobiography, working-class: memories of "hungry thirties" 工人阶级自传: 工人阶级自传中关于"饥饿的 20 世纪 30 年代"的回忆 259-266; and children 与儿童 268-269; sacrificial

---

* 索引中页码为本书边码。

mothers 具有牺牲精神的母亲 276-278. See also "Hungry thirties"; Welfare state 也参见"饥饿的20世纪30年代";福利国家

Aykroyd, W. R. W. R. 艾克罗伊德 105, 112, 116, 128, 147, 148, 154, 156

Baden-Powell, Robert 罗伯特·巴登-鲍威尔 27

Bakke, E. Wright E. 赖特·巴克 123

Balfour, Arthur James 阿瑟·詹姆斯·贝尔福 55, 58

Baudrillard, Jean 让·鲍德里亚 14

Bauman, Zygmunt 齐格蒙特·鲍曼 14

Benson, Ernie 厄尼·本森 177, 262, 266, 355n89

Bevan, Aneurin 安奈林·贝文 236, 240, 244, 258-259

Beveridge, William 威廉·贝弗里奇 94, 205, 256, 258. See also Beveridge Report 也参见《贝弗里奇报告》

Beveridge Report《贝弗里奇报告》14, 145, 239, 256

Biochemical model 生化模型 89-91, 94, 119, 124, 126; triumph of 占上风的生化模型 117. See also Deficiency diseases; Malnutrition; Thermodynamic model 也参见营养缺乏症;营养不良;热力学模型

Biochemical Society 生化学会 94, 101, 211, 310n50

Board of Education 教育委员会 126-127, 170-171, 174, 181, 201-202, 208. See also Local Education Authorities; Ministry of Education 也参见地方教育当局;教育部

Boer War 布尔战争 25-27, 31, 43, 56, 87, 91, 242

Booth, Charles 查尔斯·布思 22, 84, 87, 131, 205

Bourne, G. H. G. H. 伯恩 150-151

Bowley, A. L. A. L. 鲍利 89, 119, 129, 133, 319n53

Bowley, Ruth 露丝·鲍利 135

Braddock, Bessie 贝茜·布拉多克 236-237, 258

Brailsford, Henry 亨利·布雷斯福德 24

British Housewives League 英国家庭主妇联盟 230-231, 235

British Medical Association 英国医学协会 125, 127, 132; Committee on Nutrition 营养委员会 125, 128, 216

British Restaurants 英式餐厅 See National Kitchens 参见国家厨房

Broadley, Herbert 赫伯特·布罗德利 136, 138, 142, 210

Brockway, Fenner 芬纳·布罗克韦 119-120, 122, 314n3

Brown, Maud 莫德·布朗 246

Burnett, E. E. 伯内特 128, 241

Cabinet Committees: Committee on Civil Research 内阁的委员会:内阁民间研究委员会 110; Committee on Nutrition in the Colonial Empire 内阁殖民帝国营养委员会 111-114; Food Policy Committee 内阁粮食政策委员会 140; Scientific Food Committee 内阁科学食品委员会 140

Calder, Richie 里奇·考尔德 123, 143, 153

Campbell-Bannerman, Henry 亨利·坎贝

尔-班纳曼 27

Camporesi, Piero 皮耶罗·坎波雷西 9-10

Canteens: regulation and management of 食堂:食堂的规范与管理 141, 162-163, 164, 168, 175-176; in schools 学校食堂 160, 169-175, 177 (See also school meals 也参见学校餐); community 社区食堂 160, 180-182, 204 (See also National Kitchens; Peckham Health Centre 也参见国家厨房;佩卡姆健康中心); in factories 工厂食堂 160, 162-163, 164-166, 168-169, 176-177; social education and 食堂与社会教育 160, 166-168, 328n32; design and material environment of 食堂的设计和物质环境 160-161, 168-173; popularity of 食堂的受欢迎度 176-177, 179, 182

Carnegie Corporation 卡耐基基金会 97, 105, 108, 111, 185, 277

Cathcart, E. P. E. P. 卡思卡特 89, 94-95, 124, 140

"Cat and Mouse" Act "猫捉老鼠"法案 65, 77. See also Force-feeding 也参见强制喂食

Chadwick, Edwin 埃德温·查德威克 81-82, 83

Chamberlain, Joseph 约瑟夫·张伯伦 27

Charity Organization Society 慈善组织协会 29, 88

Chick, Harriet 哈丽雅特·奇克 94-95, 150

Children's Minimum Council 儿童最低营养水平委员会 125, 135. See also Children's Nutritional Council; Malnutrition 也参见儿童营养理事会;营养不良

Children's Nutritional Council 儿童营养理事会 139

Churchill, Winston 温斯顿·丘吉尔 65, 140, 258

Cilento, Raphael 拉斐尔·奇伦托 109

Cohen, Max 马克斯·科恩 201, 265-266

Collis, Edgar 埃德加·科利斯 164-166, 168, 175

Colonial development: and nutritional science 殖民地发展:殖民地发展与营养科学 109-114; Colonial Development and Welfare Acts 英国殖民地发展和福利法案 110, 112, 277

Colonial Office 殖民地部 34, 110, 111, 113, 210

Committee against Malnutrition 反营养不良委员会 125, 127-128, 135, 154, 163, 215. See also Children's Nutritional Council 也参见儿童营养理事会

Concentration camps 集中营 27, 31, 152

Constitution, discourse of 关于英国宪政的话语 46-47, 52, 58, 61, 64-65, 246-248, 252-254

Consumers: responsibility of 消费者:消费者的责任 16, 197; and food marketing 消费者与食品营销 138, 145, 214-215, 234-235 (see also advertising; British Housewives League; market research 也参见广告;英国家庭主妇联盟;市场研究); education of 消费者的教育 145, 197 (see also advertising 也参见广告); irrationality and ignorance of 消费者的不理性和无知 196-198; housewives as 作为消费者的家庭主妇 197-199, 210-

214，235（see also domestic science 也参见家庭科学）；Consumer Council 消费者委员会 204

Corn Laws：repeal of 谷物法：谷物法的废除 256-257

Cotton Famine，Lancashire 兰开夏郡的棉花荒歉 20；relief of 救济 20-21

Crawford，William 威廉·克劳福德 136-138，142，201，215-216

Crimean War 克里米亚战争 33，91

Cruelty to Animals Act (1876) 1876 年虐待动物法案 96，103

Curtis-Bennett，Sir Noel 诺埃尔·柯蒂斯-贝内特爵士 166，182，187

Dayus，Kathleen 凯瑟琳·达尤斯 262，269

Deficiency diseases 营养缺乏症 89-90，94-95，103，106，126，147，150，184，277. See also Biochemical model；Malnutrition：causes of 也参见生化模型；营养不良：营养不良的原因

Dickens，Charles 查尔斯·狄更斯 19

Digby，William 威廉·迪格比 49，51，53

Documentary movement 纪录片运动 120-124. See also "North," the；Unemployment 也参见英国"北方"；失业

Domestic science：nutrition and cooking 家庭科学：营养学和烹饪 201-202，211-214，225，230-232，275，338n22；professionalization 家庭科学的专业化 201-203，208-210. See also Household management；Kitchens；Scientific management 也参见家庭管理；厨房；科学管理

Drummond，Sir Jack 杰克·德拉蒙德爵士 140-141，150-152，194，229-230，320n73，324n113

Dunlop，J. C. J. C. 邓洛普 85

Dunlop，Marion 玛丽恩·邓洛普 61，64-65，76

Dunn Nutritional Laboratory 邓恩营养实验室 97

Dutt，Romesh 罗梅什·杜特 49，51，53-54，69

Education Act (1944) 1944 年教育法 164，171，175，232，260-261

Eijkman，Christiaan 克里斯蒂安·艾克曼 90

Electrical Association of Women (EAW) 妇女电气协会 220，222

Eley，Geoff 杰夫·埃利 238

Elliot，Walter 沃尔特·埃利奥特 140，312n76

Empire Marketing Board (EMB) 帝国营销局 105，137

Fabian Society 费边社 135；Fabian Women's Group 费边妇女小组，200

Family Food Survey (1945) 1945 年家庭食品调查. See Wartime Food Survey 参见战时食品调查

Famine：colonial nationalism and 饥荒：饥荒与殖民地民族主义 6，42，48，51-52，69，79，148（see also political economy：nationalist 也参见政治经济学：民族主义者）；in India 印度饥荒 7，27-28，42，48-53，79，148-149；humanitarian discovery and representation of 饥荒的人道主义发现与代表 20，26，27-28，31，33-38，148；in Ireland 爱尔兰饥荒 20，41，44-48，160，273；relief of 饥荒的救济

20-21，35，48-49，53，148-149，150，160，289n35（see also Famine Code 也参见饥荒法典）；classical political economy of 饥荒的古典政治经济学 48；in occupied Europe 被纳粹占领的欧洲的饥荒 148，149-151

Famine Code（India）印度的饥荒法典 49，160

Famine Relief Committee 饥荒救济委员会 149-150，324n107；Technical Advisory Committee of 饥荒救济委员会的技术咨询委员会 150. See also Famine：relief of；Welfare 也参见饥荒：饥荒的救济；福利

Farr，William 威廉·法尔 81-82

Fasting 禁食 69-70，77-78. See also Gandhi，Mohandas K. 也参见莫罕达斯·K.甘地

Fawcett，Millicent 米莉森特·福西特 31

Food：social and cultural meanings of 食物：食物的社会和文化意义 89，114-115，119，133-134，136，139，145，152，156；religious significance of 食物的宗教意义 115-116. See also Richards，Audrey；Social nutrition 也参见奥德利·理查兹；社会营养学

Food Adulteration Act（1875）1875 年食品掺假法案 96

Food Advice Centers 食品建议中心 145，225-227，229-231；critics of 对食品建议中心的批判 232-233. See also Ministry of Food；Food Advice Division 也参见粮食部；粮食部食品建议司

Food and Drugs Act（1938）1938 年食品药品法案 233-234

Food economy campaigns 节约粮食运动 91-94，180，182，204-211，225. See also Domestic science；National efficiency；Rationing 也参见家庭科学；国民效率；定量配给制

Food industry 食品工业 97，214-215，234，320n73. See also Nutritional science：advertising and 也参见营养科学：营养科学与广告

Force-feeding 强制喂食 43，60，61，65-67，71-72，75-77

Foucault，Michel 米歇尔·福柯 13-14，159，275

Frederick，Christine 克里斯蒂娜·弗雷德里克 220

F-Treatment F 疗法 148-149，151-152

Funk，Casmir 卡齐米尔·芬克 90

Gandhi，Mohandas K. 莫罕达斯·K.甘地 60，62，63，64，69-70，77-79，108，115-116

Gangulee，Nagandranath 甘谷力 147

Giddens，Anthony 安东尼·吉登斯 14

Gilbreth，Lillian 莉莲·吉尔布雷思 220

Gilks，J. L. J. L.吉尔克斯 110，111，115

Gladstone，William 威廉·格莱斯顿 50，53，75

Gollancz，Victor 维克托·戈兰茨 122

Gray，Stewart 斯图尔特·格雷 56-59

Great Hunger 大饥荒. See Famine：in Ireland 参见饥荒：爱尔兰饥荒

Great Rebellion，India（1857）1857 年印度民族大起义 26，49

Great War 一战. See World War I 参见第一次世界大战

Greenwood，Major 梅杰·格林伍德 124，164-165，166，168

Gribble,"General" James 詹姆斯·格里布尔"将军" 56-58

Hannington,Wal 瓦尔·汉宁顿 133,242,245,248,252,254
Hardie,James Kier 詹姆斯·基尔·哈迪 55,58
Hardy,W. B. W. B.哈迪 92,95
Harrisson,Tom 汤姆·哈里森 121,169,188,313n92
Haslett,Caroline 卡罗琳·哈斯利特 220
Hawthorne,Julian 朱莉安·霍索恩 31
Hayek,Friedrich 弗里德里希·哈耶克 257
Health Organization 卫生组织 101,112; British nutritionists and 英国营养学家与卫生组织 128-129,277,325n127; Technical Sub-Committee on Nutrition 国际联盟营养技术小组委员会 128-129,153; optimal nutritional standards 最优营养标准 128-129,134,136,141,158
Higgs,Richard 理查德·希格斯 24
Hobhouse,Emily 埃米莉·霍布豪斯 27,31
Hobson,J. A. J. A.霍布森 83-84
Hoggart,Richard 理查德·霍加特 260-261,266-267
Hopkins,Sir Frederick Gowland 弗雷德里克·高兰·霍普金斯爵士 90-93,95,124,140,150
Horrocks,Sally 萨莉·霍罗克斯 214
Household management 家庭管理 86,125; social investigation and 家庭管理与社会调查 86,130; critique of inefficient housewives and 对低效的家庭主妇和家庭管理的批判 87-88,

198-199; nutritional science and 家庭管理与营养科学 87-88,205; scientific management and 家庭管理与科学管理 216-218. See also Consumers; Domestic science; Food economy campaigns; Kitchens; Scientific management 也参见消费者;家庭科学;节约粮食运动;科学管理
Hunger artists 饥饿艺术家 71
Hunger marches 饥饿游行 9,22,43-44,55-60,80,121,123,133,238-239,242-255,259,266-267,271; gendering of 饥饿游行的男性传统 43,244-246,349n22; constitutionality of 饥饿游行的合宪性 58,246-248,252-254; reporting of 饥饿游行的报道 123,244,247-248,254,350n28. See also Jarrow Crusade 也参见贾罗宗教讨伐运动
Hunger strikes 绝食抗议 9,25-26,43-44,60-77,80,265,275; nationalist tradition and 绝食抗议与民族主义传统 43,44,62-64,68-69,74-75; religious aesthetics and 绝食抗议与宗教美学 48,62-63,69-70,73-74; gendering of 绝食抗议的女性传统 61-62,64,71-72
"Hungry England" debate 关于"饥饿的英格兰"的辩论 118-119,125-127,157,241,249
"Hungry thirties" "饥饿的20世纪30年代" 125,237,239,256,263,270,275; political uses of 对"饥饿的20世纪30年代"的政治使用 259-260,274,353n73; memories of "饥饿的20世纪30年代"的记忆 259-266; historiography of "饥饿的20世纪30

年代"的撰史 270-271

Hutchison, Robert 罗伯特·哈奇森 87, 91, 94, 126

Hutt, Allen 艾伦·赫特 120

Huxley, Julian 朱莉安·赫胥黎 135, 316n32

Hyndman, Henry 亨利·海因德曼 49, 52, 53

Ideal Home Exhibition "理想之家"展览 9, 217-218, 220, 223, 227, 276

Imperial Agriculture Bureau 帝国农业局 97, 111

Imperial Economic Committee 英国经济委员会 137

Independent Labour Party (ILP) 独立工党 57-58, 161

Indian Fund Association 印度基金协会 147

Indian Nationalism 印度民族主义 6, 42-43, 44, 49, 60, 63, 75, 79-80, 273 (see also political economy: nationalist 也参见政治经济学:民族主义者)

Indian National Congress 印度国民大会党 53, 54

Industrial Catering Association 工业餐饮协会 166

Industrial Fatigue Research Board 工业疲劳研究委员会 165

Industrial Welfare Society 工业福利协会 165-166, 176

Inter-Departmental Committee on Physical Deterioration 体质衰退跨部门委员会 87, 161-163, 166, 198. See also National efficiency; Racial health; School meals 也参见国民效率;种族健康;学校餐

International Institute of African Languages and Cultures (IIALC) 非洲语言和文化国际研究所 110-113

Irish Famine 爱尔兰饥荒. See Famine: in Ireland 参见饥荒:爱尔兰饥荒

Irish Nationalism 爱尔兰民族主义 6, 26, 42-43, 44, 60-62, 73-75, 79-80, 273, 291n1. See also Political economy: nationalist 也参见政治经济学:民族主义者

Jarrow Crusade 贾罗宗教讨伐运动 123, 239, 242, 249-255

Jones, Kennedy 肯尼迪·琼斯 181-182, 204, 206-207

Kennedy, Bart 巴特·肯尼迪 22-23, 29-30

Kenney, Annie 安妮·肯尼 71

Kenya 肯尼亚 109-111

Kerr, Dr. John 约翰·克尔博士 161

Kipling, Rudyard 鲁德亚德·吉卜林 49

Kirby, J. J. 柯比 125, 135

"Kitchen Front" "厨房前线" 224-225, 228-229

Kitchens: soup 厨房:施粥所 9, 30, 180, 182, 333n85; efficient 高效厨房 9, 210-211, 216-217, 220-223, 233, 276. See also Canteens 也参见食堂

"Kitchen sink dramas" "极端现实主义剧" 260, 354n76

Krausse, A. S. A. S. 克劳斯 21, 27-30

Labour Party 工党 140, 237, 239, 252, 255, 258-259; New Labour 新工党 271. See also Independent Labour Party (ILP); Social Democratic Federation

(SDF)；War Emergency Workers' National Committee (WEWNC)也参见独立工党；社会民主联盟；战争应急工人全国委员会

Langley，Edna 埃德娜·兰利 170

Laqueur，Thomas 托马斯·拉克 19

Latour，Bruno 布鲁诺·拉图尔 14

League of Nations 国际联盟 101，105，112，114，128，132，135，152，154，156，277

Le Gros Clark，Frederic 弗雷德里克·勒格罗斯·克拉克 154，163，166-167，174，187-188，191，196-197，224，229，231，276，325n127

Liberalism 自由主义 3，15，197，257，273-275，277；neoliberalism 新自由主义 14，275；empire and 自由主义与帝国 40，277

List，Friedrich 弗里德里希·李斯特 46，54

Lister Institute 李斯特研究所 94-95，105

Lloyd George，David 戴维·劳合·乔治 93，162，165，222

Local Education Authorities (LEAs) 地方教育当局 170，172-173

Local Government Board 地方政府委员会 58，82

Loch，C. S. C. S. 洛赫 88

London Council of Social Services 伦敦社会服务委员会 187-188，191

London School of Economics 伦敦政治经济学院 89，111，114，165

Lubbock，David 戴维·卢伯克 105，153

MacDonald，Ramsay 拉姆齐·麦克唐纳 58，247

MacSwiney，Mary 玛丽·麦克史威尼 68-69，75，303n137

MacSwiney，Terence 特伦斯·麦克史威尼 26，48，62，64，67-69，73-75，77

Mais，S. P. B. S. P. B. 梅斯 122

Malinowski，Bronislav 布罗尼斯拉夫·马林诺夫斯基 114-115

Malnutrition：discovery of 营养不良：营养不良的发现 106，108，117，119-120，125，128，158，277；classification and measurement of 营养不良的分类与测量 126-129，158，163；causes of 营养不良的原因 133，135，136，146，196-197. See also Biochemical model；Deficiency diseases 也参见生化模型；营养缺乏症

Malthus，T. R. 托马斯·马尔萨斯 3，11-12，41，42，48，53，273

Malthusianism 马尔萨斯主义 5，17，19，30，39-40，60；neo-Malthusian view of hunger 新马尔萨斯主义关于饥饿的观点 12，15，41-42，49，273

Manley，Kate 凯特·曼利 180-181，205-206，208

Market research 市场研究 137，225，233；investigative techniques of 市场研究的调查技术 138-139；and dietary surveys 市场研究与饮食调查 139，141-142，144-145，228-229；British Market Research Bureau 英国市场调查局 229

Massingham，H. W. H. W. 马辛厄姆 24，25，26

Mass-Observation 大众观察 120-121，123，187，188，190，228-229

McCarrison，Robert 罗伯特·麦卡里森 105-108，112，114，116，125，147，

184

McCollum, E. V. E. V. 麦科勒姆 90

McGonigle, G. C. M. G. C. M. 麦戈尼格尔 125, 135

McKenna, Reginald 雷金纳德·麦肯纳 65, 77

Medical Research Council 医学研究理事会 90, 95, 97, 111, 113, 140, 151, 152; Committee on Accessory Food Factors 副食因子委员会 95; Committee on Quantitative Problems in Human Nutrition 人类营养学定量问题委员会 95; Special Diets Advisory Group 特殊饮食咨询小组 141, 321n74

Mellanby, Edward 爱德华·梅兰比 90, 124, 140

Merewether, Francis 弗朗西斯·梅里韦瑟 34-35

Ministry of Education 教育部 171-173; Architects and Building Branch 教育部建筑师和建筑部门 172; Advisory Subcommittee for Furniture and Equipment for School Meals 教育部学校餐家具和设备咨询小组委员会 173. See also Board of Education; Local Education Authorities (LEAs); School boards 也参见教育委员会;地方教育当局;学校董事会

Ministry of Food 粮食部 93-94, 139-141, 223, 231, 233; Food Advice Division 粮食部食品建议司 141, 224-230, 233; Statistics and Intelligence Division 粮食部统计与情报司 142; Survey Department 粮食部调查司 144; Public Relations Department 粮食部公共关系司 144-145, 224, 228; postwar reconstruction and 粮食部与战后重建 146, 151; wartime food economy and 粮食部与战时粮食节约 180, 194, 205-207; Women's Department 粮食部妇女事务司 180-181; National Kitchens Division 粮食部国家厨房司 181-182; Scientific Adviser's Division 粮食部科学建议司 187, 224, 231 (see also rationing 也参见定量配给制)

Ministry of Health 卫生部 119, 124-125, 128, 133, 140, 145-146, 186, 214; Advisory Committee on Nutrition (ACN) 卫生部营养咨询委员会 119, 124-125, 127, 132, 140, 174, 316n26, 316n30

Ministry of Information 信息部 143, 228. See also Public relations 也参见公共关系

Ministry of Munitions 军需品部 162, 164, 166

Ministry of Works 工程部 170, 172

Mitchel, John 约翰·米切尔 44-47, 54

Modernization theory 现代化理论 5-6, 273

Mottram, V. H. V. H. 莫特拉姆 119, 124-125, 132, 211-212, 214-216, 341n55

Mowat, C. L. C. L. 莫厄特 270

Murray, W. A. W. A. 默里 109, 124

Naoroji, Dadabhai 达达拜·瑙罗吉 49-54, 69

Nash, Vaughan 沃恩·纳什 24-25, 27-28, 35

National efficiency: and nutritional calculation of 国民效率:国民效率与国民

效率的营养计算 84，86，89，91-93，95；and collective feeding 国民效率与集体喂养 161；and consumer responsibility 国民效率与消费者责任 197. See also Inter-Departmental Committee on Physical Deterioration; Racial health; Scientific management 也参见体质衰退跨部门委员会；种族健康；科学管理

National Food Economy League（NFEL）国家节约粮食联盟 204-206

National Food Fund（NFF）国家粮食基金 204

National Food Survey（1950）全国食品调查 187，190. See also Wartime Food Survey 也参见战时食品调查

National Kitchens 国家厨房 141，181-182，187-193，209，227，334n105；design of 国家厨房的设计 187-188，191-193；problems of 国家厨房的问题 188-189；decline of 国家厨房的没落 190-191. See also Canteens: community 也参见食堂：社区食堂

National Training School of Cookery 英国国家烹饪培训学校 201

National Unemployed Workers Movement（NUWM）全国失业工人运动 133，238，240，242，245-249，251-255，262-263，270，319n55，348n5；communism and 全国失业工人运动与共产主义 238，247-248，251-252，262，266，350n27. See also Hunger marches; Unemployment; Welfare 也参见饥饿游行；失业；福利

Nevinson, Henry 亨利·内文森 24-26，29

New Left 新左派 260-261

Newman, George 乔治·纽曼 124，126-127，163，164，165，174，196，202，214-215

New Right 新右派 271

News, constitution of: techniques of New Journalism 新闻的构成：新新闻主义技术 18，21-24，39，273；reporting of famine 饥荒的报道 20-21；"special correspondents,""特约记者"24-27；photography 新闻摄影 33-38，148

"North," the 英国"北方"120-121，124，158

Nutritional expertise: and government policy 营养学专业知识：营养学专业知识与政府政策 78，83，87-88，89，91-95，139-141（see also nutritional science: statecraft and 也参见营养科学：营养科学与治国方略）；critiques of 对营养学专业知识的批判 88-89，133；and colonial development 营养学专业知识与殖民地发展 108-113；and minimum nutritional standards 营养学专业知识与最低营养标准 124-125；and market research 营养学专业知识与市场研究 137；and postwar reconstruction 营养学专业知识与战后重建 153；and collective feeding 营养学专业知识与集体喂养 164-165，173-175，180-191；and food economy campaigns 营养学专业知识与节约粮食运动 204-206；and menu planning 营养学专业知识与制定食谱 231-232

Nutritional science 营养科学 83-91；statecraft and 营养科学与治国方略 15，92-95，117，128，136，139-140，

147; universal claims of 营养科学的普遍性 79, 97, 113, 114-115, 117, 119, 157; wartime research and 营养科学与战时研究 94-95; laboratories 营养科学实验室 96-104, 105, 106, 147, 154; colonial research and 营养科学与殖民地研究 105-114; indigenization of 营养科学本土化 115-116, 147; politicization of 营养科学政治化 119, 125-126; postwar social reconstruction and 营养科学与战后社会重建 120, 134, 142, 146, 151-156, 157; knowledge of 营养科学知识 136, 145, 211-212, 215-216, 224-225; advertising and 营养科学与广告 138-139. See also Biochemical Society; Nutrition Society; Physiological Society 也参见生化学会；营养学会；生理学会

Nutrition and the social sciences 营养学与社会科学 24, 83-84, 89, 110, 113-115, 123-124, 129, 132, 142

Nutrition Society 营养学会 140, 152

Nyasaland 尼亚萨兰 111, 113, 140, 157

O'Brien, George 乔治·奥布赖恩 46-47

Organic food 有机食品 184-185, 215. See also Peckham Health Centre 也参见佩卡姆健康中心

Orr, John Boyd 约翰·博伊德·奥尔 15, 94-95, 98, 105, 109-111, 112, 114-115, 135, 137-138, 140, 145, 147, 150, 153-156, 273, 276; Food, Health and Income《食物、健康与收入》125, 129, 134

Orwell, George 乔治·奥威尔 120-121, 123, 134, 258

Oxfam 乐施会 18, 150

Pankhurst, Christabel 克丽丝特布尔·潘克赫斯特 71

Pankhurst, Sylvia 西尔维娅·潘克赫斯特 72, 236

Paton, D. N. D. N. 佩顿 84, 89, 92, 94

Patwardhan, V. N. V. N. 帕特沃德罕 147

Pearse, Innes Hope 英尼斯·霍普·皮尔斯 182-185. See also Peckham Health Centre 也参见佩卡姆健康中心

Peckham Health Centre 佩卡姆健康中心 166, 182-187, 215

Peel, Dorothy 多萝西·皮尔 180-182, 184, 205-206, 208, 217, 222, 332n81, 334n94

Pember Reeves, Maude 莫德·彭伯·里夫斯 88-89, 180-181, 200, 205-206, 332n81

People's League of Health 人民健康联盟 211, 340n53

Physiological Society 生理学会 96. See also Thermodynamic model 也参见热力学模型

Plimmer, R. H. A. R. H. A. 普利默 94, 101, 211-212, 214-215

Plimmer, Violet 维奥莉特·普利默 211-212, 214-215

Polanyi, Karl 卡尔·波兰尼 6, 13-14

Political and Economic Planning (PEP) 政治和经济计划委员会 120, 125-126, 135-136, 144, 215

Political economy: classical 政治经济学：古典政治经济学 3, 10-11, 41, 48,

52-53，79，273；nationalist 民族主义者 6-7，43，44-47，49-54，79；Keynesian 凯恩斯主义政治经济学 8

Poor Law, the New 新济贫法 12-13，18，20，81-82，236-237，273；Elizabethan Poor Law 伊丽莎白济贫法 10；"less eligibility" "劣等处置" 12，160，241；anti- Poor Law movement 反济贫法运动 18；officers and guardians 新济贫法官员与监护人 19-20，82，160，266；Poor Law unions 济贫法工会 82

"Poor white problem" "贫困白人问题" 108-109，312n72. See also Racial health 也参见种族健康

Priestley, J. B. J. B. 普里斯特利 121，137，258

Proud, Dorothea 多萝西娅·普劳德 165，168，174，205

Public Assistance Committees (PACs) 公共援助委员会 240-242，269. See also Unemployment；Unemployment Assistance Board 也参见失业；失业援助委员会

Public relations：during World War II 公共关系：第二次世界大战期间的公共关系 143-144

Pyke, Magnus 马格努斯·派克 141，231

Racial health 种族健康 22，86，108-110，112，138. See also Inter-Departmental Committee on Physical Deterioration；National efficiency；School meals 也参见体质衰退跨部门委员会；国民效率；学校餐

Ranade, Mahadev 马哈德夫·拉纳德 49，54

Rationing 定量配给制 94，140，141，160，193-194，206，224；ration books 定量配给册 9，223，230-231，346nn117-118；post-World War II 第二次世界大战后定量配给制 151，259；voluntary rationing 自愿定量配给制 207；critique of 对定量配给制的批判 230-233

Read, Margaret 玛格丽特·里德 113，157，325n127

Rhodesia, 罗德西亚 105，110，113

Richards, Audrey 奥德利·理查兹 110-111，113-115，134，136，138

Rockefeller Foundation 洛克菲勒基金会 112，185

Rotha, Paul 保罗·罗瑟 153，186

Rowett Research Institute 罗维特研究所 97-101，105，110，111，211

Rowntree, B. Seebohm B. 西博姆·朗特里 84-86，88，108，132，162，164；surveys of York 约克郡调查 84，86，92，198，200，205；the poverty line and 朗特里与贫困线 84-86，122，197-198，272；investigative techniques of 朗特里的调查技术 129，142

Royal Commission on Supply of Food and Raw Materials in Time of War 战时皇家粮食和原材料供应委员会 91

Royal Society：Physiological Committee 英国皇家学会：英国皇家学会生理学分会 92；Food (War) Committee 英国皇家学会粮食（战争）委员会 93-94，95，165，308n34

Salvation Army 救世军 24，33，161

Save the Children Fund 救助儿童基金

17，323n106

School boards 学校董事会 161

School meals 学校餐 88，126，161-164；racial health and 学校餐与种族健康 162；Education (Provision of Meals) Act (1906) 1906 年教育（膳食供应）法案 162；Education Act (1994) 学校餐与 1944 年教育法 164，171，175；nutritional planning and 学校餐与营养规划 174-175；World War II and 学校餐与第二次世界大战 170-171，327n12；memories of 对学校餐的回忆 179-180

Scientific management：American influence 科学管理：美国对科学管理的影响 165，217；and efficient kitchens 科学管理与高效厨房 171-175；and ideal homes 科学管理与理想之家 216-220；Council for Scientific Management 家庭科学管理委员会 220. See also Domestic science；Household management 也参见家庭科学；家庭管理

Scott, Rev. J. E. J. E. 斯科特 35，37-38

Sen, Amartya 阿马蒂亚·森 7

Skeffington, Hannah Sheehy 汉娜·希伊·斯凯芬顿 61-62

Smith, Adam 亚当·斯密 3，10-11，41-42，53，273

Smith, Arthur 阿瑟·史密斯 56

Social, the：hunger as a social problem 社会性：将饥饿视为社会问题 4，13，22，24，81-99，136，165；histories of 社会性的历史 13-14；political economy and 社会性与政治经济学 46，54；gendering of 社会性的性别化 72，197-201，216，224，232；sciences of 社会性的科学 83-84，87-89，114-115，123-124，129-133，276. See also Social investigation；Social nutrition；Welfare 也参见社会调查；社会营养学；福利

Social democracy 社会民主 3，15，237-239，256-258，260，265，270-271，275-277；nutritional planning and 社会民主与营养规划 118，145；collective feeding and 社会民主与集体喂养 187，191；rationing and 社会民主与定量配给制 193-194，224；consumer responsibility and 社会民主与消费者责任 234

Social Democratic Federation (SDF) 英国社会民主联盟 52，56，58，161

Social investigation：techniques of 社会调查：社会调查的技术 129-132，141-142，156，200；role of women and 社会调查与妇女的角色 130，131，138，203，321n78，338n26；nutritional science and 社会调查与营养科学 132，274；criticism of 对社会调查的批判 143-144；domestic science and 社会调查与家庭科学 199-200. See also Market research：investigative techniques of 也参见市场研究：市场研究的调查技术

Social nutrition 社会营养学 114，119-120，134-142，145-146，158，194，206-207. See also Food：social and cultural meanings of 也参见食物：食物的社会和文化意义

South African War 南非战争. See Boer War 参见布尔战争

Spencer, F. W. F. W. 斯宾塞 181-182

Spender, Humphrey 汉弗莱·斯彭德 121

Starvation, death by 饿死 19, 29, 31, 51, 64, 72, 81-82, 118, 148, 149, 151, 152, 194, 286n4, 286n11, 294n33

Stead, W. T. W. T. 斯特德 21

Steedman, Carolyn 卡罗琳·斯蒂德曼 195, 260-261, 263-264

Suffragettes 妇女参政论者 25, 26, 43, 44, 60-67, 71-72, 75-77, 80, 273

Thatcher, Margaret 玛格丽特·撒切尔 14, 271

Thermodynamic model 热力学模型 84-85, 89-91, 92, 94, 124, 126. See also Biochemical model; Nutritional science; Undernutrition 也参见生化模型；营养科学；营养不足

Thompson, E. P. E. P. 汤普森 6, 260, 270

Thompson, W. H. W. H. 汤普森 92, 94

Townsend, Joseph 约瑟夫·汤赛德 11-12

Toynbee, Arnold 阿诺德·汤因比 6, 46, 257, 270

Toynbee Hall 汤因比馆 24-25

Transnational forms 跨国形式 16, 44, 60, 105, 108-112, 272, 277, 297n72

Trevelyan, Charles 查尔斯·特里维廉 41, 48

Undernutrition 营养不足 117, 157-158

Unemployment 失业 55-60, 80, 110, 121-123, 124, 158, 238, 247-249, 252, 258-259, 270-271, 274; the "unemployed man," 失业的男人 33, 121-123, 239, 246; relief of 失业的救济 119, 124, 240-241, 244-246 (see also welfare 也参见福利). See also Hunger marches 也参见饥饿游行

Unemployment Assistance Board 失业援助委员会 241

United Nations: and British nutritionists 联合国：联合国与英国营养学家 277; Food and Agricultural Organization (FAO) 联合国粮食及农业组织 15, 105, 110, 146-147, 152-154, 156, 167, 273; United Nations International Children's Emergency Fund (UNICEF) 联合国国际儿童应急基金会 152; United Nations Relief and Rehabilitation Administration (UNRRA) 联合国善后救济总署 152; Hot Springs Conference (1943) 1943年温泉城联合国粮食会议 153-154

United States: advertising 美国：美国广告 137; postwar reconstruction 美国的战后重建 154; wartime food policy 美国的战时粮食政策 154, 157; scientific management 美国的科学管理 165, 217; home economics 美国的家政学 223; mass culture 美国的大众文化 260

Ussishkin, Daniel 丹尼尔·乌什金 165

Valera, Eamon de 埃蒙·德瓦勒拉 62

Vaughan, Janet 珍妮特·沃恩 152

Vegetarianism 素食主义 85, 110, 115-116, 306n12, 321n74

Vincent, David 戴维·文森特 131

War Emergency Workers' National Committee (WEWNC) 战争应急工人全国委员会 180

Wartime Food Survey 战时食品调查 141-142, 144, 145; criticism of 对战时食品调查的批判 143

Wartime Social Survey 战时社会调查 143, 187, 190, 200, 225, 229-230; criticism of 对战时社会调查的批判 143

Waters, Christopher 克里斯托弗·沃特斯 261-262, 356n106

Waugh, Edwin 埃德温·沃 21

Weaving, Minnie 明妮·威文 118

Webb, Sidney and Beatrice 西德尼·韦布和比阿特丽斯·韦布夫妇 83

Welfare: disciplines of 福利：福利中的惩戒 3, 60, 72, 80, 159-160, 163-169, 179-180, 182, 190, 195, 238, 240-242, 246, 248, 254, 256, 269, 274-275; democratization of 福利的民主化 15, 145-146, 158, 163, 170-172, 174, 183-188, 191-194, 238, 242, 244-245, 255-256, 274-277; and colonial development 福利与殖民地发展 112, 210, 277

Welfare state 福利国家 6, 8, 14, 15, 145, 167, 186, 235-236, 238, 256-258, 262, 270, 274-278

Wilkinson, Ellen 埃伦·威尔金森 238, 246, 252-254, 261, 351n40

Williamson, George Scott 乔治·斯科特·威廉森 182-185. See also Peckham Health Centre 也参见佩卡姆健康中心

Women's Gas Council, 220 妇女燃气委员会 343n84

Women's Institute 妇女研究所 150, 228, 235

Women's magazines 女性杂志 219, 275, 343n77

Women's Social and Political Union (WSPU) 妇女社会政治联盟 61, 64

Women's Voluntary Service 妇女志愿服务组织 228, 235, 345n107

Wood, T. B. T. B. 伍德 91-93

Woodruff, William 威廉·伍德拉夫 265, 267

Woolton, Lord 伍尔顿勋爵 164, 176, 194, 229, 259

Workers Education Association (WEA) 工人教育协会 260, 262

World Health Organization (WHO): Expert Committee on Nutrition 世界卫生组织：营养专家委员会 152

World War I 第一次世界大战（简称"一战"）91-95, 117, 162, 164, 166, 175, 180, 193-195, 203-210, 236, 242

World War II 第二次世界大战（简称"二战"）134, 139-146, 148-152, 166, 170, 193-194, 216, 223-232

Yapp, Arthur 阿瑟·亚普 204, 208

译后记

《饥饿：一部现代史》这部译著是中共中央党校（国家行政学院）的创新工程项目"国外政治文化研究"的成果之一。本人作为该创新工程项目的参与者，从2016年项目伊始就与项目组其他成员一起从事英国政治文化相关文章和著作的翻译工作，其中肖宏宇教授与本人合作翻译的译著《维多利亚时代的政治文化：合情顺理》已于2019年12月由北大出版社出版。

饥饿是人类永恒的话题，直至今日，世界上仍有很多饥饿人口。联合国发布的2020年《世界粮食安全和营养状况》指出："有近6.9亿人处于饥饿状态，占世界总人口8.9％，一年中增加了1000万，五年中增加了近6000万。"雪上加霜的是，"根据全球经济展望所做的初步预测，COVID-19大流行可能导致2020年食物不足人数新增8300万至1.32亿"。因此，世界上任何国家都不会对饥饿问题掉以轻心。

2021年，我国脱贫攻坚战取得了全面胜利，现行标准下的9899万农村贫困人口全部脱贫。我国减贫人口占同期全球减贫人口的70％以上，提前10年实现了《联合国2030年可持续发展议程》减贫目标。我国在解决困扰中华民族几千年的绝对贫困问题上取得了伟大的历史性成就，创造了人类减贫史上的奇迹。在这样的特殊时刻，在总结我国摆脱贫困和饥饿的经验和教训的同时，回顾世界其他国家看待饥饿和解决饥饿问题的方式方法就更有参照价值了。可以说,从选题到翻译,历时三年多完成的《饥饿:一部现代史》一书是恰逢其时。

《饥饿:一部现代史》一书虽然从内容上看,主题比较集中,但正如郭家宏教授所言,它不是典型的史学著作,书中涉及年代学、历史学、地理学、政治学、社会学和文化学等多方面内容,在翻译过程中需要查阅大量的历史、政治和文化背景知识。但也正是作者弗农教授这种结合历史和文化的跳跃式的描述,引领着译者穿梭于不同年代和不同领域,从文化和政治的视角再次学习了饥饿的历史。正如作者所言,本书记录的就是人们理解饥饿和感受饥饿的方式的显著变化史。随着作者娓娓道来的一个又一个有关饥饿的故事,历史的画面像幻灯片一样呈现在读者的眼前。所以,于我而言,翻译的过程虽然充满挑战,但也是一个更好地了解世界各国饥饿史的学习过程。

在翻译的过程中,我的同事肖宏宇教授给了我很大的支持和帮助。由于此前我们已经合作翻译过一部译著,彼此之间相互了解也有默契。在翻译本书的过程中,我可以经常跟肖老师探讨和请教。肖老师也对我的译文进行了反复校对和修改,每一次都会提出很多建设性的意见,对此我不胜感激。

译稿完成后,我也很荣幸地邀请到了北京师范大学郭家宏老师为本书作序。郭老师在英国贫困问题研究方面颇有建树。让我十分感动的是,郭老师不仅仔细看完了整个译稿,还给我指出了其中专有名词翻译的不当之处,并且以严谨治学的态度详细地给我进行了讲解。在此,向郭老师致以我深深的敬意和谢意。

我还要感谢北京大学出版社的徐少燕老师和梁路老师在此书翻译出版过程中的大力支持,也被她们在翻译校对和编辑工作中的细致认真的敬业精神所感动。

此外,在翻译的过程中,我还得到了同事们的支持和帮助。部分同事在读过译稿初稿后提出了一些很好的反馈意见。还有同事在我向他们请教时,总是不厌其烦地耐心给我讲解。在此一并表示感谢。

最后,我还要感谢我的爱人和家人的理解和支持,他们一直都是我翻译工作的坚强后盾。没有他们为我分担家务,我也无法静下心来打磨这部译著。在我翻译上一部书的时候,我的儿子只有三岁,还懵懵懂懂。在翻译这一部书的时候，已经快七岁的儿子陪伴和见证了我翻译的全过程，他说的最多的一句话就是："妈妈，你什么时候可以翻译完啊？"在他看来，翻译似乎是一项永远做不完的工作。没错，儿子，翻译本来就是一个没有最好只有更好的旅程。

虽然本人在翻译的过程中尽心尽力，译文也经过了反复的校对和修改，希望经得起读者和时间的考验，但由于本人学识与水平有限，不当之处在所难免，欢迎各位读者批评指正。

沈　凌

2021 年 5 月 12 日